빅데이터
수능영단어

빅데이터 수능영단어

초판 1쇄 인쇄 2017년 06월 05일
초판 1쇄 발행 2017년 06월 10일

지 은 이 가순영
펴 낸 이 고정호
펴 낸 곳 베이직북스

주   소 서울시 마포구 양화로 156,1508호(동교동 LG팰리스)
전   화 02) 2678-0455
팩   스 02) 2678-0454
이 메 일 basicbooks1@hanmail.net
홈페이지 www.basicbooks.co.kr

출판등록 제 2007-000241호
I S B N 979-11-85160-51-1 53740

* 가격은 뒤표지에 있습니다.
* 잘못된 책이나 파본은 교환하여 드립니다.

가순영 편저

20년간 출제된
11만 어휘
컴퓨터 통계로 엄선한
우선순위 영단어

빅데이터
수능영단어

베이직북스

미국 스탠퍼드대 경제학자 브라이언 아서 교수의 집 근처에는 '엘 파롤'이라는 술집이 있었는데, 그 술집에 갈 때마다 손님 수가 들쭉날쭉하고 분위기가 매일 다른 것이 불만이었다. '분위기 좋은 날을 미리 예측할 수는 없을까?' 아서 교수는 엘 파롤 바의 손님 수요예측 모델을 만들었다. 요일, 날씨, 과거 데이터 등 수십 가지 변수를 가지고 통계를 내었다. 이때 만들어진 '엘 파롤 모델'은 비록 술집 손님 수 예측에는 실패했지만 나중에 주가 전망 모델로 명성을 얻었다. 엘 파롤 모델은 '아무리 복잡하고 불확실한 변화에도 규칙은 있다'는 사회과학의 기본 전제를 충족시켰다.

본인은 대기업 재무팀에서 비용 예측을 다년간 담당하면서 과거의 데이터, 날씨, 계절성, 매출 패턴, 기타 요인 등을 종합적으로 고려하여 예측 업무(forecasting task)를 진행하였다. 특히 과거의 패턴과 데이터를 분석하여 제시한 예측치들은 정확도가 매우 높았다. 이러한 통계적 예측방법을 수능 영단어에 적용해 보면 어떨까? 해서 지난 20년간 출제된 수능 영단어 11만개를 모두 데이터화하여 예측을 해본 결과, 과거에 기출되었던 영단어가 일정한 패턴을 가지고 다시 출제되는 것을 발견할 수 있었다. 20:80 법칙이 적용되어 이전에 다수 나왔던 단어가 더 많이 출제됨을 재확인 했다.

수능 출제자는 한 가정을 책임지고 사회생활을 꾸려가는 학자와 교사들로 구성되어 있다. 출제위원들의 출제의도는 사회현상에 영향을 받거나 관련될 수밖에 없으며, 또한 관련 문제를 아무리 새롭게 출제한다고 해도 과거의 수능 기출문제를 참고하여 비슷한 수준을 고려해야만 한다. 즉, 과거의 수능시험에 출제되었던 영단어가 다시 출제될 가능성이 그만큼 높고, 수능시험이 쉽게 출제될 수록 이러한 경향과 패턴은 더욱 반복된다.

〈빅데이터 수능 영단어〉는 수능에 출제된 예문과 영단어를 기반으로 기획되었을 뿐만 아니라 무엇보다 영단어의 쓰임새와 활용에 중점을 두었으므로 이 책만으로도 영단어 학습을 완벽하게 대비할 수 있다. 수능 영단어 관련 교재의 바이블이라고 자신 있게 추천할 수 있는 또 하나의 이유는 고등학교 수준의 영어 학습범위를 충족할 수 있는 어휘수준과 어휘수를 고려했기 때문이다. 본 교재가 수험생 여러분에게 영어에 자신감을 부여하고 영어적인 사고력을 쌓는 밑거름이 되길 소망하며, 대입을 준비하는 모든 이들에게 디딤돌이 되었으면 한다.

여름이 다가오는 따스한 날에
저자가

영단어는 의미의 최소 단위로 우리가 말을 하거나 글로 의사표현을 할 때 미리 익혀두지 않으면 의사소통에 어려움을 겪게 된다. 물론 영어적인 사고력에 입각한 영어다운 표현(영문법에 적합한 올바른 영어 표현)이어야 함은 두말할 필요가 없다. 영단어 학습은 모든 영어 공부의 출발점이다. 영단어에는 어원이 있고 그 쓰임새에 따라 뉘앙스나 의미가 부여되기 때문에, 영어적 표현력을 확장하려면 영단어의 유기적인 결합을 이해해야 한다. 따라서 영단어를 효율적으로 암기하기 위해서는, 구(phrase) 단위에서 활용되는 쓰임새와 용법을 염두에 두고 문장으로 익힐 때 오래 기억된다.

결국 영단어 암기도 영어적인 사고력을 기반으로 학습하여야 듣기, 말하기, 읽기, 쓰기와 연계될 수 있다. 그렇다면 영어적인 사고력을 어떻게 기를 수 있을까? 매일매일 영어 공부에 관심을 두고 꾸준하게 투자하는 방법밖에 없다.

> 첫째, 영어의 필요성(중요성)을 인식해야 한다.
> 둘째, 지속적으로 관심을 두고 집중력을 발휘해야 한다.
> 셋째, '할 수 있다'는 자신감이 더 중요하다.

〈빅데이터 수능 영단어〉는 암기효과를 극대화하기 위하여 어원 중심의 학습법을 병행하고, 표제어 관련 파생어도 제시하여 학습자의 어휘 확장에도 많은 도움을 준다. 특히 기출 변형된 어휘를 기본 중심으로 묶음단위 (categorized unit) 암기방식을 채택함으로써, 더욱 쉽고 빠르게 학습할 수 있다.

이 책은 저자가 오랜 기간 동안 정확한 통계자료의 분석과정을 거쳐 최우선순위 영단어를 선정하였다. 수험생들은 출제 될 가능성이 높은 단어만 습득할 수 있음으로써 학습의 효율성을 극대화 시킬 수 있을 것이다. 〈빅데이터 수능 영단어〉가 효과적인 영어공부에 밑거름이 될 것이라 믿는다.

이문필 드림

이 책의 특징 및 활용법

수능에 출제되는 어휘수가 점점 늘어나며, 또한 지문도 점차 길어지고 있습니다. 이러한 점에 착안하여 수많은 영단어의 효율적인 암기와 제시된 지문을 빠르게 읽고 이해하는 능력이 요구되기에 이르렀습니다. 2014년부터 듣기가 강조되면서 비교적 단어의 난이도는 낮아졌다고 볼 수 있습니다.

이 책은 1995년부터 2014년까지 총 20회 수능 외국어 영역의 117,193개의 어휘를 컴퓨터 통계기법을 통하여 기획되었습니다. 기출된 단어가 다음 수능에 출제될 가능성이 높다는 가정 아래 출제빈도 순서대로 우선순위를 정하였습니다. 수능 시험에 출제되지 않는 단어를 수록하지 않은 만큼 시험에 나올 단어만 공부하여 최소의 시간투자로 최고의 성적을 추구하고자하는 효율적인 학습을 염두에 두게 되었습니다. 물론, 난이도가 너무 낮거나 불필요하다고 판단되는 단어는 과감하게 수록하지 않았습니다.

컴퓨터 통계기법을 통한 중요도 표시
정확한 통계수치를 분석하여 출제 가능성을 분류하여 중요도를 별(★)로 표시하였습니다.

기출 영단어 우선순위별 분류
20년간 출제된 영단어를 모두 분석한 후 여기서 '32/26'은 지금까지 총 32번 출제되었고 같은 해에 중복 출제된 숫자를 제외하면 총 26번의 수능시험에서 출제되었음을 의미합니다. 예를 들면, '10년에 2회, '12년에 1회 출제되었을 경우 합쳐서 3/2로 표시됩니다.

기본 표제어 및 변형어
영단어는 기본어휘와 더불어 어형의 변화에 따른 어휘를 함께 외울 경우 빠르고 쉽게 암기할 수 있음에 착안하여 기본어휘와 수능에 실제 출제된 변형어휘만을 수록하였습니다. 제시된 표제어와 관련된 변형어는 출제순서로 수록하여 어휘력 확장을 도모하였습니다.

출제확률의 근거 제시
중복을 제외한 출제빈도 → 총 출제빈도 → 최근 출제어휘 → 알파벳 순서 등의 우선순위에 따라 출제확률을 산출하였습니다.

사전용 표준 발음기호
학습자로 하여금 암기효과를 극대화하기 위하여 mp3용 소리파일 이용시 참고할 수 있도록 영어발음기호를 배려하였습니다.

관용어, 반의어, 동의어 병기
영단어를 익히려는 학습자에게 관용어, 동의어, 반의어의 암기는 영어적인 사고력을 길러주고, 영어 학습의 폭을 넓혀 영어에 대한 이해력을 확충시켜 줍니다.

어휘력의 중간점검 및 체크
수능 영단어를 공부하다보면 자신이 얼마나 수능 영단어를 알고 있는지 궁금하게 됩니다. 통계를 기반으로 자신의 수능 어휘력의 수준을 파악할 수 있도록 명확한 통계 수치를 제시하였습니다.(기준 2,299 어휘)

어원과 뉘앙스를 통한 영단어 개념 파악
정확한 어원을 제시하여 영단어의 개념을 쉽고 빠르게 파악할 수 있도록 유도하였으며, 어원 접근이 어려운 영단어는 뉘앙스를 통하여 접근하도록 유도하였습니다.

기출된 예문과 출제년도 표시
실제 수능에 출제된 예문을 거의 98% 이상 수록하여 출제수준을 가늠하게 하였습니다.

7

일러두기

어원 중심의 영단어 암기에는 한계가 있으므로 어원으로 해결되지 못하는 어휘는 영단어가 지닌 고유한 속성과 뉘앙스에 따라 의미 파악이 되도록 배려하였다. 본서에 제시된 영단어는 20년간 출제되었던 11만 어휘에서 엄선하였으며, 예문 또한 98% 이상 기출 문장에서 추출하였다.

쉬운 중학수준의 영단어라고 무시해서는 결코 안 된다. 제시된 어휘의 쓰임새나 활용에 따른 의미를 중시하였기 때문에 심화학습 차원에서 학습해두길 바란다.

총 표제어 2079개이며, 부록 및 [어형]의 활용어를 포함하면 6,500어휘에 육박한다.

---

*암기용 mp3파일 무료제공

*암기용 모바일 앱서비스 유료제공(구글플레이어와 아이튠즈에서 AnyLingo를 검색하세요.)

★★★☆☆ **중요도 표시**

[어원] 명확한 어원풀이와 속성, 뉘앙스를 통한 개념 제시

[품사] 품사 표시와 빈출 핵심의미

[Idiom] 자주 사용되는 관용표현

[ant] 표제어 관련 빈출 반의어

[syn] 시험에 자주 출제되는 유의어 엄선

[어형] 표제어 관련 어형(활용어휘) 수록

효율적인 영단어 암기의 원리와 비결

"상상하는 습관을 가지면 어휘력을 확장할 수 있다."

어원(etymology)을 통한 영단어 암기는 단기적인 학습을 충족시키기보다는 중장기적으로 영어학습자에게 영단어의 암기력을 강화해주고 영어적인 사고력을 확장해주는 토대를 제공해준다. 영단어의 유래를 알게 해줌으로써 쉽게 암기할 수 있는 단초를 제공해주기 때문이다.

특히 접두사는 어근의 앞에 놓여 의미의 개념이나 성향을 규정하거나 강조하는 역할을 하며, 또한 접미사는 어근의 뒤에 붙어 품사를 규정하는 바로미터로써 작용하게 된다. 그러나 어근(root)은 접두사와 접미사와 달리 의미의 중심 된 역할을 수행함으로써 의미 유추의 씨앗으로 작용되어 어휘력 확장과 효율적인 암기를 가능하게 해준다.

1Step 발음부터 익혀라

영단어의 발음은 엄청나게 중요하다. 왜냐하면 처음의 소리이미지(음성)가 뇌에 전달되는 순간, 영단어의 철자, 의미가 함께 저장되기 때문이다. 학습하다보면 틀린 발음을 바로잡는 기회가 오지만 영단어를 처음 대면할 때부터 정확한 발음을 익혀두면 평생 동안 기억하게 된다.

2Step 의미를 염두에 두자

영단어는 여러 가지 뜻을 내포하고 있는 영어의 특성상, 주된 의미를 익혀 두고, 그 다음에 의미의 확장에 신경을 써야 한다. 사실 영단어의 쓰임새와 활용은 의미의 확장에 따라 달라질 수 있기 때문에 어원 파악을 통하여 영단어의 의미 파악에 주력하자.

3Step 쓰임과 활용에 중점을 두자

영단어는 문장의 구성 요소로써 중요한 단위이므로 어법에 따른 쓰임과 활용에 유의해야 한다. 어떤 영단어를 선택하느냐?에 따라 표현의 다양성을 추구할 수 있으므로 의미의 적합성에 초점을 두길 바란다.

4Step 어구와 문장 단위로 암기하라

영단어의 학습 효과를 극대화하려면 문장 속에서 접하게 되는 구(phrase)와 절(clause)을 통한 의미의 구체화 과정을 인식하게 되면 비로소 영어가 흥미롭고 재미있는 학습 대상이 되는 것이다. 그만큼 어법과 암기력의 두 마리 토끼를 한꺼번에 잡게 된다.

본서를 학습하기 전에 익혀두어야 할 접두사와 접미사

접두사(prefix)

최근 어원을 통한 영단어 암기가 대세인 만큼 품사를 파악하거나 의미 유추는 기본이다. 영단어에서 접두사의 역할은 의미를 강조하거나 성질과 상태를 나타낸다. 그러므로 영단어에 있어서 접두사는 의미를 파악하고 암기하는데 결정적인 역할을 하게 된다.

a– 1. 장소(on, in) 2. 강조(intensive)

abroad ad. 외국에, 해외로   arise v. 발생하다, 일어나다

amaze v. 놀라게 하다   ashamed a. 부끄러워하다

ab– 1. 분리, 이탈(away from, off) 2. 강조(intensive)

abnormal a. 비정상의   absolute a. 절대적인, 확실한

absorb v. 흡수하다, 빼앗다   abuse v. 남용하다, 학대하다

ac– 1. 접근, 이동(to, toward) 2. 근접(near) 3. 강조(intensive)

acclaim v. 갈채하다, 환호하다 accompany v. 동반하다

account v. 설명하다, 밝히다   acknowledge v. 인정하다

ad– 1. 접근, 이동(to, toward) 2. 근접(near) 3. 강조(intensive)

adapt v. 적응시키다   adjoin v. ~에 인접하다

adjust v. 조절하다, 맞추다   admission n. 입장, 입학

anti– 1. 앞, 전(before) 2. 대항(against) 3. 반대(opposite)

antibiotic a. 항생물질의; 항생제 anticipate v. 예상하다, 기대하다

antique a. 고대의, 옛날의   antipathy n. 반감

ap– 1. 접근, 이동(to, toward) 2. 근접(near) 3. 강조(intensive)

appoint v. 임명하다, (약속을) 정하다 approach v. 접근하다, 다루다

auto- 1. 자신의 2. 스스로의(self)

  autograph n. 사인, 서명   autonomy n. 자치(권)

be- 1. 상태(become) 2. 존재(exist)

  become v. 되다   behave v. 행동하다

  behind ad. 뒤에, 늦게   between ad. 사이에

bene- 1. 좋은(good) 2. 도움을 주는

  benefit n. 이익, 은혜   benefactor n. 은인, 후원자

bi- 1. 둘(two) 2. 이중의

  bicycle n. 자전거   bilingual a. 2개 국어를 구사할 수 있는

com- / con- 1. 함께(with, together) 2. 강조(intensive)

  company n. 회사, 동료   compromise n. 타협, 양보

  confirm v. 굳게 하다, 확인하다 conversion n. 전환, 개조

contra- 1. 대항(against) 2. 반대(opposite)

  contrary a. 반대의   contrast n. 대조, 대비

  counterpart n. 상대방, 목적물 controversy n. 논쟁, 논란

de- 1. 아래로(down) 2. 떨어져(away from) 3. 반대(opposite)

  declare v. 선언하다, 공언하다 debate v. 토론하다, 검토하다

  delay v. 연기하다   depress v. 우울하게 하다, 낙담시키다

dia- 1. 사이에(between) 2. 가로질러(across)

  diameter n. 지름, 직경   dialect n. 방언, 사투리

  dialog(ue) n. 대화, 회화   diagnose v. 진단하다, 분석하다

dis- 1. 떨어져(away from) 2. 분리되어(apart)

  discharge v. 짐을 내리다   dismiss v. 해고하다, 내쫓다

  display v. 표시하다, ~을 보여주다 distribute v. 분배하다

dis- 1. 부정(not), 반대(opposite) 2. 떨어져, 분리된(away, apart)

disagree v. 의견이 다르다, 일치하지 않다 disappointment n. 실망

disapprove v. 승인하지 않다, 찬성하지 않다 disarm v. 무장해제하다

dis- 1. 부정(not) 2. 반대(opposite) 3. 분리(away)

disclose v. 드러나다, 노출시키다   disagree v. 다르다, 일치하지 않다

disregard v. 무시하다, 경시하다   dispose a. 배열하다, 배치하다

du- 1. 둘(two) 2. 이중의

duplicate v. 복사하다, 복제하다   duplex a. 이중의, 복식의

en- 1. 되게 하다(make) 2. 안에(in)

enable v. 할 수 있게 하다, 가능하게 하다 enforce v. 시행하다, 강요하다

entitle v. 자격을 부여하다, 표제를 붙이다 enclose v. 둘러싸다, 동봉하다

ex- 1. 밖으로(out) 2. 강조(intensive) 3. 초월(beyond) 4. 이전(before)

exchange v. 교환하다   exhaust v. 소모하다, 지치게 하다

expand v. 확장하다, 팽창하다   expose v. 드러내다, 노출시키다

extra- 1. 밖에(outside) 2. 초월(beyond)

extract a. 추출하다, 뽑다   extraordinary a. 이상한, 비범한

extraterrestrial a. 외계의   extrovert n. 외향적인 사람

fore- 1. 전에(before) 2. 앞에(front)

forecast v. 예보하다   forehead n. 이마

foresee v. 예견하다, 예지하다   foresight v. 선견지명, 통찰력

geo- 1. 지구의 2. 땅의(of the earth)

geography n. 지리학   geology n. 지질학

in- 1. 안에(in, into) 2. 위에(on)

income n. 수입, 소득   infect v. 감염시키다, 오염시키다

input v. 입력하다   invest v. 투자하다

in- 1. 부정(not) 2. 반대(opposite)

inadequate a. 부적당한   incredible a. 믿을 수 없는, 놀라운

independent a. 독립한, 자주의   indifferent a. 무관심한

inter- 1. 사이에(between) 2. 상호간(each other)

interchange v. 서로 교환하다   international a. 국제적인, 국가 간의

interpret v. 통역하다, 이해하다   interview n. 면접

mal(e)- 1. 부족(lack) 2. 나쁜(bad)

malnutrition n. 영양실조   maladroit n. 솜씨 없는, 서투른

mono- 1. 하나의(one) 2. 혼자의(alone)

monopoly n. 독점, 전매   monotonous a. 단조로운, 지루한

multi- 1. 많은(many) 2. 다양한

multiple a. 다수의, 배수의   multitude n. 다수, 군중

out- 1. 밖으로(outside) 2. 능가하는(better than, more than)

outcome n. 결과, 성과   outgoing a. 사교적인, 외향적인

outline n. 개요, 윤곽   outstanding a. 뛰어난, 두드러진

over- 1. 너머(over) 2. 위에(above) 3. 지나치게, 과도하게(too much)

overcome v. 극복하다, 이기다   overeat v. 과식하다

overlook v. 간과하다   overwork v. 과로시키다

per- 1. 완전히(thoroughly) 2. 두루(through)

perfect a. 완전한, 완벽한   persist v. 고집하다, 지속하다

persuade v. 설득하다, 납득시키다   perspective n. 관점, 사리분별력

post- 1. 뒤에(back) 2. 후에(after)

postpone v. 연기하다, 미루다   postscript n. 추신(p.s.), 후기

post modernism n. 포스트모더니즘   post-war a. 전후의

pre- 1. 미리(beforehand) 2. 먼저(before)

precede v. 앞서다, 우선하다　　predict v. 예보하다, 예언하다

prescribe v. 규정하다, 처방하다　preview n. 시사회, 미리보기

pro- 1. 앞으로(forward) 2. 찬성하여(in favor)

produce v. 생산하다; 농산물　　prolong v. 늘이다, 길게 하다

promotion n. 승진, 촉진　　　　propose v. 제의(제안)하다, 청혼하다

re- 1. 다시(again) 2. 뒤에(back) 3. 대항하여(against)

recall v. 취소하다　　　　　　recede v. 물러가다

recover v. 회복하다, 되찾다　　remain v. 남다, 체류하다

remove v. 제거하다, 옮기다　　replace v. 대신하다, 교체하다

refund v. 환불하다　　　　　　restrict v. 제한하다

se- 1. 분리(apart) 2. 나눔(divide)

separate a. 분리된, 별개의　　secure a. 안전한, 확실한

select v. 선택하다, 고르다　　segregate v. 차별하다, 분리하다

sub- 1. 아래에(under) 2. 아래로(down)

submarine a. 해저의; 잠수함　subcontract n. 하청계약

subconscious a. 잠재의식의　submission n. 복종, 항복

super- 1. 위에(above) 2. 초월하다(beyond) 3. 우수하다(superior)

superior a. 우수한, 상위의　　supernatural a. 초자연적인

superpower n. 초강대국　　　surpass v. ~을 능가하다, 초월하다

sym- 1. 함께(together, with) 2. 모으다

sympathize v. 동정하다, 공감하다　synthesize v. 합성하다, 종합하다

tele- 1. 멀리(far) 2. 떨어져서(off)

telemarketing 전화판매　　　telescope 망원경

trans- 1. 가로지르다(across) 2. 관통하다(through) 3. 변경하다(change)

transfer v. 전근하다, 갈아타다　transcript n. 베낀 것, 사본

transform v. 변형시키다　　　transport v. 수송하다

tri- 1. 셋(three) 2. 분리

tribe n. 부족, 종족   trivial a. 사소한, 하찮은

twi- 1. 둘(two) 2. 순서

twist v. 비틀다, 왜곡하다   twinkle v. 반짝반짝 빛나다, 깜박이다

un- 1. 부정(not) 2. 반대(opposite)

unarmed a. 무장하지 않은, 비무장의 unaware a. 알지 못하는

unbelievable a. 믿을 수 없는   unusual a. 보통이 아닌, 유별난

under- 1. 아래에(under) 2. 낮은(below)

undergo v. 겪다, 경험하다   underrate v. 낮게 평가하다

undertake v. 떠맡다, 착수하다 underdeveloped a. 저개발의

uni- 1. 하나의(one) 2. 혼자의(alone)

union n. 조합, 연합   unique a. 보통이 아닌, 독특한

up- 1. 위로(up) 2. 방향(to)

uphold v. 지지하다, 받들다   upset a. 기분이 상한, 화난

with- 1. 뒤쪽으로(back) 2. 대항하여(against)

withdraw v. 철회하다, 그만두다, 물러나다 withhold v. 유보하다

withstand v. 저항하다, 견디다

접미사(suffix)

접미사는 주로 품사를 결정짓는 역할을 함으로써 파생어를 통한 의미의 확장을 도모하게 된다. 따라서 접미사가 지니고 있는 의미적 역할까지도 익혀두도록 하자.

Unit 1 명사형 접미사

주로 동사와 형용사 뒤에 덧붙여 「행위자」, 「행위 / 성질 / 상태」, 「학문」, 「자격 / 특성」, 「시대 / 관계성」, 「주의 / 특성」, 「지소사」 등을 나타내는 명사를 만든다.

A. 행위자
어떤 행위의 주체인 사람을 나타낼 때 단어의 끝부분에 덧붙여 사용한다.

어원 [동사 / 명사 / 형용사] + 접미사

1. -er, -ee, -or : teacher(교사) employee(종업원) doctor(의사)
2. -ant, -ent : assistant(보조자) student(학생)
3. -ist : terrorist(테러리스트)
4. -ive : relative(친척) initiative(독창력)
5. -ary : secretary(비서) *literary(문학의)

B. 행위 / 성질 / 상태
어떤 사람이나 사물의 행위나 성질이나 상태를 나타낼 때 단어의 끝부분에 덧붙여 사용한다.

어원 [동사 / 명사 / 형용사] + 접미사

1. -ion, -(a)tion : question(질문) station(역)
2. -ance, -ence : assistance(보조) prudence(신중)
3. -(e)ty, -ity : safety(안전) vanity(허영심)
4. -y, -ry : fatty(뚱뚱보) bravery(용맹)
5. -al : arrival(도착)
6. -ure : figure(인물)
7. -ment : agreement(동의)
8. -ness : awareness(인식)

9. -(a)cy : accuracy(정확)

10. -th : truth(진실)

C. 학문
주로 학문과 관련된 명칭을 나타낼 때 단어의 끝부분에 덧붙여 사용한다.

[어원] **[명사 / 형용사] + 접미사(-ic(s))**

economics(경제학) politics(정치학) statistics(통계학)

D. 자격 / 특성
어떤 자격이나 특성과 관련된 표현을 나타낼 때 단어의 끝부분에 덧붙여 사용한다.

[어원] **[명사] + 접미사(-ship)**

membership(회원 자격) leadership(지도력)

E. 시대 / 관계성
어떤 시대나 관계성과 관련된 표현을 나타낼 때 단어의 끝부분에 덧붙여 사용한다.

[어원] **[명사] + 접미사(-hood)**

neighbourhood(이웃) childhood(어린 시절)

F. 경향 / 특성
어떤 경향이나 특성과 관련된 표현을 나타낼 때 단어의 끝부분에 덧붙여 사용한다.

[어원] **[동사 / 형용사] + 접미사(-ism)**

criticism(비평) fascism(파시즘) racism(인종차별주의)

G. 지소사
비교적 작고 개체적인 것과 관련된 표현을 나타낼 때 단어의 끝부분에 덧붙여 사용한다.

[어원] **[명사] + 접미사(-(l)et, -ette)**

toilet(화장실) leaflet(광고용 전단) ballet(발레)

Unit 2 형용사형 접미사

주로 동사나 명사 뒤에 덧붙여 「가능성 / 능력」, 「풍부함」, 「결핍 / 결여」, 「방향」, 「성질 / 성향」 등을 나타내는 형용사를 만든다.

A. 가능성 / 능력 / 적합성
어떤 지각이나 감각의 여부를 표현할 때 주로 단어의 끝부분에 덧붙여 사용한다.

어원 **[동사] + 접미사(-able, -ible)**
probable(있을 법한) impossible(불가능한)

B. 풍부함
어떤 사상이나 관념의 풍부함을 표현할 때 주로 단어의 끝부분에 덧붙여 사용한다.

어원 **[명사] + 접미사(-ful)**
useful(유용한) successful(성공한) mouthful(중요한 말)

C. 결핍 / 결여
어떤 부족함이나 결핍된 것을 표현할 때 주로 단어의 끝부분에 덧붙여 사용한다.

어원 **[동사] + 접미사(-less)**
regardless(무관심한) endless(끝이 없는) countless(셀 수 없는)

D. 방향
어떤 방향을 지칭할 때 주로 단어의 끝부분에 덧붙여 사용한다.

어원 **[명사] + 접미사(-ern)**
modern(현대의) western(서양의) eastern(동쪽의)

E. 성질 / 성향
어떤 사람이나 사물의 성질이나 경향을 표현할 때 주로 단어의 끝부분에 덧붙여 사용한다.

어원 **[명사 / 동사] + 접미사**
1. -ic, -ical : specific(구체적인) scientific(과학적인)

2. ─ly : costly(값비싼) friendly(우호적인)

3. ─ous : dangerous(위험한) hazardous(유해한)

4. ─(u)al : technical(전문적인) individual(개인의)

5. ─ant, ─ent : significant(중요한) recent(최근의)

6. ─ate, ─ite : fortunate(운이 좋은) favorite(좋아하는)

7. ─ish : childish(유치한) selfish(이기적인)

8. ─ar(y), ─ory : familiar(친숙한) satisfactory(만족하는)

9. ─ive, ─ative : relative(상대적인) alternative(양자택일의)

10. ─y : healthy(건강한) lucky(운이 좋은)

Unit 3 동사형 접미사

주로 형용사와 명사 뒤에 덧붙여 「∼화하다」, 「∼으로 만들다」, 「∼되게 하다」라는 구체적인 의미를 드러낸다.

어원 [명사 / 형용사] + 접미사

1. ─ize : criticize(혹평하다) realize(깨닫다)

2. ─(i)fy : identify(확인하다) justify(정당화하다) specify(명기하다)

3. ─ate : debate(논쟁하다) indicate(암시하다)

4. ─en : frighten(두렵게 만들다) deepen(깊게 하다)

Unit 4 부사형 접미사

주로 형용사나 명사, 부사 등 뒤에 덧붙여 「방식」, 「방향」, 「방법」 등을 나타내는데 문장 안에서 표현의 풍부함을 구체적으로 드러낸다.

어원 [형용사 / 명사 / 부사] + 접미사

A. 방식 : ─ly

probably(아마) loudly(큰 소리로) comfortably(기분 좋게)

B. 방향 : ―ward

forward(앞쪽으로) downward(아래로) upward(위로)

C. 방법 / 방향 : ―way(s), ―wise

always(항상)

Let's enjoy the process!

(내일의 태양은 반드시 떠오른다.)

여러분, 언제까지 영어 공부가 어렵다고 투덜거릴 것인가?

영단어는 딱 한번만 철저하게 익혀두면 절대로 잊어버릴 수가 없다.

단, 한 번만이라도 제대로 공부하지 않았으면서도

세상을 탓하고, 신세한탄만 늘어놓을 것인가!

영어는 다른 과목과 달리 공부를 하면 할수록 쉬워지고

자신감이 붙게 되므로 도전할 가치가 충분히 있다.

특히 영어적인 사고력이 쌓이게 되면 학습효과가 몇 배로 향상되므로 12개월이 흐른 뒤엔 1등급이 결코 꿈이 아니다.

"영어 과목을 열심히 공부하면 2등급이 될 수 있지만

영어 공부하는 것을 즐긴다면 1등급이 될 수 있다."

부디, 자신의 꿈을 믿는 자가 되길 바란다.

20년간 출제된 11만 어휘를 컴퓨터 통계로 엄선한 우선순위 영단어

1

effect

[ifékt]

★★★★★

71/21 출제확률 96.7%

[어원] ef(밖으로) + fect → 초래하다

평 결과, 영향, 효과 통 ~를 초래하다

[idiom] in effect 사실상, 실제로는 *side effect (약의) 부작용

Every product we buy has an effect on the environment. [00]
우리가 구입하는 모든 물건들은 환경에 영향을 미친다.

[어형] cost-effective 고효율, 경제적인 effectively 효과적으로 effectiveness 유효성, 효율성

2

increase

[inkrí:s]

★★★★★

67/21 출제확률 96.7%

[어원] in(~에, 안에) + crease(= grow 자라다) → 증가하다

평 증가 통 증가하다, 인상되다, 늘리다

[ant] decrease, reduce, diminish

Then they worry about the increased number of births. [99]
그리고 나서 그들은 출산율의 증가를 걱정한다.

[어형] increased 증가한 increasing 증가하는 increasingly 점점 더

3

possible

[pásəbl]

★★★★★

60/21 출제확률 96.6%

[어원] poss(= power 힘) + (s)ible(~할 수 있는) → 가능한

평 가능한 일 형 가능한, 가능성 있는

[idiom] as soon as possible 가능한 한, 최대한

Even after many years, it's still possible to find people. [03]
세월이 많이 지났어도 여전히 사람들을 찾아볼 수 있다.

[어형] impossible 불가능한 possibility 가능성 possibly 아마, 가능한대로

4

expect

[ikspékt]

★★★★★

52/21 출제확률 96.5%

[어원] ex(= out 밖) + (s)pect(보다) *exspectare(기다리다) → [ex + spectare]의 합성어

통 기대하다, 예상하다(anticipate), 기다리다

[idiom] expect from[of] ~에 기대하다, ~을 기대하다(look forward to)

He was once expected to be a good painter. [02]
그는 한때 훌륭한 화가가 될 것으로 기대되었다.

[어형] expectantly 기대하여 expectation 기대, 예상 expected 예기된, 예상되는 expecting (현재분사)

5

suppose

[səpóuz]

★★★★★

32/21 출제 확률 96.3%

[어원] super(대신) + pose(위치하다, 놓다) → 대신 ~있다고 생각하다 → 가정하다

통 생각하다, 가정하다(guess), 추정하다

[idiom] be supposed to do ~하기로 되어 있다

Suppose two friends of mine are sitting in my room. [00]
친구 두 명이 내 방에 있다고 상상해 보라.

[어형] supposed (명사 앞에) 소위, 이른바 supposedly 추정상으로

6

find
[faind]

[어원] (우연히) 찾거나 발견하는 것으로써 사람의 마음을 간파하는 것에도 활용됨

[통] 찾다, 발견하다; 알아내다, 간파하다 [명] 발견; 발견물

[idiom] find out ~에 대해 알아내다 find fault with ~의 흠을 잡다

[syn] discover, detect, perceive

The RPC, founded in 1996, describes itself as a progressive organization. [09]
1996년에 설립된 RPC는 스스로 진보 단체라고 말한다.

★ ★ ★ ★ ★
57/20 출제확률 92.0%

[어형] found : find의 과거형이 아닌 경우에 '~의 기초를 세우다, 설립하다, 창건하다'의 뜻으로 활용된다. founded in(~에 설립된, ~에 근거한) / foundation(근거, 토대, 기초, 재단)

7

compete
[kəmpíːt]

[어원] com(함께) + pete(= seek 추구하다) → 경쟁하다

[통] 경쟁하다(contend), 참가하다, 겨루다

[idiom] compete with ~와 겨루다 compete against ~와 경쟁하다

We compete with them in working until night. [06]
우리는 그들과의 경쟁으로 밤늦게까지 일한다.

★ ★ ★ ★ ★
50/20 출제확률 91.9%

[어형] competed (과거, 과거분사) competing 경쟁하는 competition 경쟁 competitive 경쟁적인

8

consider
[kənsídər]

[어원] con(함께) + sider(= star 별) → 별을 모아 점을 치다 → ~라고 생각하다, 숙고하다

[통] 숙고하다, ~이라고 생각하다(여기다)

Unfortunately, the world has changed considerably since that remark was made. [02]
불행하게도, 세계는 그 의견이 있은 뒤부터 상당히 변화되었다.

★ ★ ★ ★ ★
46/20 출제확률 91.9%

[어형] considerable 상당한, 많은 considerably 상당히 considerate 배려하는, 사려 깊은 consideration 사려, 숙고

9

differ
[dífər]

[어원] di(= dis 거리를 둠) + fer(운반하다) → 다른 것과 구별하여 운반함

[통] 다르다, 의견이 맞지 않다

[idiom] differ from ~와 다르다, ~와 구별되다

But when you are on the Metro, the subway in Paris, things are different. [06]
그러나 파리의 지하철인 메트로에서는 사정이 다르다.

★ ★ ★ ★ ★
56/19 출제확률 87.4%

[어형] differed (과거, 과거분사) difference 차이 different 다른, 틀린

10

situate
[sítʃuèit]

[어원] sit(e)(장소, 위치) + (u)ate(~하다) → ~에 위치시키다, 놓다

[통] 놓다(두다), 위치시키다(locate), 고려하다

In this situation, what would you say to him? [99]
이러한 상황에서, 당신은 그에게 뭐라고 말할 것인가요?

★ ★ ★ ★ ★
51/19 출제확률 87.4%

[어형] situated 위치해 있는 situating (현재분사) situation 상황, 환경, 위치

11

individual
[ìndəvídʒuəl]

[어원] in(아닌) + divid(= divide 나누다) + (u)al(~한) → 나눌 수 없는 것은 '하나' → 개인

[명] 개인, 개체 [형] 개인의, 개별의, 독자적인

A society is a network of relationships among individuals. [00]
사회는 개인 간의 관계를 엮어 놓은 네트워크다.

★ ★ ★ ★ ★
52/19 출제확률 87.4%

[어형] individualism 개인주의 individualist 개인주의자 individualistic 개인주의적인, 이기주의자 individuality 개성, 특성 *individual view(개인적인 견해)

12
hold
[hould]

★ ★ ★ ★ ★

43/19 출제확률 87.3%

[어원] 손이나 팔 등으로 어떤 물건을 소유하는 개념으로 활용됨

[통] 붙들다, 잡다(grasp), 개최하다, 유지하다 [명] 짐, 장악; 이해

[idiom] hold the line 전화를 끊지 않다 hold back 억제하다 hold by 고집하다

Please hold the line for a second. [00]
잠시만 전화 끊지 말고 기다려 주세요.

[어형] held (과거, 과거분사) holding 보유 자산

13
provide
[prəváid]

★ ★ ★ ★ ★

40/19 출제확률 87.3%

[어원] pro(미리, 앞) + vid(보다) → 미리 보고 준비하다

[통] 주다, 제공하다, 준비하다

[idiom] provide A with B A에게 B를 제공하다(provide B for[to])

Airplanes provide quick transportation over long distances. [97]
비행기는 장거리를 빠르게 이동할 수 있게 한다.

[어형] provided ~을 조건으로 하여, 제공된 providing (가정법) 만약 ~라면

14
offer
[ɔ́:fər]

★ ★ ★ ★ ★

41/19 출제확률 87.3%

[어원] of(신을 향해) + fer(바치다) → 제공하다

[명] 제공, 신청 [통] 제공하다, 제의하다

[idiom] make an offer 제의하다

Many universities offer Korean language programs. [01]
많은 대학들이 한국어 수업을 제공한다.

[어형] offered 제공된, 개설된 offering 제공된 것, 공물[제물]

15
suggest
[sədʒést]

★ ★ ★ ★ ★

34/19 출제확률 87.2%

[어원] sug(아래에) + gest(= carry (의견을)나르다) → 암시하다

[통] 제안하다, 암시하다

This finding suggests that names can have a powerful effect upon personality. [99]
이 연구 결과는 이름이 성격에 강한 영향을 미친다는 것을 보여준다.

[어형] self-suggestion 자기 암시 suggested (과거, 과거분사) suggesting (현재분사) suggestion 제안

16
physical
[fízikəl]

★ ★ ★ ★ ★

48/18 출제확률 82.8%

[어원] 주로 신체(body)와 관련된 물리적인 것을 지칭함

[명] 신체검사 [형] 물리적인, 물질의

[idiom] physical education(= P. E.) 체육 [ant] mental, spiritual

Effects of computers on physical health [00]
신체 건강에 미치는 컴퓨터의 영향

[어형] physically 육체적으로, 물리적으로 physicist 물리학자 physics 물리학

17
depend
[dipénd]

★ ★ ★ ★ ★

35/18 출제확률 82.6%

[어원] de(~에) + pend(매달리다) → ~에 의존하다

[통] 의존하다, 기대다; 신뢰하다

[idiom] depend on ~에 의존하다

Every element in an ecosystem depends on every other element. [10]
생태계의 모든 구성 요소들은 서로 의존한다.

[어형] dependable 믿을 수 있는, 의존할 수 있는 depended (과거, 과거분사) dependence 의존, 의존성
dependent 의존하는

18

ground
[graund]

★★★★★

26/18 출제확률 82.5%

[어원] 땅이나 지표면을 지칭하며 근거지나 바탕을 이룸

[명] 땅 [동] ~에 근거를 두다 [형] 기초의

[idiom] groundless fear 근거 없는 공포

Perhaps this evaluation is groundless. [07]
아마도 이 평가는 근거가 없는 것이다.

[어형] grounded 기초를 둔 groundless 기초가 없는

19

inform
[infɔ́:rm]

★★★★★

71/17 출제확률 78.5%

[어원] 사실이나 사건을 알려주는 일반적인 말

[동] 알리다, 통지하다

Getting rich information was very expensive. [03]
많은 정보를 얻는 것은 매우 비쌌다.

[어형] informal 정식이 아닌, 비공식의 information 정보 informed 잘 아는

20

relationship
[riléiʃənʃip]

★★★★★

59/17 출제확률 78.3%

[어원] relation(관련, 관계) + ship(상태, 성질의 접미사) → 관계, 사이

[명] 관계, 친척관계(혈연)

A society is a network of relationships among individuals. [00]
사회는 사람들 사이의 네트워크다.

[어형] relate 관련시키다, 연관되다 related 관련된 relative 친척 relation 관계 relevance 관련(성), 적절

21

social
[sóuʃəl]

★★★★★

61/17 출제확률 78.3%

[어원] soci(결합하다, 협력하다) + al(형접, ~의)

[형] 사회의, 사회적인, 사교적인

[idiom] social scientist 사회(과)학자

These so-called non-governmental organizations deliver social services. [00]
소위 무정부 기관이라 불리는 이들은 사회적 서비스를 제공한다.

[어형] socially 사회적으로 sociologist 사회학자 sociology 사회학 society 사회

22

economy
[ikánəmi]

★★★★★

57/17 출제확률 78.3%

[어원] eco(가정, 생태) + nomy(= law법칙) → 세상의 법칙(경제)

[명] 경제, 절약

That could slow down the development of our economy. [03]
그것은 우리 경제의 발전을 저해할 수 있다.

[어형] economic 경제의, 경제학의 economical 경제적인 economically 경제적으로

23

educate
[édʒukèit]

★★★★★

39/17 출제확률 78.1%

[어원] edu(교육) + (c)ate(하다) → 교육하다

[동] 교육하다, 훈육하다

Using art for children's education [10]
아이 교육을 위한 예술의 사용

[어형] educated 교육받은 education 교육 educational 교육적인 educator 교육자

24

direct
[dirékt]
★★★★★
32/17 출제확률 78.1%

[어원] di(강조) + rect(똑바로 가다) → 가야할 방향으로 똑바로 가게하다 → 지도하다

[동] 지도하다, 지휘하다 **[형]** 직접의, 직행의

The diamond most directly affects our daily lives as a tool. [07]
다이아몬드는 우리의 일상생활에 가장 직접적인 영향을 미치는 도구이다.

[어형] directed 유도된, 지시받은 directly 곧장, 즉시 director 지도자, 감독, 임원 indirectly 간접적으로

25

accept
[æksépt]
★★★★★
33/17 출제확률 78.1%

[어원] ac(= to ~쪽으로) + cept(= take 취하다) → ~을 받아들이다

[동] 받아들이다, 수용하다, 인정하다

We've heard you accepted a job offer at Beautiful Mind Books. [03]
당신이 뷰티풀 마인드 북스사의 입사제의를 받아들였다고 들었다.

[어형] acceptable 받아들일 수 있는 acceptance 승인 accepted 받아들여진 accepting 받아들이는

26

thus
[ðʌs]
★★★★★
28/17 출제확률 78.1%

[어원] 이야기의 전개나 흐름상 결론이나 종결을 나타낼 때 문어체에서 활용됨

[부] 따라서, 그러므로

Thus, they repeatedly attempted to make it clear to their public. [10]
따라서, 그들은 대중이 확실히 이해할 수 있도록 계속적으로 시도했다.

[어법] therefore(그러므로)와 동일한 의미이다.

27

particular
[pərtíkjulər]
★★★★★
32/17 출제확률 78.1%

[어원] partic(= part) + ular(의) → 특정한 부분의 → 특수한

[형] 특수한, 각자의, 특별한

One particular Korean kite is rectangular. [06]
특정 한국 연은 직사각형이다.

[어형] so, particularly 특히, 특별히 *in particular 특별히, 상세히

28

improve
[imprúːv]
★★★★★
30/17 출제확률 78.0%

[어원] im(안을) + prov(증명, 시험하다) → 증명과 시험을 통해 개선이 되다

[동] 개선하다, 향상하다, 진보하다

But once he got started, the room's appearance began to improve. [95]
그러나 일단 그가 시작하자, 그 방의 모습은 개선되었다.

[어형] improved 향상된 improvement 향상, 개선 improving 개선하는

29

affect
[əfékt]
★★★★★
29/17 출제확률 78.0%

[어원] af(~에) + fect(= make 만들다) → ~에 영향을 주다

[동] 영향을 주다, 감동시키다; 감염시키다(infect)

This will affect other areas of culture, including film. [03]
이는 영화를 포함한 문화의 다른 부분에 영향을 미칠 것이다.

[어형] affected 영향을 받은 affecting 감동적인 affection 감동 affective 감정적인

30

accord
[əkɔ́:rd]

★★★★★

30/17 출제확률 78.0%

[어원] ac(= to ~에) + cord(= heart 마음을 두다) → (마음이) **일치하다**

[명] 일치, 조화 [동] 일치하다

[idiom] according to ~에 따르면

People react differently according to different languages. [10]

사람들은 언어에 따라 다르게 반응한다.

[어형] according ~에 의하면 accordingly 따라서

31

benefit
[bénəfit]

★★★★★

22/17 출제확률 78.0%

[어원] bene(좋은 일) + fit(하다) → 좋은 일을 하다 → **이익이 되다**

[명] 이익, 은혜 [동] 이익이 되다

Only a small number of foreigners, however, have benefited from this progress.
[01]

하지만 소수의 외국인만이 이 과정을 통해 혜택을 받았다.

[어형] benefited (과거, 과거분사) beneficial 이로운, 유익한

32

vary
[véəri]

★★★★★

41/16 출제확률 73.6%

[어원] var(다른) + y(하다) → 다르게 하다

[동] 변화를 주다, 서로 다르다; 바뀌다, 변하다

Various aspects of children's imagination [10]

[어형] variance 변화, 변동 variation 변화, 차이 varied 다채로운 variety 각양각색 various 다양한

33

express
[iksprés]

★★★★★

33/16 출제확률 73.5%

[어원] ex(밖으로) + press((생각을) 밀어내다) → **표현하다**

[명] 급행 [동] 표현하다; 급송하다 [형] 명시된

Many people believe that they will be free of their anger if they express it. [09]

많은 사람들은 화를 표출해야 그것으로부터 자유로워질 수 있다고 믿는다.

[어형] expressed (과거, 과거분사) expression 표현 expressive 표현적인, 나타내는

34

therefore
[ðéərfɔ̀:r]

★★★★★

32/16 출제확률 73.5%

[어원] there(거기) + fore(앞) → 모든 것에 앞서 결론을 내다 → 따라서

[부] 따라서, 그러므로(so)

We should, therefore, be ready to fight for the right to tell the truth. [02]

따라서 우리는 진실을 말할 권리를 위해 싸울 준비를 해야 한다.

[어법] 그밖에 hence, accordingly, so, consequently도 쓰인다.

35

personal
[pə́rsənl]

★★★★★

35/16 출제확률 73.5%

[어원] person(개인) + al(~한) → 개인적인, 사적인

[형] 개인의, 사적인

There may be a relationship between sleeping position and personality. [00]

수면 자세와 성격 간에 연관성이 있을 수 있다.

[어형] impersonal 비인격적인 personality 성격, 개성 personalized 개인화된 personally 개인적으로

36

complete
[kəmplíːt]

★★★★★

29/16 출제확률 73.5%

어원 com(함께, 서로, 완전히) + plete(= fill 채우다) → 완성하다

통 끝내다, 완성하다 형 완전한, 완성된

The trip had completely defeated the father's purpose. [03]
그 여행은 아버지의 목적과 완전히 다른 결과를 가져다주었다.

[어형] completed 작성한 completely 완전히 incomplete 불완전한

37

instead
[instéd]

★★★★★

34/16 출제확률 73.5%

어원 in(안으로) + stead(대신, 대리) → 완성하다

부 ~대신에

[idiom] instead of ~을 대신에, ~이 아니라

People were advised to use chopsticks instead of knives. [02]
사람들에게 나이프 대신 젓가락을 사용하도록 권고 받았다.

[어법] in place of, on behalf of로 대체해도 가능함

38

similar
[símələr]

★★★★★

28/16 출제확률 73.5%

어원 same(같은) + ar(~한) → 비슷한

형 비슷한(like, resemble), 유사한; 닮은

Animals with nervous systems similar to a worm's cannot play soccer. [05]
곤충들과 비슷한 신경체계를 가진 동물들은 축구를 할 수 없다.

[어형] similarity 유사성 similarly 비슷하게, 유사하게

39

natural
[nǽtʃərəl]

★★★★★

34/16 출제확률 73.5%

어원 nat(태어난) + (u)ral(~한, ~의) → 자연스러운

형 자연의, 자연스러운

The pleasures of contact with the natural world are not reserved just for the artists. [96]
자연과의 교감의 기쁨이 예술가들을 위해서만 있는 것은 아니다.

[어형] naturalistic 자연주의적인 naturally 자연스럽게, 당연히

40

realize
[ríːəlàiz]

★★★★★

32/16 출제확률 73.5%

어원 real(현실) + ize(~화하다) → 현실적으로 만들다

통 깨닫다, 실현하다; 인식하다

I realized the whole house was shining with light. [03]
그 집 전체가 등으로 밝게 빛나는 것을 알게 되었다.

[어형] realized (과거, 과거분사) realizing 실현하는, 실감하는 unrealized 실현되지 않은

41

skill
[skil]

★★★★★

32/16 출제확률 73.5%

어원 skill은 능력이나 역량을 의미하는데 반해 technique는 기술이나 기교를 의미한다.

형 숙련, 실력, 기술; 솜씨, 기능

She developed her writing skills. [04]
그녀는 글쓰기 실력을 향상시켰다.

[어형] skilled 숙련된 skill-up 기술 향상 unskilled 특별한 기술이 없는 unskillful 서투른

TEST 1

1. 아래의 단어에 맞는 뜻을 골라 선으로 이어주세요.

4 expect ●   ⓐ 개선하다, 진보하다

19 inform ●   ⓑ 기대하다

31 benefit ●   ⓒ 특수한, 각자의, 특별한

23 educate ●   ⓓ 경쟁하다

14 offer ●   ⓔ 지도하다, 지휘하다

6 found ●   ⓕ 땅; ~에 근거를 두다; 기초의

17 depend ●   ⓖ 교육하다, 훈육하다

28 improve ●   ⓗ ~의 기초를 세우다, 설립하다

24 direct ●   ⓘ ~에 의존하다

7 compete ●   ⓙ 이익, 은혜; 이익이 되다

18 ground ●   ⓚ 알리다

27 particular ●   ⓛ 변화를 주다, 서로 다르다

32 vary ●   ⓜ 제공; 제공하다

15 suggest ●   ⓝ 암시하다, 제안하다

2. 아래 문장의 알맞은 뜻을 보기에서 고르세요.

a. These so-called non-governmental organizations deliver social services. (　)

b. In this situation, what would you say to him? (　)

c. The RPC, founded in 1996, describes itself as a progressive organization. (　)

d. Getting rich information was very expensive. (　)

e. One particular Korean kite is rectangular. (　)

f. Every product we buy has an effect on the environment. (　)

g. Using art for children's education (　)

보기

① 아이 교육을 위한 예술의 사용

② 우리가 구입하는 모든 물건들은 환경에 영향을 미친다.

③ 소위 무정부 기관이라 불리는 이들은 사회적 서비스를 제공한다.

④ 1996년에 설립된 RPC는 스스로 진보 단체라고 말한다.

⑤ 특정 한국 연은 직사각형이다.

⑥ 많은 정보를 얻는 것은 매우 비쌌다.

⑦ 이러한 상황에서, 당신은 그에게 뭐라고 말할 것인가요?

정답: ③ ⑦ ④ ⑥ ⑤ ② ①

42

avoid

[əvɔ́id]

★★★★★

26/16 출제확률 73.4%

[어원] a(멀리) + void(= empty 빈, 없는) → 멀리 사라지다 → 피하다

[통] 막다, 피하다, 예방하다; 자제하다

Exercise is said to be the best preventive measure to avoid osteoporosis. [95]
운동은 골다공증을 막는 최고의 예방법으로 알려져 있다.

[어형] avoidable 피할 수 있는 avoided (과거, 과거분사) avoiding (현재분사) unavoidable 불가피한

43

involve

[inválv]

★★★★★

27/16 출제확률 73.4%

[어원] in(안으로) + volv(돌다, 구르다, 말다) → 안으로 말려들어가다 → 포함하다

[통] 관련되다, 참여하다, 포함하다

[idiom] involve in ~에 관여하게 만들다, ~에 연루되다

We must consider the relationships among the people involved in the school. [04]
우리는 그 학교와 연관된 사람들 사이의 관계를 고려해야만 한다.

[어형] involved 연루된, 관련된 involvement 관여, 개입, 연루 involving (현재분사)

44

available

[əvéiləbl]

★★★★★

28/16 출제확률 73.4%

[어원] a(~에) + vail(= worth 값어치가 있다) + able(할 수 있는) → ~을 값어치 있게 할 수 있는

[형] 이용할 수 있는, 가능한

If we are hungry, there is always food available. [10]
우리가 배고플 땐 항상 먹을 음식이 존재한다.

[어형] unavailable 이용할 수 없는, 만날 수 없는

45

wonder

[wʌ́ndər]

★★★★★

26/16 출제확률 73.4%

[어원] 도저히 믿겨지지 않은 일이나 사건, 광경을 보고 놀람

[명] 불가사의, 경이 [통] 놀라다, 이상하다

It is no wonder few people ever imagined. [00]
그것은 더 이상 소수만의 상상이 아니다.

[어형] wondered (과거, 과거분사) wondering 경탄하는, 이상히 여기는

46

condition

[kəndíʃən]

★★★★★

41/15 출세확률 69.0%

[어원] condis(마음의) + tion(상태, 조건) → 마음이 좋고 나쁨의 상태

[명] 조건, 상황, 필요조건, 상태

Overall physical condition is pretty good. [05]
건강 상태가 전반적으로 꽤 좋습니다.

[어형] conditional 조건부의 conditionally 조건부로, ~을 조건으로

47

tend
[tend]

★★★★★

35/15 출제확률 69.0%

[어원] tend(= stretch 뻗다) → ~로 뻗다 → ~하는 경향이 있다

[통] ~하는 경향이 있다, ~을 향하다; 돌보다 [명] 추세, 경향

[idiom] tend to ~하는 경향이 있다

Your experience tells you that men tend to be taller than women. [00]
당신의 경험은 남자가 보통 여자보다 큰 경향이 있다고 알려준다.

[어형] tended (과거, 과거분사) tendency 성향, 경향 tending (현재분사)

48

respond
[rispánd]

★★★★★

29/15 출제확률 68.9%

[어원] re(다시) + spond(= promise 약속하다) → 응답하다

[통] 응답하다, 반응하다, 대처하다

[idiom] in response to ~에 응하여[답하여]

It will probably influence the way you respond to the neighbor. [07]
아마도 당신이 이웃에게 대하는 방식에 영향을 미칠 것이다.

[어형] responded (과거, 과거분사) respondent 응답자 responding (현재분사) response 응답, 반응, 회신

49

encourage
[inkə́:ridʒ]

★★★★★

34/15 출제확률 68.9%

[어원] en(~을 넣다) + courage(용기) → 용기를 불어넣다

[통] 용기를 돋우다, 격려하다, 권하다

Individuals are encouraged to produce imaginative and original ideas. [04]
개인들은 상상력이 풍부하고 독창적인 아이디어를 생각해내도록 장려된다.

[어형] encouraged (과거, 과거분사) encouragement 격려 encouraging 격려의

50

approach
[əpróutʃ]

★★★★★

28/15 출제확률 68.9%

[어원] ap(앞으로) + proach(나아가다) → 다가오다

[명] 접근(법), 방법 [통] 접근하다, 다가오다

[idiom] take an approach 착수하다, 다가가다

Finally, you approach a sign, reading FUEL AHEAD. [00]
마침내 당신은 '앞에 주유소'라는 이정표에 도달하게 된다.

[어형] approached (과거, 과거분사) approaching (현재분사)

51

based
[beist]

★★★★★

26/15 출제확률 68.9%

[어원] 원형은 base로써 '기초, 근거 토대'를 의미함

[형] ~을 기반으로 한, ~을 근거로 하는

[idiom] based on ~에 근거하여, ~에 따라

Managers who want people to take a more team-based approach with their people [10]
자신의 사람들이 팀 중심의 접근을 하기 원하는 부장들

[어형] base 토대, 기초 city-based 도시 기반의 team-based 팀 바탕[기반]의 water-based 수성의

52

fear
[fiər]

★★★★★

26/15 출제확률 68.9%

[어원] 마음의 불안이나 염려에서 비롯된 두려움

[명] 두려움(dread), 공포, 불안 [통] 두려워하다, 걱정하다

[idiom] out of fear 두려움으로 *fear of heights(고소 공포증)

As a child grows, fears may disappear. [02]
아이가 자라면서 두려움도 사라질 것이다.

[어형] fearful 무서운, 걱정하는 fearless 두려워하지 않는, 겁 없는

53
comfort
[kʌ́mfərt]

★★★★★
30/15 출제확률 68.9%

[어원] com(서로) + fort(= strength 힘) → 서로 힘이 되어주니 위안이 됨

[명] 안락, 위안, 편안 [동] 달래다

It is often comfortable. [00]
그것은 보통 편안하다.

[어형] comfortable 편안한, 기분 좋은 comfortably 기분 좋게 comforting 기분을 좋게 하는 discomfort 불편함 *comfort girl(위안부)

54
attract
[ətrǽkt]

★★★★★
29/15 출제확률 68.9%

[어원] at(~로) + tract(끌어내다) → 마음을 밖으로 끌어내다

[동] 끌다, 유혹하다

[idiom] be attracted ~에 매력을 느끼다 *tourist attraction 관광명소

Aroma that attracts certain insects [09]
특정 벌레들을 유혹하는 향기

[어형] attracted (과거, 과거분사) attraction 매력, 끌어당김 attractive 매력적인 attractiveness 매력

55
distant
[dístənt]

★★★★★
21/15 출제확률 68.9%

[어원] dis(떨어져) + sta(서다) + nt(형용사) → 거리가 먼

[형] 거리가 먼, 떨어진, 원격의; 냉담한

[idiom] in the distance 멀리서, 먼 곳에서 not too distant 머지않은

Villagers heard a deer barking in the distance. [06]
마을 사람들은 멀리서 사슴이 울부짖는 소리를 들었다.

[어형] distance 먼 곳, 거리

56
explain
[ikspléin]

★★★★★
27/15 출제확률 68.9%

[어원] ex(밖으로) + plain(평평한) → 입 밖으로 표출하다

[동] 설명하다, 알려주다, 털어놓다; 변명하다

[syn] excuse, justify *account for(차지하다, 설명하다)

But it's difficult to explain over the phone. [01]
하지만 전화상으로 설명하기는 어렵습니다.

[어형] explained (과거, 과거분사) explaining (현재분사) explanation 설명

57
include
[inklúd]
★★★★★
26/15 출제확률 68.9%

[어원] in(안에) + clude(= shut 가두다) → ~에 갇혀있다 → 포함하다

[동] 포함하다, 포괄하다, 함유하다

This will affect other areas of culture, including film. [03]
이는 영화를 포함한 문화의 다른 부분에 영향을 미칠 것이다.

[어형] included 포함된 including 포함하는 include out 제외하다(= exclude)

58
prepare
[pripéər]
★★★★★
25/15 출제확률 68.9%

[어원] pre(미리) + pare(깎다) → 미리 준비하다

[동] 준비하다, 대비하다, 마련하다

Peter walks into the kitchen and finds his father preparing the breakfast. [00]
피터가 부엌에 들어가 보니 그의 아버지가 아침을 준비하고 계셨다.

[어형] preparation 준비, 대비 prepared 준비가 된 preparing (현재분사) unprepared 준비가 안 된

instance
[ínstəns]

★ ★ ★ ★ ★
29/15 출제확률 68.8%

[어원] in(~에) + stance(= stand 서다) → ~에 서 있음 → 예시

[명] 예, 사례; 경우

[idiom] for instance 예를 들면(= for example)

For instance, we can either tell the truth or tell a lie. [02]
예를 들면, 우리는 진실을 말하거나 거짓말을 할 수도 있다.

[어형] court of the first instance 제1심법원

60

common
[kámən]

★ ★ ★ ★ ★
28/15 출제확률 68.8%

[어원] com(함께) + mon(= serve 돌보는) → 공통으로 돌봄

[형] 공통의, 보통의

[idiom] have in common ~을 공유하다

Do you know how to remember uncommon names? [11]
평범하지 않은 이름을 기억하는 방법을 아시나요?

[어형] commonality 공통성, 평범 commoner 평민, 서민 commonly 보통 uncommon 드문, 흔하지 않은

61

demand
[dimǽnd]

★ ★ ★ ★ ★
26/15 출제확률 68.8%

[어원] de(강조, 강하게) + mand(= order 주문하다) → 강하게 주문하다 → 요구하다

[명] 요구, 수요 [동] 요구하다, 요청하다

The increased population brought more demand for food. [00]
인구의 증가는 더 많은 식량 수요를 초래했다.

[어형] demanded (과거, 과거분사) demanding 요구가 지나친

62

drop
[drap]

★ ★ ★ ★ ★
27/15 출제확률 68.8%

[어원] 물건이나 물체, 가격 따위가 아래로 떨어짐

[명] 방울, 하락, 감소 [동] 떨어지다, 떨어뜨리다

[idiom] drop in 잠깐 들르다 drop by 들르다 *dew drops(이슬방울)

Let's drop by a gift shop. [09]
선물 가게에 들르시죠.

[어형] dropped (과거, 과거분사) dropping 낙하

63

trouble
[trʌbl]

★ ★ ★ ★ ★
27/15 출제확률 68.8%

[어원] 마음의 걱정이나 고민거리로 문제가 발생됨

[명] 고생, 근심; 문제, 곤란

[idiom] have trouble -ing ~하는데 애를 먹다 in trouble 곤경에 처한, 곤란한

You're in big trouble. [00]
너 이제 큰일 났다.

[어형] troubled 걱정하는, 문제가 많은 troubling (현재분사) untroubled 괴로워하지 않는

64

addition
[ədíʃən]

★ ★ ★ ★ ★
22/15 출제확률 68.8%

[어원] add(추가하다, 더하다) + tion(것) → 추가, 게다가(in addition)

[명] 부가, 추가, 덧셈(+)

In addition, the cow that suddenly eats lots of a new food may give less milk. [00]
게다가, 새로운 음식을 갑자기 많이 먹은 소는 우유를 덜 생산한다.

[어형] additional 추가적인 *in addition to(~에 더하여)

65

judge
[dʒʌdʒ]
★★★★★
22/15 출제확률 68.8%

어원 jus(= just 공정한) + ge(= dic 말하다) → 공정히 말함 → 재판

명 재판관, 심판, 재판 **동** 판결하다, 평가하다

Your friend's judgment is simply unfair. [00]
다만 당신 친구의 판단이 공정하지 않다.

[어형] judged (과거, 과거분사) judgement 판단력 judging 심사 judgment 심판, 판단, 평가

66

disappoint
[dìsəpɔ́int]
★★★★★
19/15 출제확률 68.8%

어원 dis(아닌) + appoint(지명하다) → (지명을 안 하니) 실망하다

동 실망시키다, 낙담시키다

I disappointed him, the man who loved me like a father. [03]
아버지처럼 나를 사랑해 주었던 그를 내가 실망시켰다.

[어형] disappointed 실망한 disappointing 실망시키는 disappointment 실망

67

influence
[ínfluəns]
★★★★★
29/14 출제확률 64.4%

어원 in(안으로) + fluen(= flow 흐르는) + ce(~것) → 안으로 흐르는 것 → (안에) 영향을 미치다

명 영향(력), 외압 **동** 영향을 미치다

Shadows that influence our lives [04]
우리의 삶에 끼치는 영향을 끼치는 그림자(어두운 면)

[어형] influenced (과거, 과거분사) influential 영향력 있는 influencing 영향

68

although
[ɔ:lðóu]
★★★★★
27/14 출제확률 64.4%

어원 all(전부) + though(비록 ~일지라도) → 비록 ~이지만

접 비록 ~이지만, ~임에도 불구하고(in spite of)

Although her life was difficult, she never gave up. [04]
비록 그녀는 삶이 힘들어도 절대 포기하지 않았다.

[어법] however, though와 뉘앙스에 차이가 있음

69

support
[səpɔ́:rt]
★★★★★
28/14 출제확률 64.3%

어원 sup(= sub 아래에서) + port(나르다) → 아래에서 지원하다

명 지지, 도움, 지원 **동** 지지하다, 부양하다

They have a long list of other points that support their argument. [03]
그들은 자기의 주장을 뒷받침할 다른 많은 사항을 가지고 있다.

[어형] supportable 지탱할 수 있는 supported (과거, 과거분사) supporter 지원자, 후원자

70

modern
[mádərn]
★★★★★
32/14 출제확률 64.3%

형 현대의, 근대의

[syn] contemporary, current, up-to-date

In this modern world, people are not used to living with discomfort. [10]
현대에는 사람들이 불편함 속에 사는 것에 익숙하지 않다.

어원 mod(지금) + ern(의) → 현대의

[어형] modernization 근대화 modernism 모더니즘 modernize 근대화하다

71 patient
[péiʃənt]
★★★★★
39/14 출제확률 64.3%

[어원] pati(괴로워하다) + ent(~는, 사람) → 인내하는

[명] 환자; 인내 [형] 인내심 있는

[idiom] lose one's patience 인내심을 잃다

He got up and stood patiently in front of the door. [06]
그는 일어나 문 앞에서 끈기 있게 서 있었다.

[어형] impatience 조급함, 성급함 impatient 못 견디는, 짜증난 impatiently 성급하게 patience 인내심, 인내력

72 major
[méidʒər]
★★★★★
34/14 출제확률 64.3%

[어원] → 라틴어 magnus(거대한)에서 유래됨

[형] 주요한, 대기업; 전공의; 다수의

A majority of people could not tell where the static was. [10]
대부분의 사람들은 잡음이 있었는지도 몰랐다.

[어형] majority 대부분, 과반수 majoring (현재분사) *minor(소수의)

73 emotion
[imóuʃən]
★★★★★
30/14 출제확률 64.3%

[어원] e(강하게, 밖으로) + motion(움직임) → 강하게 움직이는 것 → 감정

[명] 정서, 감정(성), 기분

Music covers the whole range of emotions. [08]
음악은 감정의 모든 영역을 다룬다.

[어형] emotional 감정적인 emotionally 감정적으로 *emotional breakdown(정신적 쇠약)

74 exist
[igzíst]
★★★★★
26/14 출제확률 64.3%

[어원] ex(밖에) + ist(서 있다) → 존재하다

[동] 존재하다, 나타나다

Scientists have been able to discover the existence of infrasound. [04]
과학자들은 초저주파 불가청음의 존재를 발견할 수 있었다.

[어형] existed (과거, 과거분사) existence 존재, 존속 existing 존재하는 nonexistent 존재하지 않는

75 organize
[ɔ́ːrgənàiz]
★★★★★
25/14 출제확률 64.3%

[어원] organ(조직) + ize(만들다, ~화하다) → 조직하다

[동] 조직하다, 준비하다, 구성하다

Many doctors from around the world joined the organization. [00]
전 세계 많은 의사들이 그 단체에 참여했다.

[어형] organization 조직, 구조 organized 조직화된, 조직적인 organizing 조직화 well-organized 잘 정리된

76 contest
[kɔ́ntest]
★★★★★
22/14 출제확률 64.3%

[어원] con(함께) + test(테스트) → 함께 테스트 받다 → 경쟁, 대회

[명] 경쟁, 콘테스트, 대회 [동] 경쟁하다(compete), 겨루다

To design a contest poster [02]
대회 포스터를 디자인하기

[어법] 싸움이나 시합에서 상대방과 선의의 경쟁을 함

77

especially
[ispéʃəli]
★★★★★
21/14 출제확률 64.3%

[어원] e(강조) + special(특별한) + ly(~게) → 특별히

[부] 특히, 유달리(particularly)

Some children, especially boys, like to have their own music players. [06]
일부 어린이들은(특히 남자 아이들) 뮤직 플레이어를 가지고 싶어 한다.

[어법] 아주 특별하게 두드러질 정도로 눈에 띔

78

fill
[fil]

★★★★★
26/14 출제확률 64.2%

[어원] 물건이나 사람의 마음을 충족시키거나 자리를 메움

[동] 채우다, 가득하다

[idiom] be filled with ~로 가득 차다 fill out 작성하다, 기입하다

It is filled with pictures of people and events. [01]
그것은 사람들과 행사들 사진들로 가득 차 있었다.

[어형] filled 가득 찬 filling 배부른(현재분사), 충전

79

local
[lóukəl]
★★★★★
22/14 출제확률 64.2%

[어원] loc(= place 장소) + al(의) → 지역의

[명] 지방, 지역 **[형]** 지방의, 지역의

Well, my uncle runs a local record shop. [07]
글쎄요, 저의 삼촌은 동네 레코드 가게를 운영합니다.

[어형] logicalization 논리화 local rules 로컬 룰(현지의 규칙)

80

manage
[mǽnidʒ]

★★★★★
26/14 출제확률 64.2%

[어원] man(손) + nage(하다) → 손으로 다루다, 관리하다

[동] 관리하다, 운영하다, 돌보다

[idiom] manage to ~해내다

We're a team, and that's what a manager is supposed to do. [02]
우리는 팀이고 그것은 바로 운영자가 해야 할 일이다.

[어형] manageable 관리할 수 있는 managed 관리되는 management manager 경영 경영자, 관리자

81

due
[dju:]
★★★★★
19/14 출제확률 64.2%

[어원] 지켜야 할 의무나 누려야 할 권리를 의미함

[명] 해야 하는 것(의무), 세금 **[형]** ~때문에, ~하기로 되어있는

[idiom] due to ~덕택에, ~로 인해(caused by) be due to ~할 예정이다

The due date has already passed. [00]
마감 기한이 이미 지났다.

[어형] due bill 차용증서 due date 지급 만기일

82

terrible
[térəbl]
★★★★★
23/14 출제확률 64.2%

[어원] terror(terra땅) + or(사람) → 땅을 빼앗는 사람 + (i)ble(~한) → 끔찍한

[형] 끔찍한, 무서운; 좋지 않은

The next night there was a terrible storm. [00]
다음날 밤 최악의 폭풍이 몰려왔다.

[어형] terribly 몹시, 대단히, 극심하게

1. 아래의 단어에 맞는 뜻을 골라 선으로 이어주세요.

47 tend ●		ⓐ 안락, 위안, 편안
71 patient ●		ⓑ ~하는 경향이 있다, ~을 향하다
74 exist ●		ⓒ 지지; 지지하다, 부양하다
70 modern ●		ⓓ 접근; 접근하다
69 support ●		ⓔ 존재하다
65 judge ●		ⓕ 요구, 수요; 요구하다
60 common ●		ⓖ 재판관, 심판, 재판
58 prepare ●		ⓗ 영향(력); 영향을 미치다
67 influence ●		ⓘ 공통의, 보통의
53 comfort ●		ⓙ 응답하다
61 demand ●		ⓚ 환자, 인내; 인내심 있는
48 respond ●		ⓛ 고생, 근심
63 trouble ●		ⓜ 준비하다
50 approach ●		ⓝ 현대의, 근대의

2. 아래 문장의 알맞은 뜻을 보기에서 고르세요.

a. Your experience tells you that men tend to be taller than women. (　)

b. If we are hungry, there is always food available. (　)

c. A majority of people could not tell where the static was. (　)

d. Your friend's judgment is simply unfair. (　)

e. Many doctors from around the world joined the organization. (　)

f. To design a contest poster (　)

g. You're in big trouble. (　)

보기

① 전 세계 많은 의사들이 그 단체에 참여했다.

② 우리가 배고플 땐 항상 먹을 음식이 존재한다.

③ 당신의 경험은 남자가 보통 여자보다 큰 경향이 있다고 알려준다.

④ 대회 포스터를 디자인하기

⑤ 다만 당신 친구의 판단이 공정하지 않다.

⑥ 대부분의 사람들은 잡음이 있었는지도 몰랐다.

⑦ 너 이제 큰일 났다.

정답: ③ ② ⑥ ⑤ ① ④ ⑦

83

bore
[bɔːr]

★★★★★

20/14 출제확률 64.2%

어원 귀찮거나 성가신 상태를 의미함

동 지루하게 하다, 따분하게 하다; 구멍을 뚫다 **명** 따분한 것

[syn] fatigue, weary, tire

Some shanties broke up the boredom of long trips. [03]

몇몇 뱃노래는 긴 여행의 지루함을 달래주 었다.

[어형] bored 지루한, 싫증난 boredom 지루함 boring 지루하게 하는

84

quite
[kwait]

★★★★★

23/14 출제확률 64.2%

어원 quit(자유로운) + e → 완전히 자유롭다

형 아주, 꽤, 상당히

What often appears to be a piece of worthless old junk may very well be quite valuable. [06]

가치 없고 오래된 구닥다리로 보이는 것이 상당히 값어치 있는 것일 수도 있다.

85

bright
[brait]

★★★★★

16/14 출제확률 64.2%

어원 날씨나 기분의 좋은 상황을 나타냄

형 밝은, 긍정적인; 영리한

[syn] clear, clever, shining [ant] dark

The air was bright and cold against his face. [10]

그의 얼굴에 닿는 공기는 상쾌하고 차가웠다.

[어형] brighten 밝게 하다 brightest 가장 밝은 brightly 밝게, 명랑하게 brightness 빛남

86

process
[práses]

★★★★★

42/13 출제확률 59.9%

어원 pro(= before 앞서) + cess(= going 해 나감, 한 것) → 앞서 해 나간 것 → 경과, 과정

명 경과, 과정, 절차 **동** 가공하다, 처리하다

Every process of decaffeination starts with steaming the green beans. [09]

모든 카페인을 제거하는 과정은 녹색 원두를 찌는 것으로 시작한다.

[어형] processing 가공, 과정 procession 행렬, 행진

87

object
[ábdʒikt]

★★★★★

40/13 출제확률 59.8%

어원 ob(~에 반대하여) + ject(던져넣다) → ~에 반대하여 던지다 → 반대하다

명 사물, 물건; 대상, 목적 **동** 반대하다, 항의하다

Suppose a company realizes that it is not achieving its goals or objectives effectively. [03]

어떤 회사가 목적이나 목표를 효과적으로 달성하지 못하고 있음을 깨달았다고 가정해보자.

[어형] objective 객관적인 objection 반대, 거부 objectionable 반대할 만한, 무례한

88

deep
[di:p]

★★★★★
32/13 출제확률 59.9%

[어원] 물이나 내면의 깊이를 지칭함

[형] 깊은; 많은 [부] 깊게

[idiom] deeply impressed 깊이 감명을 받은 [ant] shallow

They should not risk their own lives in deep forests. [02]
그들은 깊은 숲속에 그들의 목숨을 걸지 말아야 한다.

[어형] deepen 심화시키다, 악화되다 deeply 깊게; 몹시 depth 깊이

89

communicate
[kəmjú:nəkèit]

★★★★★
33/13 출제확률 59.8%

[어원] commun(= common 공유) + (ic)ate(하다) → 함께 공유하다 → 의사소통하다

[동] 의사소통하다, 통신하다

The people you communicate with will feel much more relaxed. [03]
당신과 대화하는 사람들은 훨씬 더 편안함을 느낄 것이다.

[어형] communicated (과거, 과거분사) communicating (현재분사) communication 통신, 전달
miscommunicate 잘못 전달하다

90

observe
[əbzɔ́:rv]

★★★★★
27/13 출제확률 59.8%

[어원] ob(~에) + serve(= keep 주의를 기울이다, 지키다) → ~에 주의를 기울이다 → 관찰하다

[동] 관찰하다, 보다, 목격하다

So I observed the people around me. [03]
그래서 나는 주변 사람들을 관찰했다.

[어형] observation 관찰, 감시 observed (과거, 과거분사) observer 관찰자, 감시자 observing 관찰하는

91

tradition
[trədíʃən]

★★★★★
25/13 출제확률 59.8%

[어원] trad(i)(넘겨주다) + tion(~것) → 넘겨주는 것 → 전통

[명] 관습, 전통

[idiom] by tradition 전통에 의하여

For example, corn is traditionally eaten with beans. [09]
예를 들면, 전통적으로 옥수수는 콩과 함께 먹는다.

[어형] traditional 전통의, 전통적인 traditionally 전통적으로

92

past
[pæst]

★★★★★
33/13 출제확률 59.8%

[어원] 현재 시점을 기준으로 할 때의 지나감을 의미함

[형] 과거의, 지난(ago), 옛날의

[idiom] in the past 과거에

They have to give up the high economic growth rates of the past. [99]
그들은 과거의 고성장을 포기해야만 했다.

[어형] past participle (과거분사) past perfect (과거완료) past tense 과거시제

93

appreciate
[əprí:ʃièit]

★★★★★
32/13 출제확률 59.8%

[어원] ap(~에 대해) + preci(= price 가치를 매기다) + ate(~하다) → 평가하다

[동] 감사하다; 평가하다, 인정하다, 이해하다

How nice of you! I'm sure she'll really appreciate them. [11]
당신은 정말 친절하군요! 저는 그녀가 그것들에 대해 정말 감사할 것이라고 확신합니다.

[어형] appreciated (과거, 과거분사) appreciating (현재분사) appreciation 감사 appreciative 감사의

94

community
[kəmjúːnəti]

★★★★★

33/13 출제확률 59.8%

[어원] com(함께) + uni(하나) + ty → 모두 모여 하나가 됨

[명] 지역 사회, 공동체

[idiom] sense of community 공동체 의식 community service 지역 봉사활동

You are a member of your family and a player on the community baseball team. [01]

당신은 가족의 구성원이자 지역 야구팀의 선수이다.

[어형] communal 공동 사회의, 공동의

95

exact
[igzǽkt]

★★★★★

27/13 출제확률 59.8%

[어원] ex(밖으로) + act(행하다) → 밖에서 행동은 정확해야 한다

[동] ~을 요구하다, 강요하다 [형] 정확한, 완전한

You can see and feel exactly what this teenage girl is going through. [02]

당신은 이 십대소녀가 앞으로 겪게 될 일들을 정확하게 보고 느낄 수 있을 것이다.

[어형] exactly 정확하게, 확실히 exactness 정확성

96

occur
[əkə́ːr]

★★★★★

28/13 출제확률 59.7%

[어원] oc(~에 대항하여) + cur(= run 달리다) → 대항해 달려가면 무슨 일이 생긴다

[동] 일어나다, 발생하다, 생기다

When such role conflicts occur, you need to do more important things first. [01]

역할 충돌 같은 것이 발생하면 당신은 더 중요한 것을 먼저 해야 한다.

[어형] occurred (과거, 과거분사) occurrence 발생 occurring 일어나고 있는

97

opportunity
[àpərtjúnəti]

★★★★★

23/13 출제확률 59.7%

[어원] op(반대쪽에, 앞에) + port(= carry 나르다) + unity(것) → 바로 앞에 놓여진 것은 기회

[명] 기회, 찬스(chance)

Korean companies offer better opportunities and pay. [05]

한국 기업들이 더 나은 기회와 급여를 제공한다.

[어형] opportunity cost 기회비용

98

frequent
[fríːkwənt]

★★★★★

26/13 출제확률 59.7%

[어원] 늘 자주 일어나는 행위나 상태를 지칭함

[형] 자주 일어나는, 빈번한; 상습적인

[syn] repeated, several, persistent

Frequent use of computers will create a serious danger to health. [00]

빈번한 컴퓨터 사용은 건강에 심각한 위험을 야기할 수 있다.

[어형] frequency 빈도, 잦음 frequently 자주 infrequent 잦지 않은, 드문

99

recognize
[rékəgnàiz]

★★★★★

22/13 출제확률 59.7%

[어원] re(다시) + cogn(알다) + ize(~되게 하다) → 다시 알아보다 → 인정하다

[동] 인식하다, 인정하다, 깨닫다

It hasn't fully recognized the importance of the arts. [03]

그것은 예술의 중요성을 충분히 인정하지 않았다.

[어형] recognition 인식, 인정 recognized 인정된, 알려진 recognizing (현재분사)

industry
[índəstri]

★★★★★

26/13 출제확률 59.7%

[어원] 일반적으로 산업이나 공업, 제조업을 지칭함

[형] 공업, 산업, ~업

[idiom] post-industrial 산업화 이후의

This plays an essential role in various scientific fields and in industry. [08]
이것은 다양한 과학 분야와 산업에서 중요한 역할을 한다.

[어형] industrial 산업의 industrialization 산업화 industrialized 산업화된

101

origin
[ɔ́:rədʒin]

★★★★★

22/13 출제확률 59.7%

[어원] ori(시작하다) + gin(= gen 태어나다) → 기원, 태생

[형] 기원, 태생, 출신

Individuals are encouraged to produce imaginative and original ideas. [04]
개인들은 창의적이고 독창적인 아이디어를 생각해 내도록 장려된다.

[어형] original 원래의, 원본의 originality 독창성 originate 유래하다

102

equal
[í:kwəl]

★★★★★

29/13 출제확률 59.7%

[어원] equ(동등한) + al(~한) → 동등한

[형] 평등한, 같은, 동등한

[ant] unequal, different, uneven, irregular

Asia will only join the world as an equal partner. [03]
아시아는 동등한 파트너로서만 세계에 참여할 것이다.

[어형] equality 평등, 대등 equally 동등하게 inequality 불평등

103

festive
[festiv]

★★★★★

22/13 출제확률 59.7%

[어원] fest(= feast 파티, 축제) + ve(~한, ~의) → 축제의

[형] 축제의, 즐거운

It's lively and festive. [10]
활기가 넘치고 즐겁다.

[어형] festival 축제, 축제일 festively 흥겹게 festiveness 축제분위기

104

ability
[əbíləti]

★★★★★

24/13 출제확률 59.7%

[어원] able(~할 수 있는)에 (i)ty(~것)를 붙여 명사가 되었다.

[형] 능력, 재능, 솜씨

The ability to delay satisfaction is important. [10]
만족을 뒤로 미룰 줄 아는 능력은 중요하다.

[어형] disability 장애 testability 시험[검사] 가능성

105

government
[gʌ́vərnmənt]

★★★★★

26/13 출제확률 59.7%

[어원] govern(통치하다) + ment(~것) → 통치하는 주체 → 정부

[형] 정부, 정치

Without the government's support, the performing arts cannot survive. [03]
정부의 지원 없이는 행위예술은 살아남을 수 없다.

[어형] govern 통치하다, 다스리다 governed (과거, 과거분사) non-governmental 정부와 무관한, 민간의

106

effort

[éfərt]

★ ★ ★ ★ ★

23/13 출제확률 59.7%

[어원] ef(밖으로) + fort(= strength 힘) → 밖으로 힘을 씀

[명] 노력, 작업, 활동

[idiom] in an effort to ~을 하려는 노력으로

We believe your future career will benefit from the same effort. [03]

당신이 노력한 만큼 미래의 커리어에 도움이 될 것이라 믿는다.

[어형] effortlessly 노력 없이, 쉽게, 소극적으로

107

relieve

[rili:v]

★ ★ ★ ★ ★

19/13 출제확률 59.7%

[어원] re(다시, 반대로) + lieve(= leve 올리다) → 들어올리는 것의 반대

[동] 완화시키다, 경감하다, 구제하다

No. I just put some ice on it to relieve the pain. [11]

아니요, 저는 그냥 통증을 없애려고 얼음을 좀 올려놓았어요.

[어형] relief 안도, 안심 relieved 안도하는 relieving (현재분사)

108

essential

[isénʃəl]

★ ★ ★ ★ ★

22/13 출제확률 59.7%

[어원] ess(= be 있다, 존재) + ential(형접) → 본질적인 *essence(본질)의 형용사형

[형] 본질적인, 필수의

The essential role of hand gestures [03]

손짓의 본질적인 역할

[어형] essentiality 본성, 본질 *essential amino acid(필수 아미노산)

109

audience

[ɔ́:diəns]

★ ★ ★ ★ ★

22/13 출제확률 59.7%

[어원] audi(= hear 듣다) + ence(명접) → 듣고 있는 사람 → 청중

[명] 관객, 청중, 관중

[syn] spectator, attendance, gallery

When a speaker glances at his watch, the audience does the same thing. [03]

연사가 시계를 쳐다보면 청중도 따라한다.

[어형] audience rating 시청률 *in general audience(공개석상에서)

110

discover

[diskʌvər]

★ ★ ★ ★ ★

19/13 출제확률 59.7%

[어원] dis(떼다, 제거) + cover(덮개) → 덮인 것을 제거하니 새로운 것을 발견함

[동] 발견하다, 찾다, 나타나다

A mysterious black substance was discovered among its roots. [01]

알 수 없는 검은 물질이 뿌리에서 발견되었다.

[어형] discovered 발견된 discovering (현재분사) discovery 발견

111

employ

[implɔ́i]

★ ★ ★ ★ ★

26/13 출제확률 59.6%

[어원] em(안으로) + ploy(= fold 접다) → 안으로 접다 → ~를 우리 소속으로 넣다

[동] 고용하다, 사용하다 [명] 정규직 *self-employed(자영업)

A professor of business studied employment patterns in Korea and the United States. [02]

한 경영대 교수가 한국과 미국의 고용 패턴을 연구하였다.

[어형] employed 취직하고 있는, 노동자 employee 고용인 employer 고용주 employment 고용, 취업

112
range
[reindʒ]
★★★★★
18/13 출제확률 59.6%

어원 수, 양, 길이 등이 미치는 범위

명 범위, 열; 산맥 통 ~에 걸치다, 이르다

[idiom] range from A to B A부터 B까지 이르다 at close range 근거리에서

They grow very slowly and range from 15 to 40 feet in height. [11]
그들은 매우 천천히 자라고 높이는 15에서 40피트 정도가 된다.

[어형] ranging 범위가 ~에 이르는 range finder 거리 측정기

113
seek
[si:k]
★★★★★
17/13 출제확률 59.6%

어원 see(보다) + k → 찾다, 구하다

통 찾다, 구하다

They are seeking comfort in doing the same task. [08]
그들은 같은 일을 하면서 편안함을 추구한다.

[어형] seeker ~을 추구하는 사람 seeking 추구, 탐색, 탐구 sought (과거, 과거분사)

114
determine
[ditə́:rmin]
★★★★★
21/13 출제확률 59.6%

어원 de(떨어져) + term(기한) + ine(~로 만들다) → (~까지 기한을 설정하기로) 결정하다

통 결정하다, 결심하다, 단정하다

It is extremely difficult to determine what should and should not be retouched. [05]
어떤 것을 수정하고 안할지를 결정하는 것은 엄청나게 어렵다.

[어형] determination 결정 determined 단호한, 완강한

115
professional
[prəféʃənl]
★★★★★
19/13 출제확률 59.6%

어원 pro(앞에) + fess(말하다) + ional(~인) → 앞에서 자신 있게 말함

형 전문가적인, 프로의, 직업의 명 전문가

I think you'd be better off getting a professional opinion. [01]
내 생각엔 당신은 전문가의 의견을 듣는 것이 더 나을 것 같다.

[어형] pro 프로; 프로의, ~을 지지하는 profession 직업, 직종, 전문직

116
immediate
[imí:diət]
★★★★★
17/13 출제확률 59.6%

어원 im(= not 아닌) + mediate(중간의) → 중간이 없으니 즉시 할 수 있다

형 즉시의, 즉각의

Promise yourself now to carry it out immediately. [00]
그것을 당장 실천하기 위해 지금 자신과 약속을 하라.

[어형] immediately 즉시, 당장

117
memory
[méməri]
★★★★★
20/13 출제확률 59.6%

어원 memo(메모) + ry(~것) → (머리 속에) 메모해 놓은 것

명 기억, 기억력; 메모리

[idiom] in memory of ~을 기념하여

My memory is going, but I don't miss it that much. [00]
저는 기억력이 감퇴하고 있지만 그렇게 아쉽지는 않아요.

[어형] memorize 암기하다 memorizing (현재분사)

118

indifferent

[indífərənt]

★★★★★

17/13 출제확률 59.6%

[어원] in(아닌) + different(다른) → 다를 게 없는 → 무관심한

[형] 무관심한, 중요치 않은

He was cold and indifferent. [09]
그는 냉담하고 무관심했다.

[어형] indifference 무관심 indifferentist 무관심주의자 indifferently 무관심하게

119

regular

[régjulər]

★★★★★

20/13 출제확률 59.6%

[어원] reg(= rule 지키다) + ar(~한) → 영토가 평상시처럼 잘 지켜진다

[형] 규칙적인, 보통의, 평상시의

Many workers learn new skills while keeping their regular jobs. [02]
많은 직장인들은 그들의 평시 업무를 하는 동안 새로운 기술을 배운다.

[어형] irregularity 불규칙한 것, 변칙 regularity 정기적임, 규칙성 regularize 규칙화 하다 regularly 정기적으로, 규칙적으로

120

proper

[prápər]

★★★★★

17/13 출제확률 59.6%

[어원] pro(먼저, 앞의) + per(= through 통과하다) → 미리 먼저 통과한 것이니(해봤으니) → 적당한

[형] 적당한, 올바른, 타당한

All new houses must now be built with proper building materials. [01]
요즘 지어지는 새 집들은 올바른 건축 자재를 사용해야만 한다.

[어형] properly 적절히, 제대로 propriety 적절성, 예절

121

notice

[nóutis]

★★★★★

27/12 출제확률 55.2%

[어원] not(= know 알다) + (i)ce(~것) → 알아야 하는 것

[명] 통지, 예고 [통] 알아차리다, 주목하다

They may walk right by a friend without noticing him or her. [03]
그들은 자신의 친구 바로 옆을 지나치면서도 알아채지 못할 수 있다.

[어형] noticeable 뚜렷한, 현저한 noticed (과거, 과거분사) noticing (현재분사) unnoticed 눈에 띄지 않는

122

identify

[aidéntəfài]

★★★★★

22/12 출제확률 55.2%

[어원] 신원이나 신분을 확인하는 것에서 유래 *Identification(신분증)은 줄여서 ID로 표현함

[통] (신원을) 알아보다, 확인하다; 동일시하다

[idiom] identify with ~와 동일시하다

Verbal clues play important roles in identifying callers. [05]
말의 단서는 전화를 건 사람이 누구인지 알아내는 데 중요한 역할을 한다.

[어형] id 신분증 identifiable 인식 가능한 identification 신원 확인, 식별 identified 확인된 identity 동일성; 신원

123

secure

[sikjúər]

★★★★★

25/12 출제확률 55.2%

[어원] se(= apart 떨어진) + care(걱정함) → 걱정에서 멀리 떨어짐 → 안전한

[통] 획득하다, 보장하다 [형] 안전한

If parents show respect, students feel secure and can develop their self-confidence. [00]
만약 부모들이 존경심을 보여준다면, 학생들은 보호받는 느낌을 받고 자신감을 향상시킬 수 있게 된다.

[어형] insecure 불안정한, 자신이 없는 securely 단단히 security 보안, 경비

TEST 3

1. 아래의 단어에 맞는 뜻을 골라 선으로 이어주세요.

89 communicate ●　　　　　　　　　　　ⓐ 기억, 기억력

114 determine ●　　　　　　　　　　　ⓑ 의사소통 하다, 통신하다

117 memory ●　　　　　　　　　　　ⓒ 감사[감상]하다, 평가하다

93 appreciate ●　　　　　　　　　　　ⓓ 찾다, 구하다

105 government ●　　　　　　　　　　　ⓔ 정부, 정치

100 industry ●　　　　　　　　　　　ⓕ 무관심한

112 range ●　　　　　　　　　　　ⓖ 공업, 산업, ~업

103 festive ●　　　　　　　　　　　ⓗ 노력

106 effort ●　　　　　　　　　　　ⓘ 규칙적인, 보통의, 평상시의

113 seek ●　　　　　　　　　　　ⓙ 본질적인, 필수의

118 indifferent ●　　　　　　　　　　　ⓚ 결정하다, 결심하다

108 essential ●　　　　　　　　　　　ⓛ 축제의, 즐거운

119 regular ●　　　　　　　　　　　ⓜ 기원, 태생

101 origin ●　　　　　　　　　　　ⓝ 범위, 열, 산맥; ~에 걸치다

2. 아래 문장의 알맞은 뜻을 보기에서 고르세요.

a. Frequent use of computers will create a serious danger to health. (　)

b. You are a member of your family and a player on the community baseball team. (　)

c. For example, corn is traditionally eaten with beans. (　)

d. A mysterious black substance was discovered among its roots. (　)

e. They grow very slowly and range from 15 to 40 feet in height. (　)

f. It's lively and festive. (　)

g. They have to give up the high economic growth rates of the past. (　)

보기

① 알 수 없는 검은 물질이 뿌리에서 발견되었다.

② 예를 들면, 전통적으로 옥수수는 콩과 함께 먹는다.

③ 빈번한 컴퓨터 사용은 건강에 심각한 위험을 야기할 수 있다.

④ 활기가 넘치고 즐겁다.

⑤ 당신은 가족의 구성원이자 지역 야구팀의 선수이다.

⑥ 그들은 과거의 고성장을 포기해야만 했다.

⑦ 그들은 매우 천천히 자라고 높이는 15에서 40피트 정도가 된다.

정답: ③ ⑤ ② ① ⑦ ④ ⑥

45

124

treat
[tri:t]

★★★★★

23/12 출제확률 55.1%

어원 사람의 태도나 기분을 다루는 것에 쓰임

통 다루다(deal with), 취급하다; 치료하다

One year Rosalyn asked her mother to prepare a special treat for her birthday. [10]
한 살인 로잘린은 어머니께 그녀의 생일에 특별한 것을 준비해달라고 요청했다.

[어형] treated (과거, 과거분사) treating (현재분사) treatment 치료, 대우, 처리 treaty 조약, 협정
untreated 치료를 받지 않은

125

protect
[prətékt]

★★★★★

29/12 출제확률 55.1%

어원 pro(앞, 미리) + tect(= cover 덮다) → 미리 막다[보호하다]

통 보호하다, 지키다, 막다

Protecting an animal in danger [00]
위험에 빠진 동물 보호하기

[어형] protected (과거, 과거분사) protecting 지키는, 보호하는 protection 보호 protective 보호하는, 방어적인

126

lie
[lai]

★★★★★

18/12 출제확률 55.1%

어원 악의가 있는 거짓말을 지칭함

통 눕다, 있다 **명** 거짓말(↔ truth)

[syn] deceit, falsehood, fabrication

If you lie straight on your side like a 'log,' that means you're easygoing and social. [11]
만약 당신이 통나무처럼 반듯이 눕는다면 당신은 태평하고 사교적인 사람이라는 의미다.

[어형] liar 거짓말쟁이 lied (과거, 과거분사) lying (현재분사)

127

party
[pá:rti]

★★★★★

25/12 출제확률 55.1%

어원 part(부분) + y(명사형 접미사) → 당파, 그룹

명 당파, 일행, 당사자, 모임

Your party and the other party are sitting across a table. [10]
당신의 일행과 다른 일행들이 테이블 건너편에 앉아 있다.

[어형] party government 정당 정치(party politics)

128

material
[mətíəriəl]

★★★★★

24/12 출제확률 55.1%

어원 matter(사건, 문제) + al → 사건이나 문제에 연관된 실체 → 물질, 재료

명 물질, 재료, 소질 **형** 물질적인

To remove any impure materials [04]
불순물을 제거하기

[어형] materialism 물질주의 materialistic 물질주의적인 nonmaterial 비물질적인

129

solution
[səlúːʃən]
★ ★ ★ ★ ★
23/12 출제확률 55.1%

어원 solu(= loosen 느슨하게) + tion(~것) → (문제를) 풀 수 있게 느슨하게 하는 것 → 해법, 해결

명 해법, 해결, 용해

Ultimate solutions for fuel and food problems [07]
연료와 식량 문제에 대한 궁극적인 해결책

[어형] soluble 용해성이 있는, 해결 가능한

130

favor
[féivər]
★ ★ ★ ★ ★
18/12 출제확률 55.1%

어원 호의적인 감정을 나타내는 것에 활용됨

명 호의, 찬성, 부탁 *respond to ~에 답하다. 호응하다

You both will be responding favorably to the more familiar face. [10]
두 분 모두 더 낯익은 얼굴에 더 호의적인 반응을 보이실 될 것입니다.

[어형] favorable 호의적인 favorably 호의적으로 favored 호의를 사고 있는, 인기 있는 favoring 순조로운

131

suffer
[sʌfər]
★ ★ ★ ★ ★
24/12 출제확률 55.1%

어원 suf(아래에서) + fer(= bear 참다) → 아래에서 참다 → 고통 받다

통 겪다, 고통받다, 시달리다

[idiom] suffer from ~로 고통받다, ~로 시달리다

The public suffers from a groundless fear. [09]
사람들이 근거 없는 두려움에 고통 받고 있다.

[어형] suffered (과거, 과거분사) suffering 고통, 괴로움

132

fit
[fit]
★ ★ ★ ★ ★
18/12 출제확률 55.1%

어원 목적, 용도, 일 따위에 적합한 것을 지칭함

통 ~에 맞다 형 적합한, 맞는, 건강한

[idiom] fit in 들어맞다, 조화하다

Walking is the easiest way to keep ourselves fit. [08]
걷기는 우리 건강을 지키는데 가장 쉬운 방법이다.

[어형] fitness 건강함, 신체단련 fittest (모양이나 크기가) 가장 맞는 fitting 맞는, 적당한 unfit 부적합한

133

rare
[rɛər]
★ ★ ★ ★ ★
17/12 출제확률 55.1%

어원 접하거나 보기에 드물 정도임을 나타냄

형 드문, 진귀한; 덜 익은

[syn] scarce, infrequent, uncommon

People rarely get their best ideas at work. [07]
사람들이 최선의 아이디어를 직장에서 얻는 것은 드물다.

[어형] rarely 드물게, 좀처럼 ~하지 않는 rarer 더 드문(비교급)

134

prefer
[prifə́ːr]
★ ★ ★ ★ ★
21/12 출제확률 55.1%

어원 pre(먼저) + fer(= carry 가져가다) → (더 좋아하니) 먼저 가져가다 → 더 좋아하다

통 선호하다, 더 좋아하다

Your friend will prefer the true print. [10]
당신의 친구는 실제 그림(사진)을 더 선호할 것이다.

[어형] preferable 더 좋은, 선호되는 preference 선호(도) preferred 우선의, 발탁된

135

complex
[kəmpléks]
★★★★★
17/12 출제확률 55.1%

[어원] com(함께, 서로) + plex(= fold 접은) → 함께 접어놓아 복잡하다

[명] 복합체; 콤플렉스 [형] 종합의, 복잡한

These complex problems can no longer be solved by individual countries. [08]
이러한 복잡한 문제들은 더 이상 개별 국가들에 의해 해결될 수 없다.

[어형] complexity 복잡성

136

publish
[pʌbliʃ]
★★★★★
22/12 출제확률 55.1%

[어원] publ(= people 사람들) + ish(~하다) → 사람들에게 알리다

[동] 발표하다, 출판하다

The school yearbook will be published soon. [01]
학교 졸업앨범이 곧 발간될 것이다.

[어형] published (과거, 과거분사) publisher 출판인, 출판사 publishing 출판, 발행

137

purpose
[pə́:rpəs]

★★★★★
20/12 출제확률 55.1%

[어원] pur(앞) + pos(= put 놓다) → 앞에 놓은 것 → 목적

[명] 목적, 목표 [동] 작정하다, 의도하다

[idiom] on purpose 일부러, 고의로 for the purpose ~할 목적으로, ~할 셈으로

The purpose of your letter is very simple. [03]
당신 편지의 목적은 매우 단순하다.

[어형] purposeful 고의적인

138

apply
[əplái]

★★★★★
19/12 출제확률 55.1%

[어원] ap(~로) + ply(나타내다, 가리키다) → (의사를) 나타내다

[동] 적용하다, 신청(지원)하다

[idiom] apply to ~에 적용하다 apply for ~에 지원하다 visa application 비자 신청

To apply, send your application form by December 1, 2003. [04]
지원을 하시려면 지원서를 2003년 12월 1일까지 송부해 주십시오.

[어형] application 신청 applied 응용의

139

chemical
[kémikəl]
★★★★★
20/12 출제확률 55.1%

[어원] chem(화학) + (i)cal(~적인) → 화학적인, 화학의

[형] 화학의, 화학적인 [명] 화학물질

They are very useful for controlling weeds without using chemicals. [00]
화학약품을 사용하지 않고 잡초를 제거(통제)하는데 그것들은 매우 유용하다.

[어형] chemistry 화학 neurochemical 신경화학의, 신경화학물질

140

deal
[di:l]

★★★★★
19/12 출제확률 55.1%

[어원] 상대와 거래하거나 협상을 하는 것을 지칭함

[명] 거래, 분량 [동] 다루다(treat); 분배하다

[idiom] deal with 다루다, 처리하다

Science and technology have changed a great deal since 19th century. [99]
19세기부터 과학과 기술은 많은 변화를 가져왔다.

[어형] dealer 딜러, 상인 dealing 거래

141

respect

[rispékt]

★★★★★

19/12 출제확률 55.1%

[어원] re(다시) + spect(= look 보다, 바라보다) → 존경하다

[명] 존경, 경의 [동] 존경하다, 존중하다

For the past 25 years you have been a valued and respected employee of this company. [05]
지난 25년간 당신은 이 회사에서 인정과 존경을 받는 직원이었다.

[어형] disrespectful 무례한 respectable 존경할 만한 respected 훌륭한, 높이 평가되는 respectively 각각의

142

reserve

[rizə́:rv]

★★★★★

18/12 출제확률 55.1%

[어원] re(뒤에, 다시) + serve(= keep 보관하다) → (다시 쓸 수 있게) 비축해놓다, 예약하다

[명] 비축, 보유 [동] 보존하다, 예약하다

To reserve a copy of the book, you must go to Room 212 by November 30. [01]
책 복사를 예약하시려면 212번 방에 11월 30일까지 가셔야 합니다.

[어형] reservation 예약 reserved 보류한, 예비의, 제한된

143

serve

[sə:rv]

★★★★★

20/12 출제확률 55.1%

[어원] servus(= slave 노예)에서 유래되었다.

[동] 제공하다; 섬기다, 봉사하다

Do complain quietly when you are not satisfied with what you are served. [03]
당신이 요리에 만족하지 않는다면 조용히 항의하라.

[어형] served (과거, 과거분사) service 서비스

144

recommend

[rèkəménd]

★★★★★

14/12 출제확률 55.1%

[어원] re(다시) + com(함께) + mend(말하다)

[동] 추천하다, 제안하다, 권고하다

Then I'd recommend this model which comes with training wheels. [11]
그렇다면 보조 바퀴가 달린 이 모델을 추천하고 싶군요.

[어형] recommendation 추천, 권고 recommended (과거, 과거분사) recommending (현재분사)

145

attitude

[ǽtitjù:d]

★★★★★

23/12 출제확률 55.1%

[어원] att(적합한) + tude(~것) → ~에 적합한 것

[명] 태도, 자세, 사고방식

This affects their whole attitude toward school and learning. [04]
이것은 학교와 배움에 대한 그들의 모든 태도에 영향을 미친다.

146

threat

[θret]

★★★★★

17/12 출제확률 55.1%

[어원] 말이나 행동으로 상대를 위협하는 행위

[명] 위협, 협박

[syn] danger, hazard, risk

We should be ready to fight for the right to tell the truth whenever it is threatened. [02]
우리는 위협을 받더라도 진실을 말할 수 있는 권리를 위해 싸울 준비가 되어 있어야 한다.

[어형] non-threatening 위협적이지 않은 threaten 협박하다, 위협하다 threatened 멸종위기에 직면한 threatening 위협적인, 협박하는

147
ignore
[ignɔ́:r]
★ ★ ★ ★ ★
19/12 출제확률 55.0%

[어원] i(부정) + gno(알다) + re(~하다) → 알면서도 모르게 하다 → 무시하다

[통] 무시하다, 외면하다, 간과하다

We cannot ignore their interests. [00]
우리는 그들의 관심사(이익)를 무시할 수 없다.

[어형] ignorance 무지, 무식 ignorant 무지한, 무지막지한 ignored 무시된 ignoring (과거, 과거분사)

148
fortunate
[fɔ́:rtʃənət]
★ ★ ★ ★ ★
19/12 출제확률 55.0%

[어원] fortune(행운) + ate(~하다) → 운이 좋다

[형] 행운의, 운이 좋은

Unfortunately, the rain tonight was unexpectedly heavy. [06]
불운하게도, 오늘 저녁에 내린 비는 예상 외로 많았다.

[어형] fortunately 다행히 unfortunate 운이 없는, 불운한 unfortunately 불행하게도

149
attend
[əténd]
★ ★ ★ ★ ★
15/12 출제확률 55.0%

[어원] at(~에) + tend(~향하다) → ~에 향하다 → 참석하다

[통] 참석하다, ~에 주의를 기울이다

You have attended the school music festivals. [01]
당신은 그 학교 음악 축제에 참석하였다.

[어형] attendant 종업원, 안내원 attended (과거, 과거분사) attending (현재분사) attentive 주의를 기울이는 attendance 출석, 참석

150
pride
[praid]
★ ★ ★ ★ ★
18/12 출제확률 55.0%

[어원] pri~는 '가치, 첫 번째'를 뜻한다.

[명] 자랑, 자존심

We feel an almost parental pride on this day. [03]
우리는 오늘 부모와도 같은 자랑스러움을 느낀다.

[어형] proud 자랑스러운, 오만한 proudly 자랑스럽게

151
humor
[hjú:mər]
★ ★ ★ ★ ★
19/12 출제확률 55.0%

[어원] 기분을 일시적으로 부드럽게 해주는 말이나 행동

[명] 유머, 해학

[idiom] without humor 재미없이

She finds humor in the silliest things. [03]
그녀는 정말 바보 같은 것에서 유머를 찾았다.

[어형] humorous 재미있는, 웃기는 non-humorous 재미없는

152
prove
[pru:v]
★ ★ ★ ★ ★
14/12 출제확률 55.0%

[어원] 구체적인 물증이나 증거로 확인시켜 줌

[통] 증명하다, 입증하다, 드러나다

[idiom] prove out 잘 되어가다, 검사에 합격하다

It is proven that when a speaker glances at his watch, many in the audience do the same. [03]
연설자가 시계를 보면 다수의 청중들도 이를 따라한다는 것은 증명되었다.

[어형] proof 증거(물) proved (과거, 과거분사) proven 입증된 proving (현재분사)

153

focus

[fóukəs]

★★★★★

32/11 출제확률 50.7%

[어] 사물의 중심(점)을 지칭하는 것으로써 특정한 부분을 일컬음

몡 초점, 주안점 동 집중하다

[idiom] focus on ~에 집중하다 out of focus 벗어나다, 흐릿하다

The audience is not fully focusing on the speech. [03]

청중들은 연설에 완전히 집중하지 않는다.

[어형] focused 집중적인 focusing (현재분사) unfocused 초점이 맞지 않는

154

rate

[reit]

★★★★★

37/11 출제확률 50.6%

[어] 수나 양 따위를 상호 비교할 때 수치로 나타내는 것

몡 비율(ratio), 속도 동 평가하다

[idiom] growth rate 성장률

At this rate, you will get a promotion soon. [00]

이 속도라면, 당신은 곧 승진하게 될 것이다.

[어형] rating 순위, 평가 rated load 정격 하중 rated power 정격 출력

155

round

[raund]

★★★★★

25/11 출제확률 50.6%

[어] 미국에서는 around를 사용하는데 원형 개념이 지배적임

형 둥근, 원형의

[idiom] round-the-clock 밤낮 없이 계속되는 the other way round 반대로, 거꾸로

There is twenty-four-hour repair and round-the-clock shopping. [10]

24시간 운영되는 정비소와 쇼핑센터가 있다.

[어형] rounder 더 둥근(비교형) round-the-clock 24시간 계속되는 round-trip 왕복 여행의

156

reduce

[ridju:s]

★★★★★

22/11 출제확률 50.5%

[어] re(= back 뒤로) + duce(= lead 이끌다) → 줄이다

동 줄이다, 인하하다 [ant] increase

The sign may say something like "15% Off," or "Reduced 20%," or "Half Price". [02]

그 표지판은 아마 "15% 할인", 혹은 "20% 인하", 혹은 "절반 가격" 등으로 써 있을 것이다.

[어형] reduced 줄인, 감소한 reducing 체중 감량법 reduction 축소, 감소

157

frustrate

[frʌstreit]

★★★★★

19/11 출제확률 50.5%

[어] frost(서리) + ate(~하다) → 서리로 인해 농작물을 망쳤다 → 좌절하다

동 좌절시키다, 실망시키다

Which condition was more frustrating? [09]

어떤 상황이 더 절망적이었는가?

[어형] frustrated 좌절한, 실망한 frustrating 불만스러운 frustration 좌절감, 불만

158

charge

[tʃa:rdʒ]

★★★★★

18/11 출제확률 50.5%

[어] 법률상의 책임을 부담시키는 것 외에도 짐이나 화물의 뜻으로도 쓰임

동 청구하다; 충전하다 몡 혐의, 기소; 충전

[idiom] free of charge 무료로 in charge of ~를 관리하고 있는

If you reside in this area, you may get it free of charge. [07]

당신이 이 지역에 거주하고 있다면 그걸 무료로 가져갈 수 있다.

[어형] charged 격한, 열정적인 rechargeable 재충전되는

159

impress
[imprés]
★★★★★
22/11 출제확률 50.5%

[어원] im(안으로) + press(누르다) → 마음을 감동 깊게 누르다

[동] 감명을 주다, 감동시키다 [명] 인상

People tend to stick to their first impressions. [07]
사람들은 첫 인상에 집착하는 경향이 있다.

[어형] impressed 감명[감동]을 받은 impression 인상 impressive 인상적인 impressively 인상 깊게

160

quality
[kwáləti]

★★★★★
22/11 출제확률 50.5%

[어원] quantity(양)와 상대적인 개념으로 사용됨

[명] 질, 특질, 성질; 특성 [형] 고급의

[idiom] quality of life 삶의 질

Automobiles damage the urban environment and lower the quality of life in big cities. [07]
자동차는 대도시에서 도심 환경을 훼손하고 삶의 질을 떨어뜨린다.

161

further
[fɔ́:rðər]
★★★★★
19/11 출제확률 50.5%

[어원] 거리의 개념에 사용하며 far의 비교급

[부] 더욱이, 더 먼; 게다가

[idiom] further notice 추가 공지, 추후 통지

Please remain inside until further notice. [01]
추가 공지가 있을 때까지 실내에 계십시오.

162

gather
[gǽðər]

★★★★★
13/11 출제확률 50.5%

[어원] get(받다, 얻다)에서 유래했다.

[동] 모으다, 수집하다 [명] 모임

[idiom] gather in ~에 모이다

People brought drinks from the bar and gathered in groups. [03]
사람들은 바에서 음료를 가져와 모여 들었다.

[어형] gathered (과거, 과거분사) gathering 모임, 수집

163

compare
[kəmpɛ́ər]

★★★★★
19/11 출제확률 50.5%

[어원] com(함께) + par(동등한) → 같이 동등하게 비교하다

[동] 비교하다, 비유하다

[idiom] compare with ~와 비교하다

We're now comparing the universe with human beings. [09]
우리는 지금 인간을 우주와 비교하고 있다.

[어형] comparable 비교할 만한 compared 비교하다 comparing 비교, (현재분사) comparison 비교

164

factor
[fǽktər]
★★★★★
17/11 출제확률 50.5%

[어원] fact(사실) + or(~것, 사람) → 요소

[명] 요인, 요소(element); 원인

But still it is a more favored factor for women than for men. [08]
그러나 그것은 여전히 남성들보단 여성들이 더 선호하는 요소이다.

[어형] factored (과거, 과거분사) factorage 중개 수수료(brokerage)

TEST 4

1. 아래의 단어에 맞는 뜻을 골라 선으로 이어주세요.

139 chemical ●   ⓐ 좌절시키다, 좌절하다

148 fortunate ●   ⓑ 화학의; 화학물질

157 frustrate ●   ⓒ 더욱이, 더 먼

133 rare ●   ⓓ 증명하다

140 deal ●   ⓔ 운이 좋은

149 attend ●   ⓕ 참석하다, ~에 주의를 기울이다

151 humor ●   ⓖ 섬기다, 봉사하다

160 quality ●   ⓗ 거래, 분량; 분배하다

143 serve ●   ⓘ 유머

152 prove ●   ⓙ 드문, 진귀한

161 further ●   ⓚ 질, 특질, 성질

153 focus ●   ⓛ 초점; 집중하다

130 favor ●   ⓜ 위협, 협박

146 threat ●   ⓝ 호의, 찬성

2. 아래 문장의 알맞은 뜻을 보기에서 고르세요.

a. For the past 25 years you have been a valued and respected employee of this company. ( )

b. The purpose of your letter is very simple. ( )

c. The school yearbook will be published soon. ( )

d. The audience is not fully focusing on the speech. ( )

e. People brought drinks from the bar and gathered in groups. ( )

f. Automobiles damage the urban environment and lower the quality of life in big cities. ( )

g. The sign may say something like "15% Off," or "Reduced 20%," or "Half Price". ( )

보기
① 청중들은 연설에 완전히 집중하지 않는다.
② 당신 편지의 목적은 매우 단순하다.
③ 지난 25년간 당신은 이 회사에서 인정과 존경을 받는 직원이었다.
④ 사람들은 바에서 음료를 가져와 모여 들었다.
⑤ 자동차는 대도시에서 도심 환경을 훼손하고 삶의 질을 떨어뜨린다.
⑥ 학교 졸업앨범이 곧 발간될 것이다.
⑦ 그 표지판은 아마 "15% 할인", 혹은 "20% 인하", 혹은 "절반 가격" 등으로 써 있을 것이다.

정답: ③ ② ⑥ ① ④ ⑤ ⑦

165

participate
[pa:rtísəpèit]

★★★★★

17/11 출제확률 50.5%

[어원] parti(= part) + cip(= take) + ate(하다) → 부분을 차지[참가]하다

[동] 참가하다, 참여하다, 참석하다

[idiom] participate in ~에 참여하다

The programs require active student participation. [06]
그 프로그램들은 학생들의 활발한 참여가 필요하다.

[어형] participant 참가자 participating (현재분사) participation 참가

166

medical
[médikəl]

★★★★★

16/11 출제확률 50.5%

[어원] medic(의사) + al(~한, ~것) → 의사가 하는 일은 진료

[명] 진료, 의대생 [형] 의학(의료)의, 의사의

Larrey began his medical studies in Toulouse. [07]
레리는 의학 공부를 툴루즈에서 시작했다.

[어형] medically 의학적으로 me dicalize 치료하다 *medical certificate 진단서

167

race
[reis]

★★★★★

20/11 출제확률 50.5%

[어원] racism은 인종 차별주의라는 의미이다.

[명] 민족, 인종; 경주(시합) [동] 경주하다

[ant] positive 긍정적인, 적극적인

It derives from the original shoes adopted in cold climates by races such as Eskimos. [07]
그것은 에스키모인과 같은 민족들이 원래 추운 날씨에서 신는 신발에서 유래되었다.

[어형] racial 인종의, 민족의 racing 경마, 경주

168

negative
[négətiv]

★★★★★

19/11 출제확률 50.5%

[어원] neg(= no 아니오) + (a)tive(~한) → 싫다고 하는(부정적인)

[형] 부정적인, 소극적인(passive); (의학) 음성의

They will protect themselves to escape from your negative reaction. [09]
그들은 당신의 부정적인 반응을 피해 자신들을 보호할 것이다.

[어형] negation 부정, 결여 *positive(긍정적인)

169

disease
[dizí:z]

★★★★★

18/11 출제확률 50.5%

[어원] dis(아닌) + ease(편안, 평안) → 편치 않게 하는 것은 질병

[명] 병, 질병; 부패

[idiom] deficiency disease 결핍증

Those with heart disease should ask their doctor first before taking a bath above 39℃. [01]
심장질환을 가지고 있는 사람들은 39℃ 이상에서 목욕을 하기 전에 먼저 의사와 상의해야 한다.

170

measure

[méʒər]

★★★★★

19/11 출제확률 50.5%

[어원] 계측이나 평가의 기준을 나타냄

명 측정, 수단; 대책, 조치 동 측정하다

[idiom] measure up (희망, 표준 등에) 부합하다, 들어맞다

The observed light measured by the receiver is increased. [10]

수신기에 의해 측정된 빛이 증가했다.

[어형] measurable 측정할 수 있는 measured 신중한, 정확히 잰 measuring 측정용의

171

regret

[rigrét]

★★★★★

15/11 출제확률 50.5%

[어원] re(= back 뒤) + gret(= weep 슬피 울다) → 뒤돌아서 슬피 울다 → 후회하다, 유감이다

명 후회, 유감 동 후회하다, 유감이다

The doctor said, with tears in his eyes, "I regret to tell you that Simba is dead". [00]

의사는 눈물을 흘리며 "Simba가 죽은 것을 네게 말해야 하다니 안타깝다."라고 말했다.

[어형] regretful 후회하는, 유감스러워하는 regretfully 유감스럽게도 regretted (과거, 과거분사)

172

instruction

[instrʌkʃən]

★★★★★

15/11 출제확률 50.5%

[어원] in(안에) + struct(짓다) + ion(~것) → (몸)내부에 무언가를 형성시키는 것 → 가르침

명 가르침, 지시, 설명

They write the musical notes along with detailed instructions. [07]

그들은 자세한 설명과 함께 악보를 적는다.

[어형] instructed 교육을 받은 instructing (현재분사) instructor 강사, 교사

173

aware

[əwéər]

★★★★★

18/11 출제확률 50.5%

[어원] a(강조) + war(지켜보다) → 지켜보고 있으니 알고 있다

형 알고 있는, 깨달은, 의식하는

[idiom] be aware of ~을 알아채다, 인지하다

Few people are aware that 1883 is an important year. [03]

소수의 사람들만 1883년이 중요한 해라는 것을 알고 있다.

[어형] awareness 자각, 인지 unaware ~을 알아채지 못하는

174

stick

[stik]

★★★★★

17/11 출제확률 50.5%

[어원] 다소 뾰족한 도구나 막대기를 의미함

명 막대기 동 붙이다, 달라붙다; 찌르다

[idiom] stick with ~를 고수하다 stick to ~에 집착하다

Somebody spilled juice all over th e bench. It's all sticky. [06]

누군가가 벤치 전체에 주스를 쏟았다. 보통 끈적끈적하다.

[어형] sticker 스티커, 붙이는 것 sticking 끈적거림 sticky 끈적거리는 stuck 곤경에 빠져, 움직일 수 없는

175

supply

[səplái]

★★★★★

19/11 출제확률 50.5%

[어원] sup(아래에, ~대신에) + ply(채우다) → 밑에서 계속 채우다 → 공급하다

명 공급, 보급품, 비축물자 동 공급하다

[ant] demand 수요(want)

There is a gap between the labor supply and demand. [03]

노동력의 공급과 수요에 차이가 있다.

[어형] supplied (과거, 과거분사) supplier 공급자

176

issue
[íʃuː]
★★★★★
17/11 출제확률 50.4%

어원 책이나 티켓 따위를 발행하는 것을 지칭함

명 문제, 사안, 쟁점; 발행(물) 통 발행하다

In fact, police do issue permits to qualified hunters. [02]
사실, 경찰은 자격이 있는 사냥꾼에게 허가를 내준다.

[어형] issued (과거, 과거분사) *take issue with(이의를 제기하다)

177

responsible
[rispánsəbl]
★★★★★
18/11 출제확률 50.4%

어원 respons(응답하다) + (i)ble(~할 수 있는) → (원가를 시키면) 응답을 하는 → 책임 있는

형 책임 있는, 담당의 *be responsible for(~을 담당하다, ~을 맡다)

Borrowers are responsible for returning items on time and in good condition. [07]
빌린 사람은 물건을 양호한 상태로 정시에 반납할 책임이 있다.

[어형] responsibility 책임, 책무 responsiveness 민감성 irresponsible 무책임한, 책임감이 없는

178

nerve
[nəːrv]
★★★★★
17/11 출제확률 50.4%

어원 nerve + ous(많은) → nervous(긴장한, 신경질적인)

명 신경(조직), 용기, 긴장; 뻔뻔스러움

Her nerves were hurting her. [09]
그녀의 긴장이 그녀를 아프게 하고 있었다.

[어형] nervousness 신경과민, 겁 nerve cell 신경 세포

179

compose
[kəmpóuz]
★★★★★
15/11 출제확률 50.4%

어원 com(함께) + pose(놓다, 위치하다) → 구성하다

통 구성하다, 작곡하다, 만들다

The most productive composer, Schubert wrote music. [03]
가장 생산적인 작곡가인 슈베르트는 작곡을 했다.

[어형] composed 침착한 composer 작곡가 composition 구성, 작곡, 작품

180

reply
[riplái]
★★★★★
18/11 출제확률 50.4%

어원 re(다시) + ply(가리키다. 나타내다) → 대답하다 *속어로 '리플'이라고 많이 쓴다.

명 대답, 응답 통 대답하다, 답변하다

[ant] answer, response, return

She replied to his letter quickly. [09]
그녀는 그의 편지에 신속히 답했다.

[어형] replied (과거, 과거분사) replying (현재분사)

181

convenient
[kənvíːnjənt]
★★★★★
14/11 출제확률 50.4%

어원 con(함께) + ven(오다, 나오다) + (i)ent(~한) → 하나에서 모든 것이 다 나오니 편리하다

형 편리한, 간편한

Would it be convenient if I called you next Monday? [02]
제가 월요일에 전화를 드려도 괜찮을까요?

[어형] convenience 편의, 편리한 것 inconvenience 불편[한 것] conveniently 편리하게, 쉽게

182

occasion

[əkéiʒən]

★ ★ ★ ★ ★

14/11 출제확률 50.4%

[어원] oc(= down 아래) + cas(= fall 떨어지다) + ion(~것) → 갑자기 떨어진 것 → 기회

[명] 행사; 경우, 기회(opportunity, chance)

Occasionally, we were entertained by the sweet sounds of trees and small animals. [00]

우리는 가끔 들려오는 상쾌한 나무 소리와 작은 동물들의 소리에 즐거워했다.

[어형] occasional 가끔의 occasionally 가끔

183

destroy

[distrɔ́i]

★ ★ ★ ★ ★

14/11 출제확률 50.4%

[어원] de(아래, 아닌) + story(짓다) → 짓는 것의 반대는 파괴

[동] 파괴하다, 파기하다, 훼손하다

We cannot destroy our neighbors. [10]

우리는 우리의 이웃을 파괴할 수 없다.

[어형] destroyed (과거, 과거분사) destroying (현재분사)

184

mathematics

[mæθəmǽtiks]

★ ★ ★ ★ ★

41/10 출제확률 46.1%

[어원] math(수) + mat(move) + ics(명접) → 일반적으로 약칭인 math로도 통한다.

[명] 수학(math); 수리, 셈

I think you should major in mathematics or computer science. [01]

내 생각에 당신은 수학이나 컴퓨터 공학을 전공해야 한다.

[어형] mathematical 수학의 mathematician 수학자

185

advertise

[ǽdvərtàiz]

★ ★ ★ ★ ★

30/10 출제확률 46.1%

[어원] ad(~로) + vert(돌리다) + ise(~하다) → 관심을 돌림

[동] 광고하다, 홍보하다

Effects of advertisements on TV viewers [09]

TV 시청자들에게 미치는 광고의 영향

[어형] ads 광고 advertised 광고된 advertisement 광고 advertiser 광고주

186

image

[ímidʒ]

★ ★ ★ ★ ★

27/10 출제확률 46.0%

[어원] 시각적인 것뿐만 아니라 상상에 의한 이미지도 포함함

[명] 상(像), 이미지, 모습

Television picture tubes enable viewers to see the image that is formed inside the tube. [08]

텔레비전 브라운관은 시청자들이 브라운관 내에 형성된 이미지를 볼 수 있게 한다.

[어형] self-image 자아상 imaginary 상상의, 가상의 imagination 상상력

187

reach

[ri:tʃ]

★ ★ ★ ★ ★

25/10 출제확률 46.0%

[어원] 어떤 목적이나 결과, 행선지에 도달함을 나타냄

[동] 도착하다(arrive at), 도달하다, 닿다

[idiom] within reach 손이 닿는 곳에, 힘이 미치는 곳에

It took about six hours to reach the top. [00]

꼭대기까지 올라가는데 6시간 걸렸다.

[어형] reached (과거, 과거분사) reaching 뻗치기, 도달하기 *reach an agreement(합의에 이르다)

188

volunteer
[vàləntíər]
★★★★★
24/10 출제확률 46.0%

[어원] vol(자발적인) + er(사람) → 자발적으로 하려는 사람 → 지원자

명 지원자, 자원봉사자 **동** 봉사하다, 자원하다

He worked along with volunteers. [02]
그는 자원봉사자들과 함께 일했다.

[어형] volunteering (현재분사) volunteerism 자유 지원제 volunteered (과거, 과거분사)

189

describe
[diskráib]
★★★★★
24/10 출제확률 46.0%

[어원] de(아래에) + scribe(= write 적다) → 아래에 (어떤지) 적다 → 묘사하다

동 묘사하다, 설명하다, 그리다

She described in her book some important differences. [02]
그녀는 자신의 책에서 일부 중요한 차이점을 묘사했다.

[어형] described (과거, 과거분사) describing 묘사하는 description 묘사, 서술

190

pain
[pein]
★★★★★
21/10 출제확률 46.0%

[어원] painful(고통스러운) → pain(고통) + ful(많은) *poena(형벌)에서 파생되었다.

명 고통, 아픔, 통증 **동** 아프다

More than two-thirds of all adults experience lower-back pain. [02]
성인 2/3이상이 허리 통증을 겪어봤다.

[어형] painful 고통스러운 *pain and sufferring(위자료)

191

discount
[dískaunt]
★★★★★
19/10 출제확률 46.0%

[어원] dis(아닌, 뒤로) + count(세다) → 덜 세다 → 할인하다

명 할인, 인하 **동** 무시하다(ignore), 도외시하다

Then she'll get a 50% discount. [01]
그러면 그녀는 50% 할인을 받게 된다.

[어형] discountable 특별할인의, 할인할 수 있는

192

select
[silékt]
★★★★★
19/10 출제확률 46.0%

[어원] se(나뉜, 따로) + lect(선택하다) → 고르다

동 고르다(choice), 선발하다, 엄선하다

Selecting and assembling scenes, they cut out parts that don't fit in well. [06]
장면들을 선별하고 붙이면서 잘 맞지 않는 부분은 버린다.

[어형] selected 선택된, 선발된 selecting 선택 selection 선택, 선발 *select committee(특별 위원회)

193

term
[təːrm]
★★★★★
23/10 출제확률 46.0%

[어원] 일정한 기간이나 조건을 나타냄

명 기간, 임기; 용어

[idiom] in terms of ~에 관하여, ~에 대해서

We want to describe our society in terms of age. [08]
우리는 연령 관점에서 사회를 말하고자 한다.

[어형] midterm 중간의 *long term(장기의) / short term(단기의)

194

deliver

[dilívər]

★★★★★

20/10 출제확률 45.9%

[어원] de(멀리) + liver(자유로운) → 자유로이 멀리 보내다 → 배달하다

[동] 배달하다, 연설하다

We want answers faster than they can be delivered. [10]
우리는 대답이 전달되기도 전에 답을 원한다.

[어형] delivered 배달료 포함의 delivering (현재분사) delivery 배달, 운송

195

concern

[kənsɔ́:rn]

★★★★★

20/10 출제확률 45.9%

[어원] con(함께) + cern(가려내다) → 어떤 문제를 함께 가려내며 걱정함

[명] 관심; 염려, 걱정(worry, anxiety) [동] 우려하다, 걱정하다

She was concerned and frightened.
그녀는 걱정했고 놀랐다. [06]

[어형] concerned 걱정스러운, 관계하는 concerning ~에 관하여 unconcerned 개의치 않는

196

politic

[pálətìk]

★★★★★

14/10 출제확률 45.9%

[어원] poli(도시) + tic(~한) → 도시를 이끌어가는 데 사용하는 것 → 정치

[형] 정치의, 정치적인; 현명한 [명] 지배 관계, 정치 역학

Global politics, as a result, have become more complex. [02]
결과적으로, 국제 정치는 더 복잡해졌다.

[어형] political 정치적인 politically 정치적으로 politician 정치인 politics 정치, 정치학

197

transport

[trænspɔ́:rt]

★★★★★

20/10 출제확률 45.9%

[어원] trans(~를 넘어) + port(= carry) → 수송하다

[명] 교통, 수송 [동] 수송하다, 운송하다, 이동하다

Buses, partly supported by the city, transport many people throughout the area.
[01]
시로부터 부분적인 지원을 받는 버스들은 그 지역에서 많은 사람들을 실어 나른다.

[어형] transportation 수송, 운송료

198

extreme

[ikstrí:m]

★★★★★

16/10 출제확률 45.9%

[어원] extremely(극단적으로) → extreme(극단) + ly(부사, ~하게)

[명] 극단, 과격 [형] 극단적인, 극단의; 지나친

This 'no pain, no gain' approach is extremely stressful. [07]
이러한 '고통 없이 얻는 것은 없다'라는 식의 접근은 스트레스를 많이 받게 한다.

[어형] extremely 매우, 극도로 extremity 극한 extremism 극단주의

199

position

[pəzíʃən]

★★★★★

16/10 출제확률 45.9%

[어원] pose(위치하다, 자세) + tion(명사형 접미어, ~것) → 위치

[명] 위치, 지위, 입장, 장소

We have both full-time and part-time positions. [04]
종일 근무와 파트타임 근무 자리가 있다.

[어형] positioned (과거, 과거분사) positioning 포지셔닝(위치를 잡는 것)

200

contribute

[kəntríbju:t]

★★★★★

21/10 출제확률 45.9%

[어원] con(함께) + tribute(= give (나누어)주다) → 함께 나누어 주다 → 공헌하다

[통] 공헌하다, 기부하다(donate), 기여하다

They are more likely to contribute to the improvement of the school. [04]
그들은 학교 발전에 더 기여하고자 한다.

[어형] contributed (과거, 과거분사) contributing (현재분사) contribution 기여, 기부

201

feature

[fí:tʃər]

★★★★★

19/10 출제확률 45.9%

[어원] fea(= fact 위업, 솜씨) + (t)ure(~것) → 특색

[명] 특징, 용모; 특색 [통] 특색이 되다, 출연하다

Some of them will show you the speed limit or road features. [01]
그것들 중 일부는 당신에게 속도 제한이나 길의 특성을 알려줄 것이다.

[어형] feature-length 장편의 feature story 특집 기사

202

mark

[ma:rk]

★★★★★

19/10 출제확률 45.9%

[어원] 특정한 곳에 나타내는 표시나 기호(sign)

[명] 기호, 표시 [통] 채점하다, 표시하다

[idiom] OMR(Optical Mark Reader) 광학식 표시 판독기

We rarely interpret marks on paper as references to the paper itself. [09]
우리는 종이에 쓰인 내용이 그 종이에 대한 것이라고는 좀처럼 생각하지 않는다.

[어형] marked 뚜렷한, 표시된 marking 표시, 무늬

203

mere

[miər]

★★★★★

14/10 출제확률 45.9%

[어원] 부사가 아닌 형용사로 '단순한'의 의미로 쓰임

[형] 단순한; 한낱, 단지

[syn] just, bare, only

Visiting the theater was not merely for the purpose of entertainment. [10]
그 극장을 방문하는 목적이 단순히 즐기기 위한 것만은 아니다.

[어형] merely 그저, 단지

204

delight

[diláit]

★★★★★

16/10 출제확률 45.9%

[어원] de(완전히) + light(빛) → 앞일이 빛처럼 밝음(일이 잘됨) → 매우 기쁨

[명] 기쁨, 즐거움 [통] 기쁘게 하다; 기꺼이 ~하다

I'm delighted to share all this with my readers. [03]
나는 이 모든 것을 독자들과 나눌 수 있어 기쁘다.

[어형] delighted 아주 기뻐하는 delightful 기분 좋은

205

besides

[bisáidz]

★★★★★

13/10 출제확률 45.9%

[어원] beside(~옆에) + es(복수형) → 옆에 있는 것들 → ~외에

[부] ~외에, ~을 제외하고 [형] 게다가

We can't. The boat already left. Besides, we didn't make a reservation. [06]
우리는 할 수 없어요. 배는 이미 떠났고 우리는 예약도 안했잖아요.

[어법] beside(~의 곁에, 나란히)와 유사하게 활용될 경우에는 '~외에'라는 의미로 사용함 *beside oneself(제정신을 잃다)

TEST 5

1. 아래의 단어에 맞는 뜻을 골라 선으로 이어주세요.

173 aware ●

190 pain ●

192 select ●

201 feature ●

186 image ●

179 compose ●

198 extreme ●

182 occasion ●

204 delight ●

189 describe ●

195 concern ●

193 term ●

185 advertise ●

187 reach ●

ⓐ 도착하다, 도달하다

ⓑ 구성하다, 작곡하다

ⓒ 경우, 기회

ⓓ 묘사하다

ⓔ 기쁨; 매우 기쁘게 하다

ⓕ 알고 있는, 알아차린

ⓖ 관심; 걱정하다

ⓗ 상(像), 이미지, 그림

ⓘ 극단; 극단의, 매우

ⓙ 고르다, 선발한

ⓚ 특징, 용모, 특색; 특색이 되다

ⓛ 기간, 임기

ⓜ 아픔

ⓝ 광고하다

2. 아래 문장의 알맞은 뜻을 보기에서 고르세요.

a. Somebody spilled juice all over the bench. It's all sticky. (   )

b. She described in her book some important differences. (   )

c. We rarely interpret marks on paper as references to the paper itself. (   )

d. We cannot destroy our neighbors. (   )

e. Television picture tubes enable viewers to see the image that is formed inside the tube. (   )

f. We want answers faster than they can be delivered. (   )

g. This 'no pain, no gain' approach is extremely stressful. (   )

보기

① 이러한 '고통 없이 얻는 것은 없다'라는 식의 접근은 스트레스를 많이 받게 한다.

② 그녀는 자신의 책에서 일부 중요한 차이점을 묘사했다.

③ 텔레비전 브라운관은 시청자들이 브라운관 내에 형성된 이미지를 볼 수 있게 한다.

④ 누군가가 벤치 전체에 주스를 쏟았다. 보통 끈적끈적하다.

⑤ 우리는 대답이 전달되기도 전에 답을 원한다.

⑥ 우리는 우리의 이웃을 파괴할 수 없다.

⑦ 우리는 종이에 쓰인 내용이 그 종이에 대한 것이라고는 좀처럼 생각하지 않는다.

정답: ④ ② ⑦ ⑥ ③ ⑤ ①

206

excel
[iksél]
★★★★★
16/10 출제확률 45.9%

[어원] ex(밖의) + cel(높은) → (예상) 밖으로 높다 → 뛰어나다

[통] 뛰어나다, 탁월하다

Students need to excel on their aptitude tests. [06]
학생들은 자기 적성검사를 잘 볼 필요가 있다.

[어형] excellence 우수, 장점 excellent 우수한 excellency 각하; 탁월

207

mass
[mæs]
★★★★★
12/10 출제확률 45.9%

[어원] 일정한 수량이나 부류의 무리를 지칭함

[명] 덩어리, 질량; 예배 [형] 대량의; 대중의

[idiom] mass culture 대중문화 mass media 대중매체

A massive investment in the Olympics [10]
올림픽에 대한 엄청난 투자

[어형] massive 대규모의, 거대한 *mass action(질량 작용) / mass energy(질량 에너지)

208

valuable
[vǽljuəbl]
★★★★★
16/10 출제확률 45.9%

[어원] value(가치) + able(있는) → 가치 있는

[형] 가치 있는, 값비싼(expensive); 소중한, 귀중한

[ant] cheap, low-priced, inexpensive

We all know how invaluable your advice and help will be. [05]
우리 모두는 당신의 조언과 도움이 얼마나 소중한지 잘 알고 있다.

[어형] invaluable 매우 귀중한, 가치를 헤아릴 수 없는

209

climate
[kláimit]
★★★★★
17/10 출제확률 45.9%

[어원] clin(기울다) + ate(~것) → (지구가) 기움에 따라 변하는 것은 날씨이다.

[명] 기후, 날씨, 풍토

This wind, which has traveled from the North Pole, gives me a taste of the icy climate. [02]
북극에서 불어온 이 바람은 내게 냉기후를 맛보게 해준다.

[어형] climatic 기후의 acclimate 순응하다, 적응하다

210

courage
[kə́:ridʒ]
★☆★★★
18/10 출제확률 45.9%

[어원] cour(마음) + age(~것) → 마음에서 나오는 것 → 용기

[명] 용기, 용감(bravery)

This is one of the ways you can save lives with a little time and courage. [09]
이것은 당신이 잠깐의 시간과 용기로 생명을 구할 수 있는 방법 중 하나이다.

[어형] courageous 용감한 discourage 좌절시키다, 막다 discouraged 낙담한, 낙심한 discouraging 낙담시키는

scene
[sin]

★★★★★

15/10 출제확률 45.9%

어원 연극이나 영화의 특정한 장면을 나타냄

명 장면, 현장, 광경(view); 무대

[syn] site, spot, location

They speed up the action by shortening or cutting slow scenes. [06]
그들은 장면을 자르거나 줄임으로써 움직임의 속도를 높인다.

[어형] scenery 풍경, 경치 scene a faire 고비, 절정

---

significant
[signífikənt]

★★★★★

13/10 출제확률 45.9%

어원 sign(표시하다) + (i)fi(~로 하다) + cant(~한) → 표시한 것은 중요한 것이다

형 중요한, 의미 있는, 의미심장한

Your problems and challenges suddenly seem insignificant. [05]
당신의 문제들과 도전들이 갑자기 사소해 보인다.

[어형] insignificant 사소한, 하찮은 significance 중요성, 중대성 significantly 상당히, 중요하게

---

surround
[səráund]

★★★★★

12/10 출제확률 45.9%

어원 sur(~을 넘어) + round(둘레에) → 둘레를 넘어 에워싸다

명 주위, 환경(environment, circumstance) 동 둘러싸다, 에워싸다

Before long more than 3,800 caves surrounding the city had been discovered.
[10]
오래지 않아 도시 주위에서 3,800개의 동굴이 발견되었다.

[어형] surrounded 둘러싸인 surrounding 주위의, 인근의 *surround sound speaker(입체 음향 스피커)

---

contact
[kántækt]

★★★★★

17/10 출제확률 45.9%

어원 con(함께, 서로) + tact(접촉하다) → 접촉하다

명 연락, 교재, 접촉 동 접촉하다, 연락하다

[idiom] contact with ~와 접촉하다

I really need to find my phone because all my contacts are stored in it. [11]
내 모든 연락처가 그 안에 있어서 정말 내 휴대폰을 찾아야 한다.

[어형] contact agent 촉매(제) contact magazine 교제 잡지 *contact lens 콘택트렌즈

---

survive
[sərváiv]

★★★★★

16/10 출제확률 45.9%

어원 sur(~을 넘어) + viv(살다) → 위기를 넘어서 살아남다

동 생존하다, 살아남다, 견디다

But when the tree was a child, they survived a storm without losing a branch. [09]
하지만 그 나무가 작았을 땐 폭풍 속에서 나뭇가지 하나 부러지지 않고 견뎌냈다.

[어형] survival 생존 survived (과거, 과거분사)

---

pressure
[préʃər]

★★★★★

12/10 출제확률 45.9%

어원 press(누르다) + ure(~것) → 압력

명 압력, 부담, 스트레스; 기압(atmosphere)

[idiom] blood pressure 혈압

Our increased workloads put too much pressure upon us. [04]
늘어난 업무량은 우리에게 부담을 너무 많이 준다.

[어형] high-pressure 강압적인

217

pleasant

[plézənt]

★★★★★

18/10 출제확률 45.9%

[어원] please(기쁘게 하다) + ant(~한) → 즐거운

[형] 즐거운, 좋은, 유쾌한

A new facility is now available to make your visit to our concert hall more pleasant. [10]

신규 시설들은 현재 이용가능하며, 여러분의 콘서트 홀 방문을 더욱 즐겁게 해드릴 것입니다.

[어형] pleasantly 즐겁게, 상냥하게 unpleasant 불쾌한, 불편한

218

operate

[ápərèit]

★★★★★

14/10 출제확률 45.9%

[어원] opera(작업, 일) + ate(~하다) → 작업하다, 운영하다

[동] 움직이다, 운영하다, 수술하다

A human is much more capable of operating those instruments correctly. [10]

한 사람이 저 기계들을 훨씬 더 올바르게 작동시킬 수 있다.

[어형] operated 수술을 받은 operating 수술의, 경영상의 operation 수술, 작전, 운용 operator (장비, 기계를) 조작하는 사람, 전화 교환원

219

regard

[rigá:rd]

★★★★★

13/10 출제확률 45.9%

[어원] re(다시) + gard(지켜 보다) → 안부 *regardless of ~에 상관없이

[동] 관련되다, 간주하다 [명] 안부

This hole helps the kite fly fast regardless of the wind speed. [06]

이 구멍은 연이 바람의 속도와 관계없이 빠르게 날 수 있도록 도와준다.

[어형] disregard 무시하다 regarded ~로 여기다 regarding ~에 관해, ~에 대해 regardless 개의치 않고

220

desire

[dizáiər]

★★★★★

13/10 출제확률 45.9%

[어원] de(= from ~로부터) + sire(= star 별) → 별에서 무언가를 크게 원하다 → 욕구, 열망

[명] 욕구, 욕망 [동] 바라다, 간절히 원하다

People desire to make such exchanges for many reasons. [09]

사람들은 많은 이유를 들어 그러한 교환을 하려고 한다.

[어형] desirable 호감 가는, 가치 있는 desired 희망했던 undesirable 원하지 않는

221

annoy

[ənɔ́i]

★★★★★

11/10 출제확률 45.9%

[어원] an(~에게) + noy(= noise 시끄러운) → ~를 시끄럽게 하여 성가시게 하다

[동] 괴롭히다, 성가시게 하다, 귀찮게 하다

If they do not accept our values, we will become annoyed and angry. [06]

그들이 우리의 가치를 인정하지 않으면 우리는 화나고 짜증날 것이다.

[어형] annoyance 성가심 annoyed 짜증나는 annoying 성가신

222

edge

[edʒ]

★★★★★

13/10 출제확률 45.9%

[어원] 물건의 모서리나 경계 지점을 지칭함

[명] 날, 가장자리; 우위

[idiom] on edge 흥분한, 안절부절 못하는

His car had become a soft white hill on the edge of the street. [10]

그의 자동차는 길 끝에 부드러운 하얀 언덕이 되었다.

[어형] edge effect 주변 효과 edgy 날카로운, 신랄한 edging 테두리, 가장자리 장식

223

confident
[kánfədənt]
★★★★★
11/10 출제확률 45.9%

어원 con(완전히) + fid(= trust 믿음) + ence(~것)

형 자신 있는, 확신하는

His brother held the bike from behind, and Robert soon became confident. [01]
그의 형이 자전거를 뒤에서 잡아주자 Robert는 곧 자신감이 생겼다.

[어형] confidence 자신(감), 신뢰 overconfident 지나치게 자신 있는 self-confidence 자신감

224

bit
[bit]
★★★★★
15/10 출제확률 45.9%

어원 bite(물다)에서 유래되었다. 한입 문 것은 '소량, 작은 조각'이기 때문이다.

명 작은 조각, 작은 부분

[idiom] Not a bit of it.(천만의 말씀!)

"Could you come down a bit?" the girl asked. [00]
그 소녀가 "잠깐 내려와 보실래요?"하며 부탁했다.

225

lack
[læk]
★★★★★
13/10 출제확률 45.9%

어원 바라는 것이 부족할 때 활용됨[수량]

명 부족, 결핍 통 부족하다, 결핍되다, 모자라다

[idiom] lack of ~이 부족하다

It had to close in 1888 because of lack of money. [03]
1888년에 자금 부족으로 문을 닫아야 했다.

[어형] lacking 부족한, 결여된 *lack a quorum 정족수에 모자라다

226

celebrate
[séləbrèit]
★★★★★
14/10 출제확률 45.9%

어원 종교적인 의식이나 행사를 기념하는 것에서 비롯됨

통 축하하다, 기념하다

[syn] toast, commemorate, make merry

The event is for celebrating the end of the school year. [04]
그 행사는 학년이 끝난 것을 축하하기 위한 것이다.

[어형] celebrated 유명한 celebrating (현재분사) celebration 축하 celebrity 명성, 유명한

227

bother
[báðər]
★★★★★
13/10 출제확률 45.9%

어원 사소한 골칫거리를 통한 귀찮음

통 괴롭히다, 성가시게 하다 명 성가심, 귀찮음; 소동

[idiom] be bothered by ~에 의해 괴롭힘을 당하다

They don't have to be bothered by noisy crowds. [00]
그들은 시끄러운 관중들로부터 괴롭힘 당하지 않아도 된다.

[어형] bothered (과거, 과거분사) bothering (현재분사) bothersome 귀찮은

228

invent
[invént]
★★★★★
11/10 출제확률 45.9%

어원 in(= upon) + vent(= come 오다) → come upon은 '문득 ~을 생각해 내다' → 발명하다

통 발명하다, 개발하다, 고안하다

The first true piece of sports equipment that man invented was the ball. [08]
인간이 최초로 발명한 운동기구는 공이다.

[어형] invented (과거, 과거분사) inventing (현재분사) invention 발명[품]

229

define
[difáin]

★★★★★

15/10 출제확률 45.8%

[어원] de(완전히) + fine(제한하다) → 어떤 것에 한정하다

[통] 정의하다, 한정하다

It can be socially defined in different ways. [11]
그것은 사회적으로 다르게 정의될 수 있다.

[어형] defined 정의된 defining (현재분사)

230

conversation
[kànvərséiʃən]

★★★★★

16/10 출제확률 45.8%

[어원] con(함께) + ver(말하다) + (sa)tion(~것) → 함께 말하는 것은 대화이다

[명] 대화, 회화

After a short conversation, Joan went to prepare coffee. [11]
짧은 대화 후, 조앤은 커피를 준비하러 갔다.

[어형] conversational 회화의, 회화체의 *conversational mode(대화 방식)

231

belong
[bilɔ́ːŋ]

★★★★★

12/10 출제확률 45.8%

[어원] be(존재) + long(오랜) → 장기간 소유하다

[통] ~에게 속하다, 소유하다

[idiom] belong to ~에 속하다

All members of the school community feel as though they belong. [04]
학교 커뮤니티의 모든 구성원들은 마치 자신이 소속된 것 같은 느낌을 갖는다.

[어형] belonging 소유물, 소지품

232

congratulate
[kəngrǽtʃulèit]

★★★★★

12/10 출제확률 45.8%

[어원] con(함께) + grat(감사, 기뻐하는) + ate(하다) → 축하하다

[통] 축하하다, 경축하다

Congratulations! Finally, you beat your competitors. [09]
축하합니다! 마침내 당신은 경쟁자를 이겼군요.

[어형] congratulating (현재분사) congratulation 축하

233

rush
[rʌʃ]

★★★★★

11/10 출제확률 45.8%

[어원] 급하게 앞으로 나아감을 이름

[명] 돌진 [통] 돌진하다, 서두르다, 재촉하다

[idiom] rush hour 출퇴근 시간

rushed to him and said, Mr. Mays, could I please have your autograph? [05]
나는 그에게 달려가 '메이즈 씨, 싸인받을 수 있을까요?'라고 물었다.

[어형] rushed 서두른 rushing 격한, 성급한

234

advance
[ædvǽns]

★★★★★

14/10 출제확률 45.8%

[어원] ad(~에) + va(가치) + ce(~것) → 가치가 있는 쪽으로 진보하다

[명] 전진, 발전 [통] 진보하다, 승진시키다

[idiom] in advance 미리

The twelve-year-old does not worry about salary or professional advancement.
[05]
그 12살짜리 아이는 월급이나 승진을 걱정하지 않는다.

[어형] advanced 진보한 advancement 진보

235

concentrate

[kánsəntrèit]

★ ★ ★ ★ ★

18/9 출제확률 41.4%

[어원] con(함께) + centr(중앙으로) + ate(~하게 하다) → 집중하다

[통] 집중하다, 전념하다, 농축시키다

[idiom] be concentrated on ~에 집중하다

I concentrated more on improving my language ability and making friends. [03]
나는 언어 실력을 늘리고 친구들을 사귀는데 더 집중했다.

[어형] concentrated 집중된, 밀집된 concentrating 집중, (현재분사) concentration 집중, 집결

236

suit

[su:t]

★ ★ ★ ★ ★

23/9 출제확률 41.4%

[어원] suitcase(여행가방) → suit(옷) + case(상자) *sue(따르다, 고소하다)에서 파생되었다.

[명] 옷(정장), 소송 [형] ~에 맞는, 어울리는

The people in dresses and suits blocked my view of the garden. [03]
드레스와 정장을 입은 사람들에 가려 정원이 보이지 않았다.

[어형] suitable 적절한, 알맞은 suited 어울리는, 적합한 unsuitable 적합하지 않은

237

connect

[kənékt]

★ ★ ★ ★ ★

19/9 출제확률 41.4%

[어원] con(함께, 서로) + nect(= join 연결하다) → 잇다, 연결하다

[통] 잇다, 연결하다, 접속하다

The connectedness of elements in nature [10]
자연의 요소들간의 결합관계

[어형] connected 연속된, 일관된 connectedness 소속 관계[의식], 결합 관계 connection 연결, 연관성

238

relative

[rélətiv]

★ ★ ★ ★ ★

22/9 출제확률 41.4%

[어원] relate(~와 관련 있는) + ive(~한) → 관련 있는 사람 → 가까운 친척

[명] 친척 [형] 비교상의, 상대적인

The general shape and size of our body remains relatively constant.
일반적인 우리 몸의 형태와 크기는 비교적 일정하게 유지된다. [04]

[어형] non-relative 관련 없는 relatively 비교적 relativeness 관련성, 상관성 relativism 상대주의

239

eventually

[ivéntʃuəli]

★ ★ ★ ★ ★

16/9 출제확률 41.4%

[어원] event(사건, 행사) + al(~것) → 무언가 발생하는 것을 나타내는 말

[부] 결국, 마침내

Eventually, they may say what you want to hear. [10]
결국, 그들은 당신이 듣고 싶어 하는 것을 말할 것이다.

[어형] eventual 최후의, 궁극적인 eventuality 우발적인 사건

240

accurate

[ǽkjurət]

★ ★ ★ ★ ★

17/9 출제확률 41.4%

[어원] ac(~에) + cur(= care 주의를 기울인) + ate(~한) → 주의를 기울이니 '정확한'

[형] 정확한(exact), 올바른, 정밀한

Whether the judgment is accurate or not, you should accept it. [07]
그 판결이 정확하거나 그렇지 않던 간에, 당신은 받아들여야 한다.

[어형] accuracy 정확 inaccurate 부정확한 inaccurately 부정확하게 accurately 정확하게

241

conflict

[kɑnflíkt]

★★★★★

14/9 출제확률 41.4%

어원 con(함께) + flict(치다, 때리다) → 함께 때리다 → 투쟁, 충돌하다

명 분쟁, 투쟁, 갈등 동 충돌하다

But sometimes you will get caught in a conflict. [01]
그러나 때때로 당신은 갈등에 휘말리게 될 것이다.

[어형] conflicting 서로 싸우는, 모순되는 conflictful 갈등이 많은 *conflict of law(국제사법)

242

disappear

[dìsəpíər]

★★★★★

13/9 출제확률 41.4%

어원 dis(부정) + appear(나타나다) → 사라지다

동 사라지다, 없어지다(vanish), 소멸되다

I just learned how to make a bird disappear. [10]
나는 지금 막 새를 사라지게 하는 법(마술)을 배웠다.

[어형] disappeared (과거, 과거분사) disappearance 사라짐, 소멸

243

medicine

[médəsin]

★★★★★

21/9 출제확률 41.4%

어원 medic(의사) + ine(~것) → 의사가 주는 것은 약이다

명 약, 약물, 의학

This is a type of medicine. [10]
이것은 약의 한 종류이다.

[어형] medicinal 약효가 있는 *medicine chest(구급상자)

244

remove

[rimúːv]

★★★★★

18/9 출제확률 41.4%

어원 re(다시, 뒤로) + move(옮기다) → (뒤로 옮겨) 치우다

동 제거하다(eliminate), 치우다, 없애다

Individual trees and grasses are removed by death and replaced by birth. [04]
개별 나무와 풀이 죽어 사라진 자리에 새로운 나무와 풀이 생겨난다.

[어형] removal 제거, 철폐 removed 제거된, 떨어진 removing (현재분사)

245

entire

[intáiər]

★★★★★

17/9 출제확률 41.4%

어원 en(= in 아닌) + tire(= touch 만지다) → 만지지 않은 → 완전한

형 전체의, 전반적인; 완전한

Now you see how your entire body can be used in the activity of drawing. [06]
이제 당신은 몸 전체가 어떻게 그림 활동에 이용되는지 알게 될 것이다.

[어형] entirely 완전히 entireness 온전함

246

united

[juːnáitid]

★★★★★

16/9 출제확률 41.4%

어원 un(하나, 하나로) + ite(만들다) + ed(~된) → 하나가 된

형 하나가 된, 결합된

In the United States, people move from one company to another. [02]
미국에서는 사람들이 한 회사에서 다른 회사로 이직을 한다.

[어형] unit 개체, 단위 unite 통합하다 unity 단결, 통합

TEST 6

1. 아래의 단어에 맞는 뜻을 골라 선으로 이어주세요.

219 regard ●	ⓐ 약, 약물
234 advance ●	ⓑ 안부; ~으로 간주하다
246 united ●	ⓒ 축하하다
238 relative ●	ⓓ 날, 가장자리
229 define ●	ⓔ 전진; 진보하다, 승진시키다
221 annoy ●	ⓕ 친척; 비교상의, 상대적인
232 congratulate ●	ⓖ 괴롭히다, 성가시게 하다
243 medicine ●	ⓗ 결국, 마침내
239 eventually ●	ⓘ 돌진; 돌진하다, 서두르다
222 edge ●	ⓙ 하나가 된, 결합된
233 rush ●	ⓚ 사라지다
242 disappear ●	ⓛ 가치 있는, 값비싼, 소중한, 귀중한
208 valuable ●	ⓜ 대화, 회화
230 conversation ●	ⓝ 정의하다

2. 아래 문장의 알맞은 뜻을 보기에서 고르세요.

a. If they do not accept our values, we will become annoyed and angry. (　)

b. It can be socially defined in different ways. (　)

c. I just learned how to make a bird disappear. (　)

d. The event is for celebrating the end of the school year. (　)

e. The people in dresses and suits blocked my view of the garden. (　)

f. The connectedness of elements in nature (　)

g. But sometimes you will get caught in a conflict. (　)

보기
① 그러나 때때로 당신은 갈등에 휘말리게 될 것이다.
② 그들이 우리의 가치를 인정하지 않으면 우리는 화나고 짜증날 것이다.
③ 그것은 사회적으로 다르게 정의 될 수 있다.
④ 그 행사는 학년이 끝난 것을 축하하기 위한 것이다.
⑤ 자연의 요소들 간의 결합관계
⑥ 드레스와 정장을 입은 사람들에 가려 정원이 보이지 않았다.
⑦ 나는 지금 막 새를 사라지게 하는 법(마술)을 배웠다.

정답: ② ③ ⑦ ④ ⑥ ⑤ ①

247

balance
[bǽləns]

★★★★★

14/9 출제확률 41.4%

어원 천칭이나 저울로 다는 것에서 유래됨

명 균형, 안정; 잔고 동 균형을 맞추다

[idiom] balance A against B A를 B와 균형 맞추다, A와 B를 비교해보다

Right after his brother took his hands off the bike, he could not balance himself and fell. [01]

그의 형이 자전거에서 손을 떼자마자, 그는 균형을 잃고 넘어졌다.

[어형] balanced 균형 잡힌 balancing 균형(잡기) imbalance 불균형

248

positive
[pázətiv]

★★★★★

20/9 출제확률 41.4%

어원 pos(= put 놓다) + ive(~한) → 마음대로 놓을 수 있으니 긍정적이다

형 긍정적인(affirmative), 낙관적인(optimistic); 적극적인; 양성의

In order to achieve productive and positive results. [04]

생산적이고 긍정적인 결과를 얻기 위해서

[어형] positively 긍정적으로 *negative(부정적인)

249

tense
[tens]

★★★★★

20/9 출제확률 41.4%

어원 tens(= stretch 뻗다) → 뻗다 → (당겨져 뻗으니) 팽팽하게 하다

명 시제 동 팽팽하게 하다 형 긴장감 있는

There is no need to get tense and therefore, no reaction. [08]

긴장을 할 필요가 없으니 반응도 없다.

[어형] tension 긴장, 갈등 intense 강렬한 pretense 핑계

250

equip
[ikwíp]

★★★★★

21/9 출제확률 41.4%

어원 사전에 미리 준비하여 갖추는 것

동 갖추다, 설비하다; 무장하다

[idiom] be equipped with ~을 갖추다

There was nothing but junk and old equipment. [08]

싸구려 구식 장비 말고는 없었다.

[어형] equipment 장비, 기기 equipped 장비를 갖춘 equipage 장비

251

oppose
[əpóuz]

★★★★★

18/9 출제확률 41.4%

어원 op(반대) + pose(위치하다) → 반대에 위치하다 → 반대하다

동 반대하다(object), 저지하다, 대항하다

Opposing forces: Human beings and nature [02]

반대 세력: 인간과 자연

[어형] opposed 반대하는 opposing 서로 대립하는 opposite 맞은편, 다른 편(쪽) opposition 반대,

상대측

252

master

[mǽstər]

★★★★★

15/9 출제확률 41.3%

[어원] master = great(큰)

[명] 주인, 대가; 스승, 왕 [동] 정복하다, 숙달하다

I believe you've mastered the basic skills of painting. [02]
나는 네가 기본적인 그림 기술을 완벽히 익혔다고 믿는다.

[어형] mastered (과거, 과거분사) mastering (현재분사) masterpiece 걸작, 명작 mastery 전문기술, 숙달

253

detail

[ditéil]

★★★★★

13/9 출제확률 41.3%

[어원] de(떼다, 분리) + tail(자르다) → 세세하게 자르다 → 세부적

[명] 세부, 상세 [동] 상세히 말하다

[idiom] in detail 상세하게, 자세히

They try to absorb every detail. [11]
그들은 세세한 모든 내용을 받아들이려고 노력한다.

[어형] detailed 자세한, 상세한 detailed flow chart 상세 흐름도

254

succeed

[səksíːd]

★★★★★

13/9 출제확률 41.3%

[어원] suc(= under 아래로) + ceed(= go 가다) → 뒤를 잇다

[동] 성공하다, 뒤를 잇다, 계승하다

They will improve your chances of succeeding next time. [02]
그들은 당신이 다음번에 성공할 수 있는 기회를 높여 줄 것이다.

[어형] succeeded (과거, 과거분사) succeeding 계속되는 success 성공

255

vegetable

[védʒətəbl]

★★★★★

13/9 출제확률 41.3%

[어원] 식물류의 채소를 나타내는 단어

[명] 야채, 식물 [형] 야채의, 식물성의

It's made with fish and vegetables. [00]
그것은 생선과 야채로 만들었다.

[어형] vegetarian 채식주의자 vegetation 초목, 식물

256

expert

[ékspəːrt]

★★★★★

16/9 출제확률 41.3%

[어원] ex(밖) + peri(시험하다) + er(t)(사람) → 밖에서 시험을 많이 한 사람

[명] 익숙한 사람, 전문가(professional), 숙련가 [형] 숙련된, 익숙한; 전문가의

Experts point out that this is a serious problem. [03]
전문가들은 이것이 심각한 문제라고 지적한다.

[어형] expertise 전문적 기술, 전문지식 *expert opinions(전문가의 의견)

257

generate

[dʒénərèit]

★★★★★

21/9 출제확률 41.3%

[어원] gener(= birth 탄생) + ate(~하다) → 낳다

[동] 낳다, 발생하다, 창출하다, 생산하다(produce)

The plane generates enough electricity from solar electric panels on the tops of its wing. [06]
그 비행기는 날개 위의 태양열 전기 패널을 통해 충분한 전기를 생산한다.

[어형] generating 전기를 일으키는 generation 세대 degenerative 퇴행성의

repeat
[ripí:t]
★★★★★
18/9 출제확률 41.3%

어원 re(다시) + peat(= go to ~로 가다) → 다시 돌아가다 → 반복하다

명 반복 통 되풀이하다, 따라하다

Thus, they repeatedly attempted to make it clear to their public. [10]
따라서 그들은 대중들이 확실히 이해할 수 있도록 계속적으로 시도했다.

[어형] repeatable 반복할 수 있는 repeated 반복되는 repeatedly 되풀이하여 repeating 반복하는

259

capable
[kéipəbl]
★★★★★
11/9 출제확률 41.3%

어원 cap(= take 잡을) + able(수 있는) → 붙잡을 수 있는 → ~할 수 있는

형 ~할 수 있는, 가능성 있는; 유능한

We are capable of doing either one because we can control our actions. [02]
우리는 행동을 통제할 수 있기 때문에 둘 중 하나를 할 수 있다.

[어형] capability 능력 incapable ~을 할 수 없는; 무능한

260

purchase
[pə́:rtʃəs]
★★★★★
14/9 출제확률 41.3%

어원 pur(= pro 앞으로) + chase(쫓아가다) → 물건 구입을 위해 쫓아감

명 구입(물), 획득 통 구입하다(buy), 구매하다

The wholesaler purchased roses from a farmer. [05]
그 도매업자는 농부로부터 장미를 구입하였다.

[어형] purchased (과거, 과거분사) purchasing 구매(행위) *purchase acquisition(인수합병)

261

content
[kántent]
★★★★★
13/9 출제확률 41.3%

어원 con(함께) + tent(추구하는, 향하는) → 모두가 동일하게 생각하니 만족한다

명 내용(물), 콘텐츠; 목차 형 만족하는

Bottles can reveal their contents without being opened. [08]
병을 개봉하지 않아도 내용물을 볼 수 있다.

[어형] contented 만족한 contentedly 만족하여 contentment 만족

262

absolute
[ǽbsəlù:t]
★★★★★
13/9 출제확률 41.3%

어원 ab(~에, 이탈) + solut(= loose 느슨하게 하다) → ~에서 이탈해 느슨한 → 구속이 사라져 완벽한

형 절대적인, 완전한, 완벽한; 압도적인

I seemed to have absolutely no control over these feelings. [02]
나는 이러한 기분에 대해 완전히 통제가 불가능할 것 같았다.

[어형] absolutely 절대적으로

263

otherwise
[ʌ́ðərwàiz]
★★★★★
12/9 출제확률 41.3%

어원 other(다른) + wise(방법) → 다른, 그렇지 않으면

부 만약 그렇지 않으면(가정법) 형 다른, 달리

The absence of vitamin B would otherwise lead to a deficiency disease. [09]
비타민 B가 부족하게 되면 결핍성 질환에 걸릴 우려가 있다.

[어법] 서술용법에서는 '~와 달리'로, 한정용법에서는 '만약 …라면 ~일지 모른다'라고 쓰인다.

264 qualify
[kwáləfài]

★★★★★

15/9 출제확률 41.3%

[어원] qual(자질) + ify(상태) → 자질을 갖추다

[통] 자격(권한)을 주다, 자격을 갖추다 *qualify as a doctor(의사 자격을 취득하다)

[idiom] qualifying round 예선

He can hardly be called qualified at all. [03]
그는 절대로 자격이 있다고 할 수 없다.

[어형] qualification 자격, 자질 qualified 자격이 있는 qualifier 예선 통과자 qualifying 자격을 주는, 한정하는

---

265 frighten
[fráitn]

★★★★★

9/9 출제확률 41.3%

[어원] fright(공포) + en(~하다) → 놀라게 하다 *심정을 묻는 질문에 자주 등장

[통] 깜짝 놀라게 하다, 겁먹다

He didn't mean to frighten you, he just wanted to make you happy. [08]
그는 당신을 놀래키려고 한 게 아니라 행복하게 해주고 싶었을 뿐이다.

[어형] frightened 무서워하는, 겁먹은 frightening 무서운

---

266 amaze
[əméiz]

★★★★★

12/9 출제확률 41.3%

[어원] a(강조) + maze(당황함) → 크게 당황함

[통] 놀랍다, (대단히) 놀라게 하다

I wondered for ages at these amazing steel birds. [01]
나는 오랜 기간 동안 이 강철새에 대해 궁금증을 가졌다.

*steel bird는 속어로 '비행기'를 지칭함

[어형] amazed 놀란 amazing 놀랄 만한

---

267 decrease
[dikrí:s]

★★★★★

12/9 출제확률 41.3%

[어원] de(아닌, 반대) + crease(= grow 자라다) → 반대로 자라다 → 줄다

[명] 감소 [통] 감소하다, 줄다

[syn] diminish, dwindle, shrink, lessen, drop

The average number of high school students per class steadily decreased. [02]
고교의 학급당 평균 학생 수는 점진적으로 줄어들었다.

[어형] decreased 줄어든 decreasing 감소하는

---

268 silent
[sáilənt]

★★★★★

10/9 출제확률 41.3%

[어원] 소음이 없는 침묵의 상태를 나타냄

[형] 조용한, 침묵의

[syn] speechless, wordless, mute [ant] noise, loud, loquacious

If you are seeking more information, ask for it by remaining silent. [10]
당신이 더 많은 정보를 얻고자 한다면, 침묵으로 그 질문을 대신하라.

[어형] silence 고요, 적막 silently 조용히

---

269 curious
[kjúəriəs]

★★★★★

10/9 출제확률 41.3%

[어원] cur(i)(= care 관심) + ous(형용사) → 관심 있는, 호기심의

[형] 궁금한, 호기심의, 이상한

Curious, she drew closer and found that the students were listening to a new rock hit. [11]
그녀가 호기심에 가까이 가보니 학생들은 인기 있는 새 록음악을 듣고 있었다.

[어형] curiosity 호기심

270

earn

[ə:rn]

★★★★★

10/9 출제확률 41.3%

[어원] 돈이나 대가를 얻는 것을 지칭함

[동] 벌다, 얻다, 받다

[idiom] well—earned 받을 가치가 있는

It earned $57 million at the box office. [01]
매표 수입으로 5천7백만 달러를 벌었다.

[어형] earned (과거, 과거분사) earning 소득 earnest 솔직한

271

reveal

[rivíːl]

★★★★★

10/9 출제확률 41.3%

[어원] re(뒤로) + veal(= veil 베일로 덮다) → 덮인 베일을 뒤로 빼다 → 누설하다

[동] 나타내다, 누설하다(disclose, betray), 공개하다

These new technologies have revealed that many things can produce infrasound. [04]
이 신기술들은 초저주파 불가청음을 낼 수 있는 많은 것들을 밝혀냈다.

[어형] revealed (과거, 과거분사) revealing 드러내는

272

harm

[haːrm]

★★★★★

11/9 출제확률 41.2%

[어원] 상대방에게 불편하거나 손해를 끼침

[명] 해, 손해(damage); 불편 [동] 해를 끼치다

The new technologies will ultimately succeed, without harmful side effects. [07]
신기술들은 해로운 부작용 없이 결국 성공할 것이다.

[어형] harmful 해로운 harmless 무해한 harmer 유해자

273

prevent

[privént]

★★★★★

15/9 출제확률 41.2%

[어원] pre(미리, 앞서) + vent(나타나다, 나오다) → 앞서 나와 막다

[동] 방해하다, 막다; 예방하다

[syn] disturb, interrupt, interfere, obstruct, hinder

To prevent the symptoms, people usually take this before they depart. [10]
그 증상을 막기 위해 사람들은 출발하기 전에 보통 이것을 복용한다.

[어형] prevention 예방, 방지 preventive 예방을 위한 preventing 방재, 막는

274

crop

[krap]

★★★★★

11/9 출제확률 41.2%

[어원] 알맹이 형태의 곡물류나 곡식을 지칭함

[명] 농작물, 곡식

The rich soil could help farmers grow enough crops to feed the people in the cities. [09]
이 옥토는 도시 사람들을 충분히 먹여 살릴 수 있을 만큼 식량을 생산하는데 도움을 줄 것이다.

[어형] crop circle 미스터리 써클 crop dusting 농약 살포

275

waste

[weist]

★★★★★

14/9 출제확률 41.2%

[어원] 활용 가치가 떨어진 것을 총칭

[명] 쓰레기(trash), 폐기물 [동] 낭비하다, 쇠약하다

I wasted my time and continued to paint what I thought was popular. [10]
나는 인기 있다고 생각하는 것을 계속 그리며 시간을 낭비했다.

[어형] wastebasket 휴지통 wasted 헛된, 쇠약한 wasteful 낭비하는 wasteland 불모지

276

efficient
[ifíʃənt]
★★★★★
11/9 출제확률 41.2%

[어원] effect(효과)에서 파생되었다.

[형] 효율적인, 능률적인

Recommend changes to make it more efficient. [03]
더 효율적으로 만들기 위해 변화를 제안하라.

[어형] efficiency 능률, 효율 efficiently 능률적으로 inefficient 비효율적인

277

indeed
[indíːd]
★★★★★
11/9 출제확률 41.2%

[어원] in(안에) + deed(행동) → 마음 속에 무언가를 정말로 행동하려는 것

[부] 참으로, 정말로

Yes, indeed. You were a special friend of mine. [01]
맞아, 정말 그래. 너는 나의 특별한 친구였어.

[어법] 구어체에서 indeedy라고도 활용됨

278

sorrow
[sárou]

★★★★★
11/9 출제확률 41.2%

[어원] sore(아픈) + ow → 슬픔

[명] 슬픔, 비통 [동] 슬퍼하다

The longer you get stuck there, the harder it becomes to share the pain and sorrow. [08]
거기에 더 오래 갇혀 있을수록 더 고통스럽고 슬퍼진다.

[어형] sorrowful (아주) 슬픈

279

ahead
[əhéd]
★★★★★
10/9 출제확률 41.2%

[어원] a(강조) + head(머리, 앞서) → 앞쪽에, 앞으로

[형] 앞쪽에(front), 앞에 [부] 앞으로

[idiom] go ahead with ~을 추진하다 ahead of ~에 앞서

Finally, you approach a sign, reading FUEL AHEAD. [00]
마침내 당신은 '전방 주유소'라는 이정표에 도달한다.

280

private
[práivət]
★★★★★
14/9 출제확률 41.2%

[어원] priv(= separate 나뉘어진, 떨어진) + ate(~은) → 남과 분리된 → 개인의, 사적인

[형] 개인의, 사적인(↔ public)

He sends his daughter for private foreign language lessons every evening. [00]
그는 매일 저녁마다 그의 딸을 사설 외국어 교습에 보낸다.

[어형] privacy 사생활 privately 사적으로, 개인적으로

281

guarantee
[gærəntíː]
★★★★★
10/9 출제확률 41.2%

[어원] guarant(= protect 보호하다) + ee → 보호하는 것 → 보증

[명] 보증, 약속 [동] 보증하다

I can replace the broken strings easily, but I can't guarantee that I can fix it. [09]
나는 망가진 줄을 쉽게 교체할 수 있지만, 고치는 것은 장담할 수 없다.

[어형] guaranteed 확실한, 보장된 guaranteeing (현재분사)

282

willing

[wíliŋ]

★★★★★

10/9 출제확률 41.2%

[어원] will(의지) + ing(~하는) → 기꺼이 하는

(형) 기꺼이 ~하는, 자발적인

[idiom] be willing to ~을 기꺼이 하고자 한다

Successful people are willing to work hard. [00]
성공하는 사람들은 기꺼이 열심히 일하려 한다.

[어형] unwillingness 본의 아님, 반항적임 willingly 기꺼이, 흔쾌히

283

despite

[dispáit]

★★★★★

11/9 출제확률 41.2%

[어원] de(of, from) + spite(불구하고) → 불구함에도

(전) ~임에도 불구하고

Despite the increase in rice production in 1995, the consumption per person dropped. [02]
1995년에 쌀 생산량이 늘었음에도 불구하고 1인당 쌀 소비는 줄었다.

[어법] *despite 다음에는 절(주어 + 동사)이 올 수 없다.

284

worth

[wə:rθ]

★★★★★

13/9 출제확률 41.2%

[어원] 값어치가 나갈 만큼의 가치가 있는 것을 가리킴

(형) ~의 가치가 있는, ~할만한 (명) 재산, 중요성

[idiom] it's not worth ~ing ~할 가치가 없다

One picture is worth a thousand words. [00]
그림 한 장은 수천 마디 말만큼의 가치가 있다.

[어형] worthless 가치 없는 worthwhile 가치 있는

285

steady

[stédi]

★★★★★

9/9 출제확률 41.2%

[어원] stead(서 있다) + y(상태) → 항상 서 있다 → 꾸준하다

(형) 지속적인, 꾸준한, 변함없는

Since the mid-1990s, teaching Korean to foreigners has made quiet and steady progress. [01]
1990년대 중반부터 외국인들에게 한국어를 가르치는 일은 조용하고 꾸준한 진전을 이루었다.

[어형] steadily 견실하게, 착실하게

286

interpret

[intə́:rprit]

★★★★☆

16/8 출제확률 36.8%

[어원] 제3자에게 이해가 되도록 번역하는 것

(동) 통역하다, 해석하다; 이해하다

It was, therefore, important for the viewer so as to facilitate interpretation of the content. [10]
그러므로, 시청자가 내용을 더 쉽게 이해할 수 있도록 하는데 그것은 중요했다.

[어형] interpretation 이해, 해석 interpreted 해석된 reinterpret 재해석하다

287

blood

[blʌd]

★★★★☆

15/8 출제확률 36.8%

[어원] 피로 맺어진 것이나 혈관 속의 물질을 의미함

(명) 피, 혈액; 혈연

Blood-sharing greatly improves each bat's chances of survival. [11]
피의 공유는 개별 박쥐의 생존 가능성을 크게 높여준다.

[어형] blood-sharing 혈(피) 공유 bloody 유혈의

TEST 7

1. 아래의 단어에 맞는 뜻을 골라 선으로 이어주세요.

262 absolute ●
286 interpret ●
247 balance ●
285 steady ●
284 worth ●
280 private ●
275 waste ●
273 prevent ●
282 willing ●
268 silent ●
276 efficient ●
263 otherwise ●
278 sorrow ●
265 frighten ●

ⓐ 조용한, 침묵의
ⓑ 꾸준한, 변함없는
ⓒ ~의 가치가 있는
ⓓ 깜짝 놀라게 하다
ⓔ 균형; 균형을 맞추다
ⓕ 효율적인
ⓖ 개인의, 사적인
ⓗ 기꺼이 ~하는
ⓘ 방해하다, 막다, 예방하다
ⓙ 통역하다, 해석하다
ⓚ 슬픔, 비통; 슬퍼하다
ⓛ 절대적인, 완전한, 완벽한
ⓜ 만약 그렇지 않으면; 다른
ⓝ 쓰레기; 낭비하다

2. 아래 문장의 알맞은 뜻을 보기에서 고르세요.

a. The absence of vitamin B would otherwise lead to a deficiency disease. (   )

b. Finally, you approach a sign, reading FUEL AHEAD. (   )

c. Recommend changes to make it more efficient. (   )

d. These new technologies have revealed that many things can produce infrasound. (   )

e. One picture is worth a thousand words. (   )

f. Blood-sharing greatly improves each bat's chances of survival. (   )

g. If you are seeking more information, ask for it by remaining silent. (   )

보기
① 마침내 당신은 '앞에 주유소'라는 이정표에 도달하게 된다.
② 더 효율적으로 만들기 위해 변화를 제안하라.
③ 당신이 더 많은 정보를 얻고자 한다면, 침묵으로 그 질문을 대신하라.
④ 피의 공유는 개별 박쥐의 생존 가능성을 크게 높여준다.
⑤ 이 신기술들은 초저주파 불가청음을 낼 수 있는 많은 것들을 밝혀냈다.
⑥ 그림 한 장은 수천 마디 말만큼의 가치가 있다.
⑦ 비타민 B가 부족하게 되면 결핍성 질환에 걸릴 우려가 있다.

정답: ⑦ ① ② ⑤ ⑥ ④ ③

288

replace
[ripléis]

★★★★☆

14/8 출제확률 36.8%

[어원] re(다시) + place(위치하다) → 대체하다

[동] ~을 대체하다, 제 자리에 놓다

[idiom] be replaced with ~로 대체되다, ~로 바꾸다

To replace the old bed with a new one [10]

낡은 침대를 새 것으로 바꾸기 위해

[어형] replaced (과거, 과거분사) replacement 대체, 교체 replacing 대체하는

289

construct
[kənstrʌkt]

★★★★☆

20/8 출제확률 36.8%

[어원] con(함께) + struct(짓다) → 조립하다

[동] 조립하다, 세우다

The restaurant is under construction. [05]

그 식당은 공사 중이다.

[어형] constructed (과거, 과거분사) constructing (현재분사) construction 건설, 건조 constructive 건설적인 reconstruct 복원, 재현, 재건

290

consume
[kənsú:m]

★★★★☆

29/8 출제확률 36.8%

[어원] con(함께) + sume(= take 취하다) → 함께 소비하다 → 다 써버리다

[동] 소비하다, 다 써버리다

The United States consumed the greatest amount of electricity in both 1999 and 2003. [06]

미국은 1999년과 2003년에 가장 많은 전력을 소비했다.

[어형] consumed (과거, 과거분사) consumer 소비자 consumption 소비

291

diverse
[divə́:rs]

★★★★☆

17/8 출제확률 36.8%

[어원] di(= apart 찢어져서, 따로따로) + verse(= turn 돌다) → 다양한, 다른

[형] 다양한, 다른, 광범위한

Habitat diversity refers to the variety of places where life exists. [11]

서식지의 다양성이란 생명이 존재하는 다양한 장소를 뜻한다.

[어형] diversely 다양하게 diversity 다양성

292

consequence
[kánsəkwèns]

★★★★☆

19/8 출제확률 36.8%

[어원] con(함께) + sequent(뒤따르는) → 결과

[명] 결과, 중요성, 결말

[idiom] as a consequence 결과적으로

As a consequence, the observed light measured by the receiver is increased. [10]

그 결과, 수신기에 관찰된 빛은 증가되었다.

[어형] consequently 따라서, 그 결과

293

invite
[inváit]

★★★★☆

17/8 출제확률 36.8%

어원 재앙이나 손님을 부르는 것을 지칭함

동 초대하다, 부르다

[idiom] be invited to ~에 초대되다 invite ~ over ~를 초대하다

In Japan I am invited to the apartment of a young couple. [03]
일본에서 나는 한 젊은 커플의 집에 초대를 받았다.

[어형] invitation 초대[장] invited (과거, 과거분사) inviting 매력적인, 솔깃한

294

anxiety
[æŋzáiəti]

★★★★☆

19/8 출제확률 36.8%

어원 anx(= choke 질식시키다) + iety → 질식시킬 정도로 불안케 함

명 걱정, 불안; 근심

We are anxious to get our products into the market as soon as possible. [00]
우리는 우리 제품을 시장에 최대한 빨리 출시하길 간절히 바라고 있다.

[어형] anxious 걱정하는, 근심하는 anxiously 근심하여

295

constant
[kánstənt]

★★★★☆

15/8 출제확률 36.8%

어원 con(함께) + sta(서다) + nt(~한) → (항상) 함께 서다

명 일정불변의 것 형 불변의, 끊임없는

But nature itself remains constant. [04]
그러나 자연 그 자체는 불변한다.

[어형] constantly 끊임없이, 거듭

296

strength
[streŋkθ]

★★★★☆

18/8 출제확률 36.8%

어원 strong(강한) + th(상태) → 강한 상태 → 세기

명 세기, 힘

Strength is what I feel each time I look at it. [09]
그것을 볼 때마다 나는 힘이 솟는 것을 느낀다.

[어형] strengthened strengthen (강화되다)의 과거, 과거분사 strengthening 보강

297

soil
[sɔil]

★★★★☆

15/8 출제확률 36.8%

어원 토양의 입자를 나타내는 것을 지칭함

명 흙, 땅; 오물

The dead bodies of organisms in the forest are broken down and turned into soil. [04]
숲속에서 죽은 생물체는 썩어 흙으로 돌아간다.

298

classic
[klǽsik]

★★★★☆

18/8 출제확률 36.8%

어원 class는 '우수, 탁월'이라는 의미를 지니고 있다.

명 고전 형 고전의, 일류의

[idiom] in a classic set of 일련의

Sounds good! I'm very interested in classical music. [01]
좋은 생각이야! 나는 정말 클래식 음악에 관심이 많아.

[어형] classical 고전주의의

attempt
[ətémpt]

★★★★☆

14/8 출제확률 36.8%

[어원] at(~를 향하여) + tempt(시도하다) → ~을 시도하다

[명] 시도, 노력 [동] 시도하다(try)

[idiom] attempt to ~을 시도하다

This is especially true when we attempt to define life. [02]
우리가 삶을 정의하려고 할 때 이것은 특히나 사실이다.

[어형] attempted 미수의 attempting (현재분사)

---

donate
[dóuneit]

★★★★☆

12/8 출제확률 36.8%

[어원] don(주다) + ate(~하게 하다) → ~에게 줘서 사용케 하다 → 기부하다

[동] 기부하다, 기증하다

Why don't you donate them to the Happy Store? [09]
그것들을 Happy Store에 기부하는 것이 어때요?

[어형] donated (과거, 과거분사) donation 기부

---

entertain
[èntərtéin]

★★★★☆

10/8 출제확률 36.8%

[어원] enter(사람 등의 사이에서) + tain(잡아두다) → 사람들이 시선을 잡아둠 → 즐거움

[동] 즐겁게 하다, 접대하다, 마음에 품다

This year, some of the most talented performers and singers will entertain you. [05]
올해에는 일부 가장 재능 있는 배우들과 가수들이 여러분을 즐겁게 해 드릴 것입니다.

[어형] entertained (과거, 과거분사) entertainer 연예인 entertaining 재미있는 entertainment 오락

---

account
[əkáunt]

★★★★☆

16/8 출제확률 36.8%

[어원] ac(~에, ~를) + count(세다) → 계산하다

[명] 계산, 설명, 계좌 [동] 계산[설명]하다

[idiom] account for ~의 비율을 차지하다

The customer came here to open a bank account as a gift. [08]
그 고객은 선물로 은행 계좌를 개설하려고 이곳에 왔다.

[어형] accountable 설명할 수 있는 accountant 회계원 accounted 설명했다 accounting 회계

---

familiar
[fəmíljər]

★★★★☆

9/8 출제확률 36.8%

[어원] family(가족) + ar(~한) → 가족같이 친근한

[형] 친한, 친근한(intimate)

[idiom] be familiar with 사람이 ~에 익숙하다 / be familiar to ~이 사람에게 익숙하다

For the most part, we like things that are familiar to us. [10]
대체로 우리는 우리에게 친숙한 것들을 좋아한다.

[어형] unfamiliar 익숙지 않은

---

feed
[fi:d]

★★★★☆

13/8 출제확률 36.8%

[어원] food(음식)에서 파생되었다.

[동] 먹을 것을 주다, 먹이를 먹다

A bat that fails to feed for two nights is likely to die. [11]
이틀 밤 동안 먹지 못한 박쥐는 죽을 수 있다.

[어형] fed (과거, 과거분사) feeding 음식 섭취

305

acquire
[əkwáiər]
★★★★☆
11/8 출제확률 36.8%

[어원] ac(~를) + quire(= seek 찾다, 구하다) → 얻다

[동] 얻다, 인수하다

Person B acquired computer skills. [08]
B라는 사람은 컴퓨터 다루는 기술을 익혔다.

[어형] acquired 획득한 acquiring (현재분사) acquisition 획득

306

source
[sɔ:rs]
★★★★☆
13/8 출제확률 36.8%

[어원] sour(= surge 솟아나다) + ce(~것) → 솟아나는 곳 → 출처, 근원

[명] 출처, 근원; 정보원(informer)

The importance of light as a food source [10]
식량의 근원으로서의 빛의 중요성

[어법] 정보가 공급된 경로를 쫓아 출처를 밝혀낼 때 먼저 source area를 찾는다.

307

tool
[tu:l]
★★★★☆
11/8 출제확률 36.8%

[어원] 기구를 수단으로 활용하는 것을 총칭함

[명] 도구, 연장

They can understand the tools and processes involved in growing vegetables. [09]
그들은 야채 재배와 관련된 도구와 재배 과정을 이해할 수 있다.

[어형] toolkit 연장세트

308

disturb
[distə́:rb]
★★★★☆
16/8 출제확률 36.8%

[어원] dis(= apart 떼어) + turb(뒤흔들다) → 떼어내 뒤흔들다 → 방해하다

[동] 방해하다, 혼란시키다

Go to a fairly quiet place where you are not likely to be disturbed. [05]
방해받지 않을 것 같은 아주 조용한 곳으로 가라.

[어형] disturbance 소란, 동요 disturbed 산란한, 매우 불안해하는 disturbing 방해가 되는, 불안하게 하는

309

potential
[pəténʃəl]
★★★★☆
13/8 출제확률 36.7%

[어원] potent(강한) + ial(~한) → 강한 힘을 내포하고 있음

[명] 잠재력 [형] 잠재적인, 가능한

Most people realize only a small part of their potential. [01]
대부분의 사람들은 그들의 극히 작은 일부의 잠재력만 인식한다.

[어형] potentiality 잠재력 potentially 잠재적으로

310

maintain
[meintéin]
★★★★☆
13/8 출제확률 36.7%

[어원] main(손에) + tain(지키다) → 손안에(관리 하에) 두다 → 유지하다

[동] 유지하다, 주장하다, 지속하다(sustain)

In addition, teachers must maintain a good relationship with the parents. [04]
게다가, 교사들은 부모들과 좋은 관계를 유지해야만 한다.

[어형] maintained 재정 지원을 받는 maintaining (현재분사)

311

current

[kə́:rənt]

★★★★☆

12/8 출제확률 36.7%

[어원] cur(달리다) + ent(형용사) → 달리는 순간은 바로 지금

📖 물살; 해류, 전류 📖 현재의, 현행의

Did you improve your current situation? [08]
당신은 현 상황을 개선시켰나요?

[어형] currently 현재, 지금 currency 통화(환율)

312

project

[prádʒekt]

★★★★☆

16/8 출제확률 36.7%

[어원] pro(= forth 앞으로) + ject(던지다) → 제안하다

📖 프로젝트, 사업, 계획(scheme) 📖 계획하다, 예상하다

Environmental scientists chose two Chicago public housing projects. [07]
환경학자들은 두 가지 시카고 공공 주택 프로젝트를 채택했다.

[어형] projected 예상된 projection 예상, 전망

313

reflect

[riflékt]

★★★★☆

13/8 출제확률 36.7%

[어원] re(다시, 되돌려) + flect(= bend 구부리다) → 반사하다

📖 반사하다, 반영하다, 숙고하다(think over)

The ability to sympathize with others reflects the multiple nature of the human being. [08]
타인을 동정하는 능력은 인간의 복합적인 본성을 보여준다.

[어형] reflected (과거, 과거분사) reflecting 반사하는, 반영하는 reflection 반사, 설명

314

contrast

[kəntrǽst]

★★★★☆

13/8 출제확률 36.7%

[어원] con(같이) + tra(끌다) → 같이 끌어내어 비교해보다

📖 차이, 대조 📖 대조하다

[idiom] in contrast 대조적으로 contrast with ~와 대조를 이루다

The contrast between Western Europe and America is particularly sharp. [09]
서유럽과 아메리카는 특히 그 차이가 극명하다.

[어형] contrast material 조영제

315

resource

[rí:sɔ:rs]

★★★★☆

13/8 출제확률 36.7%

[어원] source는 '근원, 원천'이라는 뜻이다.

📖 자원; 수단, 방법

Resources that make the challenges meaningful [06]
도전을 의미 있게 해주는 방법들

[어형] resourcefulness 자원이 풍부함

316

block

[blak]

★★★★☆

13/8 출제확률 36.7%

[어원] 봉이나 막으로 차단하는 것을 나타냄

📖 차단, 방해 📖 차단하다(cut off, shut off), 막다

[syn] obstruction, barrier, obstacle

The people blocked my view of the garden. [03]
그 사람들이 정원이 안보이게 가렸다.

[어형] blocked 막힌 blocking 블로킹, 막기

317

announce
[ənáuns]

★★★★☆

12/8 출제확률 36.7%

[어원] an(~에게) + nounce(= report 보고하다) → 알리다, 발표하다

[통] 알리다, 발표하다

The pilot was about to make an announcement. [09]
그 비행기 조종사가 안내방송을 하려고 했다.

[어형] announced 발표된 announcement 발표, 공고 announcer 아나운서 announcing 공고, 알림

318

arrange
[əréindʒ]

★★★★☆

15/8 출제확률 36.7%

[어원] ar(~에) + range(정렬하다) → 배열하다

[통] 배열하다, 조정하다

[idiom] flower arrangement 꽃꽂이

Flower arrangements and gardening [09]
꽃꽂이와 원예

[어형] arranged (과거, 과거분사) arrangement 배열, 정돈 arranging (현재분사) rearranged 다시 정리하다

319

confirm
[kənfə́:rm]

★★★★☆

12/8 출제확률 36.7%

[어원] con(함께) + firm(단단한, 굳은) → 서로 단단히 하다

[통] 확인하다(affirm), 승인하다

They are going to confirm their love with this ceremony. [07]
그들은 이번 예식에서 그들의 사랑을 확인할 것이다.

[어형] confirmed 확고부동한 confirmation 확인

320

enable
[inéibl]

★★★★☆

14/8 출제확률 36.7%

[어원] en(강조) + able(할 수 있는) → 할 수 있게 하는

[통] 가능하게 하다, 능력을 부여하다

[idiom] enable A to B A를 B할 수 있게 하다

They enabled the animals to eat the treetop leaves. [06]
그들이 동물들로 하여금 나무 꼭대기에 있는 나뭇잎을 먹을 수 있도록 하였다.

[어형] enabled 가능한 enabling 권한을 부여하는

321

global
[glóubəl]

★★★★☆

14/8 출제확률 36.7%

[어원] glob(구체) + al(접미사) → 둥근 것(지구) → 전세계

[형] 전세계의, 글로벌

This is incredibly important to the global economy. [09]
이것은 세계 경제에 엄청나게 중요하다.

[어형] globally 국제적으로 globe 지구, 공

322

locate
[lóukeit]

★★★★☆

12/8 출제확률 36.7%

[어원] loc(= place 장소) + ate(하다) → 위치하다(설치하다)

[통] 위치하다; 놓다, 두다

We have both full-time and part-time positions in a city-based location. [04]
시내에 종일 근무와 파트타임 근무 자리가 있다.

[어형] located ~에 위치한 locating (현재분사) location 위치 locational 소재지의, 위치 선정의

323

useful
[júːsfəl]
★★★★☆
9/8 출제확률 36.7%

어원 use(사용하다) + ful(~한) → 사용할 만한

형 쓸모 있는, 유용한

The lecture will be about the useful strategies for better memory. [11]
그 강의는 더 나은 기억력을 위한 유용한 전략에 관해 다룰 예정이다.

[어형] usefulness 유용, 쓸모 있음

324

band
[bænd]
★★★★☆
9/8 출제확률 36.7%

어원 band에 '묶는 것'이라는 의미가 있어서 '단결하다'라는 의미로도 사용된다.

명 밴드, 묶는 것 동 단결하다

Make sure you buy two of the band's T-shirts before they sell out. [10]
매진되기 전에 그 밴드 티셔츠 2장 사는 것을 잊지 마세요.

[어형] headband 머리띠

325

fund
[fʌnd]
★★★★☆
16/8 출제확률 36.7%

어원 fund-rasing(기금모금) → fund(기금) + raise(올리다) + ing(~것)

명 자금, 기금 동 자금을 제공하다

This chart shows money-raising goals for a fund. [00]
이 차트는 기금을 마련하기 위한 목표치를 보여준다.

[어형] funded 적립된 fund-raiser 기금 모금 행사 fund-raising 모금 활동(의), 자금 조달(의)

326

bear
[bɛər]

★★★★☆
11/8 출제확률 36.7%

어원 곰은 참을성이 다른 동물에 비해 뛰어남

명 곰 동 참다, 견디다; 낳다, 품다, 갖다

[idiom] bear in mind 명심해

The tree bears shiny dark green leaves. [08]
그 나무는 반짝거리는 진한 녹색 잎을 가지고 있다.

[어형] bearable 참을 만한 borne (과거분사) unbearable 참을 수 없는

327

universe
[júːnəvɜ̀ːrs]
★★★★☆
12/8 출제확률 36.7%

어원 uni(하나) + verse(돌다) → 하나가 되어 도는 우주

명 우주(cosmos), 세계

A shining star in a darkening evening sky can take you out into the universe. [09]
어두운 밤하늘에 빛나는 별은 당신을 우주로 데려다 줄 수 있다.

[어형] universal 전 세계적인, 일반적인 universally 보편적으로, 일반적으로

328

symbol
[símbəl]
★★★★☆
15/8 출제확률 36.7%

어원 sym(함께) + bol(= throw 던지는 것) → 우리를 외부에 알리는 것 → 기호, 상징

명 상징, 기호

What is considered a status symbol will differ among countries. [08]
지위의 상징으로 여겨지는 것은 국가마다 다를 것이다.

[어형] symbolic 상징적인 symbolize 상징하다 symbolically 상징적으로

TEST 8

1. 아래의 단어에 맞는 뜻을 골라 선으로 이어주세요.

306 source ●

312 project ●

320 enable ●

328 symbol ●

304 feed ●

315 resource ●

327 universe ●

318 arrange ●

302 account ●

323 useful ●

319 confirm ●

325 fund ●

299 attempt ●

289 construct ●

ⓐ 우주, 세계

ⓑ 출처, 근원

ⓒ 상징, 기호

ⓓ 시도, 노력; 시도하다

ⓔ 가능하게 하다

ⓕ 조립하다, 세우다

ⓖ 자원, 수단, 방법

ⓗ 계산, 설명, 계좌; 계산[설명]하다

ⓘ 먹을 것을 주다, 먹이를 먹다

ⓙ 자금, 기금; 자금을 제공하다

ⓚ 프로젝트, 계획; 계획하다

ⓛ 배열하다, 조정하다

ⓜ 확인하다, 공식화하다, 입증하다

ⓝ 쓸모 있는, 유용한

2. 아래 문장의 알맞은 뜻을 보기에서 고르세요.

a. The ability to sympathize with others reflects the multiple nature of the human being. (　)

b. They can understand the tools and processes involved in growing vegetables. (　)

c. The importance of light as a food source (　)

d. A shining star in a darkening evening sky can take you out into the universe. (　)

e. Flower arrangements and gardening (　)

f. Most people realize only a small part of their potential. (　)

g. This chart shows money-raising goals for a fund. (　)

보기
① 이 차트는 기금을 마련하기 위한 목표치를 보여준다.
② 식량의 근원으로서의 빛의 중요성
③ 타인을 동정하는 능력은 인간의 복합적인 본성을 보여준다.
④ 꽃꽂이와 원예
⑤ 대부분의 사람들은 그들의 극히 작은 일부의 잠재력만 인식한다.
⑥ 그들은 야채 재배와 관련된 도구와 재배 과정을 이해할 수 있다.
⑦ 어두운 밤하늘에 빛나는 별은 당신을 우주로 데려다 줄 수 있다.

정답: ③ ⑥ ② ⑦ ④ ⑤ ①

20년간 출제된 11만 어휘를 컴퓨터 통계로 엄선한 우선순위 영단어

329

react
[riækt]
★★★★☆
14/8 출제확률 36.7%

어원 re(다시) + act(작용하다) → 반응하다

통 반작용하다, 반응하다

React differently according to different languages. [10]
다른 언어에 따라 다르게 반응해라.

[어형] reacted (과거, 과거분사) reacting 반응하는 reaction 반응, 반작용 reactive 반응을 하는

330

instrument
[ínstrəmənt]
★★★★☆
12/8 출제확률 36.7%

어원 in(~에) + stru(ct)(세우다) + ment → ~에 세우는데 사용하는 것 → 도구

명 기계, 기구, 도구; 악기

That's a great way to play musical instruments. [11]
저것은 악기를 연주하는 훌륭한 방법이다.

[어형] instrumental 기악; 주된 역할을 하는

331

ceremony
[sérəmòuni]
★★★★☆
13/8 출제확률 36.7%

어원 로마의 Caere라는 도시에서 행해지던 의식에서 유래되었다.

명 의식, 행사(event)

The graduation ceremony will be held next Friday in Hutt High School's Assembly. [08]
그 졸업식은 Hutt 고등학교 강당에서 다음 주 금요일에 열릴 것이다.

[어형] ceremonial 의식, 식전

332

scary
[skéəri]
★★★★☆
8/8 출제확률 36.7%

어원 공포(fear)로 인한 두려움을 지칭함

형 무서운(fearful), 겁 많은

It's urgent and scary. [09]
(분위기가) 긴박하고 무섭다.

[어형] scare 공포; 두려워하다 scared 무서워하는, 겁먹은 scream 비명

333

stretch
[stretʃ]
★★★★☆
9/8 출제확률 36.7%

어원 강제적이거나 물리적으로 늘리는 것을 말함

명 넓이 통 잡아 늘이다, 퍼지다

The lines stretch as far as the eye can see. [02]
그 선들은 눈으로 볼 수 있는 최대 거리만큼 뻗어 있다.

[어형] stretched (과거, 과거분사) stretching 늘어남, 뻗기

334

contrary
[kántreri]
★★★★☆
9/8 출제확률 36.7%

[어원] contra(= against 반대) + ry(작업, 일)

[명] 반대되는 것 [형] ~와 반대되는, 모순된

On the contrary, other star players disagree. [04]
이와는 반대로, 다른 스타 선수들은 반대한다.

[어형] contrarian 반대하는 사람 contrarious 고집 센

335

productive
[prədʌktiv]
★★★★☆
12/8 출제확률 36.7%

[어원] unproductive un(아닌) + product(산출물, 상품) + ive(~하는) → 비생산적인

[형] 생산적인, 생산하는

Spending hours with a book, they think, is unproductive dreaming. [94]
그들은 책 읽는데 시간을 보내는 것이 비생산적인 몽상이라고 생각한다.

[어형] counterproductive 역효과를 낳는 productivity 생산성 unproductive 비생산적인

336

population
[pàpjuléiʃən]
★★★★☆
10/8 출제확률 36.7%

[어원] popul(= people 사람들, 민중) + ation(~것, 상태) → 사람들의 상태

[명] 인구, 개체군

The increased population brought more demand for food. [00]
인구의 증가는 더 많은 식량 수요를 초래했다.

[어형] popular 대중의 populate 거주시키다 popularity 인지도

337

strike
[straik]
★★★★☆
13/8 출제확률 36.7%

[어원] 고의적으로 행하는 행동으로써 대항하는 조치를 의미함

[동] 파업하다, 치다 [명] 파업(walkout)

Don't these topics strike a familiar note? [03]
이 주제들이 비슷한 내용을 언급하지 않는가?

*예문의 strike는 '꼬집다, 다루다'라는 의미이다.

[어형] striking 현저한, 두드러진 strikingly 눈에 띄게 stroke 타법, 타격, 발작

338

gradually
[grǽdʒuəli]
★★★★☆
11/8 출제확률 36.7%

[어원] grad(= step 단계) + ally(~적으로) → 단계적으로 → 점진적으로

[부] 서서히, 점진적으로

Gradually, however, people lost interest in my paintings. [02]
그러나 서서히 사람들은 내 그림에 대한 관심이 없어졌다.

[어형] gradual 점진적인, 완만한 *gradual descent(완만한 경사)

339

harmony
[háːrməni]
★★★★☆
12/8 출제확률 36.7%

[어원] 음성의 일치나 조화에서 유래된 단어

[명] 조화(accord), 일치, 화합

[syn] agreement, accord, cooperation

In this way, these three all live together in harmony. [04]
이 경우, 이 세 가지는 서로 조화를 이루게 된다.

[어형] disharmony 불일치 harmonious 조화로운 harmonized (과거, 과거분사)

340
remind
[rimáind]
★★★★☆
11/8 출제확률 36.7%

[어원] re(다시) + mind(마음, 생각) → 다시 생각하게 하다

[통] 생각나게 하다, 상기시키다(recall)

[idiom] remindful of ~를 연상케 하는

Knives would remind them of killing animals. [02]
칼은 그들에게 동물을 죽였던 일을 상기시킬 것이다.

[어형] reminded (과거, 과거분사) remindful 생각나게 하는

341
literary
[lítərèri]
★★★★☆
13/8 출제확률 36.7%

[어원] liter(= letter 글자) + (a)ry(작업, 일) → 글을 쓰는 작업 → 문학의

[형] 문학의, 문학적인

Please allow me to offer my best wishes for your future literary efforts. [07]
앞으로 당신의 문학 저술 활동에 행운이 있기를 기원합니다.

[어형] literature 문학 literacy 읽고 쓰는 능력

342
rely
[rilái]
★★★★☆
10/8 출제확률 36.7%

[어원] 종교적인 믿음처럼 맹목적인 것을 지칭함

[통] 의지하다, 의존하다(depend)

[idiom] rely on ~에 의존하다

People tend to rely heavily on the tools and skills that are most familiar to them. [11]
사람들은 그들에게 가장 친근한 도구와 기술에 크게 의존하는 경향이 있다.

[어형] reliable 믿을 수 있는 reliance 의존, 의지 relied (과거, 과거분사) relying (현재분사)

343
independent
[ìndipéndənt]
★★★★☆
13/8 출제확률 36.7%

[어원] in(아닌) + depend(의존하다) + ent(형용사) → 의존하지 않는

[형] 독립의

Power of independent youth [04]
자립한 젊은이들의 힘

[어형] independence 독립 independently 독립하여

344
slight
[slait]
★★★★☆
9/8 출제확률 36.7%

[어원] s + light(약간의) → 상대방을 가볍게 여김

[명] 모욕 [통] 무시하다 [형] 약간의, 경미한

India's consumption increased to slightly over 500 billion kilowatt-hours. [06]
인도의 소비량이 증가하여 5천억 킬로와트 시를 살짝 초과하였다.

[어형] slightest 최소의(최상급) slightly 약간, 부주의하게

345
victim
[víktim]
★★★★☆
11/8 출제확률 36.7%

[어원] vict(= conquer 정복하다) + im → 정복을 당한 자 → 희생자

[명] 희생자(prey), 피해자

This fund will help the flood victims recover some of their losses. [04]
이 기금은 홍수 피해자들의 피해복구에 도움이 될 것이다.

[어형] victimize 괴롭히다 victimless 피해자 없는

346

rough

[rʌf]

★★★★☆

11/8 출제확률 36.7%

어원 사물이나 성격이 거친 상태를 말함

형 거친, 힘든; 대강의

[idiom] be rough on ~에게 거칠게 대하다, 가혹하게 굴다

The digitized image of the face is rough. [07]

디지털화된 얼굴 사진은 거칠어 보인다.

[어형] roughly 대략, 거의 roughness 울퉁불퉁함, 거칠기

347

embarrass

[imbǽrəs]

★★★★☆

8/8 출제확률 36.7%

어원 em(~에) + bar(막대기) + rass(~하다) → 막대기를 놓아 (막으니) 난처하다

동 당황스럽게 하다, 난처하게 하다

It was sort of embarrassing because he said I looked like I was in elementary school. [05]

내가 초등학교에 다니는 것 같다고 그가 말한 것 때문에 조금 당황스러웠다.

[어형] embarrassed 어리둥절한, 당혹한 embarrassing 난처한, 당혹스러운

348

obtain

[əbtéin]

★★★★☆

9/8 출제확률 36.7%

어원 ob(~에, ~를) + tain(가지다) → 얻다

동 얻다, 입수하다, 취득하다

But it's not the way we obtain them at all. [04]

그러나 결국 우리가 그것들을 그러한 방법으로 얻을 것은 아니었다.

[어형] obtainable 얻을 수 있는 obtained (과거, 과거분사) obtaining 취득

349

convince

[kənvíns]

★★★★☆

10/8 출제확률 36.6%

어원 con(함께) + vi(= view 보다) + (n)ce(~것) → 함께 보고 납득을 시키다

동 납득시키다, 확신시키다

Before we begin, you need to convince yourself that you can do it. [06]

시작하기에 앞서, 당신은 할 수 있다고 스스로 확신해야 한다.

[어형] conviction 유죄 선고, 신념 convinced 확신하는, 신념 있는

350

region

[rí:dʒən]

★★★★☆

8/8 출제확률 36.6%

어원 reg(왕) + ion(~것) → 왕이 다스리는 곳 → 지방, 지역(기후, 지리, 문화)

명 지방, 지역

Countries, regions, and even villages were economically independent. [10]

국가, 지방, 심지어 마을까지도 경제적으로 독립했다.

[어형] regional 지방의, 지역의 regionalize 지방분권화하다 *district는 행정구역상의 지역을 의미함

351

gloomy

[glú:mi]

★★★★☆

8/8 출제확률 36.6%

어원 구름이(gloomy) 끼니 우울하다.

형 어두운, 우울한

It's gloomy and pitiful. [07]

우울하고 가련하다.

[어형] gloom 우울해하다 gloomful 침울한 gloomily 어둡게

352

theory

[θíːəri]

★★★★☆

22/7 출제확률 32.3%

어원 theo(= god) + y(명접) → 신에 대한 것 → 이론

명 이론, 견해, 가설

The theory of language development. [01]

언어 개발 이론

[어형] theorized theorize(이론을 제시하다)의 과거, 과거분사 theoretical 이론상의

353

recover

[rikʌvər]

★★★★☆

17/7 출제확률 32.2%

어원 re(다시) + cover(= take 취하다) → (잃은 것을) 다시 취하다 → 회복하다

동 회복하다, 복구하다

The festival is only one week away, but Peter hasn't recovered fully. [08]

그 축제는 1주일 밖에 남지 않았지만 아직 피터는 완전히 회복하지 못했다.

[어형] recovered 회복한 recovering (현재분사) recovery 회복

354

contain

[kəntéin]

★★★★☆

14/7 출제확률 32.2%

어원 con(함께) + tain(가지다) → 포함하다

동 포함하다, 함유하다

The small empty box had contained a gold ring with a small diamond. [05]

그 작은 빈 상자에는 작은 다이아몬드가 박힌 금반지가 있었다.

[어형] contained 억제하는, 조심스러운 container 컨테이너, 그릇 containing (현재분사)

355

imitate

[ímətèit]

★★★★☆

10/7 출제확률 32.2%

어원 남의 행동이나 목소리를 따라하는 것에서 유래됨

동 흉내내다, 모방하다

[idiom] doing an imitation ~을 흉내 내다, 성대모사하다

Don't tell me you were doing your imitation of Mr. Baker. [04]

네가 베이커 씨를 흉내 냈다고 말하지 말아줘.

[어형] imitating (현재분사) imitation 모방, 모조품

356

biology

[baiálədʒi]

★★★★☆

15/7 출제확률 32.2%

어원 bio(생명) + logy(학문) → 생물학

명 생물학

These new technologies have another benefit for biologists. [04]

이 신기술들은 생물학자들에게 또 다른 이익을 가져다주었다.

[어형] biological 생물학의 biologically 생물학적으로 biologist 생물학자

357

temperature

[témpərətʃər]

★★★★☆

14/7 출제확률 32.2%

어원 temperat(온화한) + ure(~것) → 온도(온화한 정도를 나타내는 것)

명 온도, 날씨

Due to the very low temperatures, a freezer makes a much drier environment. [06]

매우 낮은 온도로 인해 냉동고는 훨씬 더 건조한 환경을 만든다.

[어형] temper 성미, 기분 temperament 기질, 성격 temperate 절제하는

358

risk
[risk]

★★★★☆

14/7 출제확률 32.2%

어원 손해가 날 정도로 다소 위험성이 존재함을 의미함

명 위험 **동** 위험을 무릅쓰다

[idiom] at risk 위험에 처한[있는]

They should not risk their own lives in deep forests. [02]
그들은 깊은 숲속에 그들의 목숨을 걸지 말아야 한다.

[어형] risky 위험한, 무모한 *risk asset(위험 자산)

359

access
[ǽkses]

★★★★☆

13/7 출제확률 32.2%

어원 as(= to ~로) + cess(= going 가기) → ~로 가다 → 접근

명 접근 **동** 이용하다

Geographical centrality makes a place more accessible. [10]
지리적인 집중성은 해당 장소로의 접근을 더욱 용이하게 한다.

[어형] accessible 접근하기 쉬운 accession 취득, 계승 accessory 부속품

360

survey
[sərvéi]

★★★★☆

13/7 출제확률 32.2%

어원 sur(~을 넘어) + vey(보다) → ~을 넘어 보다 → 둘러보다, 조사하다

명 설문, 찾기 **동** 둘러보다, 조사하다

Excuse me, but can I ask you a couple of questions for this survey? [05]
실례합니다만 설문조사를 위해 몇 가지 질문을 드려도 될까요?

[어형] surveyed (과거, 과거분사) surveyor 조사관, 감독관

361

elect
[ilékt]

★★★★☆

17/7 출제확률 32.2%

어원 e(밖으로) + lect(고르다) → (사람을) 골라내다

동 선거하다, 투표하다(vote)

Hundreds of thousands of voters helped elect many officials. [09]
수십만 명의 투표자들이 많은 공직자들을 선출하는데 도움을 주었다.

[어형] electability 선출 가능성 elected 선출된 election 선거 elective 선거권이 있는, 선택할 수 있는

362

labor
[léibər]

★★★★☆

15/7 출제확률 32.2%

어원 lab(일하다) + or(사람) → 일하는 사람

명 노동, 노력, 근로자 **동** 일하다

[idiom] labor dispute 노동 쟁의

High achievers are hard-workers who bring work home and labor over it until bedtime. [00]
성공한 사람들은 열심히 일하는 사람들로, 집에 일을 가져와서 취침시간까지 일을 한다.

[어형] labored 힘 드는, 괴로운 laborer 노동자 laborious 힘 드는 laboratory 실험실

363

context
[kántekst]

★★★★☆

10/7 출제확률 32.2%

어원 con(함께) + text(글) → 글을 모아보니, 의미하는 문맥 혹은 상황을 알 수 있다 → 문맥, 상황

명 문맥, 전후관계, 상황

However, the result may be different when the features are separated from the context. [08]
그러나, 그 특징들이 상황과 분리된다면 결과는 달라질 수 있다.

[어형] contextual 문맥상의

364

reward

[riwɔ́:rd]

★★★★☆

8/7 출제확률 32.2%

어원 re(강조, 다시) + ward(지켜보다, 보호하다) → 지켜 보호한 것에 대해 보상을 하다

명 보답, 보상 동 보답하다

Nature does not reward those who do not exert effort. [11]
자연은 노력하지 않는 자에게 보상하지 않는다.

[어형] rewarding 보람 있는, 수익이 많이 나는 rewarding 가치가 있는 rewardless 무보수의

365

novel

[návəl]

★★★★☆

16/7 출제확률 32.2%

어원 nov(= new 새로운) + el → 이전에 없던 새로운 것

명 소설 형 신기한, 참신한, 새로운

Your sister's novel is a bestseller now. [00]
당신 여동생(누나)의 소설이 지금 베스트셀러다.

[어형] novelist 소설가 novelization 소설화 novelty 새로움, 참신함

366

assume

[əsúːm]

★★★★☆

13/7 출제확률 32.2%

어원 as(= to ~로) + sume(= take (생각을) 취하다) → ~로 생각하다, 여기다

동 ~인 체하다(pretend), 생각하다, 가정하다

It may not be valid to assume that the media make our time distinct from the past. [05]
미디어가 우리 시대를 과거와 다르게 만든다고 추정하는 것은 옳지 않을 수도 있다.

[어형] assumption 가정 assumed 허위의 assuming 주제넘은, 건방진

367

inspire

[inspáiər]

★★★★☆

8/7 출제확률 32.2%

어원 in(안에) + spir(= breathe 숨 쉬다) → 안에 숨을 불어넣다 → 격려하다

동 고무(격려)하다, 불어넣다

At that moment, a sudden inspiration took hold. [10]
그 때, 갑자기 영감이 떠올랐다.

[어형] inspiration 영감 inspired 영감을 받은

368

offend

[əfénd]

★★★★☆

10/7 출제확률 32.2%

어원 of(= against 반하여) + fend(= strike 치다) → ~에 반하여 치다 → 공격하다

동 화나게 하다, 범하다, 공격하다(↔ defend 수비하다)

He didn't know how to offend others. [06]
그는 다른 사람을 화나게 하는 법을 몰랐다.

[어형] inoffensive 공격적이지 않은 offended (과거, 과거분사) offender 범죄자 offense (= offence) 공격, 위반, 범행

369

empty

[émpti]

★★★★☆

9/7 출제확률 32.2%

어원 empt(= take (모두) 가져감) + y(~한)

동 비우다 형 빈

[idiom] empty-headed 무식한

Empty your pockets before washing your jacket. [06]
재킷을 세탁하기 전에 주머니에 있는 것을 모두 비우시오.

[어형] empty-handed 빈손의, 맨손의 empty nest syndrome 공소증후군

TEST 9

1. 아래의 단어에 맞는 뜻을 골라 선으로 이어주세요.

354 contain ●		ⓐ 선거하다, 투표하다
363 context ●		ⓑ 포함하다, 함유하다
333 stretch ●		ⓒ 의식, 행사
348 obtain ●		ⓓ 고무(격려)하다, 불어넣다
355 imitate ●		ⓔ 문맥, 상황
364 reward ●		ⓕ 보답, 상; 보답하다
366 assume ●		ⓖ 위험; 위험을 무릅쓰다
334 contrary ●		ⓗ ~인 체하다, 생각하다, 가정하다
358 risk ●		ⓘ 화나게 하다, 범하다, 공격하다
367 inspire ●		ⓙ 얻다
331 ceremony ●		ⓚ 반대되는 것; ~와 반대되는
368 offend ●		ⓛ 넓이; 잡아 늘이다, 퍼지다
345 victim ●		ⓜ 흉내 내다
361 elect ●		ⓝ 희생자

2. 아래 문장의 알맞은 뜻을 보기에서 고르세요.

a. It may not be valid to assume that the media make our time distinct from the past. (   )

b. These new technologies have another benefit for biologists. (   )

c. He didn't know how to offend others. (   )

d. The digitized image of the face is rough. (   )

e. Geographical centrality makes a place more accessible. (   )

f. Before we begin, you need to convince yourself that you can do it. (   )

g. Hundreds of thousands of voters helped elect many officials. (   )

보기
① 시작하기에 앞서, 당신은 할 수 있다고 스스로 확신해야 한다.
② 이 신기술들은 생물학자들에게 또 다른 이익을 가져다주었다.
③ 디지털화된 얼굴 사진은 거칠어 보인다.
④ 지리적인 집중성은 해당 장소로의 접근을 더욱 용이하게 한다.
⑤ 그는 다른 사람을 화나게 하는 법을 몰랐다.
⑥ 미디어가 우리 시대를 과거와 다르게 만든다고 추정하는 것은 옳지 않을 수도 있다.
⑦ 수십만 명의 투표자들이 많은 공직자들을 선출하는데 도움을 주었다.

정답: ⑥ ② ⑤ ③ ④ ① ⑦

370

pollution

[pəlú:ʃən]

★★★★☆

21/7 출제확률 32.2%

[어원] pollute(오염시키다) + tion(~것) → 오염

[명] 오염, 공해

[idiom] noise pollution 소음공해

We are not always fortunate enough to enjoy a work environment free of noise pollution. [06]
우리에게 소음공해가 없는 작업 환경을 누리는 행운이 항상 있는 것은 아니다.

[어형] pollute 오염시키다 polluted 오염된 *pollution tax(공해세)

371

advantage

[ædvǽntidʒ]

★★★★☆

16/7 출제확률 32.2%

[어원] ad(~에) + va(가치) + age(~것) → ~에 가치가 있는 것 → 상대적으로 유리한, 이익

[명] 유리, 이익 [통] ~(에게) 유리하게 하다

Traditional classrooms hold many advantages over online classes. [02]
전통적인 교실이 온라인 강의보다 유리한 점이 더 많다.

[어형] disadvantage 약점, 불리한 점 disadvantaged 불리한 조건을 가진

372

owner

[óunər]

★★★★☆

11/7 출제확률 32.2%

[어원] own(소유하다) + er(사람) → 소유자, 주인

[명] 주인, 소유자

Store owners predict that shoppers will spend a lot of money this Christmas. [96]
상점 주인들은 쇼핑객들이 이번 크리스마스에 많은 돈을 소비할 것으로 예측하고 있다.

[어형] ownership 소유권 owner-driver 자가운전자

373

beyond

[bijánd]

★★★★☆

10/7 출제확률 32.2%

[어원] 어떤 기준점을 초과하는 개념을 나타냄

[전] ~의 저쪽에, ~이상으로, ~넘어 [형] 능가하는

To solve a problem, you must look beyond how you feel. [03]
문제를 해결하기 위해서 당신은 느끼는 것 이상을 봐야만 한다.

[어형] beyond right 이원권

374

primary

[práimeri]

★★★★☆

8/7 출제확률 32.2%

[어원] prim(최초의, 제일의) + ary(형용사) → 기본적인

[형] 본래의, 기본적인

It was one of the primary characteristics of Renaissance art. [05]
그것은 르네상스 예술의 주요 특징 중 하나였다.

[어형] prime 주요한 primarily 주로 primary school 초등학교

375

aspect

[ǽspekt]

★★★★☆

8/7 출제확률 32.2%

[어원] a(= to ~에 대한) + spect(= look 모습, 외모) → 양상, 국면

[명] 양상, 국면; 외관(appearance), 생김새

You can be confident that you will be able to pay for all aspects of the trip. [09]
당신은 모든 여행 경비를 지불 할 수 있다는 확신을 할 수 있게 된다.

[어형] aspectual 상을 형성하는 aspect ratio 종횡비(율)

376

organ

[ɔ́:rgən]

★★★★☆

11/7 출제확률 32.2%

[어원] 생물의 기본적인 기관을 지칭하는 것에서 유래됨

[명] (생물, 조직) 기관; 오르간

She enjoyed playing the organ and writing poetry. [03]
그녀는 오르간을 연주하는 것과 작시를 즐겼다.

[어형] organic 유기농의, 장기의 organism 유기체, 생물 organ donor 장기 기증자

377

establish

[istǽbliʃ]

★★★★☆

9/7 출제확률 32.2%

[어원] e(강조) + stabl(안정된) + lish(~하다) → 안정되게 무언가를 설립하다[확립하다]

[동] 설립하다, 확립하다

It is necessary to establish better educational programs for teaching the Korean language. [01]
한국어를 가르치는 더 나은 교육 프로그램을 만드는 것이 필요하다.

[어형] established 확립된 establishing (현재분사)

378

occupy

[ákjupài]

★★★★☆

15/7 출제확률 32.2%

[어원] oc(= against ~대항하여) + cupy(= take 차지하다) → 차지하다

[동] 차지하다, 종사하다

Try to occupy them in some other way. [10]
그것들을 좀 다른 방법으로 차지하도록 노력해 보세요.

[어형] occupation 직업 occupied 사용 중인, 점령된 preoccupied 사로잡힌, 정신이 팔린

379

wise

[waiz]

★★★★☆

12/7 출제확률 32.2%

[어원] wise(현명한) + er(~보다 더) → 더 현명한

[형] 슬기로운, 현명한

I don't think it is wise to eat fruit without peeling it. [07]
껍질을 벗기지 않고 과일을 먹는 것은 현명하지 않다고 생각한다.

[어형] wisdom 지혜, 현명함 wiser 더 지혜로운(비교급)

380

display

[displéi]

★★★★☆

12/7 출제확률 32.2%

[어원] dis(아닌) + play(= fold 접다) → 접어놓은 것을 펴서 전시한다

[명] 진열 [동] 보이다, 진열(전시)하다(exhibit)

The 1960—69 period displayed the highest growth rate of total output of all the periods. [10]
1960~69년 동안 총생산은 역대 최고 성장률을 나타내었다.

[어형] displayed (과거, 과거분사) *display window(진열장)

381

criticize

[krítəsàiz]

★★★★☆

12/7 출제확률 32.2%

[어원] critic(비판적인) + ize(행동) → 비판하다

(통) 흠을 잡다, 비판하다

You'd better expose your new ideas to the criticism of others. [07]
당신의 새로운 아이디어를 타인의 비평에 노출하는 게 좋을 것이다.

[어형] criticism 비판 criticized (과거, 과거분사) self-criticism 자기비판

382

circumstance

[sə́:rkəmstæns]

★★★★☆

10/7 출제확률 32.2%

[어원] circum(주위의) + sta(서다) + ce(~것) → 주위에 일어나는 것

(명) 환경, 사정

Under those circumstances, the destruction of our enemy might have been a victory. [10]
이러한 상황에서는 적을 물리침으로서 승리를 얻을 수 있었다.

[어형] circumstanced 어떤 상태에 있는 circumstantial 정황적인

383

opinion

[əpínjən]

★★★★☆

10/7 출제확률 32.2%

[어원] opin(선택하다) + ion(~것) → 선택하는 것은 의견이다

(명) 의견, 견해(view)

It may influence public opinion. [10]
여론에 영향을 미칠 수 있다.

[어형] opinionative 의견상의(opinionated) *opinion poll(여론조사)

384

technique

[tekníːk]

★★★★☆

8/7 출제확률 32.2%

[어원] techn(기술) + (i)que(~것) → 기술(technic)

(명) 기술, 수법

We are going to learn about the types of persuasive techniques in academic fields. [11]
우리는 학문적 분야에서 설득하는 기술의 형태에 대해 배울 것이다.

[어형] technical 기술적인 technicalize 전문화하다

385

assemble

[əsémbl]

★★★★☆

8/7 출제확률 32.1%

[어원] as(~로) + semble(불러 모으다) → 조립하다

(통) 모으다, 조립하다

[idiom] assembly line 생산라인

Workers disassembled the bridge in 1968, numbering the bricks, and sent them to LA. [07]
인부들은 1968년에 그 다리를 해체하여 벽돌에 숫자를 기입한 뒤, LA로 돌려보냈다.

[어형] assembled 모인, 결집한 assembling (현재분사) assembly 집회 disassembled 분해된
reassemb reassemble(재조립하다)의 과거, 과거분사

386

mental

[méntl]

★★★★☆

13/7 출제확률 32.1%

[어원] ment(마음의) + al(~의) → 정신의

(형) 정신의, 마음의

The mental and physical health of elderly people [04]
노인들의 정신적 육체적 건강

[어형] mentally 정신적으로 mentalism 유심론 mentality 정신력

387

landscape
[lǽndskeip]
★★★★☆
7/7 출제확률 32.1%

어원 land(땅) + scape(경치) → 풍경

명 풍경, 경치

The landscape of a place all affect the lives of the people who live there. [09]
한 장소의 풍경은 그곳에 살고 있는 사람들의 모든 삶에 영향을 미친다.

[어형] seascape 바다 경치

388

article
[á:rtikl]
★★★★☆
10/7 출제확률 32.1%

어원 arti(예술적인) + cle(것) → 심혈을 기울여 쓴 것 → 기사

명 조항, 기사, 물품

Soon she was writing newspaper articles. [04]
곧 그녀는 신문 기사를 작성했다.

[어형] articulate 발음이 분명한, 유기적으로 구성된

389

site
[sait]
★★★★☆
10/7 출제확률 32.1%

어원 일정이나 계획에 따른 것을 지칭함

명 부지, 장소, 사이트

In Boston, I visited a couple of historic sites. [05]
나는 보스턴에서 역사적인 장소를 몇 군데 방문했다.

*인터넷 주소를 뜻하는 웹 사이트(Web site)에서도 이 단어를 사용한다.

390

schedule
[skédʒu:l]
★★★★☆
10/7 출제확률 32.1%

어원 web site와 internet site는 일종의 정보를 제공하는 공간을 말함

명 일정, 스케줄 동 예정되다

[idiom] be scheduled to ~하기로 예정되다

A test model is scheduled to be completed in 2006. [06]
시험 모델이 2006년에 완성되도록 예정되어 있다.

[어형] scheduled 예정된 schedule of flight 정기적인 항공편

391

beat
[bi:t]
★★★★☆
11/7 출제확률 32.1%

어원 음악에서의 주기적인 박자에서 유래됨

명 리듬, 맥박 동 때리다, 두드리다

[idiom] beat box 비트박스(입으로 드럼소리를 내는 것)

Her heart beat faster as the footsteps passed the window. [06]
창밖에서 발자국 지나가는 소리가 들리자 그녀의 심장은 더 빨리 뛰었다.

[어형] beaten 두들겨 맞은, (과거분사) beating 때림

392

practical
[prǽktikəl]
★★★★☆
13/7 출제확률 32.1%

어원 pr(미리) + act(행동하다) + (i)ce(~것) → 미리 움직여 본 것, 실제로 되는 것

형 실제적인, 실용적인

In practical situations where there is no room for error [10]
실수가 용납되지 않는 실제 상황에서는

[어형] impractical 비현실적인 practically 사실상, 현실적으로

393

plain
[plein]
★★★★☆
9/7 출제확률 32.1%

어원 plan(평평한)에서 유래되어 현재의 뜻으로 변형되었다.

명 평야 **형** 평범한, 검소한 **부** 분명하게

No. She's wearing a plain one. [04]
아니오, 그녀는 평범한 것을 입고 있습니다.

[어형] plain clothes 평상복 plaintive 애처로운

394

comment
[kάment]
★★★★☆
11/7 출제확률 32.1%

어원 com(강조) + ment(말하다). com-은 '함께, 강조'라는 2가지 뜻이 있다.

명 주석, 논평 **동** 주석을 달다

Through scattered narration and commentary throughout the play, [10]
연극 중간중간에 분산된 나레이션과 해설을 통해,

[어형] commentary 논평, 해설 commented (과거, 과거분사)

395

forward
[fɔ́:rwərd]
★★★★☆
8/7 출제확률 32.1%

어원 fore(앞) + ward(~쪽, 방향) → 앞으로

부 앞쪽에, 앞으로 **동** 회송하다

[idiom] look forward to ~하기를 학수고대하다 [ant] backward 뒤로

I was looking forward to a wonderful day. [04]
나는 멋진 날을 기대했다.

396

engage
[ingéidʒ]
★★★★☆
8/7 출제확률 32.1%

어원 함께 하기로 약속을 한 상태를 의미함

동 고용하다, 약속하다, 참여하다

[idiom] engage in ~에 관여하다, ~에 종사하다

Every day each of us engages in many types of complex activities. [05]
매일 우리는 다양한 종류의 복잡한 활동에 참여한다.

[어형] disengage 풀다, 철수하다 engaged ~와 약혼한, ~하고 있는 engagement 약혼, 일

397

fuel
[fjú:əl]
★★★★☆
11/7 출제확률 32.1%

어원 주로 고체 연료와 액체 연료를 의미함

명 연료 **동** 연료를 공급하다

He was fueling his son with a passion that would last for a lifetime. [07]
그는 아들에게 일생동안 지속될 열정을 불어넣어 주었다.

[어형] fueled (과거, 과거분사) fueling (현재분사) refueling 연료 재급유

398

bound
[baund]
★★★★☆
8/7 출제확률 32.1%

어원 사물 따위를 '묶다'의 어원에서 유래됨

명 범위 **동** 튀어 오르다 *bind(묶다)의 과거형이기도 하다.

[idiom] boundless 끝이 없는 out of bounds 제한 구역 밖으로

Some chemicals are bound to remain on the surface of the peel. [07]
일부 화학물질들이 껍질 표면 위에 남게 된다.

[어형] boundary 경계, 한계 boundless 무한한

399
typical
[típikəl]
★★★★☆
10/7 출제확률 32.1%

어원 type(형, 형태) + cal(~한) → 전형적인

형 전형적인, 모범적인

He created an English village with typical English shops and restaurants. [07]
그는 전형적인 영국 상점과 레스토랑으로 영어마을을 만들었다.

[어형] typically 보통, 일반적으로, 전형적으로

400
task
[tæsk]
★★★★☆
12/7 출제확률 32.1%

어원 자신에게 맡겨지거나 부여된 일을 뜻함

명 일, 임무

[idiom] multi-tasking 다중 작업의

It was an easy task and the correct answer was obvious. [11]
그것은 쉬운 업무였고 정답은 명확했다.

[어형] task force 대책본부, 특별위원회

401
board
[bɔːrd]
★★★★☆
10/7 출제확률 32.1%

어원 널찍하거나 평평한 곳의 위쪽을 지칭함

명 위원회; 판자 통 탑승하다

[idiom] board meeting 이사회

I was thrilled as I boarded the boat. [04]
그 보트에 타니 스릴 있었다.

[어형] boarded (과거, 과거분사) boarding 승선

402
intent
[intént]
★★★★☆
10/7 출제확률 32.1%

어원 un(아닌) + intentionally(의도적인) 고의가 아닌

명 의도, 목적 형 ~에 전념하고 있는

Our goal is to respect the artist's intent. [05]
우리의 목적은 그 예술가의 의도를 존중하는 것이다.

[어형] intention 의도, 목적 intently 여념 없이, 오로지 unintentionally 고의가 아니게, 무심코

403
spot
[spat]
★★★★☆
8/7 출제확률 32.1%

어원 특정한 장소나 지점을 일컫는 용어

명 지점, 점

[idiom] on-the-spot 현지[현장]의, 즉석의

Moles are dark spots on human skin. [05]
점은 사람 피부에 난 검은 얼룩이다.

404
previous
[príːviəs]
★★★★☆
10/7 출제확률 32.1%

어원 pre(이전, 앞서) + vi(보다) + ous(~한) → 이전의(이전에 본 것의)

형 이전의 부 ~보다 전에

The readers could easily move backward in the text to find a previously read passage. [08]
독자들은 이전에 읽은 구절을 찾기 위해 더 쉽게 앞으로 돌아갈 수 있다.

[어형] preview 시사회, 시연 previously 이전에, 미리

405

realistic

[rìːəlístik]

★★★★☆

8/7 출제확률 32.1%

어원 real(현실의) + tic(~한) → 현실적인 → 현실적인

형 현실주의의, 현실적인

Be sure to make your budget realistic. [09]
당신의 예산을 현실적으로 세워야 한다는 것을 명심하라.

[어형] realist 현실주의자

406

impact

[ímpækt]

★★★★☆

11/7 출제확률 32.1%

어원 im(안으로, 강조) + pact(묶다) → 세계 묶으니 안에 영향을 준다

명 영향, 충돌, 충격 동 영향(충격)을 주다

Western economies during the 20th century had a significant impact. [07]
서구 경제는 20세기에 큰 충격을 받았다.

[어형] impacted (과거, 과거분사) 꽉 찬, 빈틈이 없는 impact test 충격시험

407

violence

[váiələns]

★★★★☆

10/7 출제확률 32.1%

어원 힘이나 무력을 행사하는 것에서 유래됨

명 폭력, 격렬; 충돌

There was a relevance to violence and war. [10]
전쟁과 폭력은 연관성이 있다.

[어형] nonviolence 비폭력(주의) nonviolent 평화적인 violation 위반, 위배 violent 폭력적인

408

spread

[spred]

★★★★☆

10/7 출제확률 32.1%

어원 천지 사방으로 흩뿌려지는 것을 지칭함

동 퍼지다, 퍼뜨리다, 확산

[idiom] spread across ~이 퍼지다[번지다]

Nawal's smile was so wide that it spread across all three faces. [00]
Nawal의 미소가 너무 커서 세 명 모두의 얼굴에 웃음이 번졌다.

[어형] spread-out 널리 퍼지다, 몸을 뻗다, 넓은 공간을 쓰다 spreading 퍼짐

409

exchange

[ikstʃéindʒ]

★★★★☆

8/7 출제확률 32.1%

어원 ex(밖의) + change(바꾸다) → 밖에서 바꾸다 → (남과) 교환하다

명 교환 동 교환하다

Now that the economy is characterized by the exchange of information. [10]
오늘날 경제의 특징은 정보의 교환에 있다.

[어형] exchanged (과거, 과거분사) exchange rate 외환시세

410

psychologist

[saikálədʒist]

★★★★☆

9/7 출제확률 32.1%

어원 psycho(= spirit 정신) + logy(학문) + ist(사람) → 정신에 대한 학문을 연구하는 사람

명 심리학자

A psychologist named Richard Warren demonstrated this particularly well. [10]
심리학자 리차드 워렌이 특히 이것에 대해 잘 설명했다.

[어형] psychology 심리학, 심리 psychological 정신의, 심리학적인

TEST 10

1. 아래의 단어에 맞는 뜻을 골라 선으로 이어주세요.

391 beat	●	ⓐ	양상, 국면, 면
406 impact	●	ⓑ	리듬, 맥박; 때리다, 두드리다
375 aspect	●	ⓒ	(생물, 조직) 기관, 오르간
410 psychologist	●	ⓓ	주석, 논평; 주석을 달다
401 board	●	ⓔ	주인
393 plain	●	ⓕ	현실주의의, 현실적인
404 previous	●	ⓖ	심리학자
392 practical	●	ⓗ	평야; 평범한, 검소한; 분명하게
408 spread	●	ⓘ	이전의, ~보다 전에
394 comment	●	ⓙ	실제적인, 실용적인; 현실적인
405 realistic	●	ⓚ	영향, 충돌, 충격; 영향(충격)을 주다
376 organ	●	ⓛ	퍼지다, 퍼뜨리다, 확산되다
372 owner	●	ⓜ	위원회, 판자; 탑승하다
402 intent	●	ⓝ	의도, 목적; ~에 전념하고 있는

2. 아래 문장의 알맞은 뜻을 보기에서 고르세요.

a. Nawal's smile was so wide that it spread across all three faces. (　)

b. He was fueling his son with a passion that would last for a lifetime. (　)

c. No. She's wearing a plain one. (　)

d. Western economies during the 20th century had a significant impact. (　)

e. She enjoyed playing the organ and writing poetry. (　)

f. Soon she was writing newspaper articles. (　)

g. A psychologist named Richard Warren demonstrated this particularly well. (　)

보기
① 심리학자 리차드 워렌이 특히 이것에 대해 잘 설명했다.
② 곧 그녀는 신문 기사를 작성했다.
③ Nawal의 미소가 너무 커서 세 명 모두의 얼굴에 웃음이 번졌다.
④ 아니오. 그녀는 평범한 것을 입고 있습니다.
⑤ 그녀는 오르간을 연주하는 것과 작시를 즐겼다.
⑥ 서구 경제는 20세기에 큰 충격을 받았다.
⑦ 그는 아들에게 일생동안 지속될 열정을 불어넣어 주었다.

정답: ③ ⑦ ④ ⑥ ⑤ ② ①

411

apologize
[əpálədʒàiz]
★★★★☆
13/7 출제확률 32.1%

어원 apology(사과) + ize(~하다) → 사과하다

동 사죄하다

You don't have to apologize. [05]
사과할 필요는 없다.

[어형] apologizing (현재분사)

412

academic
[ækədémik]
★★★★☆
11/7 출제확률 32.1%

어원 학문을 나누는 행위나 장소를 지칭

형 대학의, 학구적인

[idiom] academic success 학업 성공

Your sons and daughters have completed all the academic requirements. [08]
여러분의 아들과 딸들은 모든 학과 과정을 마쳤습니다.

413

senior
[síːnjər]
★★★★☆
10/7 출제확률 32.1%

어원 힘이 세니(senior), 선배다.

명 선배 **형** 손위의

Bill visited senior citizens for two hours. [01]
Bill은 어르신들을 2시간 동안 방문했다.

[어형] senile 노인 junior 주니어

414

pot
[pat]
★★★★☆
9/7 출제확률 32.1%

어원 비교적 작은 그릇이나 용기를 나타냄

명 원통형의 그릇, 냄비

Honey, what are you doing with this pot? [08]
여보, 이 냄비로 무엇을 하려고 해?

[어형] potted 화분에 심은 pottery 도자기, 도예 *화분은 flowerpot이다.

415

moral
[mɔ́ːrəl]
★★★★☆
10/7 출제확률 32.1%

어원 조상 대대로 물려받은 전통이나 윤리 의식을 통칭함

명 교훈 **형** 도덕적인, 정신적인

[idiom] moral duty 도덕적인 의무

Every mother and father wants to raise a child with a strong moral character. [07]
모든 어머니와 아버지는 아이를 매우 도덕적으로 키우길 원한다.

[어형] immoral 부도덕한 morality 도덕[성] morally 도덕적으로

416

definite

[défənit]

★★★★☆

9/7 출제확률 32.1%

어원 de(강조) + fin(끝내다) + te(~한) → 완전히 끝냄 → 분명한

형 명확한, 분명한

The laws have had a definite effect. [01]
그 법은 분명한 효과가 있었다.

[어형] definitely 분명히, 확실히 definition 정의

417

ideal

[aidí:əl]

★★★★☆

8/7 출제확률 32.1%

어원 이상함(strange)이 아니라 이상주의(idealism)의 '이상'을 의미한다.

명 이상 형 이상적인, 이념적인

The pot became an ideal container for a bunch of roses. [09]
그 단지는 장미 다발을 넣기에 딱 맞는 용기가 되었다.

[어형] ideally 이상적으로, 완벽하게

418

obvious

[ábviəs]

★★★★☆

7/7 출제확률 32.1%

어원 ob(~에) + vi(보다) + ous(~한) → 볼 수 있으니 명백한 것이다.

형 명백한, 분명한

Night diving is obviously less simple than diving during the day. [08]
심야 잠수는 주간 잠수보다 확실히 더 복잡하다.

[어형] obviously 확실히, 명백히

419

devote

[divóut]

★★★★☆

9/7 출제확률 32.1%

어원 de(강조) + vote(= vow 맹세하다) → 헌신하다, 바치다

동 바치다, 몰두하다, 헌신하다

One more thing you need to do is to join a club devoted to mathematics. [07]
네가 한 가지 더 해야 할 일은 수학공부에 매진하는 클럽에 가입하는 것이다.

[어형] devoted 헌신적인 devotion 헌신

420

motion

[móuʃən]

★★★★☆

8/7 출제확률 32.1%

어원 mot(움직이다) + (t)ion(것) → 동작

명 동작, 운동 동 몸짓으로 알리다

[idiom] set ~ in motion ~을 움직이게 하다

The lake was cool and motionless in the long shadows of the tall trees. [00]
호수는 큰 나무들의 긴 그늘이 드리워진 채 움직임 없이 멋있었다.

[어형] motionless 움직이지 않는

421

mention

[ménʃən]

★★★★☆

10/7 출제확률 32.1%

어원 ment(말하다) + ion(~것) → 언급

명 언급 동 말하다

[idiom] Don't mention it. 천만에요.

Suppose you mention the name of your new neighbor to a friend. [07]
당신의 새 이웃의 이름을 친구에게 말했다고 가정해 보자.

[어형] mentioned 언급한

422

expose
[ikspóuz]
★★★★☆
8/7 출제확률 32.1%

[어원] ex(밖으로) + pose(위치하다) → 밖에 놓다 → 드러내다

[통] 드러내다, 폭로하다

You had better expose your new ideas to the criticism of others. [07]
당신은 당신의 새로운 생각들을 타인의 비평에 노출시킬 필요가 있다.

[어형] exposed 드러난, 노출된 exposure 폭로, 노출

423

sharp
[ʃɑ:rp]

★★★★☆
8/7 출제확률 32.1%

[어원] 비교적 분명하거나 한 치의 오차도 없음을 의미함

[형] 날카로운, 뾰족한

[idiom] sharply at 정시에

The photographer will begin taking pictures sharply at 10:00. [04]
그 사진작가는 정확히 10시에 사진을 찍을 것이다.

[어형] sharper 더 날카로운; 사기꾼 sharply 날카롭게 sharpness 날카로움

424

firm
[fə:rm]
★★★★☆
10/7 출제확률 32.1%

[어원] '회사'라는 뜻도 있다.

[형] 굳은, 확고한 [부] 견고히

Your contributions to this firm have been invaluable. [05]
당신이 이 회사에 공헌한 것은 아주 엄청나다.

[어형] firmly 견고하게

425

upset
[ʌpset]
★★★★☆
10/7 출제확률 32.1%

[어원] up(위로) + set(놓다, 배치하다) → 놓여 있는 것을 위로 뒤엎어 놓다

[명] 전복, 당황; 아픈 [통] 당황케하다, 뒤집어 엎다, 화나다

It relieves the tensions produced by our emotional upsets. [01]
그것은 정서적인 흥분으로 발생하는 긴장감을 완화시킨다.

[어법] 기분이나 감정이 엎어진 상황을 지칭함

426

admit
[ædmít]
★★★★☆
8/7 출제확률 32.1%

[어원] ad(~로) + mit(= send (들여)보내주다) → 허락하다

[통] 인정하다, 시인하다

They admit it is extremely difficult. [05]
그들은 그것이 정말 어렵다는 것을 인정했다.

[어형] admitted 공인된 admitting 들임, 인정

427

injure
[índʒər]

★★★★☆
8/7 출제확률 32.1%

[어원] in(아닌) + jure(= law 법) → 위법적인 → 해치다

[통] 부상을 입다, 해치다

[idiom] injured party 피해자

Many roads and buildings were destroyed. In addition, many people were injured. [02]
많은 도로와 빌딩들이 파괴되었다. 게다가 많은 사람들이 부상을 입었다.

[어형] injured 다친, 부상을 입은 injury 부상

428

unknown
[ənnóun]

★★★★☆

8/7 출제확률 32.1%

어원 un(아닌) + known(알려진) → 알려지지 않은

형 알려지지 않은, 모르는

It allowed them to gain access to the unknown world of communication between animals. [04]
그것은 알려지지 않은 동물간의 의사소통 세계에 접근할 수 있도록 해 주었다.

[어형] unknown cause 원인불명

429

manner
[mǽnər]

★★★★☆

7/7 출제확률 32.1%

어원 man(손) + er(~것) → ~을 다루는 것, 태도

명 방법, 방식, 매너

Today introductions are made in an unclear manner. [01]
오늘날의 소개는 불명확한 방식으로 이뤄지고 있다.

[어형] mannerism 매너리즘, 버릇 mannered 매너리즘에 빠진

430

represent
[rèprizént]

★★★★☆

11/7 출제확률 32.1%

어원 re(다시) + present(나타내다) (중요하기 때문에 이미 나타낸 것을) 다시 나타내다 → 대표하다

동 나타내다, 대표하다

They wanted objects in paintings to be represented. [05]
그들은 그림 속 사물들이 표현되길 원했다.

[어형] representation 묘사, 표현, 대표자를 내세움 representative 대표(자) represented (과거, 과거분사) representing (현재분사)

431

tiny
[táini]

★★★★☆

10/7 출제확률 32.1%

어원 아주 작은 크기를 나타냄

형 작은, 조그마한; 유아의

The doll had rings on her fingers and held a tiny key. [09]
그 인형은 손가락에 반지를 끼고 있었고 작은 열쇠를 들었다.

[어형] tiny dot 조그만한 점 tiny doubt 일말의 의혹

432

tie
[tai]

★★★★☆

9/7 출제확률 32.1%

어원 매듭이나 줄 따위를 묶는 것을 지칭함

동 묶다, 매다

[idiom] be tied up 꼼짝 못하다, 바쁘다

No, he doesn't. He's in a grey suit with a checked tie. [00]
아니다. 그는 회색 정장에 체크무늬 넥타이를 하고 있다.

[어형] tied (과거, 과거분사)

433

promote
[prəmóut]

★★★★☆

9/7 출제확률 32.1%

어원 pro(앞으로) + mot(움직이다) → 앞으로 움직여 나가다 → 승진시키다

동 촉진하다, 승진시키다

Your skills led to your being promoted to executive secretary in 1992. [05]
당신의 기술 덕분에 당신은 1992년에 비서실장으로 승진할 수 있었다.

[어형] promoted (과거, 과거분사) promotion 승진, 홍보[판촉]

434
evaluate
[ivǽljuèit]
★★★★☆
8/7 출제확률 32.1%

[어원] e(밖으로) + valuate(가치를 평가하다) → 평가하다
[통] 평가하다, 측정하다
You can evaluate the problem and come up with the best way to solve it. [03]
당신은 문제를 평가한 뒤 최선의 해결책을 도출해 낼 수 있다.
[어형] evaluated (과거, 과거분사) evaluating 평가 evaluation 평가

435
athletic
[æθlétik]
★★★★☆
9/7 출제확률 32.1%

[어원] athl(= contest 겨루다) + ete(= ate 사람) → 겨루는 사람 → 운동선수
[형] 운동의
Nowadays, we can enjoy athletic competition of every kind without leaving our homes. [09]
오늘날, 우리는 모든 종류의 운동 경기를 집 밖에 나가지 않고도 즐길 수 있다.
[어형] athlete 운동선수

436
somewhat
[sʌmhwàt]
★★★★☆
7/7 출제확률 32.1%

[어원] some(조금) + what(것) → 약간
[부] 얼마간, 약간
It is somewhat like learning to play a game like baseball or basketball. [01]
그것은 야구나 농구를 하는 법을 배우는 것과 약간 비슷하다.

437
religious
[rilídʒəs]
★★★★☆
11/7 출제확률 32.1%

[어원] re(뒤로) + lig(묶다) + ous(~한) → 끈끈하게(안보이게) 묶여있는 → 종교적인
[형] 종교적인
Religious impatience have turned into crisis that have taken the lives of millions. [03]
종교적 불안은 수백만 명의 목숨을 앗아가는 위기에 처하게 했다.
[어형] religion 종교 religionist 광신도

438
remark
[rimáːrk]
★★★★☆
7/7 출제확률 32.1%

[어원] re(다시, 강조) + mark(표시) → 다시 표시함 → 주목
[명] 주목 [통] 말하다, 주목하다
We congratulate you on your remarkable achievements in college. [03]
우리는 당신이 대학에서 이룩한 대단한 업적을 축하한다.
[어형] remarkable 놀랄 만한, 놀라운 remarked (과거, 과거분사)

439
narrow
[nǽrou]
★★★★☆
10/7 출제확률 32.1%

[어원] 마음이나 통로가 좁은 상황을 나타냄
[명] 좁은 부분 [통] 좁히다 [형] 좁은
[syn] reduce, limit, restrict
So, I've narrowed the choices down to these five museums. [11]
그래서 내가 이 다섯 곳의 박물관으로 선택할 여지를 줄였다.
[어형] narrowed (과거, 과거분사)

440

alive

[əláiv]

★★★★☆

7/7 출제확률 32.1%

어원 a(강조) + live(살아있는) → 살아있는

형 살아있는, 생기 넘치는

[idiom] alive with ~으로 활기가 넘치는

The air was alive with chatter and laughter. [03]

분위기는 수다와 웃음으로 생기가 넘쳤다.

441

permit

[pərmít]

★★★★☆

9/7 출제확률 32.1%

어원 per(= through 통과시키다) + mit(= send 보내다) → 통과시켜 보내다 → 허가하다

통 허가하다, 승인하다

Police issue permits to qualified hunters. [02]

경찰은 자격이 있는 사냥꾼들에게 허가를 내준다.

[어형] permission 허락, 허가 permitted 허용된 permitting (현재분사)

442

delay

[diléi]

★★★★☆

8/7 출제확률 32.0%

어원 de(= away 멀리) + lay(두다) → (지금 하지 않고) 멀리 두다 → 미루다

명 연기, 지체 통 미루다

[idiom] delay on ~이 지연되다

There will be a delay on your order. [04]

당신이 주문한 것이 지연될 것 같습니다.

[어형] delayed 연기된, 지연된 delayable 미룰 수 있는

443

cure

[kjuər]

★★★★☆

8/7 출제확률 32.0%

어원 cur는 'care(고치다)'의 의미를 가지고 있다.

명 치료 통 치료하다, 고치다

Lower the temperature a little to about 37℃, you have the ideal cure for sleeplessness. [01]

온도를 37도 정도로 약간 낮추면, 당신은 이상적인 불면증 치료를 받게 된다.

[어형] cured 저장한, 보존한 curing (현재분사)

444

genetic

[dʒənétik]

★★★★☆

20/6 출제확률 27.7%

어원 gene(= birth 태어나다) + tic(~한) → 태생적인 → 유전적인

형 유전적인, 발생적인

[idiom] genetically modified 유전자 변형의

A geneticist unlocks new secrets of the DNA molecule. [11]

한 유전학자가 DNA유전자의 새로운 비밀을 밝히다.

[어형] gene 유전자 gene-culture 유전자 배양 genetically 유전적으로 geneticist 유전학자

445

invest

[invést]

★★★★☆

13/6 출제확률 27.7%

어원 in(~에) + vest(옷을 입히다)

통 투자하다, (옷을) 입히다

[idiom] invest in ~에 투자하다, 돈을 쓰다

I'm here to give you a chance to invest in a great new product. [06]

훌륭한 신상품에 투자할 기회를 여러분께 드리기 위해 이 자리에 왔습니다.

[어형] investing (현재분사) investment 투자 investor 투자자

446

evident
[évədənt]
★★★★☆
19/6 출제확률 27.6%

[어원] e(밖으로) + vid(보이는) + ent(~한) → 밖에서 보이니 명백한

[형] 명백한

It's evident that it is often the highly superior child who invents these creatures. [10]
종종 이러한 작품들을 발명하는 어린이들은 매우 뛰어나다는 것이 명백하다.

[어형] evidence 증거 evidently 명백하게

447

central
[séntrəl]
★★★★☆
18/6 출제확률 27.6%

[어원] centr(가운데) + al(~한). −ty나 −ity로 끝나면 대부분이 명사형이다.

[명] 중요성, 집중성 [형] 중심의

Geographical centrality has been replaced by cultural centrality. [10]
지리적 집중은 문화적 집중으로 대체되었다.

[어형] centrality 집중성, 중심임 centralized centralize(중앙집권화하다)의 과거[분사] decentralized 분권화된

448

machine
[məʃíːn]
★★★★☆
13/6 출제확률 27.6%

[어원] 사람에 의한 것이 아닌 물리적 도구를 지칭함

[명] 기계, 기구

After the grapes are picked, either by hand or by machine, they are taken to the winery. [06]
포도가 사람이나 기계에 의해 수확되면 포도주 양조장으로 옮겨진다.

[어형] machinery 기계(류)

449

policy
[páləsi]
★★★★☆
21/6 출제확률 27.6%

[어원] poli(도시) + cy(~것) → 도시를 다스리는 것

[명] 정책, 방침

[idiom] public policy 공공 정책

Please keep your insurance policy and emergency contact details with you at all times. [07]
항상 비상 연락망과 보험 증권을 소지하고 계십시오.

[어형] policy−maker 정책 입안자

450

career
[kəríər]
★★★★☆
13/6 출제확률 27.6%

[어원] car(차) + eer(것) → 차가 지나가는 길(인생의 길)

[명] 경력, 생애, 커리어

We believe your future career will benefit from the same effort. [03]
우리는 당신이 노력한 만큼 미래의 경력에 도움이 될 것이라 믿습니다.

451

female
[fíːmeil]
★★★★☆
19/6 출제확률 27.6%

[어원] 남성은 male이다.

[명] 여성, 암컷

The chart shows the top five preferred factors for male and female job seekers. [08]
그 차트는 남녀 구직자가 가장 선호하는 요인 5가지를 보여준다.

[어형] feminine 여성의 feminazi 여권 확장론자 feminity 여자다움

TEST 11

1. 아래의 단어에 맞는 뜻을 골라 선으로 이어주세요.

434 evaluate ●	ⓐ 살아있는
418 obvious ●	ⓑ 평가하다
415 moral ●	ⓒ 사죄하다
411 apologize ●	ⓓ 종교적인
414 pot ●	ⓔ 바치다, 몰두하다, 헌신하다
419 devote ●	ⓕ 기계
447 central ●	ⓖ 분명한, 명백한; 생생한
445 invest ●	ⓗ 교훈; 도덕적인, 정신적인
446 evident ●	ⓘ 중요성, 집중성; 중심의
440 alive ●	ⓙ 운동의
448 machine ●	ⓚ 원통형의 그릇, 냄비
435 athletic ●	ⓛ 경력, 생애, 커리어
450 career ●	ⓜ 투자하다, (옷을) 입히다
437 religious ●	ⓝ 명백한

2. 아래 문장의 알맞은 뜻을 보기에서 고르세요.

a. You can evaluate the problem and come up with the best way to solve it. (　)

b. The doll had rings on her fingers and held a tiny key. (　)

c. Honey, what are you doing with this pot? (　)

d. Many roads and buildings were destroyed. In addition, many people were injured.

e. The laws have had a definite effect.

f. They admit it is extremely difficult.

g. We believe your future career will benefit from the same effort. (　)

보기

① 그 법은 분명한 효과가 있었다.

② 그 인형은 손가락에 반지를 끼고 있었고 작은 열쇠를 들었다.

③ 당신은 문제를 평가한 뒤 최선의 해결책을 도출해 낼 수 있다.

④ 그들은 그것이 정말 어렵다는 것을 인정했다.

⑤ 많은 도로와 빌딩들이 파괴되었다. 게다가 많은 사람들이 부상을 입었다.

⑥ 여보, 이 냄비로 무엇을 하려고 해?

⑦ 당신이 노력한 만큼 미래의 커리어에 도움이 될 것이라 믿는다.

정답: ③ ② ⑥ ⑤ ① ④ ⑦

452

intense

[inténs]

★★★★☆

12/6 출제확률 27.6%

[어원] in(안으로) + tense(긴장시키다) → 안으로 집중시킴 → 격렬한

[형] 격렬한, (빛, 온도 등이) 심한

That measures the intensity of the observed light. [10]

저것은 관찰된 빛의 세기를 측정한다.

[어형] intensify 강화하다 intensity 강렬함, (빛 등의) 강도 intensive 집중적인

453

presentation

[prèzəntéiʃən]

★★★★☆

12/6 출제확률 27.6%

[어원] present(~을 주다) + (a)tion(~것) → 무언가를 주는 것

[명] 증여, 수여, 발표

Vicky is practicing on her high school stage for tomorrow's presentation. [04]

Vicky는 그녀의 고등학교 강단에서 내일 발표 연습을 하고 있다.

454

amuse

[əmjú:z]

★★★★☆

10/6 출제확률 27.6%

[어원] 음악(music)은 사람의 기분을 돋운다.

[동] 재미있게 하다, 즐겁게 하다

[idiom] amusement park 놀이동산 *amused는 심정을 묻는 질문에 자주 등장한다.

It amused her, and I felt proud. [03]

그것은 그녀를 즐겁게 하였고 나는 자부심을 느꼈다.

[어형] amused 즐거워하는 amusement 즐거움(오락) amusing 재미나는

455

swing

[swiŋ]

★★★★☆

10/6 출제확률 27.6%

[어원] 일정한 궤도로 반복되는 것을 말함

[명] 그네 [동] 흔들리다, 흔들다

[idiom] go with a swing (파티나 연회 등이) 성황을 이루다, 잘되다

When we arrived, my sister immediately ran off to the swings. [09]

우리가 도착하자 내 동생은 바로 그네로 달려갔다.

[어형] swinging 흔들리는

456

meal

[mi:l]

★★★★☆

15/6 출제확률 27.6%

[어원] 주로 곡물류의 음식을 지칭함

[명] 식사, 음식

You must take them after every meal. [02]

당신은 매 식사마다 그것들을 복용해야 합니다.

*M햄버거 체인점의 '해피밀'은 '행복한 식사'라는 뜻이다.

[어형] mealtime 식사 시간

457

package
[pǽkidʒ]
★★★★☆
14/6 출제확률 27.6%

어원 pack(짐을 꾸리다) + age(~것) → 짐을 꾸린 것 → 꾸러미, 소포

명 꾸러미, 상자, 소포

The package will arrive in time. [10]
그 소포는 정시에 도착할 것이다.

[어형] packaged (과거, 과거분사) packaging 포장

458

reality
[riǽləti]
★★★★☆
13/6 출제확률 27.6%

어원 real(현실의) + ty(~것) → 현실

명 현실, 진실(성)

Children aged 2 through 6 show anxiety about things not based in reality such as ghosts. [02]
2살에서 6살 난 아이들은 유령과 같이 실존하지 않는 것에 대해 걱정한다.

[어형] virtual reality 가상현실

459

adopt
[ədápt]
★★★★☆
11/6 출제확률 27.6%

어원 ad(~로) + opt(= choose 선택하다) → ~를 선택하다 → 채용하다

동 채택하다; 채용하다, 양자(양녀)로 삼다

The society adopts a new food without the food culture surrounding it. [09]
그 사회는 주변 음식 문화를 배제한 채 새로운 음식을 받아들인다.

[어형] adopted 입양된 adopting (현재분사)

460

perception
[pərsépʃən]
★★★★☆
10/6 출제확률 27.6%

어원 per(완전히) + cept(= take 취하다) + ion(~것) → 완전히 알게 된 것

명 지각, 인식

Face perception seems to work the same way. [08]
얼굴 인식도 동일한 방식으로 작용할 것으로 보인다.

[어형] misperception 오해, 오인 perceptual 지각(력)의 self-perception 자기 인식, 자아 인식

461

absorb
[æbsɔ́:rb]
★★★★☆
10/6 출제확률 27.6%

어원 ab(이탈) + sorb(흡수하다) → 이탈한 것을 흡수한다

동 흡수하다; 열중하다(engross, immerse)

Most of the photons are absorbed into the person. [10]
대부분의 광자들은 사람 몸속으로 흡수된다.

[어형] absorbed 흡수된 absorption 흡수

462

assist
[əsíst]
★★★★☆
11/6 출제확률 27.6%

어원 as(~에) + sist(= stand 서다) → 돕기 위해 옆에 서다

명 원조 동 원조하다, 돕다

She quit school and found a job as a nurse's assistant in a hospital. [04]
그녀는 학교를 그만 두고 병원의 간호 보조원직을 구했다.

[어형] assistance 보조 assistant 조수

463

former
[fɔ́:rmər]
★★★★☆
6/6 출제확률 27.6%

어원 현 시점을 기준으로 이미 지나간 것을 나타냄

명 형성자 형 이전의, 전자(의)

[idiom] the former 전자, 앞의 것 / the latter 후자

Former US President Jimmy Carter has toured various countries since 1994. [02]
전 미국 대통령 지미 카터는 1994년 이후로 다양한 국가를 여행했다.

464

depress
[diprés]
★★★★☆
9/6 출제확률 27.6%

어원 de(= down 아래로) + press(누르다) → 사람의 기를 눌러(down) 우울하게 하다

동 억압하다, 우울하게 하다

Tears can drive us still deeper into depression. [09]
눈물이 우리를 더 깊은 우울증으로 몰아갈 수 있다.

[어형] depressed 우울한 depressing 우울하게 만드는 depression 우울증, 우울함

465

float
[flout]
★★★★☆
8/6 출제확률 27.6%

어원 물 위로 떠오르거나 떠다니는 상태를 나타냄

동 뜨다, 떠다니다(drift)

He thought he saw something white floating in the middle of the tree. [02]
그는 나무 중간에 뭔가 하얀 것이 떠있는 것을 보았다고 생각했다.

[어형] floated (과거, 과거분사) floating 떠 있는 floatability 부유도

466

estimate
[éstəmèit]
★★★★☆
7/6 출제확률 27.6%

어원 estim(가치) + ate(~하다) → 가치를 평가하다

명 견적, 평가 동 어림잡다, 평가하다

If you cannot get confirmed prices, get as many estimates as you can. [09]
만약 당신이 가격이 얼마인지 확인할 수 없다면 당신이 할 수 있는 최대치로 예측하라.

[어형] estimation 판단, 존중 overestimate 과대평가하다

467

ancient
[éinʃənt]
★★★★☆
13/6 출제확률 27.6%

어원 an(먼저) + ent(~한) → 먼저의 → 고대의

명 고대인 형 고대의

The ancient Egyptians developed a successful civilization. [09]
고대 이집트인들은 성공적인 문명을 발전시켰다.

[어법] ancience로 쓰이기도 한다.

468

technical
[téknikəl]
★★★★☆
12/6 출제확률 27.6%

어원 technic(기술, 공학) + al(~한) → 기술적인

형 기술적인

Provide some enthusiastic technical support. [05]
열정적인 기술적 지원을 제공하라.

[어형] technician 기술자 technique 기교 technology 공학(과학기술)

469

irritate
[írətèit]
★★★★☆
8/6 출제확률 27.6%

어원 상대방을 짜증나게 하는 상태를 나타냄

통 귀찮게 하다, 초조하게 하다

For a long time, this irritated me a great deal. [05]
오랜 시간 동안 이것은 나를 엄청 괴롭혔다.

[어형] irritable 짜증을 내는, 화가 난 irritated 짜증이 난 irritating 짜증나는 irritation 짜증

470

law
[lɔ:]
★★★★☆
17/6 출제확률 27.6%

어원 법정과 관련되어 있는 단어를 뜻함

명 법, 법률

[idiom] in courts of law 법정에서

In courts of law, photographs often had more value than words. [00]
법정에서는 때로는 사진이 말보다 더 가치가 있다.

[어형] lawsuit 고소, 소송 lawyer 변호사 lawful 합법적인

471

mix
[miks]
★★★★☆
6/6 출제확률 27.6%

어원 성질이나 상태가 유사한 것을 한 데 섞는 것을 지칭함

명 혼합(물) 통 섞다

[idiom] mix with ~와 섞이다

As everybody knows, oil will not mix with water. [08]
모두가 알다시피 물과 기름은 섞이지 않는다.

[어형] mixed 혼합한 mixture 혼합[물]

472

disaster
[dizǽstər]
★★★★☆
10/6 출제확률 27.6%

어원 dis(따로) + aster(별) → 별이 떨어질 때 큰 재앙이 있다고 믿었다

명 재해, 불행

Any contact between humans and rare plants can be disastrous for the plants.
[08]
인간과 희귀 식물간의 접촉은 그 식물에게 재앙이 될 수 있다.

[어형] disastrous 비참한 disastrously 비참하게

473

function
[fʌ́ŋkʃən]
★★★★☆
10/6 출제확률 27.6%

어원 개별적인 쓰임이나 작동을 나타내는 단어

명 기능, 역할 통 작용하다 *접미사가 '-tion'으로 끝나지만 동사역할도 함에 유의하자.

A designer of door handles might not worry about communicating their
functions. [09]
문손잡이 디자이너는 그 기능에 대해 의논하는 것을 걱정하지 않을 것이다.

[어형] functional 기능의, 직무상의

474

predict
[pridíkt]
★★★★☆
9/6 출제확률 27.6%

어원 pre(미리) + dict(말하다) → ~일에 대해 미리 말하다 → 예언하다

통 예언하다, 예측하다

Why is predicting the future so difficult? [05]
왜 미래를 예측하는 것이 그렇게 어려운가?

[어형] predicting (현재분사) predictor 예언가 unpredictable 예측이 불가능한

475

wander

[wándər]

★★★★☆

8/6 출제확률 27.6%

[어원] wand(= turn 돌다) + er(동접) → 돌아다니다

[동] 거닐다, 돌아다니다, 헤매다

He let them wander around his old small room. [05]
그는 그들에게 그의 작고 낡은 방 주위를 거닐 수 있도록 해 주었다.

[어형] wanderer 방랑자 wandering 방랑하는

476

inner

[ínər]

★★★★☆

10/6 출제확률 27.6%

[어원] in(안에) + er(~것) → 안쪽에 있는 것

[명] 과녁의 내권 [형] 안쪽의, 내부의

Some of my friends asked me to hear my inner voice. [07]
몇몇 나의 친구들은 내 내면의 소리에 귀 기울이라고 한다.

[어형] inner circle 핵심부 inner wear 속옷

477

incredible

[inkrédəbl]

★★★★☆

9/6 출제확률 27.6%

[어원] in(아닌) + cred(믿을) + (i)ble(~할 수 있는) → 믿을 수 없는

[형] 믿을 수 없는, 엄청난

That's incredible! The program is so easy to use. [10]
정말 엄청나네! 그 프로그램은 사용하기 정말 쉽다.

[어형] incredibly 믿을 수 없을 정도로

478

depart

[dipá:rt]

★★★★☆

8/6 출제확률 27.6%

[어원] departure(출발) → depart(출발하다) + ure(상태)

[동] 출발하다; 죽다(die)

[idiom] departure gate 출발 탑승구

The boy paid the cashier, and departed. [08]
그 소년은 점원에게 돈을 지불하고 떠났다.

[어형] departed 세상을 떠난, (과거분사) departure 출발

479

critical

[krítikəl]

★★★★☆

12/6 출제확률 27.6%

[어원] critic(비판하는 사람) + al(~한) → 비판하는 사람 같은 → 비판적인

[형] 비판적인, 비난하는, 중요한

They are asking critical questions about how the body is trained in sports. [11]
그들은 운동 시 몸이 어떻게 훈련되는지에 대한 중요한 질문들을 하고 있다.

[어형] critic 비평가 self-critical 자기 비판적인

480

edit

[édit]

★★★★☆

10/6 출제확률 27.6%

[어원] add(추가)에서 파생되었다.

[동] 편집하다, 교정하다

[idiom] morning edition 조간신문

She's in an editorial board meeting at the moment. Can I help you? [06]
그녀는 지금 편집 임원회의 중입니다. 무엇을 도와 드릴까요?

[어형] edition 판, 호 editor 편집자 editorial 편집자의, 편집의 unedited 편집되지 않은

481

combine
[kəmbáin]

★★★★☆

9/6 출제확률 27.6%

어원 com(함께) + bi(둘 2) → 둘을 결합하다

통 결합하다, 통합하다

You must combine information that you already know with new observations. [03]
당신은 이미 알고 있는 것과 새로 발견한 정보를 결합해야만 한다.

[어형] combination 결합 combined 결합된

482

whereas
[hwɛərǽz]

★★★★☆

7/6 출제확률 27.6%

어원 where + as → 반하여, ~인데도

접 ~임에 반하여 명 서문

A stone is not conscious of possibilities, whereas human beings are conscious. [02]
돌은 가능성에 대해 자각하지 않는 반면 인간은 이를 자각한다.

[어법] 대비하거나 비교할 때 접속사로 쓰임

483

cooperate
[kouápərèit]

★★★★☆

9/6 출제확률 27.6%

어원 co(함께) + operate(움직이다, 운영하다) → 협동하다

통 협력하다, 협동하다

I really appreciate your cooperation. [05]
여러분의 협조에 진심으로 감사드립니다.

[어형] cooperation 협력, 협동 cooperative 협력적인

484

lock
[lak]

★★★★☆

7/6 출제확률 27.6%

어원 어떤 잠금장치로 잠그는 것을 나타냄

명 자물쇠 통 자물쇠를 채우다

You should keep your room locked at all times. [99]
당신은 항상 방문을 잠가 두어야 한다.

[어형] locked 짜맞춘, 갇힌, 잠긴 unlock 열다, (비밀 등을) 드러내다 unlocked 열려있는 unlocking
unlock(열다)의 현재분사

485

release
[rilíːs]

★★★★☆

8/6 출제확률 27.6%

어원 re(다시) + lease(= loose 해방된) → 다시 해방된 → 해방하다

명 방출, 해방 통 해방하다, 발표(공개)하다

Today's top rock singers release his or her next piece on the Internet. [04]
오늘날의 최고 록 가수들은 그들의 차기 작품을 인터넷에 공개한다.

[어형] released (과거, 과거분사) releasing (현재분사)

486

surface
[sɔ́ːrfis]

★★★★☆

10/6 출제확률 27.6%

어원 sur(위) + face(얼굴, 겉) → 표면

명 표면, 지표면

Dew drops cover the surface of the mirror. [10]
이슬 방울들이 거울의 표면을 덮는다.

[어형] surface active 표면 활성의

487

agency
[éidʒənsi]
★★★★☆
9/6 출제확률 27.6%

어원 ag(움직이다) + ency(~것) → (나 대신) 움직이는 것은 중개인이다.

명 대리점(대행사), 대리(중개)

They often work for advertising agencies. [00]
그들은 종종 광고 대행사에 근무한다.

[어형] agent 대리인

488

rent
[rent]
★★★★☆
7/6 출제확률 27.6%

어원 물건 따위를 임대하고 대가를 지불하는 것

명 임차료, 집세 동 임대하다, 임차하다

I don't think we need to rent this video tape. [07]
제 생각엔 저희는 이 비디오 테이프를 빌릴 필요가 없어요.
*빌린 차를 '렌트카(rent car)'라고 한다.

489

rapid
[rǽpid]
★★★★☆
7/6 출제확률 27.6%

어원 rap(= seize 붙잡다) + id(~한) → (쫓아가서) 붙잡는 → 빠른

명 급류(swift) 형 빠른, 신속한

In the US, it is now practiced by thousands of people and is rapidly growing in popularity. [08]
그것은 현재 미국에서 수천 명이 연습하고 인기리에 급성장하고 있다.

[어형] rapidly 급속히, 순식간에

490

valid
[vǽlid]
★★★★☆
9/6 출제확률 27.6%

어원 val(가치있는) + id → (아직까지) 가치 있는 → (가치가) 유효한

형 유효한, 근거가 확실한

In neutral context, a more valid survey can be conducted. [10]
중립적인 상황에서 더 유효한 설문조사가 이뤄질 수 있다.

[어형] validity 타당성, 객관성

491

appeal
[əpíːl]
★★★★☆
8/6 출제확률 27.6%

어원 ap(~에 대해) + peal(누르다, 몰다) → 호소하다

명 호소 동 호소하다, 간청하다

[idiom] appeal to ~의 마음에 들다
The thought appealed to him. [08]
그 생각은 그의 마음에 들었다.

[어형] appealed 호소했다 appealing 흥미로운, 매력적인

492

conclude
[kənklúːd]
★★★★☆
11/6 출제확률 27.5%

어원 con(함께) + clud(= shut 닫다) → 결론을 내리다

동 결론을 내리다, 끝나다

[idiom] draw a conclusion 결론을 내리다
Where does this conclusion come from? [00]
이 결론은 어디에서 왔는가?

[어형] concluded (과거, 과거분사) conclusion 결론, 결말

TEST 12

1. 아래의 단어에 맞는 뜻을 골라 선으로 이어주세요.

476 inner •

458 reality •

461 absorb •

480 edit •

492 conclude •

487 agency •

457 package •

490 valid •

456 meal •

452 intense •

454 amuse •

464 depress •

479 critical •

488 rent •

ⓐ 흡수하다, 열중하다

ⓑ 과녁의 내권; 안쪽의

ⓒ 편집자

ⓓ 재미있게 하다, 즐겁게 하다

ⓔ 결론을 내리다, 끝나다

ⓕ 식사

ⓖ 대리점(대행사), 대리(중개)

ⓗ 격렬한, 심한(빛, 온도 등이)

ⓘ 비판적인, 비난하는; 중요한, 결정적인

ⓙ 억압하다, 우울하게 하다; 침체되다

ⓚ 꾸러미, 상자, 소포

ⓛ 유효한, 근거가 확실한

ⓜ 임차료, 집세; 임대하다, 임차하다

ⓝ 현실, 진실(성)

2. 아래 문장의 알맞은 뜻을 보기에서 고르세요.

a. Today's top rock singers release his or her next piece on the Internet. (　)

b. You must combine information that you already know with new observations. (　)

c. The boy paid the cashier, and departed. (　)

d. She quit school and found a job as a nurse's assistant in a hospital. (　)

e. Former US President Jimmy Carter has toured various countries since 1994. (　)

f. In neutral context, a more valid survey can be conducted. (　)

g. They are asking critical questions about how the body is trained in sports. (　)

보기

① 그녀는 학교를 그만 두고 병원의 간호 보조원직을 구했다.

② 그 소년은 점원에게 돈을 지불하고 떠났다.

③ 오늘날의 최고 록 가수들은 그들의 차기 작품을 인터넷에 공개한다.

④ 중립적인 상황에서 더 유효한 설문조사가 이뤄질 수 있다.

⑤ 당신은 이미 알고 있는 것과 새로 발견한 정보를 결합해야만 한다.

⑥ 그들은 운동 시 몸이 어떻게 훈련되는지에 대한 중요한 질문들을 하고 있다.

⑦ 전 미국 대통령 지미 카터는 1994년 이후로 다양한 국가를 여행했다.

정답: ③ ⑤ ② ① ⑦ ④ ⑥

493

apparent
[əpǽrənt]

★★★★☆

7/6 출제확률 27.5%

어원 a(강조) + parent(= appearing 나타남) → 강하게 나타남 → 또렷한

형 또렷한, 명백한

Apparently assuming you will recognize her voice, she doesn't provide any verbal content. [08]
당신이 그녀의 목소리를 분명히 알아차릴 것이라고 가정하면, 그녀는 아무 말도 하지 않을 것이다.

[어형] apparently 명백히

494

evolve
[iválv]

★★★★☆

13/6 출제확률 27.5%

어원 e(밖) + volve(돌다) → 외부가 변형된다는 의미 → 진화하다

동 진화하다, 발전하다

These labels represented a biologically less evolved form of humanity. [08]
이러한 꼬리표는 생물학적으로 덜 진화된 형태의 인류를 의미했다.

[어형] evolution 진화, 발달 evolved (과거, 과거분사) evolving 발전하는, 서서히 전개되는

495

authority
[əθɔ́:rəti]

★★★★☆

12/6 출제확률 27.5%

어원 aut(= self 개인의) + hor(= bound (영향력을) 한정) + ity(~것)

명 권위, 권한, 당국

Your probable answer to this question is legal authority in the first sentence. [04]
이 질문에 대한 당신 대답의 첫 번째 요지는 적법한 권한일 것이다.

[어형] authorize 승인하다, 허가하다

496

progress
[prágres]

★★★★☆

12/6 출제확률 27.5%

어원 pro(앞으로) + gress(= go 가다) → 진행하다

명 진행, 진보 동 진행하다, 진보하다

[idiom] in progress 진행 중인

Well, one group is done, and the other four groups are still in progress. [09]
글쎄요, 한 그룹은 끝났고, 나머지 4그룹은 여전히 진행 중입니다.

[어형] progressive 진보적인 progressively 계속해서

497

primitive
[prímətiv]

★★★★☆

10/6 출제확률 27.5%

어원 prim(= first 최초의) + (i)tive(상태인 (사람)) → 원시의

명 원시인 형 원시의, 원초적인

And thereafter, words like 'savage' and 'primitive' began to disappear. [08]
그 후로 '흉포한'과 '원시적인'과 같은 단어들은 사라지기 시작했다.

[어형] prime 주요한 primitiveness 원시성, 미개한 상태 primarily 우선, 원래

498

breathe

[bri:ð]

★★★★☆

9/6 출제확률 27.5%

[어원] breath(호흡) + e(하다) → 호흡하다

[동] 숨 쉬다, 호흡하다

Simba stopped breathing. [00]
심바는 숨을 거뒀다.

[어형] breath 숨 breathtaking 아슬아슬한 breathing 호흡

499

sufficient

[səfíʃənt]

★★★★☆

8/6 출제확률 27.5%

[어원] suf(아래에) + fic(= make 만들다) + (i)ent(형용사) → 아래에 충분히 만들어 놓은 → 충분한

[명] 충분 [형] 충분한

When you're making a decision, following your instincts is necessary but not sufficient. [06]
당신이 의사결정을 내릴 때, 직감을 따르는 것은 필요조건이지 충분조건은 아니다.

[어형] insufficient 불충분한 self-sufficient 자급자족할 수 있는 sufficiency 충분한 양 sufficiently 충분히

500

cast

[kæst]

★★★★☆

7/6 출제확률 27.5%

[어원] 등장인물을 캐스팅할 때 쓰이는 용어

[명] 형(型), 주조; 배역 [동] 던지다, 주조하다; 투표하다

They said you're going to be cast for the lead role in that new drama. [02]
그들은 당신이 새 드라마에서 주연을 맡을 것이라고 말했다.

[어법] 뼈가 부러졌을 때 하는 깁스를 'cast'라 한다.

501

owe

[ou]

★★★★☆

7/6 출제확률 27.5%

[어원] 신세나 빚으로 상대에게 갚아야 할 의무를 지님

[동] 힘입다, 빚(의무)이 있다

[idiom] owe A to B A는 B의 덕택이다

Many of those who have succeeded owe this to the fact that their concentration is good. [03]
성공한 많은 사람들은 좋은 집중력이라는 사실 덕분이다.

[어형] owing 갚아야 할

502

gym

[dʒim]

★★★★☆

8/6 출제확률 27.5%

[어원] *gymnasium의 줄임말

[명] 체육관

This Friday evening he's presenting a music concert in the gym. [05]
그는 이번 주 금요일 밤에 체육관에서 뮤직 콘서트를 할 것입니다.

[어형] gymnasium 체육관 gymnastics 체조, 체육 gymnast 체조선수, 체육가

503

indicate

[índikèit]

★★★★☆

8/6 출제확률 27.5%

[어원] in(~안에, ~에) + dic(말하다) + ate(하다) → 안 에서 말하다 → 내포하다, 나타내다

[동] 지시하다, 나타내다, 내비치다

You indicated in your cover letter that you intend to follow a literary career. [07]
당신은 자기소개서에서 문학쪽 경력을 쌓고 싶다고 내비쳤다.

[어형] indication 표시, 징후 indicated 바람직한

504

destruct

[distrʌkt]

★★★★☆

10/6 출제확률 27.5%

[어원] de(아닌) + struct(짓다) → 짓는 것의 반대는 파괴

[동] 파괴하다(destroy) [형] 파괴용의

The destruction of our enemy might have been a victory for us. [10]
우리의 적을 물리치는 것은 우리에게 승리일 수 있었다.

[어형] destruction 파괴 destructive 파괴적인

505

consist

[kənsíst]

★★★★☆

9/6 출제확률 27.5%

[어원] con(함께) + sist(= stand 서다) → 함께 서 있다 → ~로 구성되다

[동] 구성되다(of), 이루어지다

Much of the value of art for a child consists in making it. [10]
아이에게 있어서 예술의 대부분의 가치는 그것을 만드는 것에 있다.

[어형] consisted (과거, 과거분사) consistency 일관성 consistent 일관된, 한결같은 consisting (현재분사)

506

praise

[preiz]

★★★★☆

10/6 출제확률 27.5%

[어원] price(값어치) → 그 가치를 인정함 → 칭찬

[명] 칭찬 [동] 칭찬하다, 찬양하다

He praised their great achievements. [00]
그녀는 그들의 훌륭한 성과를 칭찬했다.

[어형] praised (과거, 과거분사) praiseful 찬사를 늘어놓은

507

arise

[əráiz]

★★★★☆

6/6 출제확률 27.5%

[어원] a(강조) + rise(일어나다) → 일어나다

[동] 일어나다, 나타나다

Questions have arisen from victims about who is responsible for the avoidable accident. [02]
피할 수 있었던 그 사고의 책임을 누가 져야 하는가에 대한 질문이 피해자들로부터 제기되었다.

[어형] arisen (과거분사) arising (현재분사) arose (과거)

508

charity

[tʃǽrəti]

★★★★☆

6/6 출제확률 27.5%

[어원] 상대방에게 동정을 베푸는 것이 아니라 인정을 나누는 행위

[명] 자비, 자선, 구호

The act of asking for money from people to give to charity. [04]
자선활동에 기부하기 위해 사람들에게 기부금을 요청하는 행위.

[어형] charity bazaar 자선 바자회

509

flat

[flæt]

★★★★☆

7/6 출제확률 27.5%

[어원] 납작하거나 평평한 상태를 나타냄

[형] 평평한, 단조로운; 펑크난

Objects in paintings were flat and symbolic rather than real in appearance. [05]
그림 속의 사물들은 사실적이기 보다는 단조롭고 상징적이었다.

[어법] '변음, 낮은 음'이라는 의미도 있다.(플랫)

510

smooth
[smu:ð]

★★★★☆

6/6 출제확률 27.5%

어원 상황이 순조롭거나 원만한 경우를 지칭함

형 매끄러운, 원활한

Smooth sailing after the storm, the aircar arrived at the orbit of the Island of Paradise. [08]
폭풍 후 순조롭게 항해하여, 자동차형 비행기는 파라다이스 섬 주변에 도착했다.

[어형] smoothly 부드럽게, 순조롭게 smooth-textured 매끄럽게 쓰여진, 부드럽게 짜여진

511

mature
[mətjúər]

★★★★☆

7/6 출제확률 27.5%

어원 과일이나 사람이 성숙된 상태를 말함

형 성숙한; 익은 동 성숙시키다

The mature man thinks that troubles belong only to the present. [05]
그 성숙한 사람은 문제는 오직 현재에만 국한된다고 생각한다.

[어형] immature 미숙한 maturational 성숙의 maturity 성숙 premature 조산의, 시기상조의

512

nevertheless
[nèvərðəlés]

★★★★☆

6/6 출제확률 27.5%

어원 상황의 전환을 유도하는 상황에 활용됨

부 그럼에도 불구하고

We are nevertheless able to enter into their behavior and their emotions. [08]
그럼에도 불구하고 우리는 그들의 행동과 감정에 몰입할 수 있다.

513

mysterious
[mistíəriəs]

★★★★☆

7/6 출제확률 27.5%

어원 mystery(불가사의) 단어 뒤에 -ious가 붙으면 형용사가 된다. 뜻은 '~한'으로 활용된다.

형 불가사의한, 신비의

It was mysterious and scary. [08]
그것은 불가사의하고 무서웠다.

[어형] mystery 미스터리, 수수께끼 mystical 신비로운, 불가사의한

514

ashamed
[əʃéimd]

★★★★☆

6/6 출제확률 27.5%

어원 a(강조) + shamed(부끄러운) → 부끄러운

형 부끄러운, 수치스러운

I felt ashamed for not having visited him for the last five years. [03]
나는 지난 5년간 그 분을 찾아뵙지 못해 부끄러웠다.

[어형] ashamedly 당황하여 shame 부끄러움, 수치심

515

civilization
[sìvəlizéiʃən]

★★★★☆

11/6 출제확률 27.5%

어원 civil(시민의) + liz(~화하다) + tion(것) → 시민사회화 하는 것

명 문명(사회), 문화

Egyptian civilization was built on the banks of the Nile River. [09]
이집트 문명은 나일강의 강둑에 건설되었다.

[어형] civil 시민의, 문명의 civilized 교화된, 문명인의

516

ma'am
[mæm]
★★★★☆
7/6 출제확률 27.5%

[어원] mom(어머니)와 구분할 필요가 있다.

[명] 아주머니, 마님, 부인

How may I help you, ma'am? [07]
부인, 무엇을 도와드릴까요?

[어법] 남성에 대한 존칭은 sir, 여성은 ma'am이다.

517

anticipate
[æntísəpèit]
★★★★☆
6/6 출제확률 27.5%

[어원] anti(= before 이전에) + cip(= take [생각을]취하다) + ate(동사) → 예상하다

[동] 예상하다, 예측하다

Technology will not cause new and unanticipated problems. [07]
기술은 새롭거나 예상치 못한 문제를 야기하지 않을 것이다.

[어형] anticipated 기대하던 anticipating 예상 unanticipated 기대하지 않은

518

conduct
[kándʌkt]
★★★★☆
11/6 출제확률 27.5%

[어원] con(여럿을, 함께) + duct(끌어내는) → 함께 (~하도록) 끌어내다 → 수행하다

[명] 행위, 지도 [동] 행동하다, 수행하다

After the plane crashed, an investigation about the accident was conducted. [02]
그 비행기가 추락한 뒤, 그 사고에 대한 조사가 실시되었다.

[어형] conducted (과거, 과거분사) conductor 안내자, 지휘자 conduction (전기, 열 등의) 전도

519

romantic
[roumǽntik]
★★★★☆
11/6 출제확률 27.5%

[어원] roman(로마인) + tic(~한) → 로마인 같은 → 낭만적인

[형] 로맨틱한, 낭만적인

The bus is going to take you through the most romantic city in the world! [08]
그 버스는 당신을 세계에서 가장 로맨틱한 도시로 데려다 줄 것입니다!

[어형] romance 연애, 로맨스

520

intellectual
[ìntəléktʃuəl]
★★★★☆
8/6 출제확률 27.5%

[어원] intel(= among 여러 명 중에) + lect(고르다) + ual(형용사) → 여러 명 중 선택된 뛰어난 사람

[형] 지적인, 지성이 풍부한

Other people take an intellectual approach to its form and construction. [08]
다른 사람들은 그것의(음악) 형식과 구조에 대해 지적인 접근을 한다.

[어형] intellect 지력, 지적 능력 intellectually 지적으로

521

sight
[sait]
★★★★☆
6/6 출제확률 27.5%

[어원] 시야에 보이는 것을 총칭함

[명] 광경, 경치, 시력

[idiom] catch sight of ~을 찾아내다

She's afraid of losing her sight. [00]
그녀는 시력을 잃을까 걱정하고 있다.

[어형] sighting 목격 sightseeing 관광

522

heal
[hi:l]

★★★★☆

11/6 출제확률 27.5%

어원 heal은 '완전하다'라는 의미를 가지고 있다. *health heal(완전하다) + th(것) → 완전한 것 → 건강

동 상처를 낫게 하다, (병을) 고치다

There is healing power in flowers and in trees, fresh air, and sweet-smelling soil. [08]
나무와 꽃, 맑은 공기, 향기로운 흙에는 치유의 힘이 있다.

[어형] healer 치유자 healing 치유

523

divide
[diváid]

★★★★☆

7/6 출제확률 27.5%

어원 di(= dis 거리를 둠) + vid(보다) → (둘을 떼어) 거리를 두고 보다 → 나누다

동 나누다, 분할하다

The owners should decide how to divide their properties. [07]
그 소유주들은 그들의 재산을 어떻게 분할할지 결정해야 한다.

[어형] divided 분할된 dividing 나누는 division 분할, 구분

524

match
[mætʃ]

★★★★☆

7/6 출제확률 27.5%

어원 서로 대등한 사이에 맞섬을 나타냄

명 시합; 성냥 동 경쟁하다, 필적하다

[idiom] match up (with something) ~와 일치하다, ~와 비슷하다

Some individuals sit and watch a football game or tennis match without cheering. [09]
일부 사람들은 축구 경기나 테니스 경기를 응원 없이 앉아서 본다.

[어형] matched (과거, 과거분사) 잘 어울리는

525

self
[self]

★★★★☆

7/6 출제확률 27.5%

어원 타자로부터의 자신을 지칭할 때 쓰임

명 자기, 자신 형 단색의

[idiom] by oneself 홀로, 외로이 *do-it-yourself(DIY) (수리 · 조립 등을) 스스로 하는

Whatever their type, heroes are selfless people who perform extraordinary acts. [07]
그들이 어떤 유형이건 간에, 영웅들은 이타적으로 비범한 행동을 하는 사람들이다.

[어형] self-control 자제력 selfless 이타적인, 사심 없는 selves self의 복수형

526

honor
[ánər]

★★★★☆

7/6 출제확률 27.5%

어원 다른 사람들의 명예를 중요하게 여기는 상황을 일컬음

명 명예, 영광 동 수여하다

[idiom] Medal of Honor 명예훈장

Go and enjoy the winner's honor. [09]
가서 승리자의 영광을 누리세요.

[어형] honorable 명예로운, 영광스러운 honored 명예로운

527

handle
[hændl]

★★★★☆

7/6 출제확률 27.5%

어원 hand(손) + le(~것) → 손으로 다루는 것 → 손잡이

명 손잡이, 핸들 동 ~을 다루다

What do you think about this one with a basket attached to the handlebars? [11]
핸들에 바구니가 달려있는 이것은 어떻습니까?(어떻게 생각하십니까?)

[어형] handlebar (자전거 등의) 핸들 handling 다루기, 조작, 처리, 취급

528

doubt
[daut]
★★★★☆
6/6 출제확률 27.5%

[어원] dou(둘) + bt → 2가지의 마음(생각)을 갖다 → 의심하다

[명] 의심, 의혹 [통] 의심하다

Peter doubts if he can do his duties. [08]
Peter는 그가 임무를 수행할 수 있을지 의심스러웠다.

[어형] undoubtedly 의심할 여지없이

529

terrify
[térəfài]
★★★★☆
6/6 출제확률 27.5%

[어원] terr(두렵게 하다) + (i)fy(~화하다) → 무섭게 하다 *글의 분위기를 묻는 질문에 자주 기출됨

[통] 무섭게 하다, 겁나게 하다

The atmosphere is terrified. [08]
겁나는 분위기이다.

[어형] terrified 무서워하는, 겁이 난 terrifying 놀라게 하는, 무서운

530

emphasis
[émfəsis]
★★★★☆
8/6 출제확률 27.5%

[어원] em(~에, 안) + phas(보여주다) + is(~것) → 안에 있는 것은 중요한 것

[명] 강조, 중요성

This government has emphasized excellence in business. [03]
이 정부는 업무의 탁월함을 강조해 왔다.

[어형] emphasize 강조하다 emphasized (과거, 과거분사)

531

scale
[skeil]
★★★★☆
6/6 출제확률 27.5%

[어원] 크기나 규모의 정도를 나타내는 말

[명] 계급, 규모; 저울 [통] 비늘을 벗기다

[idiom] out of scale 균형을 잃은

It is offered to the shops or businesses that buy goods on a large scale and sell them. [01]
그것은 물건을 대량으로 사서 판매하는 점포나 회사들에 제공된다.

532

spite
[spait]
★★★★☆
6/6 출제확률 27.5%

[어원] 상대방에게 앙심이나 원한을 품고 하는 행위를 의미함

[명] 악의(malice), 심술 [통] ~에 심술부리다, 화나게 하다

[idiom] in spite of ~함에도 불구하고(despite)

But in spite of this boundless outdoors potential. [10]
그러나 실외의 이런 끝없는 잠재력에도 불구하고.

[어형] spiteful 악의가 있는

533

department
[dipá:rtmənt]
★★★★☆
9/6 출제확률 27.5%

[어원] de(아래) + part(부분) + ment(~것) → 아래로 부분별로 나눈 것 → 부서

[명] 부서, 부문, ~부(학과)

Well, in my department many people use two at the same time. [10]
글쎄요, 제 부서에서는 많은 사람들이 동시에 두 개를 사용합니다.

[어형] department store 백화점

1. 아래의 단어에 맞는 뜻을 골라 선으로 이어주세요.

526 honor ●   ⓐ 충분; 충분한

501 owe ●   ⓑ 명예, 영광

504 destruct ●   ⓒ 형(型), 주조, 배역; 던지다, 주조하다

520 intellectual ●   ⓓ 칭찬; 칭찬하다

527 handle ●   ⓔ 권위, 권한, 당국

499 sufficient ●   ⓕ 또렷한, 명백한

506 praise ●   ⓖ 강조, 중요성

500 cast ●   ⓗ 손잡이, 핸들; ~을 다루다

530 emphasis ●   ⓘ ~으로 구성되다

505 consist ●   ⓙ 지적인

493 apparent ●   ⓚ 파괴하다

495 authority ●   ⓛ 힘입다, 빚(의무)이 있다

517 anticipate ●   ⓜ 부서, 부문, ~부

533 department ●   ⓝ 예상하다, 예측하다

2. 아래 문장의 알맞은 뜻을 보기에서 고르세요.

a. Peter doubts if he can do his duties. ( )

b. Some individuals sit and watch a football game or tennis match without cheering. ( )

c. The owners should decide how to divide their properties. ( )

d. And thereafter, words like 'savage' and 'primitive' began to disappear. ( )

e. When you're making a decision, following your instincts is necessary but not sufficient. ( )

f. He praised their great achievements. ( )

g. The bus is going to take you through the most romantic city in the world! ( )

보기

① 그 후로 '흉포한'과 '원시적인'과 같은 단어들은 사라지기 시작했다.

② 일부 사람들은 축구 경기나 테니스 경기를 응원 없이 앉아서 본다.

③ Peter는 그가 임무를 수행할 수 있을지 의심스러웠다.

④ 당신이 의사결정을 내릴 때, 직감을 따르는 것은 필요조건이지 충분조건은 아니다.

⑤ 그는 그들의 훌륭한 성과를 칭찬했다.

⑥ 그 소유주들은 그들의 재산을 어떻게 분할할지 결정해야 한다.

⑦ 그 버스는 당신을 세계에서 가장 로맨틱한 도시로 데려다 줄 것입니다!

정답: ③ ② ⑥ ① ④ ⑤ ⑦

534

flow
[flou]

★★★★☆

8/6 출제확률 27.5%

어원 어떤 진행 과정에서의 이동이나 흐름을 나타냄

명 흐름, 유입 동 흐르다, 넘쳐흐르다

[idiom] cash flow 현금의 유동성(유출입) flow chart 순서도

The beautiful musical thoughts which seemed to flow from his brain [03]
그의 머리에서 흘러나오는 것 같은 아름다운 음악적 영감들

[어형] flowed (과거, 과거분사) flowing 흐르는 inflow 유입 overflow 넘쳐흐름; 넘치다, 범람하다

535

ultimate
[ʌltəmət]

★★★★☆

8/6 출제확률 27.5%

어원 ulti(나중의) + mate(친구) → 친구는 영원한 동반자 관계

형 최후의, 궁극적인, 최고의

[syn] supreme, greatest, paramount

Doing so would ultimately cause us to suffer. [10]
그렇게 하는 것은 궁극적으로 우리를 고생스럽게 할 것이다.

[어형] ultimately 결국, 궁극적으로 ultimacy 최후, 궁극

536

campaign
[kæmpéin]

★★★★☆

8/6 출제확률 27.5%

어원 camp(야외 숙소) + aign → 군인들은 전투시 야영을 하다 → 군사적 전투 혹은 전쟁

명 (선거) 운동, 전쟁

Humanity International's campaign to build houses for homeless people [02]
집 없는 사람들에게 집을 지어주기 위한 국제 자선활동 캠페인

537

distinguish
[distíŋgwiʃ]

★★★★☆

7/6 출제확률 27.5%

어원 dis(분리) + stingue(찌르다) + sh → 찔러 구분함

동 구별하다, 구분하다

[idiom] distinguish A from B B로부터 A를 구분하다

Distinguishing the original from the fake [05]
가짜 중에서 원본을 구별하기

[어형] distinguished 저명한, 두드러진 distinguishing 특징적인, 특색 있는

538

claim
[kleim]

★★★★☆

11/6 출제확률 27.5%

어원 claim은 call(부르짖다)에서 유래

동 요구하다, 요청하다; 주장하다

He's going to put in a claim for his loss. [07]
그는 그의 손해에 대한 청구를 할 것이다.

[어형] claim tag 수화물 교환증

539

spirit
[spirit]
★★★★☆
10/6 출제확률 27.5%

어원 spire(숨 쉬다)에서 파생되었다.

명 정신, 자세, 영혼

Mr. Gonzales has helped people find a shelter for their spirits. [05]
곤잘레스 씨는 사람들로 하여금 영혼의 쉼터를 찾을 수 있도록 도왔다.

[어형] spiritual 정신의(mental), 정신적인

540

reject
[ridʒékt]
★★★★☆
8/6 출제확률 27.5%

어원 re(뒤로) + ject(던지다) → 거절하다

동 거절하다(refuse), 기각하다

In so far as it is a question of rejecting universally accepted and indubitable values. [11]
보편적으로 인정되고 의심할 나위 없는 가치를 거부한 것은 아직까지도 의문이다.

[어형] rejecting 거부하는 rejection 거절, 부결 rejected 거절된

541

lend
[lend]
★★★★☆
7/6 출제확률 27.5%

어원 borrow는 빌려오는 것이고, lend는 빌려주는 것이다.

동 빌려주다, 제공하다

Never mind. I'll lend you the money. [02]
신경쓰지 마세요. 제가 당신에게 돈을 빌려 드리겠습니다.

[어형] lent (과거, 과거분사) lending 대출의

542

mess
[mes]
★★★★☆
7/6 출제확률 27.5%

어원 음식물을 지칭하기도 하며, 형용사로 '부도덕한, 타락한'의 의미로 쓰임

명 난잡, 혼란 동 더럽히다

[idiom] mess up ~을 엉망으로 만들다

Before, it was so messy up here. [08]
전에는 여기가 매우 지저분했었다.

[어형] messiness 혼란스러움, 부도덕함 messy 지저분한

543

hire
[haiər]
★★★★☆
6/6 출제확률 27.5%

어원 payment for work(임금)이라는 의미에서 유래되었다.

동 고용하다, 빌리다

Our new owner deserves a lot of the credit for hiring a great coach. [06]
우리의 새 구단주가 훌륭한 감독을 고용한 점은 높이 평가받을 만합니다.

[어형] hired 고용된 hiring 고용, 임대차

544

roll
[roul]
★★★★☆
6/6 출제확률 27.5%

어원 '둥글게 말다'라는 의미에서 유래됨

명 명부, 굴리기 동 구르다, 굴리다

[idiom] roll off 굴러 떨어지다

All of us are similar bio-mechanical units that rolled off the same assembly line. [10]
우리 모두는 동일한 조립라인에서 굴러 떨어진 유사한 생화학적 단위이다.

[어형] rolled (과거, 과거분사) unrolled 펼쳐진

545 witness
[wítnis]
★★★★☆
6/6 출제확률 27.5%

어원 wit(= wise 지식) + ness(~것) → 자신이 경험하거나 목격한 지식을 말하는 것

명 증인 **동** 목격하다

The ball made a flight truer and higher than I'd witnessed from any boy or man. [09]
그 공은 어떤 소년이나 남성이 한 것보다도 더 정확하고 높게 날아갔다.

[어형] unwitnessed 목격되지 않은, 감지되지 않은 witnessed (과거, 과거분사)

---

546 recall
[rikɔ́:l]
★★★★☆
7/6 출제확률 27.5%

어원 re(다시) + call(부르다) → 소환하다

명 소환 **동** 상기하다, 소환하다

As an adult, the artist visited Japan, where, he recalls, food was almost too beautiful. [05]
그 예술가는 어른이 되어 그의 기억에 음식이 너무나도 아름다웠던 일본을 방문했다.

[어형] recalled (과거, 과거분사)

---

547 complain
[kəmpléin]
★★★★☆
7/6 출제확률 27.5%

어원 com(함께) + plain(한탄하다, 푸념하다) → 불평하다

동 불평하다, 고발하다

Other shanties let sailors complain about their hard lives. [03]
다른 뱃노래들은 선원들이 그들의 고된 삶을 불평하도록 하였다.

[어형] complained (과거, 과거분사) complaining (현재분사) uncomplaining 불평하지 않는

---

548 minor
[máinər]
★★★★☆
6/6 출제확률 27.5%

어원 minor(낮은: 소수) ↔ major(높은, 중요한)

명 미성년자, 부전공학생

RPC helped secure professional positions for minorities in a number of different fields. [09]
RPC는 다양 한 분야에서 소수민족의 전문직을 보호하는데 도움을 주었다.

[어형] minority 소수

---

549 oxygen
[áksidʒen]
★★★★☆
9/6 출제확률 27.5%

어원 oxy는 '날카로운, 뾰족한'의 의미와 '산소'의 의미를 담고 있다.

명 산소

[idiom] resolve into ~으로 분해하다
The electric engine resolves water into oxygen and hydrogen. [07]
그 전기엔진은 물을 산소와 수소로 분해한다.

---

550 crash
[kræʃ]
★★★★☆
6/6 출제확률 27.5%

어원 crack(금이 가다)에서 파생되었다.

명 충돌, 추락 **동** 추락하다

A survey is conducted just after a plane crash. [10]
비행기 추락이 있은 뒤 조사가 실시되었다.

[어형] crashing 완전한, 예외적인, 놀랄 만한 crashed 부서진, 만취한

551

revolution
[rèvəlúːʃən]

★★★★☆

6/6 출제확률 27.5%

[여원] re(다시) + volu(뜻, 스스로) + tion(~것) → 뜻을 다시 생각하는 것

[명] 혁명, (천체의) 운행

During the Revolution, in 1792, he joined the Army of the North as a military surgeon. [07]

혁명기였던 1792년에 그는 북부 육군의 군의관으로 입대하였다.

[어형] revolutionizing revolutionize (혁명을 일으키다)의 현재분사

552

insist
[insíst]

★★★★☆

9/6 출제확률 27.5%

[여원] in(안에) + sist(= stand 서다) → 내 생각만 옳다고 서있다

[동] 주장하다, 고집하다

He insisted that his son go to a special school. [00]

그는 그의 아들이 특수학교에 가야 한다고 주장했다.

[어형] insisted (과거, 과거분사) insistent 고집하는, 계속되는 insisting (현재분사)

553

intelligent
[intélədʒənt]

★★★★☆

8/6 출제확률 27.5%

[여원] intel(~중에) + lig(선택하는) + ent(~한) → 여럿을 놓고 선택하니 영리한

[형] 지적인, 영리한, 이성적인

The movie business and the athletic world are full of intelligence. [07]

영화 산업과 스포츠계는 똑똑한 사람들로 가득하다.

[어형] intelligence 지능, 기밀, 정보

554

neglect
[niglekt]

★★★★☆

8/6 출제확률 27.5%

[여원] neg(= not 아닌) + lect(선택하다) → 선택하지 않음 → 방치하다

[명] 방치 [동] 게을리하다, 도외시하다

Teens' Behavior Respected or Neglected? [08]

10대들의 행동 존중 되는가? 아니면 무시되고 있는가?

[어형] neglected 방치된, 도외시된

555

hate
[heit]

★★★★☆

8/6 출제확률 27.5%

[여원] dislike는 상대적인 경우에 사용되지만 hate은 막연한 경우에 활용된다.

[동] 미워하다, 증오하다

I hate this cold weather. [00]

나는 이런 추운 날씨를 싫어한다.

[어형] hated (과거, 과거분사) hateful 미운, 증오에 찬

556

secretary
[sékrətèri]

★★★★☆

6/6 출제확률 27.5%

[여원] secret(비밀) + ary(사람) → 비밀을 가진 사람 → 비서

[명] 비서(관), 장관

[idiom] executive secretary 사무국장

Tell the secretary that you want to buy one. [01]

비서에게 당신이 하나 사고 싶다고 말하세요.

[어형] secrecy 내밀, 은둔 secret 비밀

557

pure

[pjuər]

★★★★☆

7/6 출제확률 27.5%

[어원] pur(깨끗하게 하다)에서 파생되었다. mixed(혼합한)의 반대말로도 쓰인다.

[형] 순수한

Shoes have not always served such a purely functional purpose. [07]
신발이 순수하게 기능적인 목적으로만 사용되는 것은 아니다.

[어형] impure 불결한, 순결하지 않은 purely 순전히, 전적으로 purity 순수성, 순도 purist 순수주의자

558

sweep

[swi:p]

★★★★☆

6/6 출제확률 27.5%

[어원] whip(채찍질 하다)에서 유래되었다. '빗자루를 아래 위로 움직여 청소하다'는 의미.

[명] 청소 [동] 휩쓸다, 쓸다, 청소하다

But the sweeping beautiful view made the hard climb worthwhile. [01]
그러나 탁 트인 경관을 보니 힘든 등반을 한 것이 가치가 있게 되었다.

[어형] sweeping 광범위한, 전면적인 swept (과거, 과거분사)

559

prior

[práiər]

★★★★☆

6/6 출제확률 27.5%

[어원] pri(= first 처음) + or → 처음의 → 먼저의, 처음의

[형] 이전의, 앞의

[idiom] prior to ~이전에

I think you need to get your priorities straight. [06]
내 생각엔 당신은 최우선 순위를 곧장 정해야 한다.

[어형] priority 우선권, 우선

560

appointment

[əpɔ́intmənt]

★★★★☆

9/6 출제확률 27.4%

[어원] ap(~에) + point(푹 찌르다) + ment(~것) → ~를 oo에 낙점함

[명] 약속, 지명, 임명

[idiom] appointment book 예약 명부

Please put my name in the appointment book. [08]
예약 수첩에 내 이름을 기입해 주십시오.

561

careless

[kéərlis]

★★★★☆

7/6 출제확률 27.4%

[어원] care(주의, 걱정) + less(없는) → 부주의한

[형] 부주의한, 경솔한

The driver argued that the careless pedestrian was to blame for the accident. [97]
운전자는 사고가 보행자의 부주의로 인해 발생하였다고 주장했다.

[어형] carelessly 부주의하게

562

severe

[sivíər]

★★★★☆

6/6 출제확률 27.4%

[어원] 어떤 상태가 심각한 상황에 놓여 있음을 나타냄

[형] 심각한, 엄격한, 격렬한

Recently, a severe disease hit Asian nations hard, causing several hundred deaths. [04]
최근 심각한 전염병이 아시아 국가를 강타하여 수백 명의 사망자가 발생했다.

[어형] severely 심하게, 엄하게

563

muscle

[mʌsl]

★★★☆☆

20/5 출제확률 23.1%

[어] mus(= mouse 쥐) + cle(작은) → 작은 쥐 → 근육

[명] 근육 [동] 힘으로 밀고 나아가다

Floppy Barrow builds upper body muscles a lot. [07]

Floppy Barrow 씨는 상체 근육을 많이 키운다.

[어형] muscular 근육의, 강력한

564

analyze

[ǽnəlàiz]

★★★☆☆

17/5 출제확률 23.1%

[어] ana(~의 구석구석까지) + lyze(느슨하게 하다) → 구석까지 풀어내다 → 분석하다

[동] 분석하다(analyse), 검토하다

Use your experience to analyze the situation. [06]

그 상황을 분석하는데 당신의 경험을 활용하라.

[어형] analysis 분석 analyst 분석가 analyzed (과거, 과거분사) analyzing 분석

565

urban

[ə́:rbən]

★★★☆☆

15/5 출제확률 23.1%

[어] urb(도시) + an(~의) → 도시의

[형] 도시의

[ant] rural, country

Over the past decade, Chattanooga has made an incredible urban comeback. [10]

지난 십 년에 걸쳐 Chattanooga는 믿을 수 없을 만큼 도시로서의 명성을 회복했다.

566

bias

[báiəs]

★★★☆☆

14/5 출제확률 23.0%

[어] 좌우의 균형이 무너진 상황을 지칭함

[명] 편견 [동] 편견을 갖게 하다

A more biased survey can be conducted. [10]

더 편향된 설문조사 결과가 나올 수 있다.

[어형] biased 편향된

567

distinct

[distíŋkt]

★★★☆☆

10/5 출제확률 23.0%

[어] dis(아닌) + tin(= hold 붙다) → 홀로 떨어져 있어 구분이 명확한

[형] 명백한, 명확한

The behavior found in native cultures was not the distinctive feature. [08]

원주민 문화에서 발견된 행동양식은 (그들만의) 독특한 특성이 아니었다.

[어형] distinction 구분, 차이 distinctive 특유의 distinctness 별개

568

correspond

[kɔ̀:rəspánd]

★★★☆☆

8/5 출제확률 23.0%

[어] cor(함께) + respond(응답하다) → 일치하다

[동] 일치하다, 편지를 주고 받다

No longer feel uncomfortable as a result of our correspondence. [10]

우리의 의견 일치로 인해 더 이상 불편함을 느끼지 않는다.

[어형] correspondence 일치, 관련성 corresponding 상응하는 correspondingly 상응하게

569

resist

[rizíst]

★★★☆☆

12/5 출제확률 23.0%

어원 re(= against ~에 대항하여) + sist(= stand 서다) → 저항하다

동 반대하다(oppose), 저항하다, 견뎌내다

There are other diseases that our bodies cannot successfully resist on their own. [05]

우리 몸 스스로가 성공적으로 저항할 수 없는 다른 질병들이 있다.

[어형] resistant ~에 잘 견디는, 저항력 있는 resistance 저항

570

specific

[spisífik]

★★★☆☆

12/5 출제확률 23.0%

어원 speci(= kind 종류) + fic(~를 만드는) → (특정한) 무언가를 만드는 → 특정한

형 구체적인, 특정한

There is the danger that too much specificity can limit your imagination. [10]

과도하게 구체적인 것은 당신의 상상력을 제한시키는 위험이 있다.

[어형] specifically 분명히, 특별히, 구체적으로 specificity 특별함

571

confuse

[kənfjú:z]

★★★☆☆

11/5 출제확률 23.0%

어원 con(함께) + fuse(녹다, 쏟아버리다) → 한꺼번에 다 쏟아버리니 혼란스럽다

동 혼란스럽다, 혼동하다

People can become confused by multitasking. [11]

사람들은 멀티태스킹(다중 처리)을 하면서 혼란스러워 할 수 있다.

[어형] confused 혼란스러워 하는 confusing 혼란스러운 confusion 혼란; 현기증

572

install

[instó:l]

★★★☆☆

15/5 출제확률 23.0%

어원 장치나 기기를 설치하는 것을 의미함

동 설치하다, 장착하다; 임명하다

[idiom] installment plan 할부판매

My sister wants me to install an ad blocking program [11]

내 여동생은 내가 광고를 막는 프로그램을 설치해주길 원한다.

[어형] installation (장비, 프로그램의) 설치 installed (과거, 과거분사) installer 설치하는 사람 installing (현재분사)

573

seed

[si:d]

★★★☆☆

16/5 출제확률 23.0%

어원 see(= sow (씨를)뿌리다) + d(과거분사 어미) → 뿌린 것 → 씨

명 씨, 씨앗 동 씨를 뿌리다

Weed seeds cannot pass through the goat's body. [00]

잡초의 씨는 염소의 몸을 통과하지 못한다.

[어형] seedless 씨가 없는 seedling 묘목

574

derive

[diráiv]

★★★☆☆ 6/5

출제확률 23.0%

어원 de + rive(강) → 강으로부터 인류 문명은 시작되었다.

동 ~을 얻다, 유래하다

[idiom] derive from ~에서 유래하다

This belief derives from a nineteenth-century understanding of emotions. [09]

이러한 믿음은 19세기의 감정에 대한 이해에서 유래되었다.

[어형] derived 유래된, 파생된

1. 아래의 단어에 맞는 뜻을 골라 선으로 이어주세요.

560 appointment ●

535 ultimate ●

536 campaign ●

547 complain ●

573 seed ●

566 bias ●

538 claim ●

569 resist ●

539 spirit ●

576 ordinary ●

540 reject ●

544 roll ●

572 install ●

574 derive ●

ⓐ ~을 얻다, 유래하다

ⓑ 편견; 편견을 갖게 하다

ⓒ 저항하다, 견뎌내다

ⓓ 보통의, 평범한

ⓔ (선거) 운동, 전쟁

ⓕ 약속, 지명, 임명

ⓖ 거절하다

ⓗ 씨; 씨를 뿌리다

ⓘ 불평하다

ⓙ 요구하다, 요청하다

ⓚ 명부, 굴리기; 구르다, 굴리다

ⓛ 정신, 자세, 영혼

ⓜ 최후의, 궁극적인, 최고의

ⓝ 설치하다

2. 아래 문장의 알맞은 뜻을 보기에서 고르세요.

a. The driver argued that the careless pedestrian was to blame for the accident. ( )

b. In so far as it is a question of rejecting universally accepted and indubitable values. ( )

c. The electric engine resolves water into oxygen and hydrogen. ( )

d. There is the danger that too much specificity can limit your imagination. ( )

e. Weed seeds cannot pass through the goat's body. ( )

f. Other shanties let sailors complain about their hard lives. ( )

g. Our new owner deserves a lot of the credit for hiring a great coach. ( )

보기

① 우리의 새 구단주가 훌륭한 감독을 고용한 점은 높이 평가받을 만합니다.

② 보편적으로 인정되고 의심할 나위 없는 가치를 거부한 것은 아직까지도 의문이다.

③ 잡초의 씨는 염소의 몸을 통과하지 못한다.

④ 운전자는 사고가 보행자의 부주의로 인해 발생하였다고 주장했다.

⑤ 다른 뱃노래들은 선원들이 그들의 고된 삶을 불평하도록 하였다.

⑥ 과도하게 구체적인 것은 당신의 상상력을 제한시키는 위험이 있다.

⑦ 그 전기엔진은 물을 산소와 수소로 분해한다.

정답: ④ ② ⑦ ⑥ ③ ⑤ ①

575

document
[dákjumənt]
★★★☆☆
15/5 출제확률 23.0%

[어원] docu(가르치다) + ment(~것) → 가르치는 것(문서는 사건의 일말을 가르쳐준다)

[명] 문서(로 입증하다), 기록

Can you make one copy of this document? [07]
이 문서를 한 부 복사해주실 수 있겠습니까?

[어형] documentary 다큐멘터리, 기록물, 서류로 이뤄진 documented (과거, 과거분사)

576

ordinary
[ɔ́:rdənèri]
★★★☆☆
8/5 출제확률 23.0%

[어원] ordin(= order 순서대로의) + ary(~의) → 통상적인, 보통의

[형] 보통의, 평범한

One of them ordinarily making an offer and another accepting. [10]
보통 그들 중 한명이 제안을 하고 상대방이 이를 받아들인다.

[어형] ordinarily 보통 때는, 정상적으로 ordinal 서수의

577

professor
[prəfésər]
★★★☆☆
12/5 출제확률 23.0%

[어원] pro(앞서) + fess(주장하다, 말하다) + or(사람) → 남들보다 앞서 나가 말하는 사람 → 교수

[명] 교수

Our nursing professor gave us a quiz. [03]
간호학 교수가 우리에게 퀴즈를 냈다.

[어형] profess 고백하다, 공언하다 profession 직업, 직종

578

underwater
[ʌndərwɔ́:tər]
★★★☆☆
9/5 출제확률 23.0%

[어원] under(아래) + water(물) → 물 아래

[형] 물속의, 수중의

People would build an underwater boat to take themselves there to find it. [06]
사람들은 그것을 찾기 위해 해저 선박을 건조할 것이다.

[어형] underwater camera 수중 카메라 underwater current 해류

579

compensate
[kámpənsèit]
★★★☆☆
7/5 출제확률 23.0%

[어원] com(함께) + pens(무게를 달다) + ate(~하다) → 함께 무게를 달아 보상하다

[동] 배상하다, 갚다, 보상하다

The other has rights to compensation. [10]
다른 한 사람은 보상받을 권리를 갖는다.

[어형] compensation 배상, 보상 compensated 보장형의, 보장된

580

fundamental

[fʌndəméntl]

★★★☆☆

5/5 출제확률 23.0%

어원 fund(기본) + ment(~것) + tal(~한) → 기본의

명 근본 형 기초의, 본질적인

The doctor of the future needs to practice medicine in fundamentally different ways. [10]

미래의 의사들은 근본적으로 다른 방식으로 병원 개원을 해야 할 필요가 있다.

[어형] fundamentally 근본적으로

581

decline

[dikláin]

★★★☆☆

10/5 출제확률 23.0%

어원 de(아래로) + cline(구부리다) → 아래로 구부리니 기울다

명 경사 통 기울다, 쇠퇴하다, 거절하다

Total output declined from the 1960-1969 period to the 1980-1989 period. [10]

총생산량은 1960-1969 기간부터 1980-1989 기간까지 감소했다.

[어형] declined (과거, 과거분사) declining 기우는, 쇠퇴하는

582

strategy

[strǽtədʒi]

★★★☆☆

6/5 출제확률 23.0%

어원 strat(= army 군대) + eg(= lead 이끌다) + y(~것) → 군대를 이끄는 것 → 전략, 전술

명 전략, 전술

They are very useful strategies for better memory. [11]

그것들은 기억을 더 잘하기 위한 매우 유용한 전략들이다.

[어형] strategic 전략적인, 중요한

583

tax

[tæks]

★★★☆☆

15/5 출제확률 23.0%

어원 주로 national tex(국세)와 local tax(지방세)로 구분된다.

명 세금 통 세금을 부과하다

The city relies heavily on property taxes to fund public schools. [09]

그 도시는 공립학교를 위한 자금을 재산세에 과도하게 의존하고 있다.

[어형] taxing (현재분사) taxpayer 납세자 tax-free 비과세

584

elder

[éldər]

★★★☆☆

8/5 출제확률 23.0%

어원 eld(= old 늙은) + er(~보다 더, 사람) → 더 늙은 사람

명 연장자 형 나이가 든

The elderly think of themselves as being much younger than they actually are. [04]

나이 든 사람들은 스스로가 실제보다 젊다고 생각한다.

[어형] elderly 나이가 지긋한 eldest 가장 나이가 많은

585

discipline

[dísəplin]

★★★☆☆

7/5 출제확률 23.0%

어원 dis(강조) + cip(= take) + line(혈통) → 혈통을 강하게 따르는 것 → 규율

명 훈련, 훈육, 규율

This is similar to people getting wiser and more disciplined by overcoming the difficulties. [04]

이것은 사람들이 어려움을 극복하면서 더욱 현명해지고 단련되는 것과 비슷하다.

[어형] disciplined 훈련받은 self-disciplined 자기 훈련의, 수양의

586

capacity
[kəpǽsəti]
★★★☆☆
6/5 출제확률 23.0%

[어원] cap(= take 취하다) + acity(힘) → 취할 수 있는 힘 → 능력

[명] 능력, 수용력; 자격

The expression of a capacity that may exist. [08]
능력에 대한 표현(표시)은 존재할 것이다.

[어형] capacious 널찍한 capacitate 능력을 부여하다

587

false
[fɔːls]
★★★☆☆
8/5 출제확률 23.0%

[어원] 진짜(genuine)의 반대말이다.

[형] 거짓의, 가짜의(bogus)

Recent studies, however, have proved this belief to be false. [09]
그러나, 최근 연구들은 이 믿음이 틀렸다고 증명했다.

[어형] falsify ~을 위조하다 false arrest 불법 체포 *falsify는 false의 동사형이다.

588

institute
[ínstətjùːt]
★★★☆☆
7/5 출제확률 23.0%

[어원] in(~에) + stitu(te)(~을 세우다) → 설립하다, 설립한 것(협회)

[명] 협회, 연구소 [동] 설립하다

We can apply in formal institutions. [08]
우리는 공식 연구소에 지원할 수 있다.

[어형] institution 학회, 기관

589

species
[spíːʃiːz]
★★★☆☆
13/5 출제확률 23.0%

[어원] spec(= look 보이는 모습) + ies(접미사) → 보이는 모습 → 종류

[명] 종(류), 인류(mankind)

But, in other species, evolution had led to a specialization in their ability. [94]
그러나 다른 종들의 경우, 진화는 그들의 능력을 특수화 시키는 결과를 가져왔다.

[어형] The Origin of Species 종의 기원(다윈의 저서)

590

cell
[sel]
★★★☆☆
10/5 출제확률 23.0%

[어원] 아주 작은 세포 조직의 단위

[명] 세포, 칸, (작은) 조직

The cells within our body are continually being replaced. [04]
우리 몸 속에 있는 세포들은 계속 교체된다.

[어형] cellular 휴대할 수 있는 cellar 지하실, 저장실

591

elementary
[èləméntəri]
★★★☆☆
8/5 출제확률 23.0%

[어원] element는 '원소(모든 것의 기초)'라는 뜻이다.

[형] 초보의, 기본이 되는

He told me that I looked like I was in elementary school. [05]
그는 내가 마치 초등학생처럼 보인다고 말했다.

[어형] element 요소, 기본 elemental 기본적인

592

request
[rikwést]

★★★☆☆

11/5 출제확률 23.0%

어원 re(다시, 거듭) + quest(= seek 찾다) → (맞는지) 다시 찾다 → 요청하다

명 요구, 부탁 통 요청하다

I have been asked to request you to join it. [05]
나는 당신에게 참가해 달라고 요청하였다.

[어형] requested 요청된

593

guilty
[gílti]

★★★☆☆

9/5 출제확률 23.0%

어원 죄를 지으면 느끼게 되는 감정이 guilt이다.

형 유죄의, 죄책감의

[ant] innocent 무죄의

You don't need to feel guilty about it because it's not your fault. [07]
당신 잘못이 아니기 때문에 죄책감을 느낄 필요는 없습니다.

[어형] guilt 유죄, 죄책감 guiltily 꺼림칙하게

594

status
[stéitəs]

★★★☆☆

12/5 출제확률 23.0%

어원 sta는 '서다'라는 의미이다. 현재 서 있는 상태를 의미한다.

명 지위, 현상, 신분

Cars, houses, or fine clothing, are considered status symbols. [08]
자동차, 집 좋은 옷 등은 신분의 상징으로 여겨진다.

[어형] statue 동상, 조각상 stature 신장, 위업

595

myth
[miθ]

★★★☆☆

5/5 출제확률 23.0%

어원 현실 세계와 다소 동떨어진 이야기를 의미한다.

명 신화, 근거 없는 믿음(미신)

[syn] illusion, fantasy, delusion

Secrets of Aging: Myth and Truth [08]
노화의 비밀 통념과 진실

[어형] mythical 신화의, 상상의 mythify 신화화하다(mythicize)

596

gain
[gein]

★★★☆☆

7/5 출제확률 23.0%

어원 노력에 의해 얻는 것으로 get(얻다)에서 파생되었다.

통 얻다, 달성하다

They depend on their music scores to gain popularity. [07]
그들은 인기를 얻기 위해 그 음악 점수에 매달린다.

[어형] gained (과거, 과거분사)

597

chat
[tʃæt]

★★★☆☆

6/5 출제확률 23.0%

어원 chatter(수다를 떨다) → chat + er(자주)

명 잡담(gossip) 통 잡담하다

When chatting with friends, some teenage girls are too expressive. [04]
친구들과 잡담을 할 때면, 어떤 10대 소녀들은 너무 과도하게 표현을 한다.

[어형] chatter 재잘거리다, 수다 chatting 채팅, 잡담 chatty 수다스러운

598

extend

[iksténd]

★★★☆☆

8/5 출제확률 23.0%

어원 ex(밖으로) + tend(늘이다) → 밖으로 넓히다

동 넓히다, 뻗치다, ~에 이르다

On behalf of the school, I would like to extend our invitation to you and your family. [08]
학교를 대신하여 나는 당신과 당신의 가족까지 초대하려고 한다.

[어형] extension 확대, 연장, 내선

599

enhance

[inhǽns]

★★★☆☆

6/5 출제확률 23.0%

어원 en(강조) + hance(= raise 올리다) → 올리다, 강화시키다

동 강화하다, 올리다, 자극하다

Activities like these also enhance the value of hard work. [09]
또한 이러한 활동들은 고된 일의 가치를 높여준다.

[어형] enhancing (현재분사)

600

motivate

[móutəvèit]

★★★☆☆

10/5 출제확률 23.0%

어원 mot(움직이다) + iv(~한) + ate(동사, ~하다) → 움직이게 하다

동 동기를 부여하다

I'd like to motivate my students to study harder. [11]
저는 학생들에게 동기를 부여하여 공부를 더 열심히 하게 하고 싶습니다.

[어형] motivated 자극받은, 동기가 부여된 motivation 동기 부여 motivational 동기부여가 되는 motive 동기, 의도

601

pound

[paund]

★★★☆

9/5 출제확률 23.0%

어원 pond(= weigh 무게)에서 유래되었다.

명 (무게, 화폐 단위) 파운드 동 두드리다, 치다

It was over six feet long and weighed more than 200 pounds. [06]
길이 6피트에 무게가 200파운드 이상이었다.

602

emerge

[imə́:rdʒ]

★★★☆☆

7/5 출제확률 23.0%

어원 e(= out 밖으로) + merge(= sink 가라앉는) → 밖으로 나오는 → 출몰하는

동 나타나다, 출몰하다

"Emerging" countries are not vastly different from one another. [06]
"개발"도상국들은 서로 크게 다르지는 않다.

[어형] emerged (과거, 과거분사) emergency 긴급(비상) 사태 emerging 최근 생겨난

603

deliberate

[dilíbərət]

★★★☆☆

6/5 출제확률 23.0%

어원 de(강조) + liber(수평) + ate(~하다) → 확실히 수평인지 확인하다 → 신중한

동 숙고하다 형 신중한, 침착한

They deliberately positioned themselves between frustration and boredom. [10]
그들은 화가 난 것과 무덤덤한 것 중에 자신의 입장을 신중하게 표명하였다.

[어형] deliberately 의도적으로, 신중하게

604

rid
[rid]
★★★☆☆
6/5 출제확률 23.0%

어원 ride(타다)의 과거형이다.

통 제거하다; 해방하다, 면하게 하다

[idiom] get rid of ~을 처리하다, 없애다

Please get rid of your bad habit. [08]
제발 당신의 나쁜 버릇을 버리세요.

605

neutral
[njúːtrəl]
★★★☆☆
9/5 출제확률 23.0%

어원 ne(= deny 거부하다) + utr(= either 이도저도) + al(~한) → 이도저도 거부하는 → 중립의

형 중립의, 중간의

So we tend to think of them as neutral objects. [09]
그래서 우리는 그것들을 중립적인 사물로 생각하려는 경향이 있다.

[어형] neutrality 중립 neutralism 중립적인 태도

606

contemporary
[kəntémpərèri]
★★★☆☆
7/5 출제확률 23.0%

어원 con(같은) + tempor(시대) + ary(~의) → 현대의

명 동갑내기 형 현대의(사람), 동시대의

Newspapers and books by contemporary authors [06]
동시대의 작가에 의해 쓰여진 신문과 책들

[어형] contemporaneity 동시성 contemporarily 당대에, 현대에

607

pursue
[pərsúː]
★★★☆☆
6/5 출제확률 23.0%

어원 pur(앞) + sue(따르다) → 앞을 따라가다 → 뒤쫓아 가다

통 추구하다, 뒤쫓다(overtake)

Its hunting technique is not to swiftly pursue its victim, but to wait for it. [07]
그 사냥 기술은 사냥감을 재빨리 쫓아가는 것이 아니라 사냥감을 기다리는 것이다.

[어형] pursuing (현재분사) pursuit 추구, 추격

608

dense
[dens]
★★★☆☆
7/5 출제확률 23.0%

어원 밀도의 정도가 빽빽한 상태를 나타냄

형 짙은, 빽빽한; 우둔한

[idiom] densely wooded 나무로 빽빽하게 우거진 no longer 더 이상 ~하지 않다

No longer were the shores densely wooded, nor could I see any wildlife anywhere. [04]
그 해안가는 더 이상 나무로 우거지지 않았으며 어디서도 야생 동물을 찾아볼 수 없었다.

[어형] densely 짙게, 빽빽이 density 밀도

609

appropriate
[əpróupriət]
★★★☆☆
7/5 출제확률 23.0%

어원 ap(~에 대해) + propri(= own 소유한) + ate(하다) → 횡령하다

통 충당하다, 사용하다 형 적당한, 적절한

Place them in appropriate and useful positions. [10]
저것들을 적절하고 유용한 장소에 놓으세요

[어형] appropriately 적당하게 appropriable 유용할 수 있는

610

perceive
[pərsíːv]
★★★☆☆
8/5 출제확률 23.0%

[어원] per(완전히, 철저히) + ceive(= take 취하다) → 완전히 파악하다 → 인지하다

[통] 인식하다, 감지(인지)하다

What we perceive as color is not made up of color. [08]
우리가 색이라고 인지하는 것은 색으로 만들어지지 않았다.

[어형] perceived (과거, 과거분사) perceiving (현재분사) perceivable 지각할 수 있는

611

overall
[ouvərɔ́ːl]
★★★☆☆
5/5 출제확률 23.0%

[어원] over(~를 넘어, 걸쳐) + all(모두) → 모두에 걸쳐

[명] 작업바지 [형] 전부의, 종합적인

We need to closely look at the overall change in the enrollment rate in the 1980s. [09]
우리는 1980년대의 전반적인 등록비율의 변화를 눈여겨 볼 필요가 있다.

[어형] '전반적으로, 종합적으로'와 같이 부사로도 활용된다.

612

awake
[əwéik]
★★★☆☆
5/5 출제확률 23.0%

[어원] a(강조) + wake(깨우다) → 깨우다

[통] 깨다, 깨어나다

[idiom] stay awake 깨어 있다

It awakens my imagination. [02]
그것은 나의 상상력을 일깨웠다.

[어형] awaken 깨닫다 awoke (과거, 과거분사)

613

polite
[pəláit]
★★★☆☆
9/5 출제확률 23.0%

[어원] pol(품위) + ite(있는) → 품위 있는, 예의바른

[형] 예의바른, 공손한

That's right, so please be more polite next time. [03]
괜찮으니, 다음엔 좀 더 예의바르게 행동하시오.

[어형] impolite 무례한, 예의 없는 politeness 공손함, 예의바름

614

device
[diváis]
★★★☆☆
8/5 출제확률 23.0%

[어원] de(떼다) + vi(보다) + ce(~것) → (자세히) 따로 떼어 보는 것 → 계획, 고안

[명] 고안, 계획, 장치

The constant noises of electronic devices will drown out the sounds of the birds singing. [08]
계속되는 전자기기 소음으로 인해 새 소리가 들리지 않을 것이다.

[어형] devised (과거, 과거분사) *동사형은 devise이다.

615

decorate
[dékərèit]
★★★☆☆
7/5 출제확률 23.0%

[어원] 집이나 케익을 장식하는 것을 말함

[통] 장식하다(ornament, adorn), 꾸미다

[syn] adorn, trim, ornament

Decorating a dining table with various plants [09]
저녁 식사 테이블을 다양한 식물들로 꾸미기

[어형] decorated 장식된 decorating 장식 decoration 장식

TEST 15

1. 아래의 단어에 맞는 뜻을 골라 선으로 이어주세요.

606 contemporary ●

577 professor ●

579 compensate ●

588 institute ●

585 discipline ●

608 dense ●

580 fundamental ●

591 elementary ●

575 document ●

609 appropriate ●

594 status ●

586 capacity ●

576 ordinary ●

582 strategy ●

ⓐ 훈련, 훈육, 규율

ⓑ 동갑내기; 현대의(사람), 동시대의

ⓒ 전략, 전술

ⓓ 충당하다, 사용하다; 적당한, 적절한

ⓔ 협회, 연구소; 설립하다

ⓕ 배상하다, 갚다, 보상하다

ⓖ 짙은, 빽빽한

ⓗ 보통의, 평범한

ⓘ 지위, 현상, 신분

ⓙ 교수

ⓚ 능력, 수용력

ⓛ 문서(로 입증하다), 기록

ⓜ 초보의, 기본이 되는

ⓝ 근본; 기초의, 본질적인

2. 아래 문장의 알맞은 뜻을 보기에서 고르세요.

a. No longer were the shores densely wooded, nor could I see any wildlife anywhere. ( )

b. This is similar to people getting wiser and more disciplined by overcoming the difficulties. ( )

c. One of them ordinarily making an offer and another accepting. ( )

d. That's right, so please be more polite next time. ( )

e. Total output declined from the 1960–1969 period to the 1980–1989 period. ( )

f. But, in other species, evolution had led to a specialization in their ability. ( )

g. Recent studies, however, have proved this belief to be false. ( )

보기

① 그러나, 최근 연구들은 이 믿음이 틀렸다고 증명했다.

② 그 해안가는 더 이상 나무로 우거지지 않았으며 어디서도 야생 동물을 찾아볼 수 없었다.

③ 이것은 사람들이 어려움을 극복하면서 더욱 현명해지고 단련되는 것과 비슷하다.

④ 괜찮으니, 다음엔 좀 더 예의바르게 행동하시오.

⑤ 그러나 다른 종들의 경우, 진화는 그들의 능력을 특수화 시키는 결과를 가져왔다.

⑥ 총생산량은 1960–1969년부터 1980–1989년까지 감소했다.

⑦ 보통 그들 중 한명이 제안을 하고 상대방이 이를 받아들인다.

20년간 출제된 11만 어휘를 컴퓨터 통계로 엄선한 우선순위 영단어

616

bend
[bend]

★★★☆☆

6/5 출제확률 23.0%

[어원] 어떤 물건을 억지로 구부리는 것을 말함

[통] 구부리다, 휘다

[idiom] bend over 허리를 숙이다

This old cottonwood could not bend with the wind the way the chokecherry trees could [09]
이 오래된 미루나무는 산벚나무와 달리 바람이 분다고 휘어지지 않을 것이다.

[어형] bending 휨, 구부림 bent 굽은

617

expense
[ikspéns]

★★★☆☆

6/5 출제확률 23.0%

[어원] ex(밖으로) + pens(무게를 달다) → 옛날에는 지폐를 무게를 재서 사용했었다.

[명] 지출, 비용

You will have to use your emergency fund to cover basic expenses such as food and transportation. [09]
당신은 비상금으로 음식비, 교통비와 같은 기본적인 지출에 사용하게 될 것이다.

[어형] expensive 비싼 expension 확대

618

absent
[ǽbsənt]

★★★☆☆

6/5 출제확률 23.0%

[어원] ab(이탈, 모자란) + sent(= esse 존재하다) → 부재한

[형] 결석한, 부재한

I took a riverboat from my hometown after 20 years' absence. [04]
나는 20년 만에 고향에 돌아와 강배를 탔다.

[어형] absence 부재 absently 넋을 잃고 absent-mindedness 얼빠진 상태

619

refer
[rifə́:r]

★★★☆☆

7/5 출제확률 22.9%

[어원] re(다시) + fer(= carry 나르다) → 이미 있는 것을 보고 다시 옮김 → 참조하다

[통] 언급하다, 참조하다

This feeling is often referred to as "parental love". [01]
이 감정(느낌)은 종종 "어버이의 사랑"이라고 불리었다.

[어형] reference 문의, 조회, 참조 referred (과거, 과거분사)

620

identical
[aidéntikəl]

★★★☆☆

6/5 출제확률 22.9%

[어원] 사람이나 동물의 정체를 대조하여 확인하는 것

[형] 똑같은, 동일한

[idiom] identical with ~와 동일한

The features in Figure B are basically identical with those in Figure A. [08]
그림 B의 특징은 그림 A와 기본적으로 동일하다.

[어형] identity 신원, 정체 identify 확인하다, 식별하다

terrific
[tərífik]
★★★☆☆
5/5 출제확률 22.9%

어원 terr(두렵게 하다) + fic(~한) → (두려울 정도로) 대단한, 엄청난

형 빼어난, 대단한; 무서운

That'll be terrific. [08]
그거 괜찮겠는데

[어형] terrify 가혹한; 겁나게 하다 terrifically 굉장히, 지독히

---

vague
[veig]
★★★☆☆
8/5 출제확률 22.9%

어원 vag(돌아다니다) + ue → 돌아다니니 확실하지 않음 → 어렴풋함

형 어렴풋한, 애매한, 막연한

We have learned to avoid vagueness in communication. [10]
우리는 의사소통에 있어서 애매한 표현을 피하도록 배웠다.

[어형] vaguely 모호하게, 희미하게 vagueness 막연함

---

mate
[meit]
★★★☆☆
8/5 출제확률 22.9%

어원 서로 닮거나 깊은 관련성을 띤 것을 지칭

명 상대, 배우자, 친구

[syn] companion, associate, partner

Simmons became convinced that this competition for mates was what drove the evolution. [06]
시몬스는 짝을 서로 차지하려는 경쟁이 진화를 이끌었다고 확신하게 되었다.

[어형] roommate 동거인, 룸메이트

---

justify
[dʒʌstəfài]
★★★☆☆
7/5 출제확률 22.9%

어원 just(올바른, 정당한) + fy(= make 만들다) → 정당화하다

통 정당화하다, 변명하다

Villa Cimbrone justifies its reputation as 'the place where poets go to die'. [08]
Villa Cimbrone은 '시인들이 가서 죽는 곳'이라는 명성을 정당화한다.

[어형] justifying (현재분사)

---

preserve
[prizə́:rv]
★★★☆☆
7/5 출제확률 22.9%

어원 pre(미리) + serve(= keep 보관하다, 지키다) → 미리 지켜놓으니 '보존하다'

명 보존 식품 통 유지하다, 보존하다

It's the first preserved example of Greek alphabetic writing. [06]
그것은 최초로 보존된 그리스 문자의 글쓰기 표본이다.

[어형] preserved 보존된 preservation 보존 preservative 방부제; 방부의

---

broadcast
[brɔ́:dkæst]
★★★☆☆
7/5 출제확률 22.9%

어원 broad(멀리) + cast(던지다, (빛을) 발하다) → 방송하다

명 방송 통 방송하다

[idiom] television broadcasting TV 방송

The first experiments in television broadcasting began in France in the 1930s. [09]
최초의 TV 방송 실험은 프랑스에서 1930년대에 시작되었다.

[어형] broadcasting 방송 broadcaster 방송출연자

627

tempt

[tempt]

★★★☆☆

6/5 출제확률 22.9%

[어원] 상대방의 마음을 얻기 위해 노력하는 것을 말함

[동] ~의 마음을 끌다, 유혹하다

[idiom] be tempted to ~를 하고 싶어 하다, ~에 유혹되다

You'll feel tempted to start using it. [05]

당신은 그것을 사용하고 싶은 기분이 들것이다.

[어형] tempted (과거, 과거분사) tempting 솔깃한

628

atmosphere

[ǽtməsfiər]

★★★☆☆

6/5 출제확률 22.9%

[어원] atmo(= air 공기) + sphere(에워싸는 것) → 분위기

[명] 분위기, 대기

The new cafe has lots of atmosphere. [06]

새로 생긴 그 카페는 분위기가 아주 좋다.

[어형] atmosphered 분위기가 감도는

629

destination

[dèstənéiʃən]

★★★☆☆

7/5 출제확률 22.9%

[어원] destine(예정해두다, 정해지다) + (a)tion(~것) → 예정해 둔 곳은 목적지다

[명] 목적지, 목표

I believe that success is a journey, not a destination. [01]

나는 성공이 목적지가 아닌 과정이라 믿는다.

[어형] destine 운명짓다 destiny 운명, 숙명

630

basis

[béisis]

★★★☆☆

6/5 출제확률 22.9%

[어원] basic(기초)의 파생형이다.

[명] 기초, 근거, 이유, 기준

[idiom] on the basis of ~을 기반으로, ~에 근거하여

The company can re-plan its strategy on the basis of the consultant's advice. [03]

그 회사는 컨설턴트의 조언에 따라 전략을 재수정할 수 있다.

631

exhibit

[igzíbit]

★★★☆☆

9/5 출제확률 22.9%

[어원] ex(밖으로) + hibit(= have 가진 것) → 가진 것을 밖으로 내보임

[명] 전시 [동] 보이다, 전시하다

They do not exhibit most of the other characteristics of life. [02]

그들은 삶의 다른 대부분의 특징들을 보여주지 않는다.

[어형] exhibition 전시, 전시회 exhibitable 전시할 수 있는

632

official

[əfíʃəl]

★★★☆☆

5/5 출제확률 22.9%

[어원] office(공식의) + ial(~인) → 공식적인

[명] 공무원, 관리 [형] 공식의, 공무상의

London city officials wanted to build a new bridge. [07]

런던 시 공직자들은 새로운 다리 건설을 원했다.

[어형] officially 공무상; 공식적으로

633

tragic
[trǽdʒik]

★★★☆☆

7/5 출제확률 22.9%

어원 비극적인 일이나 사건을 나타내는 용어

형 비극의, 참혹한

People have been motivated to conserve them after discovering the tragic realities. [04]
사람들이 참혹한 현실을 알게 된 뒤로 그것들을 보존해야겠다는 마음을 갖게 되었다.

[어형] tragedy 비극

634

degree
[digríː]

★★★☆☆

7/5 출제확률 22.9%

어원 de(아래) + gree(걷다, 가다) → 아래로 걷는 것은 계단(단계, 급)이다.

명 (각)도, 정도; 학위

But it must be almost 30 degrees out there. [03]
그러나 바깥은 거의 30도일 것이다.

635

brief
[briːf]

★★★☆☆

6/5 출제확률 22.9%

어원 brief는 bridge(= short 짧은)에서 유래되었다.

명 적요 형 짧은, 간결한

I opened my show at 11:05 with a brief introduction about his background. [07]
나는 그의 배경에 대해 간단히 소개하며 11시 5분에 공연을 시작했다.

[어형] briefest 가장 짧은[간단한] briefly 간략하게, 일시적으로

636

address
[ədrés]

★★★☆☆

6/5 출제확률 22.9%

어원 e-mail address(이메일 주소)는 전자우편이다.

명 인사말; 주소 동 연설하다, 다루다

[syn] sermon, oration, lecture

These are basic questions that were addressed at the world meeting on the environment. [08]
이것들은 세계 환경회의에서 다뤄진 기본적인 질문이다.

[어형] addressed 주소가 적힌

637

decade
[dékeid]

★★★☆☆

6/5 출제확률 22.9%

어원 deca-는 10을 의미한다.

명 10년

The stars' light began traveling decades ago. [09]
그 별들의 빛은 수십 년 전에 이동을 시작했다.

[어형] century 100년[세기] millennium 천년

638

companion
[kəmpǽnjən]

★★★☆☆

6/5 출제확률 22.9%

어원 com(함께) + pan(빵) + ion(접미사) → 함께 빵을 먹는 사람 → 동료

명 동료(colleague), 동반자

Even if suffering is our only companion, soon enough we will become a butterfly. [06]
비록 고통이 우리의 유일한 동료일지라도 우리는 곧 나비가 될 것이다.

639

awful
[ɔ́:fəl]
★★★☆☆
5/5 출제확률 22.9%

[어원] aw(오, 저런) + ful(가득한) → 불쾌한 감정이 가득한 → 끔찍한

[형] 끔찍한, 무서운 [부] 굉장히

It's awful. They're starving. [08]
끔찍하군요. 그들은 굶주리고 있어요.

[어형] awfully 무섭게, 대단히 awfulness 장엄, 지독함

640

author
[ɔ́:θər]
★★★☆☆
5/5 출제확률 22.9%

[어원] aut(= self 개인의) + hor(= bound (영향력) 한정) → 한 개인에게만 한정하는 권리 → 저자

[명] 저자, 창시자 [동] (책을) 쓰다

Newspapers and books by contemporary authors [06]
동시대의 작가에 의해 쓰여진 신문과 책

641

recycle
[ri:sáikl]
★★★☆☆
9/5 출제확률 22.9%

[어원] re(다시) + cycle(순환) → 재생하다

[동] 재생하다, 순응하다; 재활용하다

The recycling of food waste [07]
음식물 쓰레기의 재활용

[어형] recycled (과거, 과거분사) recycling 재활용

642

adapt
[ədǽpt]
★★★☆☆
9/5 출제확률 22.9%

[어원] ad(~에) + apt(적합한) → ~에 적응시키다

[동] 적응시키다, 개작하다

[idiom] adapt to ~에 적응하다

The cow can adapt to the new food. [00]
그 소는 새로운 먹이에 적응할 것이다.

[어형] adaptation 적응 adapted 개조된 adapting (현재분사)

643

conscious
[kánʃəs]
★★★☆☆
8/5 출제확률 22.9%

[어원] con(함께) + sci(알다) + ous(형용사) → 함께 알고 있는

[형] 의식적인, 알고 있는

Immediately after we started, I lost consciousness. [01]
우리가 시작하자마자 나는 의식을 잃고 말았다.

[어형] consciously 의식적으로 consciousness 의식, 생각 self-conscious 자의식이 강한
unconsciously 무의식적으로

644

principle
[prínsəpl]
★★★☆☆
7/5 출제확률 22.9%

[어원] prin(제일의) + cip(취하다) + le(~것) → 제일의 중요한 것 → 원리, 원칙

[명] 원리, 원칙

The shapes of Korean kites are based on scientific principles. [06]
한국의 연 모양은 과학적 원리에 근거하고 있다.

[어형] principal 교장, 주요핸[주된]

645

moreover
[mɔːróuvər]
★★★☆☆
8/5 출제확률 22.9%

[어원] more(더 많이) + over(이상) → 그 이상으로 → 더욱이

[부] 더욱이, 게다가

Moreover, these differences often cause local conflicts to grow into larger wars. [02]
더욱이 이러한 차이는 지역 갈등을 넘어 더 큰 전쟁으로 커질 수 있다.

646

overlook
[óuvərluk]
★★★☆☆
7/5 출제확률 22.9%

[어원] over(넘어, 위쪽의) + look(보다) → 위에서 내려다 보니 못 보는 것이 생김 → 간과하다

[명] 간과 [동] 못보다, 내려다보다, 간과하다

Individuals from extremely diverse backgrounds have learned to overlook their differences. [11]
매우 다양한 배경을 가진 사람들은 그들의 차이를 눈감아주도록 배워왔다.

[어형] overlooked 간과하다 overlooking 내려다보는, 바라보는

647

category
[kǽtəgɔ̀ːri]
★★★☆☆
6/5 출제확률 22.9%

[어원] cate(아래) + (g)ory(것) → 특정 주제 밑에 있는 것들 → 범주

[명] 범주, 부문; 종류

There are borderline cases that fit partly into one category and partly into another. [02]
부분적으로 한쪽에 속해있지만 부분적으로 또 다른 범주에 속하는 이도저도 아닌 경우가 있다.

[어형] categorizing (현재분사) categorial 범주의, 종류의

648

crucial
[krúːʃəl]
★★★☆☆
6/5 출제확률 22.9%

[어원] cruc(i)(=cross 교차로) + al(~한) → (결정을 해야 하는) 교차로의 → 결정적인, 아주 중대한

[형] 결정적인, 중대한

As I mentioned before, the earth will face a crucial moment very soon. [06]
내가 이미 언급했듯이, 지구는 중대한 순간을 곧 맞이하게 될 것이다.

[어형] crucially 결정적으로

649

precious
[préʃəs]
★★★☆☆
6/5 출제확률 22.9%

[어원] preci(= price 가치 있는) + ous(형용사, ~하는) → 가치 있는 → 귀중한

[형] 귀중한, 소중한

She thinks that all life is precious and deserves a chance to live. [10]
그녀는 모든 삶이 소중하고 살아갈 기회를 가질만한 자격이 있다고 생각한다.

[어법] precise는 '정확한, 정밀한'과 다른 어휘이므로 유의하자.

650

manufacture
[mænjufǽktʃər]
★★★☆☆
6/5 출제확률 22.9%

[어원] manu(= hand 손으로) + fact(= make 만들다) + ure(~것) → 손으로 만든 것 → 제품

[명] 제품, 제조 [동] 제조하다

It has competitiveness in small car manufacturing. [05]
소형 차량 제조에 경쟁력이 있다.

[어형] manufactured 제작된 manufacturer 제조사 manufacturing 제조업

651

envy
[énvi]
★★★☆☆
5/5 출제확률 22.9%

어원 en(= upon 위를) + vy(보다) → 올려다 보다 *envious가 심경을 묻는 질문의 보기로 자주 등장함.

명 시기, 부러움 **동** 부러워하다

I was very surprised and envious. [07]
나는 매우 놀랐고 부러웠다.

[어형] envious 부러워하는, 시기심이 강한

652

code
[koud]
★★★☆☆
6/5 출제확률 22.9%

어원 이미 약정한 상태의 것을 지칭하는 용어

명 규범, 규제, 코드, 암호

[idiom] come into effect 시행[발효]되다 Morse code 모스 부호

Recently new building codes came into effect in our city. [01]
최근에 신축 빌딩에 대한 규제가 우리 시에서 발효되었다.

[어형] coding 부호화, 코딩 decode (암호를) 해독하다

653

log
[lɔ(:)g]
★★★☆☆
6/5 출제확률 22.9%

어원 log in(등록하다)은 접속할 때의 절차이다.

명 통나무 **동** 기록하다, 접속하다; 벌목하다

He gathered logs, shaking off their soft white snow and carrying them inside. [10]
그는 통나무들을 모아 부드러운 흰 눈을 털어내고 안으로 가져갔다.

*shake off 털어내다

654

grant
[grænt]
★★★☆☆
5/5 출제확률 22.9%

어원 상대방에게 허가나 승인함을 나타냄

동 허락하다, 주다, 인정하다

[idiom] be granted 주어지다

All your wishes are granted. [05]
당신의 모든 소원은 이루어졌다.

[어형] granted (과거, 과거분사) grantee 양수인

655

sake
[seik]
★★★☆☆
7/5 출제확률 22.9%

어원 sake 앞의 명사가 [s]음으로 끝날 때 소유격 표시('s)는 생략한다.

명 위함, 이익, 목적

[idiom] for one's own sake 그 자체만으로, 자기 자신을 위해

In Paris, he painted for money rather than for art's sake. [02]
파리에서 그는 예술이 아닌 돈을 위해 그림을 그렸다.

656

path
[pæθ]
★★★☆☆
5/5 출제확률 22.9%

어원 path(= pathy)가 접미사나 접두사로 사용되면 '느낌, 정신적인 병' 등의 뜻으로 사용된다.

명 (공원, 정원의) 작은 길, 통로, 경로

Many new bicycle paths were made. [01]
새로운 자전거 도로가 많이 생겼다.

TEST 16

1. 아래의 단어에 맞는 뜻을 골라 선으로 이어주세요.

649 precious	●	ⓐ 기초, 근거, 이유, 기준
621 terrific	●	ⓑ 위함, 이익, 목적
633 tragic	●	ⓒ 언급하다, 참조하다
625 preserve	●	ⓓ 제품, 제조; 제조하다, 꾸며내다
616 bend	●	ⓔ 빼어난, 대단한
655 sake	●	ⓕ 보존 식품; 유지하다, 보존하다
619 refer	●	ⓖ 귀중한
630 basis	●	ⓗ 방송; 방송하다
626 broadcast	●	ⓘ 똑같은, 동일한
650 manufacture	●	ⓙ 비극의, 참혹한
620 identical	●	ⓚ 목적지
629 destination	●	ⓛ (각)도, 정도, 학위
634 degree	●	ⓜ 지출, 비용
617 expense	●	ⓝ 구부리다

2. 아래 문장의 알맞은 뜻을 보기에서 고르세요.

a. The new cafe has lots of atmosphere. ( )

b. This old cottonwood could not bend with the wind the way the chokecherry trees could. ( )

c. Villa Cimbrone justifies its reputation as 'the place where poets go to die'. ( )

d. Simmons became convinced that this competition for mates was what drove the evolution. ( )

e. I believe that success is a journey, not a destination. ( )

f. As I mentioned before, the earth will face a crucial moment very soon. ( )

g. In Paris, he painted for money rather than for art's sake. ( )

보기
① 이 오래된 미루나무는 산벚나무와 달리 바람이 분다고 휘어지지 않을 것이다.
② Villa Cimbrone은 '시인들이 가서 죽는 곳'이라는 명성을 정당화한다.
③ 파리에서 그는 예술이 아닌 돈을 위해 그림을 그렸다.
④ 내가 이미 언급했듯이, 지구는 중대한 순간을 곧 맞이하게 될 것이다.
⑤ 시몬스는 짝을 서로 차지하려는 경쟁이 진화를 이끌었다고 확신하게 되었다.
⑥ 나는 성공이 목적지가 아닌 과정이라 믿는다.
⑦ 새로 생긴 그 카페는 분위기가 아주 좋다.

정답: ⑦ ① ② ⑤ ⑥ ④ ③

149

657

deserve
[dizə́ːrv]

★★★☆☆

5/5 출제확률 22.9%

[어원] de(강조) + serve(지키다, 섬기다) → 섬기는 사람은 ~를 받을 가치가 있다

[동] 받을 가치가 있다, ~할 만하다

They deserve your attention and care, even if all you do is smile and say hello.
[00]
당신은 그들에게 하는 것은 웃으며 인사하는 것뿐이지만, 그들은 주목받고 보호받을 자격이 있다.

[어형] deserving 자격이 있는, 가치가 있는

658

facility
[fəsíləti]

★★★☆☆

8/5 출제확률 22.9%

[어원] facile(손쉬운) + ity(~것) → 용이함 → 시설(편리를 위해 만든 것)

[명] 설비, 시설; 쉬움, 용이함

We hope you make good use of this new facility. [10]
우리는 당신이 이 새로운 시설을 잘 사용하기 바란다.

[어형] facilitate 촉진하다, 용이하게 하다

659

credit
[krédit]

★★★☆☆

6/5 출제확률 22.9%

[어원] cre(믿다) + dit(~것) → 믿는 것은 신용

[명] 신뢰, 신용; 채권

It looks like a credit card or something. [04]
그것은 신용 카드인 것 같기도 하고 다른 것 같기도 하다.

[어형] credited 신망있는 credible 믿을 수 있는

660

sincere
[sinsíər]

★★★☆☆

8/5 출제확률 22.9%

[어원] '믿음, 정직'한 상태를 지칭함

[형] 성실한, 진실한

Get in touch with the person you wronged, and ask for forgiveness in all sincerity. [03]
당신이 실수한 사람에게 연락하여 정중히 용서를 구하라.

[idiom] get in touch with ~와 연락하고 지내다

[어형] sincerely 진심으로 sincerity 성실, 정직

661

plenty
[plénti]

★★★☆☆

7/5 출제확률 22.9%

[어원] plen(= fill 채우다) + ty(접미사) → 가득 채워 넣음 → 풍부한

[명] 풍부 [형] 많은(의)

The vineyard needs plenty of exposure to the sun in cool climate areas. [06]
포도원은 선선한 지역에서 다량의 햇빛을 받아야 한다.

[어형] plentiful 풍부한, 많은

662

disagree

[dìsəgríː]

★★★☆☆

7/5 출제확률 22.9%

[어원] dis(아니다) + agree(동의하다) → 동의하지 않다

[동] 의견이 다르다, 동의하지 않다

On the contrary, other star players disagree with it. [04]
이와는 반대로, 다른 스타 선수들은 이를 반대한다.

[어형] disagreed (과거, 과거분사) disagreement 불일치

663

alternative

[ɔːltə́ːrnətiv]

★★★☆☆

6/5 출제확률 22.9%

[어원] alter(바꾸다) + (n)ate(~하다) + ive(~한) → 대안

[명] 양자택일 [형] 대신의

[idiom] narrow alternatives 대안을 좁히다

You have $25 to spend and have narrowed your alternatives to a textbook or a date. [94]
당신은 25불을 갖고 있으며 선택을 좁혀 교과서 구입 혹은 데이트 중에 고르기로 했다.

664

genuine

[dʒénjuin]

★★★☆☆

5/5 출제확률 22.9%

[어원] gen(= birth) + u + ine(의) → 순종의, 진짜의

[형] 진짜의, 순수한

Where there is genuine interest, one may work diligently without even realizing it. [05]
진짜 관심이 있으면 자신이 근면히 일하고 있다는 사실조차 알지 못할 것이다.

[어형] genuinely 진정으로

665

blind

[blaind]

★★★☆☆

8/5 출제확률 22.9%

[어원] 앞이 안보이게 하니 '차양, 블라인드'라는 의미로도 쓰인다.

[명] 장님 [동] 눈멀게 하다 [형] 장님인

A man was trying to explain to a blind friend what a white color is. [94]
한 남자가 그의 장님 친구에게 흰색이 무엇인지 설명하려고 했다.

[어형] blindly 맹목적으로 blindness 맹목

666

finance

[finǽns]

★★★☆☆

6/5 출제확률 22.9%

[어원] fin(끝나다) + (a)nce(~것) → 무언가를 정산하는 것 → 재정

[명] 재정 [동] 자금을 조달하다

But in order to achieve it, they need financial help. [03]
그러나 그들이 그것을 성취하기 위해서는 재정적 도움이 필요하다.

[idiom] in order to ~하기 위해

[어형] financial 재정의, 금융의 financially 경제적으로, 재정적으로

667

ensure

[inʃúər]

★★★☆☆

5/5 출제확률 22.9%

[어원] en(~하게 하다) + sure(확실한) → 확실하게 하다 → 보장하다

[동] 보장하다, 확보하다

The company should ensure the travelers' safety during the trip. [00]
그 회사는 여행 동안에 여행자들의 안전을 보장해야 한다.

[어형] ensuring 보장하다, 반드시 ~하게 하다 insurance 보험

quantity
[kwántəti]
★★★☆☆ 7/5
출제확률 22.9%

어원 질(quality)과 상대되는 개념으로 활용된다.

명 양, 분량

We offer discounts to individuals who order large quantities of a product. [01]
우리는 한 제품을 대량 구매하는 개인들에게 할인을 해준다.

[idiom] offer A to B B에게 A를 제공하다

669

ethnic
[éθnik]
★★★☆☆
5/5 출제확률 22.9%

어원 ethic(윤리)에 국가를 뜻하는 nation의 n이 단어 중간에 있다.

형 민족의, 인종의

Meanwhile, the US seeks to eliminate these same skills among ethnic minorities. [06]
그러는 동안 미국은 소수민족 간의 이러한 동일한 기술을 제거할 수 있는 방안을 모색한다.

670

root
[ru:t]
★★★☆☆
5/5 출제확률 22.9%

어원 어떤 것의 근원을 이르는 것을 나타냄

명 뿌리 동 뿌리박다, 정착하다

Doctors should identify root causes of disease to come up with a personalized treatment. [10]
의사들은 개인 맞춤형 치료를 하기 위해서는 병의 근본 원인을 규명해야 한다.

[idiom] come up with ~을 생산하다, 찾아내다, 제시하다
[어형] rooted ~에 뿌리를 둔

671

imply
[implái]
★★★☆☆
6/5 출제확률 22.9%

어원 im(~안에) + ply(나타내다, 가리키다) → (~속에) 나타내다

동 의미하다, 암시하다

I was shocked to find out that it could imply something negative. [10]
그것이 부정적인 의미를 내포할 수 있다는 것을 알아냈을 때 나는 충격을 받았다.

[idiom] find out ~을 발견해내다
[어형] implied 함축된, 암시적인 implicate 관련되다

672

mood
[mu:d]
★★★☆☆
5/5 출제확률 22.9%

어원 겉보다 속마음의 상태를 나타내는 용어

명 기분, 마음가짐

The mood and setting that will make it seem most attractive [00]
그것을 가장 매력 있게 보이게 할 분위기와 환경

673

direction
[dirékʃən]
★★★☆☆
8/5 출제확률 22.9%

어원 direct(직접적인, 방향의) + ion(~것) → 방향

명 방향, 지침, 지시

A car coming from the other direction [01]
반대쪽에서 오는 차

[어형] direct 지도하다, 지휘하다

674

aim
[eim]

★★★☆☆

5/5 출제확률 22.9%

어원 다소 구체적인 목표(물)를 겨냥한다는 뜻을 내포함

명 목적, 표적 **통** 겨누다, ~하려고 애쓰다

[idiom] aim higher 목표를 더 높게 세워라

In sum, classical music and jazz both aim to provide a depth of expression and detail. [07]
요약하면, 클래식 음악과 재즈는 모두 깊은 표현과 섬세함을 나타내려고 한다.

[어형] aimed 겨냥한 aiming 겨냥, 조준

675

overcome
[ouvərkʌm]

★★★☆☆

6/5 출제확률 22.9%

어원 over(능가하여) + come(오다) → 능가해내다 → 극복하다

통 이겨내다, 극복하다

You should overcome this barrier to become a famous engineer. [11]
당신이 유명한 엔지니어가 되기 위해서는 이 장애물을 극복해야 한다.

[어형] overcame (과거형) overcoming (현재분사)

676

tropical
[trápikəl]

★★★☆☆

6/5 출제확률 22.9%

어원 고온다습한 열대지방을 이르는 말

형 열대의, 열대성의, (날씨가) 뜨거운

This is now occurring in tropical forests throughout the world. [11]
이것은 현재 전세계의 열대 우림에서 발생하고 있다.

[어형] tropic 열대 지방의 tropical climate 열대성 기후

677

ethical
[éθikəl]

★★★☆☆

8/5 출제확률 22.9%

어원 ethic(도덕, 윤리) + al(형접) → 도덕적인, 윤리적인

형 도덕상의, 윤리적인

We hope they'll learn to behave morally and ethically. [07]
우리는 그들이 도덕적이고 윤리적으로 행동하는 법을 배우길 희망한다.

[어형] ethically 윤리적으로 ethics 윤리, 윤리학

678

insight
[ínsàit]

★★★☆☆

6/5 출제확률 22.9%

어원 in(안에) + sight(시야) → 안을 볼 줄 아는 시야 → 통찰력

명 통찰, 통찰력

The information provides important insight into the patient's overall physical condition. [05]
그 정보는 환자의 전체 몸 상태에 대한 중요한 통찰력을 제공한다.

[어형] insightful 통찰력 있는

679

laboratory
[lǽbərətɔ̀:ri]

★★★☆☆

5/5 출제확률 22.9%

어원 labor(일하는) + ate(~하다) + ory(~곳) → 일하는 곳

명 실험실, 연구소

To be a mathematician you don't need an expensive laboratory. [07]
수학자가 되는데 있어서 비싼 연구실은 필요 없다.

680

lifetime

[laiftáim]

★★★☆☆

5/5 출제확률 22.9%

어원 life(인생, 삶) + time(시간, 기간) → 일생, 평생

명 일생, 수명, 평생; 일생의

We simply do not have the technology to travel to the nearest star in a human lifetime. [02]
우리는 일생 동안에 가장 가까이 있는 별에도 여행을 할 수 있는 기술이 없다.

681

scholar

[skálər]

★★★☆☆

5/5 출제확률 22.9%

어원 schol(= school) + ar(사람) → 학교에 있는 사람

명 학자, 지식인

An eighteenth-century scholar said, "Water, which is essential for life, costs nothing." [02]
한 18세기 학자는 "생명에 필수적인 물은 공짜다."라고 말했다.

[어형] scholarly 학구적인, 전문적인 scholarship 장학금, 학문

682

assignment

[əsáinmənt]

★★★☆☆

10/4 출제확률 18.5%

어원 assign(할당하다) + ment(~것) → 할당, 임무, 숙제

명 숙제, 임무, 할당

Later that evening, he was doing the assignment when his father came in. [10]
그날밤 늦게 그의 아버지가 들어오셨을 때 그는 과제를 하고 있었다.

[어형] assign 지정하다, 할당하다 assigned 할당된

683

register

[rédʒistər]

★★★☆☆

12/4 출제확률 18.4%

어원 re(다시) + gist(= gest 나르다) + er(~것) → 나의 신상을 다시 기록부에 옮겨 적는 것

명 기록부 통 등록하다, 가리키다

Kids under 18 need their parent's signature on the registration. [07]
18세 이하 청소년은 신청서에 부모의 서명이 필요하다.

[어형] registered 등록한, 등기의 registering (현재분사) registration 등록, 등기 처리, 신고(결혼, 이혼 등)

684

transmit

[trænsmít]

★★★☆☆

9/4 출제확률 18.4%

어원 trans(~를 넘어) + mit(= send 보내다) → ~를 넘어 보내다 → 전송하다, 보내다

통 보내다, 전송하다, 전도하다(빛, 소리)

Electric bulbs transmit light but keep out the oxygen. [08]
전구는 빛을 발산하지만 산소의 유입은 막는다.

[어형] transmitted (과거, 과거분사) transmitting 송신하는, 전도하는

685

architecture

[á:rkɪtèktʃər]

★★★☆☆

7/4 출제확률 18.4%

어원 archi(최고의) + tect(= build 짓다) + ure(~것) → 최고로 짓는 것 → 건축(술)

명 건축(술), 설계

There is beautiful modern architecture such as the post-modern museum. [10]
포스트 모던식 박물관 같은 아름다운 현대 건축물이 있다.

[어형] architect 건축가, 설계자

vote
[vout]
★★★☆☆
9/4 출제확률 18.4%

어원 vow(맹세하다)에서 파생되었다.

명 투표, 표결

It has succeeded in registering hundreds of thousands of voters. [09]
수십만 명의 유권자를 등록시키는데 성공했다.

[idiom] succeed in ~을 성공시키다

[어형] voted 투표를 통해 선발된 voter 유권자, 투표자

687

numeral
[njúːmərəl]
★★★☆☆
8/4 출제확률 18.4%

어원 numer(= number) + al(접미사) → 숫자의

명 수, 숫자 형 수의

They are also composed of numerous unique individuals and communities. [06]
또한 그것들은 다양하고 특별한 개인들과 사회로 구성되어 있다.

[어형] numerical 수의, 수적인 numerous 다수의, 많은

688

native
[néitiv]
★★★☆☆
7/4 출제확률 18.4%

어원 nat(태어난) + ive(~한) → 태어난

명 토종 형 타고난, 태어난

We're going to look for Korean native wildflowers. [08]
우리는 한국 토종 야생화를 찾으러 갈 것이다.

689

bond
[bænd]
★★★☆☆
7/4 출제확률 18.4%

어원 bond는 bind(묶다)에서 유래했다. 그래서 '접착제'의 뜻도 있다.

명 유대, 결합, 채권(credit) 동 접착하다

Consider the following implication involving the ro le of social bonds and affection. [09]
다음에 나오는 사회적 유대와 그 애정에 관련하여 의미하는 바를 생각해 보라.

690

stripe
[straip]
★★★☆☆
7/4 출제확률 18.4%

어원 좌우나 상하의 일정한 방향성을 포괄한다.

명 줄무늬, 종류 동 줄무늬를 넣다

[idiom] get one's stripes 승진하다

One has flowers and the other has stripes. [07]
하나는 꽃무늬가 있고, 다른 하나는 줄무늬가 있다.

[어형] striped 줄무늬가 있는

691

monitor
[mánətər]
★★★☆☆
9/4 출제확률 18.4%

어원 moneo(경고하다)에서 파생했다. 잘못이 확인되면 이를 경고하고 충고하는 사람을 의미한다.

명 모니터 동 감시하다

Well done! I'll buy you another monitor after work. [10]
잘했다! 일 끝나고 내가 모니터를 당신에게 사주겠다.

[어형] monitoring 감시, 관찰

692

demonstrate

[démənstrèit]

★★★☆☆

6/4 출제확률 18.4%

[어원] '악마(demon)'를 지칭하는 말로써 악마(사람)들이 말로 시위를 하거나 항의를 하는 것을 지칭함

[통] 증명하다, 시위하다, 설명하다

We are looking for people who can demonstrate the following statements. [10]
우리는 다음의 성명서에 대해 시위운동을 할 수 있는 사람들을 찾고 있다.

[idiom] be looking for ~를 찾는 중이다

[어형] demonstrated (과거, 과거분사) demonstration 시위, 데모

693

vast

[væst]

★★★☆☆

6/4 출제확률 18.4%

[어원] va(n)(= empty 빈) + st(~한) → (사막같이 아무것도 없는) 텅 빈 → 광대한

[형] 광대한, 막대한

When it disappears, a vast number of species disappear as well. [11]
그것이 사라지면 수 많은 종들도 사라질 것이다.

[어형] vastly 엄청나게, 대단히 vastitude 광대, 거대

694

theme

[θi:m]

★★★☆☆

11/4 출제확률 18.4%

[어원] '테마'라고도 한다. 놀이공원의 theme park가 유래되었다.

[명] 주제, 화제

These have been the main subjects and themes of my work. [03]
이것들은 내 작품의 주요 주제와 테마가 되었다.

695

concept

[kánsept]

★★★☆☆

9/4 출제확률 18.4%

[어원] con(함께) + cept(= take 취하다) → 함께 (생각을) 취하는 것은 개념이다

[명] 개념, 구상, 발상

The concept of violence is now unsuitable, and nonviolence is the appropriate method. [10]
이제 폭력이라는 개념은 부적절하고 비폭력적인 것이 적절한 방법이다.

[어형] conception 개념, 구상

696

deny

[dinái]

★★★☆☆

9/4 출제확률 18.4%

[어원] 'no'의 완곡한 표현이다.

[명] 부인, 거부 [통] 부정하다

[syn] refuse, forbid, prohibit

Her response to the death of her lover was undeniably charming. [05]
사랑하는 이의 죽음에 대한 그녀의 반응은 부인할 수 없을 만큼 매력적이었다.

[어형] denial 부인 denied 부인하다 denying (현재분사) undeniably 명백하게

697

sympathy

[símpəθi]

★★★☆☆

7/4 출제확률 18.4%

[어원] sym(함께) + pathy(= feeling 느낌) → 공감

[명] 연민, 동정심, 공감

[idiom] sympathize with ~와 공감하다

The people felt sympathy for the victims of earthquake. [08]
그 사람들은 지진 피해자들에게 동정심을 느꼈다.

[어형] sympathetic 동정어린 sympathize 동정하다, 위로하다

1. 아래의 단어에 맞는 뜻을 골라 선으로 이어주세요.

693 vast ●   ⓐ 모니터; 감시하다

673 direction ●   ⓑ 기분, 마음가짐

676 tropical ●   ⓒ 의미하다, 암시하다

672 mood ●   ⓓ 유대, 결합, 채권; 접착하다

671 imply ●   ⓔ 열대의, 열대성의, (날씨가) 뜨거운

667 ensure ●   ⓕ 양자택일; 대신의

662 disagree ●   ⓖ 보장하다

660 sincere ●   ⓗ 민족의, 인종의

669 ethnic ●   ⓘ 성실한, 진실한

689 bond ●   ⓙ 방향, 지침, 지시

663 alternative ●   ⓚ 장님; 눈멀게 하다; 장님인

675 overcome ●   ⓛ 이겨내다, 극복하다

665 blind ●   ⓜ 광대한, 막대한

691 monitor ●   ⓝ 의견이 다르다

2. 아래 문장의 알맞은 뜻을 보기에서 고르세요.

a. But in order to achieve it, they need financial help. (　)

b. These have been the main subjects and themes of my work. (　)

c. When it disappears, a vast number of species disappear as well. (　)

d. You have $25 to spend and have narrowed your alternatives to a textbook or a date. (　)

e. In sum, classical music and jazz both aim to provide a depth of expression and detail. (　)

f. Her response to the death of her lover was undeniably charming. (　)

g. We hope you make good use of this new facility. (　)

보기
① 우리는 당신이 이 새로운 시설을 잘 사용하기 바란다.
② 그것이 사라지면 수많은 종들도 사라질 것이다.
③ 그러나 그들이 그것을 성취하기 위해서는 재정적 도움이 필요하다.
④ 요약하면, 클래식 음악과 재즈는 둘 다 깊은 표현과 섬세함을 나타내려고 한다.
⑤ 사랑하는 이의 죽음에 대한 그녀의 반응은 부인할 수 없을 만큼 매력적이었다.
⑥ 이것들은 내 작품의 주요 주제와 테마가 되었다.
⑦ 당신은 25불을 갖고 있으며 선택을 좁혀 교과서 구입 혹은 데이트 중에 고르기로 했다.

정답: ③ ⑥ ② ⑦ ④ ⑤ ①

698

exceed
[iksíːd]

★★★☆☆

5/4 출제확률 18.4%

[어원] ex(밖으로, ~를 넘어) + ceed(= go 가다) → 능가하다

[통] 넘다, 능가하다

Its weight cannot exceed 2,000 kilograms. [06]
무게는 2,000 킬로그램을 초과할 수 없다.

[어형] excess 지나침, 초과 exceeded (과거, 과거분사) exceeding 굉장한, 엄청난

699

neat
[niːt]

★★★☆☆

10/4 출제확률 18.4%

[어원] 깔끔하고 정돈된 옷을 지칭하는 '니트(neat)'를 말함

[형] 가지런한, 산뜻한

[syn] organized, simple, trim

There, placed neatly beside the empty dish, were fifteen pennies. [08]
빈 접시 옆에 15페니가 가지런히 놓여 있었다.

[어형] neatly 깔끔하게

700

starve
[staːrv]

★★★☆☆

5/4 출제확률 18.4%

[어원] star(= stiff 뻣뻣한) + ve(~하다) → (몸이) 뻣뻣해지다 → 굶어 죽다

[통] 굶어죽다, 갈망하다

Is there anything to eat, George? I'm starving. [07]
조지, 뭐 좀 먹을 것 있니? 나 배고파 죽겠어.

[어형] starvation 굶주림, starving 기아(현재분사)

701

flavor
[fléivər]

★★★☆☆

4/4 출제확률 18.4%

[어원] 코나 혀로 느껴지는 맛(spice)을 지칭함

[명] 맛, 향기 [통] 풍미(향기)를 더하다

Many superior coffee beans are being decaffeinated in ways that conserve strong flavor. [09]
많은 고급 커피원두는 강한 향은 보존하면서 카페인은 제거된다.

702

rational
[ræʃənl]

★★★☆☆

12/4 출제확률 18.4%

[어원] rat(= reason 이유) + ion(~것) + al(~한) → 이유 있는 → 이성적인

[명] 합리적인 것 [형] 이성적인

Their tendency toward independent thought and rational judgment. [11]
독립적인 생각과 이성적인 판단을 하려는 그들의 경향.

[어형] irrational 비이성적인 irrationally 비이성적으로 rationality 합리성 rationally 합리적으로

703
urgent
[ə́ːrdʒənt]
★★★☆☆
4/4 출제확률 18.4%

어원 urge(재촉하다) + ent(~한) → 재촉하는 → 긴급한

형 긴급한, 절박한

We're in the middle of an urgent job right now, so it will take about two hours. [07]
우리는 현재 급한 업무 중이어서 2시간 정도 걸릴 것 같습니다.

[어형] urgently 억지로, 절박하게

704
section
[sékʃən]
★★★☆☆
7/4 출제확률 18.4%

어원 sect(자르다) + ion(것) → 자르는(구분하는) 것

명 부분, 구역(sector), 절

The purpose of a symphony orchestra is not to play section by section. [00]
심포니 오케스트라의 목적이 한 악절 한 악절 연주하는 것은 아니다.

[어형] sectile 절단할 수 있는 sectarian 근시안의, 편협한

705
miserable
[mízərəbl]
★★★☆☆
4/4 출제확률 18.4%

어원 miser(= wretched 비참한) + able(~한) → 비참한

형 비참한

The atmosphere was gloomy and miserable. [09]
분위기는 우울하고 비참했다.

[어형] misery 고통, 불행 miserably 비참하게

706
burden
[bə́ːrdn]
★★★☆☆
6/4 출제확률 18.4%

어원 짐에서 마음의 부담을 일컫는 용어

명 무거운 짐, 부담 동 짐을 지우다

The people living in Africa are suffering from financial burden. [08]
아프리카에 사는 사람들은 재정적 부담으로 인해 고통받고 있다.

*people (who are) living in…에서 people과 living사이에 who are가 생략되었다.

[어형] burdensome 부담이 되는 unburdening (부담, 걱정을) 덜어주는

707
elevate
[éləvèit]
★★★☆☆
6/4 출제확률 18.4%

어원 e(강조, 밖으로) + lev(= raise 오르다) + ate(~하다) → 오르다

동 올리다, 높이다; 승진시키다

It's situated at an elevation of 1,350m. [05]
그것은 해발 1,350m에 위치해 있다.

[어형] elevation 높이, 고도 elevator 엘리베이터

708
unique
[juːníːk]
★★★☆☆
8/4 출제확률 18.4%

어원 uni(하나의, 단일의) + que(요구하다) → 단 하나의 것 → 유일의, 독특한

형 독특한, 유일의

Introduction of unique products alone does not guarantee market success. [06]
독특한 상품을 출시한다고 시장에서의 성공을 보장하는 것은 아니다.

[어형] uniqueness 독특성 uniquely 독특하게, 유일하게

709

insect
[ínsekt]
★★★☆☆
7/4 출제확률 18.4%

어원 in(안으로) + sect(자르다) → 마디가 잘려 있는 것은 곤충이다

명 곤충, 벌레

Aroma attracts certain insects. [09]
아로마는 특정 벌레들을 유혹한다.

710

grateful
[gréitfəl]
★★★☆☆
4/4 출제확률 18.4%

어원 grat(감사, 기뻐하는) + ful(가득 찬) → 기쁨으로 가득차서 → 고마워하는

형 고마워하는, 감사하는

The person receiving it will be touched and grateful. [03]
그것을 받는 사람은 감동받고 고마워할 것이다.

[어형] gratefully 감사하여

711

adjust
[ədʒʌst]
★★★☆☆
4/4 출제확률 18.4%

어원 ad(~에) + just(올바르게 하다) → ~에 적응시키다

동 적응시키다, 조정하다

Most of us try to adjust our attitudes and behaviors to a rapid pace of living and working. [04]
우리 대부분은 업무와 삶의 속도에 우리의 태도와 행동을 맞춰가려고 노력한다.

[어형] adjusting 조절 adjustment 조정, 적응

712

gender
[dʒéndər]
★★★☆☆
4/4 출제확률 18.4%

어원 gender는 '종류'라는 의미에서 유래되었다.

명 성(性), 성별

[idiom] gender equality 양성 평등, 남녀평등

RPC works on issues such as fair housing, gender equality, and environmental justice. [09]
RPC는 공정 주택 거래, 남녀 평등, 환경 정의 등의 쟁점에 관한 일을 한다.

713

export
[ikspɔ́ːrt]
★★★☆☆
13/4 출제확률 18.4%

어원 ex(밖) + port(= carry 나르다) → (우리나라) 밖으로 나르다 → 수출하다

명 수출(품) 동 수출하다(↔ import 수입하다)

The number of exported cars has steadily increased since 1997. [03]
1997년 이후로 차량 수출이 지속적으로 증가했다.

[어형] exported (과거, 과거분사)

714

branch
[bræntʃ]
★★★☆☆
8/4 출제확률 18.4%

어원 지점이 곁가지처럼 생긴다고 해서 branch(나뭇가지)를 '지점'이라는 의미로 사용한다.

명 (나뭇) 가지, 지점

Without losing a branch [09]
나뭇가지 하나 부러지지 않은 채

budget
[bʌ́dʒit]

★★★☆☆

7/4 출제확률 18.4%

[어원] 특정기간에 사용할 재정을 통칭하는 용어

[명] 예산(안), 재정(finance)

[idiom] a low-budget film 저예산 영화

Plan your budget in advance to give yourself time to research the costs fully. [09]
그 비용을 모두 조사하기에 앞서 당신의 예산을 미리 계획하라.

[어형] budgeted (과거, 과거분사)

716

restore
[ristɔ́:r]

★★★☆☆

4/4 출제확률 18.4%

[어원] 원래의 상태로 되돌려 놓는 개념을 나타냄

[동] 회복시키다, 복원하다

[idiom] painting restorer 회화 복원가 *restoring force 복원력

Painting restorers are highly trained in their techniques. [05]
회화 복원가들은 고도의 기술 훈련을 받은 사람들이다.

[어형] restoration 복원, 회복 restorer 복원[복구] 전문가 restoring (현재분사)

717

flood
[flʌd]

★★★☆☆

6/4 출제확률 18.4%

[어원] flow(흐르다)에서 파생되었다.

[명] 홍수(deluge), 큰 물

[idiom] flood into ~로 몰려들다

We are flooded by incorrect information. [05]
우리는 부정확한 정보의 홍수에 잠겨 있다.

[어형] flooded 침수된, 물에 잠긴 flooding 홍수

718

isolation
[àisəléiʃən]

★★★☆☆

10/4 출제확률 18.4%

[어원] isol(혼자) + lat(~하게 하다) + ion(~것) → 홀로 있게 함

[명] 격리, 고립, 고독

[idiom] isolation figure bump 두상, 융기, 혹

One of the toughest parts of isolation is a lack of an expressive exit. [08]
고독의 가장 어려운 부분은 감정을 표출할 수 있는 곳이 부족하다는 것이다.

[어형] isolate 격리하다, 고립시키다 isolated 고립된

719

latter
[lǽtər]

★★★☆☆

4/4 출제확률 18.4%

[어원] late(후기의) + er(~것) → 나중의 것

[형] 나중 것의, 뒤쪽의; 후반의

The former approximates to zero and the latter to infinity. [11]
전자는 대략 00이고 후자는 무한대이다.

720

conventional
[kənvénʃənl]

★★★☆☆

4/4 출제확률 18.4%

[어원] con(함께) + vent(나오다) + ional(형용사) → (모두에게서) 나오는 것은 통념이다

[형] 사회적 통념의, 관습적인

That limits conventional medicine's effectiveness. [10]
그것은 종래의 약품 효과를 제한시킨다.

[어형] convention 관습, 대회

721

grocery
[gróusəri]

★★★☆☆

8/4 출제확률 18.4%

[어원] gorc(= gross 대량) + ery(~것) → 대량 → (대량으로 사고파는) **식료품류**

[명] 식료품류

Can you go to the grocery store and get some onions for me? [06]
식료품점에 가서 양파 좀 사다줄 수 있겠니?

722

commercial
[kəmə́:rʃəl]

★★★☆☆

7/4 출제확률 18.4%

[어원] com(함께) + merc(장사하다) + ial(~한) → 상업의

[명] 광고 [형] 상업(상)의, 상업용의

CO₂ emissions from commercial heating account for 12% of all CO₂ emissions. [05]
상업용 난방에서 발생하는 CO₂가 전체 CO₂ 발생의 12%를 차지한다.

[idiom] account for ~에 대해 설명하다

[어형] commerce 상업, 무역

723

freeze
[fri:z]

★★★☆☆

7/4 출제확률 18.4%

[어원] ice가 언 상태를 말한다.

[명] 동결 [동] 얼다, 얼게 하다

[syn] solidify, stiffen, suspend

It felt nice and cool, not as freezing as when she had first stepped into it. [11]
그녀가 처음 들어왔을 때처럼 차갑지 않고, 좋고 멋졌다.

[어형] freezer 냉동 장치 freezing 어는, 몹시 추운 frozen 얼어붙은, 동결된

724

desperate
[déspərət]

★★★☆☆

6/4 출제확률 18.4%

[어원] de(없는) + sper(= hope 희망이 있는) + ate(~한, ~하다) → 희망이 없는 → **절망적인**

[형] 절망적인, 필사적인

I wanted desperately to make the middle school team the coming fall. [09]
나는 오는 가을에 중학팀을 만들기를 간절히 원했다.

[어형] despair 절망하다, 실망하다(disappoint) desperately 절망적으로

725

worthwhile
[wə:rθhwail]

★★★☆☆

4/4 출제확률 18.4%

[어원] worth(가치 있는) + while(~동안) → ~(기간) 동안 가치가 있는

[형] ~할 가치가 있는, ~할 만한

It is probably well worthwhile. [10]
그것은 아마도 꽤 가치가 있을 것이다.

726

accompany
[əkʌmpəni]

★★★☆☆

10/4 출제확률 18.4%

[어원] ac(~에) + company(동료) → 동료와 동행하다

[동] 동행하다, 동반하다, ~을 수반하다

[idiom] be accompanied by[with] ~을 동반하다

If you are accompanied by a single companion, you are half yourself. [07]
당신이 한 명의 동료와 동행한다면, 당신은 스스로 반쪽이 되는 것이다.

[어형] accompanied 수반하다 accompanying 수반하는 companion 동반자

727

infant

[ínfənt]

★★★☆☆

6/4 출제확률 18.4%

[어원] 아동(child)보다 더 유아(infancy)를 의미함

[명] 유아, 갓난아기 [형] 유아의

We become aware of their existence when we are infants. [04]

우리가 갓난아기일 때 그들의 존재를 알게 된다.

[idiom] aware of ~을 알아차리다, ~을 알다

728

versus

[vɔ́ːrsəs]

★★★☆☆

4/4 출제확률 18.4%

[어원] 줄여서 'VS' 라고도 쓴다.

[전] ~대, ~에 반하여

This will enhance subtle information about light versus dark differences. [06]

이것은 빛과 어둠의 차이에 대한 미묘한 정보를 부각시킬 것이다.

[어형] vs(= versus)

729

explore

[iksplɔ́ːr]

★★★☆☆

9/4 출제확률 18.4%

[어원] ex(밖으로) + plore(= cry 외치다) → 밖으로 나가 무언가를 찾으려고 외치다

[동] 탐험하다, 답사하다

They are the explorers who discover new worlds. [07]

새로운 세계를 발견한 탐험가들이 저들이다.

[어형] explorer 탐험가 exploration 탐사, 탐험

730

passion

[pǽʃən]

★★★☆☆

7/4 출제확률 18.4%

[어원] pass(괴로워하는) + ion(~것) → 괴로워하는 것 → 열정

[명] 열정, 울화, 흥분

Little did he know that he was fueling his son with a passion that would last for a lifetime. [07]

그는 아들에게 불어넣어 준 열정이 평생 동안 지속될 줄은 전혀 몰랐다.

[어형] passionate 열정적인 passional 열정의, 정열적인

731

genre

[ʒáːnrə]

★★★☆☆

6/4 출제확률 18.4%

[어원] 프랑스어로 화풍이나 양식을 지칭함

[명] 장르, 양식(style)

There were a variety of genres from easy listening to jazz and classical music. [07]

가볍게 들을 수 있는 재즈부터 클래식까지 다양한 장르가 있었다.

732

route

[ruːt]

★★★☆☆

5/4 출제확률 18.4%

[어원] 비행기나 배가 정기적으로 다니는 경로를 지칭함

[명] 길, 방법

What route is probably the fastest? [03]

어떤 길이 가장 빠를 것 같습니까?

[어형] routine 일상적인; 일과

733

visual
[víʒuəl]
★★★☆☆
4/4 출제확률 18.4%

어원 vis(보다) + (u)al → 보는 것, 시각의

명 영상; 광학 형 시각의, 보는

Reading develops the powers of imagination and inner visualization. [97]
독서는 상상력과 심상을 개발시켜 준다.

[어형] visible 보이는, 가시의 vision 시력, 전망 visualization 시각화, 심상

734

rescue
[réskju:]
★★★☆☆
8/4 출제확률 18.4%

어원 re(강조) + scue(= secure 안전한) → 안전하게 하다 → 구출하다

명 구출 동 구출하다 형 구조의

The World Wildlife Foundation has rescued several species of animals since 1961. [96]
세계 야생동물 보호기금은 1961년부터 여러 종류의 동물들을 구조해왔다.

[어형] rescued (과거, 과거분사) rescuer 구조자 rescuing(현재분사)

735

salary
[sǽləri]
★★★☆☆
7/4 출제확률 18.4%

어원 sal(소금) + ary(~것) → 로마 시대에 병사들에게 소금을 살 돈을 지급한 것에서 유래 되었다.

명 봉급, 급료[임금]

Success, which generally means promotion or an increase in salary. [05]
성공은 보통 승진이나 봉급인상을 의미한다.

[어형] salaried 유급의(↔ unpaid, unsalaried)

736

fee
[fi:]
★★★☆☆
6/4 출제확률 18.4%

어원 charge, rate, bill, fare는 유사어로 쓰인다.

명 요금, 보수

[idiom] late fee 지체료, 연체료

Your school fees for this semester are 4,900 dollars. [07]
당신의 이번 학기 수업료는 4,900불입니다.

737

internal
[intə́:rnl]
★★★☆☆
5/4 출제확률 18.4%

어원 in(~안에) + ternal(세 겹의) → 세 겹 안에 있는 것은 정말 깊숙한 내부의 것이다 → 내부의

형 내부의(↔ external 외부의)

The end product is an internal mental image that we call color. [08]
우리가 색이라 부르는 내부 정신적 이미지가 최종 산출물이다.

738

stimulate
[stímjulèit]
★★★☆☆
5/4 출제확률 18.4%

어원 sti(찌르다) + ate(~하다) → 찔러 자극하다

동 자극하다, 활성화하다

The process of alternately producing tension was what made the activity stimulating. [10]
긴장을 간간히 주는 과정이 그 활동을 활기차게 만들었다.

[어형] stimulated (과거, 과거분사) stimulating 자극이 되는 stimulation 자극, 흥분 stimulant 각성제

TEST 18

1. 아래의 단어에 맞는 뜻을 골라 선으로 이어주세요.

735 salary •

699 neat •

707 elevate •

715 budget •

732 route •

702 rational •

714 branch •

705 miserable •

698 exceed •

710 grateful •

718 isolation •

712 gender •

720 conventional •

721 grocery •

ⓐ (나뭇) 가지, 지점

ⓑ 넘다, 능가하다

ⓒ 예산(안)

ⓓ 사회적 통념의, 관습적인

ⓔ 올리다, 높이다

ⓕ 격리, 고립, 고독

ⓖ 합리적인 것; 이성적인

ⓗ 봉급, 급료

ⓘ 길, 방법

ⓙ 성(性)

ⓚ 가지런한, 산뜻한

ⓛ 비참한

ⓜ 식료품류

ⓝ 고마워하는

2. 아래 문장의 알맞은 뜻을 보기에서 고르세요.

a. RPC works on issues such as fair housing, gender equality, and environmental justice. ( )

b. Is there anything to eat, George? I'm starving. ( )

c. The atmosphere was gloomy and miserable. ( )

d. Reading develops the powers of imagination and inner visualization. ( )

e. Without losing a branch ( )

f. Its weight cannot exceed 2,000 kilograms. ( )

g. It is probably well worthwhile. ( )

보기

① 무게는 2,000 킬로그램을 초과할 수 없다.

② 조지, 뭐 좀 먹을 것 있니? 나 배고파 죽겠어.

③ 독서는 상상력과 심상을 개발시켜 준다.

④ 나뭇가지 하나 부러지지 않은 채

⑤ 분위기는 우울하고 비참했다.

⑥ RPC는 공정 주택 거래, 남녀 평등, 환경 정의 등의 쟁점에 관한 일을 한다.

⑦ 그것은 아마도 꽤 가치가 있을 것이다.

정답: ⑥ ② ⑤ ③ ④ ① ⑦

165

739

visible
[vízəbl]
★★★☆☆
5/4 출제확률 18.4%

[어원] vision(시력) + able(~할 수 있는) → 볼 수 있는

[형] 볼 수 있는, 시각적인

Two or three farmhouses were visible through the mist. [06]
안개 속으로 농가 두세 채가 보였다.

[어형] invisible 보이지 않는 visual 시각의, 광학상의

740

slip
[slip]
★★★☆☆
5/4 출제확률 18.4%

[어원] 아래쪽으로, 옆으로 향하는 어감으로 slide와 동의어다.

[명] 미끄럼 [동] 미끄러지다

[idiom] slip one's mind 깜박 잊다

She slipped and fell in the bathroom. [03]
그는 화장실에서 미끄러져 넘어졌다.

[어형] slipped (과거, 과거분사) slippery 미끄러운 slipper 실내화

741

attach
[ətǽtʃ]
★★★☆☆
4/4 출제확률 18.4%

[어원] at(~에) + tach(닿다) → ~에 붙이다

[동] 붙이다, 부착하다; 첨부하다

[idiom] attached to ~에 들러붙다, 애정을 가지다

What do you think about this one with a basket attached to the handlebars? [11]
바구니에 손잡이가 달린 이것은 어떤가요?

[어형] attached 붙여진 attachment 부착물, 애착

742

essay
[ései]
★★★☆☆
6/4 출제확률 18.4%

[어원] es(= ex 밖으로) + say(말하다) → (무언가에 대해) 밖으로 말하다 → 수필, 에세이

[명] 수필, 작문, 논문 [동] 시도하다

On the examinations, they wrote essays about particular questions on particular texts. [97]
시험을 볼 때 그들은 특정 글의 특정한 질문에 대해 글을 썼다.

743

award
[əwɔ́:rd]
★★★☆☆
4/4 출제확률 18.4%

[어원] a(강조) + ward(~를 향해) → 무언가를 향해 노력한 사람에게 주는 것

[동] (심사하여) 주다, 수여하다 [명] 상, 상금

Oh, they're awarding the second prize now. I'm next. [09]
오, 그들이 두 번째 상을 수여하고 있다. 다음은 내 차례다.

[어형] awarded(과거, 과거분사) awarding(현재분사)

744

lately

[léitli]

★★★☆☆

6/4 출제확률 18.4%

[어원] late(늦은)에서 유래된 어휘로 현재에 가까운 시점을 말함

[부] 요즘, 최근에, 근래

Honey, my dad doesn't seem to be sleeping well lately. [10]
여보, 우리 아버지가 요즘 잠을 제대로 못 주무시는 것 같아요.

[어법] honey는 '꿀'이라는 의미도 있지만 '자기', '여보'라는 의미도 있다.

745

intend

[inténd]

★★★☆☆

5/4 출제확률 18.4%

[어원] in(~를 향하여) + tend(마음 등을 뻗다) → 의도하다

[동] 의도하다, 작정이다(mean to)

[idiom] in the intended manner 의도된 방식대로

The company will be able to get its intended results. [03]
회사는 의도했던 결과를 얻을 수 있을 것이다.

[어형] intended 의도하는 unintended 의도하지 않은

746

infinity

[infínəti]

★★★☆☆

4/4 출제확률 18.4%

[어원] in(없다, 아니다) + finite(한계, 유한의) + y(~것) → 한계가 없는 것

[명] 무한대; 초고감도(의)

They help us narrow the infinity of possible futures down to one or, at least, a few. [05]
그들은 우리가 불확실한 미래를 하나 혹은 적어도 몇 개로 줄일 수 있도록 도움을 준다.

[어형] infinite 무한한 (↔ limited) infinitive 부정사(의)

747

junk

[dʒʌŋk]

★★★☆☆

6/4 출제확률 18.4%

[어원] 일반적으로 garbage가 쓰인다. 속어로 헤로인을 지칭한다.

[명] 쓰레기, 폐물 [형] 쓸모없는, 가치 없는

Yes, there was nothing but junk and old equipment. [08]
네, 거기에는 쓰레기와 고물밖에 없었어요.

[어법] junk food 칼로리는 높고 영양가는 낮은 음식

748

burst

[bəːrst]

★★★☆☆

5/4 출제확률 18.4%

[어원] '폭발하다'의 의미로 explode와 eruption이 활용된다.

[동] 폭발하다, 터뜨리다

The people were exposed to 110—decibel bursts of noise. [06]
그 사람들은 110데시벨의 폭발음에 노출되었다.

[idiom] be exposed to ~에 노출되다

749

panic

[pǽnik]

★★★☆☆

5/4 출제확률 18.4%

[어원] 그리스 신화 판(Pan)이 공황을 일으킨다는 옛날 생각에서 유래되었다.

[명] 공황, 당황 [동] 당황케하다

If I'd told you that, you might have panicked and none of us would have made it. [07]
그것을 당신에게 말했다면 당신은 당황했을 것이고 우리는 성공하지 못했을 것이다.

[어형] panicked (과거, 과거분사) panicky 공황상태의, 당황하기 쉬운

750

accomplish

[əkámpliʃ]

★★★☆☆

4/4 출제확률 18.4%

어원 ac(~로) + com(함께, 강조) + pli(채우다) + ish(접미사) → 채워내는 것

동 이루다, 성취하다

Its limits in a voluntary effort to accomplish something difficult and worthwhile [11]
무언가 가치 있고 힘든 것을 성취하기 위한 자발적 노력의 한계

[어형] accomplished 성취된 accomplishment 성취

751

rectangular

[rektǽŋgjulər]

★★★☆☆

6/4 출제확률 18.4%

어원 rect(= straight 똑바른, 올바른) + angle(각도) + lar(~의) → 각이 동일한 → 사각형

형 직사각형의, 직각의

One particular Korean kite is rectangular. [06]
한 특이한 한국 연은 직사각형으로 되어 있다.

[어형] rectangle 직사각형

752

union

[júːnjən]

★★★☆☆

6/4 출제확률 18.4%

어원 개별적인 unit이 서로 결합된 상태를 의미함

명 결합, 연합, 합병, 노조

There are more than 300 employees belonging to the union. [98]
그 노조에 직원 300명 이상이 가입해 있다.

[어형] reunion 재결합 *unite(결합하다)의 명사형이다.

753

trap

[træp]

★★★☆☆

5/4 출제확률 18.4%

어원 동물이나 사람을 잡기 위해 설치하는 장치를 뜻함

명 올가미, 함정

Don't be caught in the trap. [08]
함정에 걸리지 마세요.

[어형] trapped ~에 갇힌

754

element

[éləmənt]

★★★☆☆

8/4 출제확률 18.4%

어원 어떤 물질의 구성 요소를 지칭하며, 원소의 개체를 말한다.

명 요소, 원소

The elements of nature are continually changing. [04]
자연의 구성물은 계속해서 변한다.

[어형] elementary 초등의, 기본의

755

interrupt

[ìntərʌpt]

★★★☆☆

8/4 출제확률 18.4%

어원 inter(사이) + rupt(= break 중단하다) → 가로막다

동 방해하다, 끼어들다

This becomes an interruption because the audience is not fully focusing on the speech. [03]
청중이 연설에 완전히 집중할 수 없기 때문에 이것은 방해가 된다.

[어형] interrupting (과거, 과거분사) interruption 방해함, 중단 uninterrupted 연속된, 중단되지 않는

competent
[kámpətənt]
★★★☆☆
7/4 출제확률 18.4%

[어원] compete(경쟁하다) + ent(~한) → 경쟁할 만한 → 능력 있는

[형] 유능한, 능력이 있는

We shouldn't choose a purely competent person without interest. [96]
우리는 유능하기만하고 열정이 없는 사람은 선택해선 안 된다.

[어형] compete 경쟁하다 competence 능력

757

constitute
[kánstətjùːt]
★★★☆☆
6/4 출제확률 18.4%

[어원] con(함께) + stitu(te)(~을 세우다) → 함께 세우다 → 구성하다

[동] 구성하다, 제정하다

Freedom of speech is guaranteed by the Constitution. [07]
언론의 자유는 헌법에 의해 보장되어 있다.

[어형] constitution 구성, 헌법

758

vehicle
[víːhikl]
★★★☆☆
5/4 출제확률 18.4%

[어원] veh(i)(= carry 나르다) + cle(~것) → 나르는 것 → 운송 수단

[명] 운송수단, 탈 것(자동차)

They are very important for the development of new models of all types of vehicles. [07]
그것들은 모든 유형의 신차 모델을 개발하는데 매우 중요하다.

759

infect
[infékt]
★★★☆☆
4/4 출제확률 18.4%

[어원] in(안으로) + fect(= make (병균을 넣게) 만들다) → 병균을 체내로 들어가게 한다

[동] 전염시키다, 오염시키다

I'm afraid some computers in our office were infected with a virus. [07]
우리 사무실 컴퓨터 중 일부가 바이러스에 걸린 것 같아.

[어형] infected 감염된, 오염된 infectious 전염성의

760

vocabulary
[voukǽbjulèri]
★★★☆☆
4/4 출제확률 18.4%

[어원] voc(목소리, 부르다) + ary(~것) → 말할 때 쓰는 것 → 어휘

[명] 어휘, 용어

'Savage' and 'primitive' began to disappear from the vocabulary of cultural studies. [08]
'야생의'와 '원시적인'과 같은 단어들은 교양과목 단어에서 사라지기 시작했다.

[어법] voca는 vocabulary의 줄임말이다.

761

tear
[tiər]
★★★☆☆
7/4 출제확률 18.4%

[어원] 울면 '눈물'이 나는 데서 유래됨

[명] 눈물 [동] 찢다, 찢어지다

[idiom] burst into tears 울음을 터트리다

You need to tear the envelope to open it. [00]
봉투를 개봉하려면 찢어야 한다.

[어형] tearful 슬픈

762

nutritious

[njuːtríʃəs]

★★★☆☆

6/4 출제확률 18.4%

[어원] nutri(영양분을 주다) + (ti)ous(~는) → 영양을 주는 → 영양이 많은

[형] 영양이 많은, 영양이 풍부한

[idiom] dietary fiber 식이성 섬유

I understand that it has some nutritious value and contains dietary fiber. [07]
나는 그것이 영양적으로 가치가 좀 있다는 것과 식이 섬유를 함유하고 있다는 것을 알고 있다.

[어형] malnutrition 영양실조 nutrient 영양분; 영양이 되는 nutrition 영양 nutritional 영양상의

763

cherish

[tʃériʃ]

★★★☆☆

5/4 출제확률 18.4%

[어원] 가슴으로 소중하게 여기는 것에서 유래함

[동] 소중히 하다, 마음에 품다

That's why my family members cherish me. [05]
그것이 바로 우리 가족 구성원들이 나를 소중히 여기는 이유이다.

[idiom] that's why 그것이 바로 ~한 이유이다

[어형] cherished (과거, 과거분사) 소중하게 간직한

764

snap

[snæp]

★★★☆☆

4/4 출제확률 18.4%

[어원] 비교적 간단하고 간편한 뉘앙스를 지님

[동] 덥석 물다, 짤깍 소리를 내다 [형] 쉬운

[idiom] snap back 회복하다

The smaller fish snaps at the worm. [11]
더 작은 물고기가 그 벌레를 덥석 물었다.

[어형] snapped (과거, 과거분사) snapshot 스냅 사진, 짤막한 묘사 snappy 퉁명스러운, 무뚝뚝한

765

property

[prápə rti]

★★★☆☆

4/4 출제확률 18.4%

[어원] proper(자신의) + ty(~것) → 자신의 것

[명] 재산, 자산, 소유권(부동산)

[idiom] property tax 재산세

Young children rarely think of their art as personal property. [10]
어린 아이들은 그들의 예술작품을 개인의 자산이라고 거의 생각하지 않는다.

766

welfare

[wélfeər]

★★★☆☆

4/4 출제확률 18.4%

[어원] wel(잘) + fare(가다) → 잘 나간다(잘 나가는 나라의 복지가 좋다) → 복지

[명] 복지, 복지 사업

Here Anita became interested in social welfare. [04]
여기 Anita는 사회 복지에 관심을 갖게 되었다.

767

assure

[əʃúər]

★★★☆☆

4/4 출제확률 18.4%

[어원] as(~에) + sure(확신하는) → ~에 확신하다

[동] 보증하다, 확신시키다

We can assure you, it is quite harmless. [10]
우리는 당신에게 그것이 전혀 무해하다고 보장할 수 있다.

[어형] assuredly 확실히 assurable 보증할 수 있는 assurance 보장, 확신

768

continent
[kántənənt]

★★★☆☆

4/4 출제확률 18.4%

[어원] con(함께) + tin(= hold 붙다) → 함께 토지가 붙어 대륙이 된다

명 대륙, 육지

Throughout the continent, the voices of Asia are saying goodbye to Western control. [03]
아시아 대륙 전체에서 아시아의 목소리는 서양의 지배에 대해 작별을 고하고 있다.

[어형] continental 대륙의

769

objective
[əbdʒéktiv]

★★★☆☆

8/4 출제확률 18.3%

[어원] object(사물) + ive(~한) → 사물을 객관적으로 봄 → 객관적인

명 목표, 목적(물) 형 객관적인(↔ subjective)

It is not achieving its goals or objectives effectively. [03]
그것은 그것의 목표나 목적을 효과적으로 달성하지 못하고 있다.

[어형] objectively 객관적으로

770

horizon
[həráizn]

★★★☆☆

7/4 출제확률 18.3%

[어원] (h)ori(= rise (해가) 떠오르는) + zon(e)(지역) → 지평선, 수평선

명 지평선, 수평선

To me, horizontal bars are not comfortable to look at. [09]
저에게는 수평 막대들이 보기에 불편합니다.

[어형] horizontal 수평의, 가로의

771

somehow
[sʌmhàu]

★★★☆☆

5/4 출제확률 18.3%

[어원] some(조금) + how(어떻게) → 어떻게든 좀 → 아무튼

부 어떻게든 해서, 아무튼

Somehow she even knew I would become a famous fiction-writer. [97]
어쩐지 그녀는 내가 유명한 소설 작가가 될 것이라는 것도 알고 있다.

772

sustain
[səstéin]

★★★☆☆

6/4 출제확률 18.3%

[어원] sus(= under 아래에서) + tain(= hold 지탱하다) → 아래에서 지탱하다 → 떠받치다, 부양하다

동 떠받치다, 부양하다, 지속하다

'Sustainability' is the second most favored factor in choosing a job. [08]
'지속 가능성'은 직업을 정할 때 두 번째로 가장 선호하는 요인이다.

[어형] sustainability 지속 가능성 sustained 지속된, 일관된

773

forecast
[fɔːrkæst]

★★★☆☆

6/4 출제확률 18.3%

[어원] fore(앞, 미리) + cast(던지다) → (주사위 등을) 던져서 점을 치다

명 예상, 일기 예보 동 예상하다, 전망하다

[idiom] weather forecast 일기예보

Thanks for telling me about the weather forecast. [07]
일기예보를 알려주셔서 고맙습니다.

774

behalf
[bihǽf]

★★★☆☆

4/4 출제확률 18.3%

어원 관용표현으로만 활용된다.

명 위함, 이익

[idiom] on behalf of ~를 대신하여, ~을 대표하여

On behalf of all the executives, we hope you enjoy your well-earned retirement. [05]
모든 경영진들을 대신해서, 당신이 소중히 얻은 은퇴를 즐기시길 바랍니다.

775

restrict
[ristríkt]

★★★☆☆

4/4 출제확률 18.3%

어원 re(다시) + strict(묶다, 엄하게 하다) → 다시 묶다 → 제한하다

통 제한하다, 금지하다

Later, however, restrictions were lifted. [02]
그러나 나중에 제한 조치들은 해제되었다.

[어형] restricted 제한된, 한정된 restricting 제한[한정]하다 restriction 제한, 규제 unrestricted 제한받지 않는

776

custom
[kʌstəm]

★★★☆☆

4/4 출제확률 18.3%

어원 '스스로 익힌 것'이라는 의미를 지니고 있다.

명 풍습, 관습; 세관

It has been the custom to ridicule the people. [11]
사람들을 조롱하는 것이 풍습이 되었다.

[어형] customary 관례적인, 습관적인 customer 고객, 단골

777

battle
[bǽtl]

★★★☆☆

4/4 출제확률 18.3%

어원 bat(= beat 때리다) + (t)le(반복함) → 때리는 것을 반복함 → 싸움

명 전투, 싸움

A battle wound would be more of a status symbol. [08]
전투의 상처는 계급 상징 이상의 의미를 갖는다.

[어형] battlefield 전쟁터 battling(현재분사) battailous 호전적인

778

digest
[didʒést, dai-]

★★★☆☆

5/4 출제확률 18.3%

어원 di(= apart 찢어져서, 따로따로) + gest(나르다) → 잘게 나누다 → 소화하다

명 요약 통 소화하다; 이해하다

The digestive system of the goat is different from that of the sheep or the cow. [00]
염소의 소화체계는 양과 소의 그것과는 다르다.

[어형] digestion 소화 digestive 소화를 돕는, 소화제

779

import
[impɔ́:rt]

★★★☆☆

5/4 출제확률 18.3%

어원 im(안으로) + port(= carry 나르다) → 안으로 나르다 → 수입하다

명 수입(품) 통 수입하다(↔ export)

We have imported lamps, and they have the stars. [03]
우리는 수입 램프가 있지만, 그들에게는 별들이 있다.

[어형] imported 수입품, 수입된 importing(현재분사)

TEST 19

1. 아래의 단어에 맞는 뜻을 골라 선으로 이어주세요.

741 attach ●　　　　　　　　　 ⓐ 폭발; 폭발하다, ～로 가득차다

750 accomplish ●　　　　　　　　 ⓑ 붙이다

759 infect ●　　　　　　　　　　 ⓒ 소중히 하다, 마음에 품다

778 digest ●　　　　　　　　　　 ⓓ 요소, 원소

742 essay ●　　　　　　　　　　 ⓔ 이루다, 성취하다

751 rectangular ●　　　　　　　　 ⓕ 직사각형의

753 trap ●　　　　　　　　　　 ⓖ 의도하다

762 nutritious ●　　　　　　　　　 ⓗ 올가미, 함정

745 intend ●　　　　　　　　　　 ⓘ 방해하다

754 element ●　　　　　　　　　 ⓙ 유능한, 능력이 있는

763 cherish ●　　　　　　　　　　 ⓚ 영양이 많은

755 interrupt ●　　　　　　　　　 ⓛ 전염시키다

756 competent ●　　　　　　　　 ⓜ 수필, 시도하다

748 burst ●　　　　　　　　　　 ⓝ 요약; 소화하다

2. 아래 문장의 알맞은 뜻을 보기에서 고르세요.

a. That's why my family members cherish me. (　)

b. Oh, they're awarding the second prize now. I'm next. (　)

c. They help us narrow the infinity of possible futures down to one or, at least, a few. (　)

d. I would like to ask for the kindness in your heart to forgive my unintended offense. (　)

e. This becomes an interruption because the audience is not fully focusing on the speech. (　)

f. Later, however, restrictions were lifted. (　)

g. The people were exposed to 110-decibel bursts of noise. (　)

보기

① 그 사람들은 110데시벨의 폭발음에 노출되었다.

② 그러나 나중에 제한 조치들은 해제되었다.

③ 그것이 바로 우리 가족 구성원들이 나를 소중히 여기는 이유이다.

④ 그들은 우리가 불확실한 미래를 하나 혹은 적어도 몇 개로 줄일 수 있도록 도움을 준다.

⑤ 청중이 연설에 완전히 집중할 수 없기 때문에 이것은 방해가 된다.

⑥ 의도하지 않은 저의 무례함을 너그럽게 용서해 주시기를 바랍니다.

⑦ 오, 그들이 두 번째 상을 수여하고 있다. 다음은 내 차례다.

정답: ③ ⑦ ④ ⑥ ⑤ ② ①

780

frame
[freim]

★★★☆☆

4/4 출제확률 18.3%

예 주로 외형의 틀이나 구조를 지칭함

명 구조, 골격, 틀, 액자 **동** 형성하다

[idiom] frame ~ to oneself ~을 마음에 그리다

When you look at other photographers' work, pay attention to how they fill the frame. [06]
다른 사진작가들의 작품을 보게 되면 그들이 어떻게 액자를 채우는지를 주목해서 보라.

[어형] framed 틀에 낀

781

lay
[lei]

★★★☆☆

4/4 출제확률 18.3%

예 lay는 '눕다', '낳다', '놓다'의 다의어이다.

동 눕히다, 놓다

[idiom] lay down ~을 내려놓다, 눕다

If you feel sick, lay down back there. [06]
몸이 아프면 거기에 기대어 누우세요.

[어형] laid 가로놓인 layout 레이아웃, 배치

782

principal
[prínsəpəl]

★★★☆☆

4/4 출제확률 18.3%

예 prin(제일의) + cip(취하다) + al → 제일 높은 자리를 차지한 → 교장

명 교장 **형** 주요한

As your principal, I have the pleasure of welcoming you to our awards ceremony. [02]
여러분의 교장으로서 수상식에 온 여러분을 환영하게 되어 기쁩니다.

783

stir
[stəːr]

★★★☆☆

4/4 출제확률 18.3%

예 막대기로 휘젓는 것을 나타내며, 마음의 동요나 흥분을 지칭하기도 한다.

동 휘젓다, 움직이다

[syn] blend, mix, whip

"Kick softly," she told him, "Don't stir up the water more than you have to". [07]
"부드럽게 차세요."라고 그녀가 그에게 말했다. "필요 이상으로 물을 휘젓지 마세요."

[어형] stirred (과거, 과거분사)

784

harsh
[haːrʃ]

★★★☆☆

4/4 출제확률 18.3%

예 hoarse(목이 쉰)에서 유래되었다. 쉰 목소리를 들으니 귀에 거슬린다.

형 귀에 거슬리는, 거친, 난폭한

The harshness of their surroundings is a vital factor in making them strong and sturdy. [11]
그들 주위의 거친 환경은 그들을 강하고 억세게 만드는 극히 중요한 요소이다.

[어형] harshness 거침, 가혹함

785

stock
[stak]

★★★☆☆

9/4 출제확률 18.3%

어원 창고나 은행에 저장하거나 비축하는 것을 지칭함.

명 재고, 주식 통 저장하다

[idiom] stock market 주식시장

We stock name-brand equipment for any sport you can think of. [94]
당신이 운동하면 떠 올릴 수 있는 유명 브랜드 운동 장비들을 갖추고 있습니다.

[어형] stocked (과거, 과거분사) stockpile 비축량

786

court
[kɔːrt]

★★★☆☆

7/4 출제확률 18.3%

어원 cour(심장) + t → 심장이 뛰는 곳 → 법정, 경기장

명 법정, 법원, 경기장

Are you mad about the shouting from the tennis courts? [01]
당신은 테니스 경기장에서 들리는 고함 소리 때문에 화가 나셨나요?

[어형] courtesy 예의, 호의

787

approval
[əprúːvəl]

★★★☆☆

4/4 출제확률 18.3%

어원 ap(~에 대해) + prove(승인, 증명하다) + al(~것) → ~에 대해 승인하는 것

명 승인, 찬성

A child will often ask for approval openly. [01]
아이는 종종 공개적으로 허락을 요청할 것이다.

[어형] approve 승인하다, 찬성하다 disapproval 반감, 불승인

788

modest
[mádist]

★★★☆☆

4/4 출제확률 18.3%

어원 mod(척도의[맞는]) + est(형용사) → 적절한

형 (가격, 크기 등이) 보통인, 적당한; 겸손한

I'd say it's staying modest. [02]
적절하다고 말하고 싶습니다.

[어형] modesty 겸손, 보통 정도임; 정숙함

789

expand
[ikspǽnd]

★★★☆☆

7/4 출제확률 18.3%

어원 ex(밖으로) + pand(= spread 퍼지다) → 밖으로 퍼지다 → 확장하다

통 넓히다, 확장(확대)하다

Global markets that expand rapidly [06]
급팽창하는 글로벌 시장

[어형] expanding (현재분사) expanse 팽창, 확장

790

trend
[trend]

★★★☆☆

4/4 출제확률 18.3%

어원 '~를 향하다(tend)'의 의미에서 유래되었다.

명 유행, 경향, 추세(tendency) 통 향하다, 돌보다

Trends in constructing hospitals are very positive these days. [08]
병원 건설의 최근 경향이 매우 긍정적이다.

[어형] trendy 유행의, 최신 유행하는

horrific
[hɔːrífik, har-]
★★★☆☆
4/4 출제확률 18.3%

어원 horr(떨다, 공포) + fic(만들다) → 떨게 만드는 → 무서운

형 무서운(terrific), 대단한

I was absolutely horrified. [03]
나는 완전히 무서움에 떨었다.

[어형] horrible 끔찍한, 무서운 horrent 소름끼치는 horrified 겁에 질린

---

reside
[rizáid]
★★★☆☆
7/4 출제확률 18.3%

어원 resident(거주하는, 거주자) → reside + ent(하는)

통 살다, 거주하다, 존재하다

Much less comes from commercial and residential heating. [05]
상업용과 주거용에서는 훨씬 적은 열이 발생한다.

[어형] residence 주택, 거주지, 거주 residential 주택지의, 거주하기 좋은 resident 거주자

---

forgive
[fərgív]
★★★☆☆
5/4 출제확률 18.3%

어원 상대방의 잘못에 대하여 너그러움을 give(주다)하는 것을 의미함

통 용서하다, 양해하다

[syn] excuse, pardon

I would like to ask for the kindness in your heart to forgive my unintended offense. [10]
의도하지 않은 저의 무례함을 너그럽게 용서해 주시기를 바랍니다.

[어형] forgiveness 용서, 관용

---

nowadays
[náuədèiz]
★★★☆☆
4/4 출제확률 18.3%

어원 now(오늘) + days(날들) → 오늘날

부 오늘날에는, 요즘에는

Because it is more interesting and, nowadays, more effective. [08]
왜냐하면 요즘에는 더 흥미롭고 더 효과적이기 때문이다.

---

precise
[prisáis]
★★★☆☆
6/4 출제확률 18.3%

어원 pre(앞) + cise(= cut 잘라낸) → 앞을 짧게 잘라낸 → 불필요한 부분이 없어 정확한, 정밀한

형 정확한(exact), 정밀한

The precision of Huygens clock allowed scientists to use it for their physics experiments. [05]
호이겐스의 정확한 시계 덕분에 과학자들은 물리학 실험을 하는데 이를 사용할 수 있다.

[어형] precision 정확(성), 정밀(성) precisely 정확히

---

diligent
[dílədʒənt]
★★★☆☆
5/4 출제확률 18.3%

어원 di(= apart 따로) + lig(선택하는) + ent(~한) → 일일이 따로 선택하니 '근면한'

형 근면한, 부지런한

I've never seen any students more diligent than Tom. [05]
나는 탐보다 더 근면한 학생을 본 적이 없다.

[어형] diligence 근면 diligently 부지런히

sum
[sʌm]
★★★☆☆
5/4 출제확률 18.3%

어원 super(= above ~위에) + most(가장) → 가장 높은 → 합계, 총계

명 합계, 요점 동 합계하다, 요약하다

The whole is more than the sum of its parts. [00]
전체가 부분의 합보다 크다.

[어형] summary 요약, 개괄

media
[míːdiə]
★★★☆☆
8/4 출제확률 18.3%

어원 med(중간에) + ia(~것) → 사건을 중간에서 전달해 주는 것

명 매스컴, 미디어

Electronic media and computer games are becoming more influential. [05]
전자 미디어와 컴퓨터 게임은 더욱 영향력이 커지고 있다.

blame
[bleim]
★★★☆☆
4/4 출제확률 18.3%

어원 책임이나 책무에 대한 책망을 의미함

명 비난, 책임 동 비난하다, 나무라다

[idiom] blame on ~의 탓으로 돌리다, 책임을 전가하다

They blame the police for not taking proper measures. [02]
그들은 경찰이 적절한 조치를 취하지 않았다고 비난한다.

stem
[stem]
★★★☆☆
4/4 출제확률 18.3%

어원 물줄기(stream)의 흐름과 유래에서 생성됨

명 줄기, 뿌리 동 생기다, 유래하다

For example, the ant plant has tunnels in its stems. [04]
예를 들면, 그 개미식물의 줄기 안에는 터널이 있다.

[어법] 황우석 박사가 개발했던 줄기 세포가 영어로 stem cell이다.

ritual
[rítʃuəl]

★★★☆☆
5/4 출제확률 18.3%

어원 종교의 전통적인 의례나 의식에서 유래하였다.

명 의식(= rite), 제사, 절차

[idiom] perform a ritual 종교의식을 거행하다

The ritual performed by the tribes was not well-known in Western society. [00]
그 부족들에 의해 행해지는 의식은 서구 사회에 잘 알려지지 않았다.

[어형] rite 의식, 의례

prejudice
[prédʒudis]
★★★☆☆
5/4 출제확률 18.3%

어원 pre(미리) + jud(법, 판단) + (i)ce(~것) → 미리 판단함

명 편견, 선입견

He is completely dependent on the prejudices of his times. [06]
그는 완전히 그 당시의 선입견에 사로잡혀 있다.

[어형] prejudge 미리 판단하다 prejudiced 편견이 있는

interact
[íntərækt]
★★★☆☆
4/4 출제확률 18.3%

어원 inter(서로) + act(작용하다) → 상호 작용하다

통 상호 작용하다, 교류하다

This knowledge guides you through your daily interactions. [01]
이 지식은 당신의 일상에서의 의사소통에 도움을 줄 것이다.

[어형] interaction 상호 작용 interactive 대화식의, 쌍방향의

---

nowhere
[nóuhwɛər]
★★★☆☆
4/4 출제확률 18.3%

어원 no(아니다, 없다) + where(어디) → 아무데도 없다

부 아무데도 없다

Nowhere, indeed, was any sign or suggestion of life. [06]
생명의 어떠한 흔적이나 암시는 어디에도 존재하지 않았다.

---

admire
[ædmáiər]
★★★☆☆
4/4 출제확률 18.3%

어원 ad(~에) + mir(e)(= wonder 놀라다, 감탄하다) → 존경하다

통 감탄하다, 찬양하다

A parent's admirable efforts not to play favorites means no child gets whole parental love. [10]
차별대우를 안 하는 부모의 훌륭한 노력은, 부모의 사랑을 모두 받는 아이가 없음을 뜻한다.

[어형] admirable 칭찬할 만한 admirer 찬미하는 사람

---

president
[prézədənt]
★★★☆☆
7/4 출제확률 18.3%

어원 preside(통솔하다) + ent(사람) → 통솔자

명 대통령, 회장, 사장

Jeffrey Newell, president of Hartley Hotels, will come this week. [00]
Hartly 호텔 회장인 Jeffrey Newell 씨가 이번 주에 내방할 것이다.

[어형] presidency 대통령 직[임기], 회장 직

---

abandon
[əbǽndən]
★★★☆☆
4/4 출제확률 18.3%

어원 a(강조) + band(= bind 묶다) + on(어미) → (무언가를 못하도록) 묶다 → 금지하다 → 그만두다

통 버리다, 그만두다

We have abandoned our relationship with the food we eat. [08]
우리는 우리가 먹던 음식을 안 먹기로 했다.

[어형] abandoned 버림받은 abandoning (현재분사)

---

tide
[taid]
★★★☆☆
11/4 출제확률 18.3%

어원 tide는 time(때)에서 유래되었다. 정해진 때에 따라 바닷물이 유입되고 유출되기 때문이다.

명 조수, 조류; 흐름 통 극복하다

Whether in a game, or on a battlefield, that sudden voicing of belief reverses the tide. [97]
게임에서나 전쟁터에서 그런 자신에 찬 목소리는 전세를 역전시킨다.

[어형] tidal 조수의; 주기적인

overweight
[óuvərweit]
★★★☆☆
출제확률 18.3%

어원 over(초과한) + weight(무게) → 중량 초과의

명 초과 중량(체중) 형 중량을 초과한

Doctors warn about the increasing number of overweight children. [07]
의사들은 비만 어린이의 수가 늘어나는 것에 대해 경고하고 있다.

---

nonetheless
[nʌnðəlés]

★★★☆☆
4/4 출제확률 18.3%

어원 nevertheless와 however는 거의 대동소이하다.

부 그럼에도 불구하고

Nonetheless, they usually throw away a very nutritious part of the fruit the peel. [07]
그럼에도 불구하고, 그들은 보통 영양이 풍부한 부분인 과일 껍질을 버린다.

[idiom] throw away ~을 버리다

---

escape
[iskéip, es-]
★★★☆☆
5/4 출제확률 18.3%

어원 es(= ex 밖으로) + cape(머리) → 머리가 밖에 있다 → 달아나다

명 탈출 동 탈출하다, 도망치다

Heat will not escape unnecessarily during the winter. [01]
겨울에 불필요하게 열이 새어 나가지 못할 것이다.

[어형] escapable 피할 수 있는

---

sort
[sɔːrt]

★★★☆☆
4/4 출제확률 18.3%

어원 어떤 종류(class)를 나타내며, kind와 유사하게 쓰인다.

명 종류 동 분류하다, 골라내다

[idiom] all sorts of 모든 종류의

Peter Jenkins began teaching all sorts of people how to climb trees safely using a rope. [08]
피터 젠킨스는 밧줄로 나무에 안전히 오르는 방법을 남녀노소 불문하고 가르치기 시작했다.

---

mankind
[mænkaind]

★★★☆☆
6/4 출제확률 18.3%

어원 man(사람) + kind(종) → 인간

명 인간, 인류

God created mankind in his likeness and image, including giving man a free will. [08]
하나님은 인간에게 자유 의지를 부여하였고, 인간을 그의 형상과 모습대로 창조하였다.

---

gap
[gæp]
★★★☆☆
4/4 출제확률 18.3%

어원 사물 사이의 간격뿐만 아니라 마음의 차이도 나타냄

명 틈, 차이, 간격

He's trying to bridge the gap between himself and the actors. [10]
그는 자신과 배우들 간의 차이를 줄이고자 노력하고 있다.

[어법] 예문의 bridge는 '(가교 역할을 하여) 줄이다'라는 의미이다.

815

detect
[ditékt]

★★★☆☆

6/4 출제확률 18.3%

[여원] de(제거하다) + tect(= cover 덮개) → 덮개를 제거하다 → 발견하다

[통] 발견하다, 탐지하다, 간파하다

The doctor carries out some special tests to detect such dangerous diseases as cancer. [05]
그 의사는 암 등의 위험한 질병을 찾아내기 위해 일부 특수 검사를 진행한다.

[idiom] carry out 수행[진행]하다

[어형] detector 탐지기 detective 형사, 탐정

816

encounter
[inkáuntər]

★★★☆☆

5/4 출제확률 18.3%

[여원] en(만들다) + counter(= against 반대) → 맞닥뜨리다

[명] 마주침 [통] 맞닥뜨리다, 만나다

One encounters a wide variety of genres from easy listening to jazz and classical music. [07]
듣기 쉬운 재즈에서부터 클래식에 이르기까지 다양한 장르를 만나게 된다.

[어형] encountered (과거, 과거분사)

817

brilliant
[bríljənt]

★★★☆☆

4/4 출제확률 18.3%

[여원] brill(= shine 빛나다) + ant(~한) → 빛나는

[형] 빛나는, 훌륭한

A few were brilliant and beautiful. [07]
일부만이 훌륭하고 아름다웠다.

[어형] brilliantly 찬란히

818

afford
[əfɔ́:rd]

★★★☆☆

4/4 출제확률 18.3%

[여원] 마음의 여력이나 여유를 뜻한다.

[통] ~할 여유가 있다, 공급하다

[idiom] afford to ~할 여유가 있다

We can't afford to get a poor grade just because of such carelessness. [02]
우리는 그러한 부주의로 인해 나쁜 성적을 받는 것을 용납할 수 없다.

819

silly
[síli]

★★★☆☆

4/4 출제확률 18.3%

[여원] Don't be silly!(바보 같은 소리 하지 마.)는 구어에서 쓰인다.

[형] 어리석은, 바보 같은

[syn] foolish, stupid, thoughtless

I would get incredibly mad about something, usually something silly. [02]
나는 보통 무언가 바보 같은 것에 엄청나게 화가 난다.

[어형] silliest 가장 어리석은(최상급)

820

consult
[kənsʌ́lt]

★★★☆☆

7/4 출제확률 18.3%

[여원] counsel(상담하다)에서 파생되었다. *consultant(고문) consult(상담하다) + ant(사람)

[통] 의견을 묻다, 상담하다

Get an outside consultant to analyze the company's performance. [03]
회사의 성과를 분석하기 위해 외부 컨설턴트를 고용하세요.

[어형] consultant 컨설턴트, 상의자 consulted(과거, 과거분사)

1. 아래의 단어에 맞는 뜻을 골라 선으로 이어주세요.

787 approval •   ⓐ 편견, 선입견

793 forgive •   ⓑ 승인, 찬성

805 admire •   ⓒ 의식(= rite)

797 sum •   ⓓ 눕히다, 놓다

788 modest •   ⓔ 매스컴, 미디어

780 frame •   ⓕ 살다, 거주하다, 존재하다

791 horrific •   ⓖ 합계, 요점; 합계하다, 요약하다

802 prejudice •   ⓗ 구조, 골격, 틀, 액자; 형성하다

798 media •   ⓘ 무서운, 대단한

781 lay •   ⓙ 감탄하다, 찬양하다

792 reside •   ⓚ 용서하다

801 ritual •   ⓛ 대통령, 회장, 사장

806 president •   ⓜ (가격, 크기 등이) 보통인, 겸손한

789 expand •   ⓝ 넓히다, 확장(확대) 하다

2. 아래 문장의 알맞은 뜻을 보기에서 고르세요.

a. The whole is more than the sum of its parts. (　)

b. We can't afford to get a poor grade just because of such carelessness. (　)

c. The precision of Huygens clock allowed scientists to use it for their physics experiments. (　)

d. Korean president is making every effort to overcome the financial crisis. (　)

e. When you look at other photographers' work, pay attention to how they fill the frame. (　)

f. The harshness of their surroundings is a vital factor in making them strong and sturdy. (　)

g. The ritual performed by the tribes was not well-known in Western society. (　)

보기

① 다른 사진작가들의 작품을 보게 되면 그들이 어떻게 액자를 채우는지를 주목해서 보라.

② 우리는 그러한 부주의로 인해 나쁜 성적을 받는 것을 용납할 수 없다.

③ 전체가 부분의 합보다 크다.

④ 그들 주위의 거친 환경은 그들을 강하고 억세게 만드는 극히 중요한 요소이다.

⑤ 대한민국 대통령은 경제 위기를 극복하기 위해 최선의 노력을 하고 있다.

⑥ 호이겐스의 정확한 시계 덕분에 과학자들은 물리학 실험을 하는데 이를 사용할 수 있었다.

⑦ 그 부족들에 의해 행해지는 의식은 서구 사회에 잘 알려지지 않았다.

정답: ③ ② ⑥ ⑤ ① ④ ⑦

821

sociable

[sóuʃəbl]

★★★☆☆

4/4 출제확률 18.3%

[어원] soc(사회) + (i)able(~할 수 있는) → 사교적인(outgoing)

[형] 사교적인(extroverted), 붙임성이 있는

He is famous and sociable. [07]
그는 유명하고 사교적이다.

[어형] social 상냥한(friendly) sociability 사교성

822

explode

[iksplóud]

★★★☆☆

4/4 출제확률 18.3%

[어원] ex(= out 밖으로) + plod(e)(= clap hands 박수치다) → 크게 박수치다 → 폭발하다

[동] 폭발하다, 파열하다

Underground explosions can produce infrasound. [04]
지하 폭발은 초저주파음을 발생시킬 수 있다.

[어형] explosion 폭발 explosive 폭발성의

823

struggle

[strʌgl]

★★★☆☆

4/4 출제확률 18.3%

[어원] strug(= strike 치다) + le(동접) → 싸우다 → 분투하다

[동] 분투하다, 노력하다, 싸우다 [명] 투쟁, 격투

We witness their struggles, triumphs, and failures. [02]
우리는 그들의 투쟁 승리, 그리고 실패를 목격했다.

[어형] struggling 투쟁하는, 싸우는

824

pace

[peis]

★★★☆☆

4/4 출제확률 18.3%

[어원] 걷는 것처럼 일정한 속도를 유지하는 것을 지칭함

[명] 걸음 속도, 운동의 속도(페이스)

[idiom] keep pace with ~와 보조를 맞추다

Because he wants to do everything, it's very tough to keep pace with him. [04]
그는 모든 것을 하려고 하기 때문에 그와 보조를 맞추는 것은 매우 어렵다.

[어형] slow paced 느린 걸음의 fast-paced 빠른 걸음의

825

ambition

[æmbíʃən]

★★★☆☆

4/4 출제확률 18.3%

[어원] amb(주위) + it(가다) + ion(~것) → 선거에서 표를 얻기위해 돌아다님 → 야심, 야망

[명] 대망, 야심, 야망

She had an ambition to become a doctor. [06]
그녀는 의사가 되겠다는 야망이 있었다.

[어형] ambitious 야심적인

826

duty

[djú:ti]

★★☆☆☆

4/4 출제확률 18.3%

[어원] du(= owe 신세지다) + ty → 신세진 것 → (갚아야 할) 의무

[명] 의무; 관세

Peter doubts if he can do his duties, and tries to find the right person. [08]
Peter는 그가 의무를 다하고 있는지 의심스러워서 맞는 사람을 찾으려고 노력 중이다.

[어형] duty-free 면세의 dutiable 과세의

827

emission

[imíʃən]

★★☆☆☆

13/3 출제확률 13.9%

[어원] e(밖으로) + mit(보내다) + (s)ion(~것) → 밖으로 보내는 것

[명] 발산, 방출

Two-thirds of CO₂ emissions arise from transportation and industry. [05]
이산화탄소 발생의 2/3는 교통수단과 공장에서 발생한다.

[어형] emit 내뿜다, 발하다 emissary 사절, 특사

828

geography

[dʒiágrəfi]

★★☆☆☆

11/3 출제확률 13.9%

[어원] geo(지구, 땅) + graphy(기록한 것) → 지리학

[명] 지리학

Humans are more accurate in managing geographical or environmental factors. [10]
인간이 지질학적이거나 환경적인 요인을 다루는데 더 정확하다.

[어형] geographical 지리학의

829

rural

[rúərəl]

★★☆☆☆

14/3 출제확률 13.9%

[어원] rur(= country 시골) + al(~한) → 시골의

[형] 시골의

In rural areas, the percentages of female children with asthma were lower than urban areas. [11]
여자 아이들의 천식에 걸린 비율이 도시보다 시골에서 낮게 나타났다.

830

habitat

[hǽbitæt]

★★☆☆☆

출제확률 13.9%

[어원] hab(= dwell 살다) + at(곳) → 사는 곳

[명] 서식지, 거주지

More often, an entire habitat does not completely disappear. [00]
대개, 서식지 전체가 완전히 사리지지 않는다.

[어형] habitation 거주지

831

fiber

[fáibər]

★★☆☆☆

13/3 출제확률 13.9%

[어원] 천연적인 섬유와 인위적인 섬유를 포괄하는 용어

[명] 섬유(질); 성격

[idiom] dietary fiber 식이 섬유

Fruit peel contains essential vitamins and is a source of dietary fiber. [07]
과일 껍질은 필수 비타민을 함유하고 있고 식이섬유의 공급원이다.

[어형] staple fiber 인조 섬유

832

weed
[wi:d]

★★☆☆☆
11/3 출제확률 13.9%

[어원] 쓸모없는 식물을 지칭함

[명] 잡초

[idiom] like + -ing ~하는 것을 좋아하다
Goats like eating weeds. [00]
염소는 잡초 먹는 것을 좋아한다.

[어형] weed-killer 제초제(herbicide) weedy 잡초가 많은

833

multi
[mʌlti]

★★☆☆☆
8/3 출제확률 13.8%

[어원] many의 뜻을 지닌 복합어로 쓰임

[명] 다색 [형] 다색의, 다채로운

The answer should be multi, which means 'more than one'. [08]
대답이 여러 개가 될 수 있다는 말뜻은 '하나보다 많을' 수 있음을 의미한다.

[어형] multi-cultural 다문화의 multi-issue 다양한 쟁점[이슈] multi-lives 다양한 생명[종] multi-media 다중 매체

834

instinct
[ínstiŋkt]

★★☆☆☆
12/3 출제확률 13.8%

[어원] in(~안에) + (s)tin(= hold 붙은) → 내 몸속에 자연히 있는 것 → 직감

[명] 직감, 본능

Everyone has instincts, and listening to your inner voice is always a good idea. [06]
모든 사람에겐 직감이 있고, 마음 속 소리를 듣는 것은 언제나 좋은 생각이다.

[어형] instinctive 본능적인

835

distribute
[distríbju:t]

★★☆☆☆
9/3 출제확률 13.8%

[어원] dis(따로 떼어) + tribute(= give 주다) → 분배하다

[동] 분배하다, 배포하다, 살포하다

The publisher wants to distribute the book in Asia. [06]
그 출판사는 그 책을 아시아에 배포하고 싶어 했다.

[어형] distributed 분포된, 광범위한 distribution 분배, 분포 distributor 배급자

836

superior
[səpíəriər]

★★☆☆☆
6/3 출제확률 13.8%

[어원] super(~보다 위에) + (i)or(사람) → 우월한

[명] 윗사람 [형] 우위의, 우월한

It is often the highly superior and imaginative child who invents these creatures. [10]
종종 엄청 뛰어나고 풍부한 상상력을 가진 아이가 이런 작품을 발명해낸다.

837

version
[və́:rʒən]

★★☆☆☆
5/3 출제확률 13.8%

[어원] vers(= turn 돌다) + ion(~것) → 돈 것 → 변형; 판

[명] ~판, 형태, 변형, 소견

Decide which version of your face you like better. [10]
더 마음에 드는 당신의 얼굴 형태를 고르세요.

[어법] 성서의 번역(translation)을 의미한다.

trail
[treil]
★★☆☆☆
5/3 출제확률 13.8%

어원 (배를) 끌다 → 배가 지난 곳에 뱃자국이 남음 → 미행하다, 자국

명 오솔길, 자국 **통** (질질) 끌다, 추적하다

She sees some people walking along a beautiful trail leading up to the tower. [11]
그녀는 몇몇 사람들이 타워로 이어지는 아름다운 오솔길을 따라 걷는 것을 본다.

[어형] trailing 질질 끌리는

839

crisis
[kráisis]
★★☆☆☆
15/3 출제확률 13.8%

어원 cri(나뉘다) + sis(과정, 활동) → 나뉘어진 상황 → 위기 *crisis = crises

명 위기, 사태

Korean president is making every effort to overcome the financial crisis. [01]
대한민국 대통령은 경제 위기를 극복하기 위해 최선의 노력을 하고 있다.

[어형] crises 위기

840

colleague
[káli:g]
★★☆☆☆
5/3 출제확률 13.8%

어원 col(같이) + league(단결) → 같이 단결하는 사람

명 동료

His colleagues studied the facial reactions of students to aboriginal ritual ceremony.
[08]
그의 동료들은 원시적 종교 행사에 대한 학생들의 표정 반응을 연구했다.

841

review
[rivjú:]
★★☆☆☆
4/3 출제확률 13.8%

어원 re(다시) + view(보다) → 다시 봄 → 검토하다

명 재검토 **통** 다시 조사하다, 검토하다

We should consider this when reviewing the results of a survey. [10]
설문조사 결과를 검토할 때 우리는 이것을 고려해야 한다.

[어형] reviewed (과거, 과거분사) reviewing 다시 보기, 검토하기

842

enrollment
[inróulmənt]
★★☆☆☆
9/3 출제확률 13.8%

어원 enroll(입학시키다, 등록하다) + ment(~것) → 등록

명 등록, 입학

[idiom] enrollment rate 입학률
The above graph shows changes in school enrollment rates of the population aged 3. [09]
위의 그래프는 3세 아이들의 교육 등록률의 변화를 보여준다.

[어형] enroll 등록하다, 기록하다 enrolling (현재분사)

843

label
[léibəl]
★★☆☆☆
5/3 출제확률 13.8%

어원 제품이나 상품의 사양을 별도로 표시한 것

명 꼬리표, 딱지, 상표

We generally interpret these marks as labels that do refer to their carriers. [09]
우리는 보통 이러한 라벨로 표시된 기호가 캐리어(여행용 가방)를 의미한다고 받아들인다.

844

resolve

[rizálv]

★★☆☆☆

4/3 출제확률 13.8%

어원 re(다시) + solve(해결하다) → 다시 해결하다 → 해결하다

동 해체하다, 해결하다, 다짐하다

This results in a tension in the art world that is largely unresolved. [10]
이것은 예술계에 주로 풀리지 않는 갈등을 낳는 결과를 초래했다.

[어형] unresolved 미해결의

845

instant

[ínstənt]

★★☆☆☆

5/3 출제확률 13.8%

어원 in(~에) + stant(= standing 서 있는) → ~에 서 있는 → 준비된 → 즉석, 즉시의

명 즉석 형 즉시(의)

We live in a fundamentally different world, one of constant, instant access to information. [05]
우리는 기본적으로 정보에 즉각적이고 지속적으로 접근 가능한 다른 세상에 살고 있다.

[어형] instantly 즉각, 즉시 instance 예, 보기

846

fare

[fɛər]

★★☆☆☆

5/3 출제확률 13.8%

어원 airfare(항공운임) → air(항공) + fare

명 요금, 운임

The travel agent said that airfare is now based on the length of the stay. [06]
그 여행사 직원은 체류 기간에 따라 항공운임이 다르다고 말했다.

[어형] airfare 항공료

847

scan

[skæn]

★★☆☆☆

8/3 출제확률 13.8%

어원 전체를 광범위하게 쭉 훑어보거나 검사하는 것을 말함

명 훑어보기 동 자세히 조사하다, 훑어보다

She stopped for a moment and anxiously scanned the river before her. [11]
그녀는 잠시 멈춰 그녀 앞에 있는 강을 걱정스럽게 살펴보았다.

[어형] scanned (과거, 과거분사) scanner 스캐너 scanning (현재분사)

848

shrink

[ʃriŋk]

★★☆☆☆

3/3 출제확률 13.8%

어원 특히 부피나 양의 크기가 감소하는 것을 의미함

동 오그라들다, 움츠러들다; 줄다

[syn] decrease, diminish, narrow

The shrinkage of habitats and its consequences [11]
줄어드는 서식지와 그 결과들

[어형] shrinkage 위축, 수축 shrinking 움츠리는, 겁내는

849

graze

[greiz]

★★☆☆☆

7/3 출제확률 13.8%

어원 grass(풀)의 동사형이다.

명 방목 동 방목하다, 풀을 뜯어먹다

Only with great difficulty can the giraffe bend down to graze on the ground. [94]
단순히 땅에 있는 풀을 뜯어먹으려 해도 기린은 정말 힘들게 몸을 구부려야 한다.

[어형] grazing 목초지, 방목 overgrazing 과도한 방목

850

chew
[tʃuː]
★★☆☆☆
5/3 출제확률 13.8%

어원 chin(턱) + jaw(턱) → 턱으로 하는 것 → 씹기

명 씹기 동 씹다

"This could be a dog's chewy toy." [09]
"이것은 개 껌일 거야".

[어형] chewy 씹을 필요가 있는

851

pacific
[pəsífik]
★★☆☆☆
4/3 출제확률 13.8%

어원 Pacific(태평한) + ocean(바다) → 태평양

형 평화로운, 태평한

The Pacific Ocean is polluted due to the recent oil spill accident. [06]
최근의 기름 유출사고로 인해 태평양이 오염되었다.

852

partner
[páːrtnər]
★★☆☆☆
7/3 출제확률 13.8%

어원 part(부분) + (n)er(사람) → 부분을 맡은 사람

명 파트너, 협력자

Desperately, he tried to listen to his partner while continuing to play. [02]
그는 연주를 계속하면서 필사적으로 파트너의 소리를 들으려 노력하였다.

[어형] partnership 동반자 관계

853

hesitate
[hézətèit]
★★☆☆☆
7/3 출제확률 13.8%

어원 hesit(= stick 부착하다) + ate(~하다) → 부착하다, 들러붙다 → 주저하다, 망설이다

동 주저하다, 망설이다

She wrapped a large scarf around her and hesitated for a moment. [09]
그녀는 큰 스카프를 두른 뒤 잠시 동안 주저했다.

[어형] hesitancy 주저 hesitated (과거, 과거분사) hesitating 주저하는 hesitatingly 머뭇거리며

854

verbal
[vɔ́ːrbəl]
★★☆☆☆
5/3 출제확률 13.8%

어원 verb(말) + al(~의) → 말의, 구두의

형 말의, 구두의

She does not provide any verbal content which would help you identify her. [05]
그녀는 당신이 듣고 그녀인지 알 수 있는 목소리는 내지 않는다.

p[어형] verb 동사

855

extent
[ikstént]
★★☆☆☆
4/3 출제확률 13.8%

어원 ex(밖으로) + tent(늘이다) → (밖으로 늘린) 범위, 정도

명 범위, 정도; 넓이

The extent and rate of diffusion depend on the degree of social contact. [07]
확산의 범위와 비율은 사회접촉 정도에 달려 있다.

856

paralyze
[pǽrəlàiz]

★★☆☆☆

4/3 출제확률 13.8%

[어원] paral(= beside 옆으로) + lyze(뻗다) → 마비되다

⑧ 마비시키다, 쓸모없게 만들다

[syn] cripple, disable, immobilize

Kevin had a car accident three years ago, and his legs were paralyzed. [07]
케빈은 3년 전에 교통사고를 당해 다리가 마비되었다.

[어형] paralyzed 마비된 paralyzing (현재분사)

857

abundant
[əbʌ́ndənt]

★★☆☆☆

4/3 출제확률 13.8%

[어원] ab(= away 훨씬) + (o)ound(= overflow 넘치다) → 훨씬 넘치는 → 풍부한

⑱ 풍부한, 많은

The country has abundant energy resources. [04]
그 나라는 풍부한 에너지 자원을 보유하고 있다.

[어형] abundance 풍부

858

ongoing
[ɔ́ngóuiŋ]

★★☆☆☆

3/3 출제확률 13.8%

[어원] on(~중인) + going(진행) → 진행 중인

⑱ 계속 하고 있는, 진행 중인 ⑲ 진행, 전진

They will be totally satisfied with the ongoing event. [10]
그들은 계속 진행 중인 행사에 완전히 만족할 것이다.

[idiom] be satisfied with ~에 만족하다

859

reputation
[rèpjutéiʃən]

★★☆☆☆

5/3 출제확률 13.8%

[어원] re(다시) + put(= think 생각) + tion(~것) → 누군가에 대해 다시 생각해 보는 것 → 명성, 평판

⑲ 평판, 명성

The company lost its reputation after major news coverage about a defect in its product. [10]
그 회사는 제품 결함에 대한 주요 뉴스 보도가 나온 뒤로 명성을 잃었다.

[어형] repute 평판 reputable 평판 좋은

860

beverage
[bévəridʒ]

★★☆☆☆

4/3 출제확률 13.8%

[어원] bever(= drink 음료) + age(명접) → 음료

⑲ 음료, 마실 것

Surveys by a beverage company about its image showed very favorable public attitude. [10]
한 음료회사에 의한 설문조사에서 그 회사에 대한 대중의 이미지가 매우 좋게 나왔다.

861

shift
[ʃift]

★★☆☆☆

3/3 출제확률 13.8%

[어원] 컴퓨터 자판에서 Shift key는 대소문자로 변환시키는 '변환키'이다.

⑲ 변화, 전환 ⑧ 옮기다, 변하다

[idiom] shift off (책임 등을) 미루다, 회피하다

One of the most important shifts will be an increased recognition of patient individuality. [10]
가장 큰 변화 중 하나는 개별 환자의 특성에 대한 높아진 인식일 것이다.

TEST 21

1. 아래의 단어에 맞는 뜻을 골라 선으로 이어주세요.

821 sociable •
845 instant •
848 shrink •
844 resolve •
843 label •
839 crisis •
834 instinct •
832 weed •
841 review •
827 emission •
835 distribute •
822 explode •
837 version •
824 pace •

ⓐ 발산, 방출
ⓑ 사교적인
ⓒ 꼬리표, 딱지
ⓓ 걸음
ⓔ 오그라들다, 움츠러들다
ⓕ 분배하다, 배포하다
ⓖ 위기
ⓗ 재검토; 다시 조사하다, 검토하다
ⓘ 직감, 본능
ⓙ 폭발시키다, 폭발하다
ⓚ 즉석; 즉시(의)
ⓛ ~판, 형태, 변형, 소견
ⓜ 잡초
ⓝ 해체하다, 해결하다, 다짐하다

2. 아래 문장의 알맞은 뜻을 보기에서 고르세요.

a. Only with great difficulty can the giraffe bend down to graze on the ground. ( )
b. He is famous and sociable. ( )
c. The travel agent said that airfare is now based on the length of the stay. ( )
d. "This could be a dog's chewy toy." ( )
e. Decide which version of your face you like better. ( )
f. When you look at other photographers' work, pay attention to how they fill the frame. ( )
g. I'd say it's staying modest. ( )

보기
① 그 여행사 직원은 체류 기간에 따라 항공운임이 다르다고 말했다.
② 적절하다고 말하고 싶습니다.
③ 단순히 땅에 있는 풀을 뜯어먹으려 해도 기린은 정말 힘들게 몸을 구부려야 한다.
④ 다른 사진작가들의 작품을 보게 되면 그들이 어떻게 액자를 채우는지를 주목해서 보라.
⑤ 더 마음에 드는 당신의 얼굴 형태를 고르세요.
⑥ "이것은 개 껌일 거야".
⑦ 그는 유명하고 사교적이다.

정답: ③ ⑦ ① ⑥ ⑤ ④ ②

862

profit
[práfit]
★★☆☆☆
7/3 출제확률 13.8%

[어원] pro(앞서) + fit(= make 만들다) → (남들보다) 앞서 만들어 내다 → 이익을 보다

[명] 이익, 이윤 [동] 이익을 보다

That's true. I'm not making the profit I expected. [09]
그것은 사실이다. 나는 내가 기대했던 것만큼 수익을 내지 못하고 있다.

[어형] non-profit 비영리적인 profitable 유익한, 수익성 있는

863

mineral
[mínərəl]
★★☆☆☆
3/3 출제확률 13.8%

[어원] mine(광산) + ral(물질류) → 채굴되는 것

[명] 광물, 무기질

The so-called nonliving elements are minerals, oxygen, and sunlight. [10]
소위 무생물 요소라 불리는 것들에는 광물, 산소, 햇빛이 있다.

[idiom] so-called 소위 ~라고 불리는

864

annual
[ǽnjuəl]
★★☆☆☆
8/3 출제확률 13.8%

[어원] ann(= year 해) + ual(의) → 해의, 1년의

[형] 1년의, 해마다

Welcome to the 10th annual "Hand-in-Hand Show." My name is Bill Richards. [05]
제 10주년 "손에 손잡고 쇼"에 오신 여러분을 환영합니다. 제 이름은 Bill Richards입니다.

[어형] biannual 1년에 두 번 biennial 2년마다의 decennial 10년마다의

865

procedure
[prəsíːdʒər]
★★☆☆☆
3/3 출제확률 13.8%

[어원] pro(앞으로) + ced(= go 가다) + ure(~것) → 앞으로 가는 것

[명] 수속, 진행

This procedure is needed not only for you but also for the person who receives your gift. [09]
이 절차는 당신뿐만 아니라 선물을 받게 될 사람에게도 필요하다.

866

trial
[tráiəl]
★★☆☆☆
5/3 출제확률 13.8%

[어원] try(시도하다) + al(~것) → 시도하는 것

[명] 재판, 시도, 시련

[idiom] trial and error 시행착오

Those explorers made unceasing trials and errors and paved the way for us to follow. [01]
그 탐험가들은 끊임없는 도전과 실패를 거쳐 인류의 길을 개척해주었다.

867
furthermore
[fə́:rðərmɔ̀:r]
★★☆☆☆
5/3 출제확률 13.8%

어원 further(더 나아가) + more(더) → 더욱이

분 더욱이, 게다가

Furthermore, many good friends have little in common. [11]
게다가, 좋은 친구들은 서로 간에 공통점이 별로 없다.

868
eliminate
[ilímənèit]
★★☆☆☆
4/3 출제확률 13.8%

어원 e(밖으로) + limin(= threshold 문지방) + ate(~하다) → 문 밖으로 보내다 → 제거하다

통 제거하다, 배출하다

They are trying to eliminate documents written in local language. [03]
그들은 지역 언어로 쓰여진 문서들을 제거하려고 노력했다.

[어형] eliminating (현재분사) elimination 제거

869
odd
[ad]
★★☆☆☆
4/3 출제확률 13.8%

어원 even(짝수)의 반대말이다.

형 홀수의; 이상한

If you are like most people, you should notice something odd. [10]
만약 당신이 대다수의 사람들과 같다면, 무언가 이상한 것을 알아챘을 것이다.

[어형] odd-looking 이상하게 보이는

870
yield
[ji:ld]
★★☆☆☆
5/3 출제확률 13.8%

어원 농작물 따위를 생산하여 산출하는 것을 의미함

통 (결과를) 내다, 항복하다, 양보하다

[syn] produce, bear, provide

Words can yield a variety of interpretations. [10]
단어들은 다양한 해석을 내 놓을 수 있다.

[어형] yielded (과거, 과거분사)

871
drug
[drʌg]
★★☆☆☆
5/3 출제확률 13.8%

어원 약을 총칭하는 어휘로 medicine이 널리 쓰인다.

명 약, 마약 통 약을 먹이다

[syn] medication, medicine, remedy

Drugs that work equally well on all patients, regardless of gender, age, or genetics. [10]
나이, 성별, 유전과 상관없이 모든 환자에게 동일한 효과를 내는 약.

[어형] drugstore 약국 *drug abuse(약물 남용)

872
conserve
[kənsə́:rv]
★★☆☆☆
5/3 출제확률 13.8%

어원 con(함께) + serv(지키다) → 보존하다

통 보존하다, 보호하다; 절약하다

We're working for the organization which is conserving wild plants in Korea. [04]
우리는 한국의 야생식물을 보존하는 단체에서 일한다.

[어형] conserving (현재분사) conservation 보존, 보호 conservative 보수적인

prey
[prei]
★★☆☆☆
4/3 출제확률 13.8%

[어원] 동물의 생태계에서의 먹이를 의미함

[명] 먹이, 희생

The lion was running after the prey. [03]
그 사자는 먹이를 뒤쫓고 있었다.

[idiom] run after ~의 뒤를 쫓다

874

therapy
[θérəpi]

★★☆☆☆
3/3 출제확률 13.8%

[어원] remedy, cure보다 감정조절에 의한 치유나 처방을 말함

[명] 치료, 요법

[idiom] therapy for ~를 위한 치료요법

The problems of musical therapy for two-year-olds [06]
2살배기 아이를 위한 음악 치료법의 문제점들

[어형] therapist 전문 치료사 therapeutic 치료상의

875

conference
[kánfərəns]
★★☆☆☆
4/3 출제확률 13.8%

[어원] confer(모으다) + ence(~것) → (사람들을) 모아서 하는 것 → 회의

[명] 협의, 회의

Newell will appear as a special guest speaker at the International Tourism Conference. [00]
Newell은 국제 관광회의에 특별 게스트로 등장할 것이다.

876

simultaneous
[sàiməltéiniəs]

★★☆☆
3/3 출제확률 13.8%

[어원] simul(비슷한) + tan(순간) + eous(~한, ~의) → 비슷한 순간의

[형] 동시의, 일시에

We noticed our friend talking on the phone while simultaneously checking on dinner. [04]
우리는 친구가 전화 통화를 하면서 저녁식사를 준비하고 있다는 것을 알게 되었다.

[어형] simultaneously 동시에 simultaneity 동시성

877

approximate
[əpráksəmət]

★★☆☆
3/3 출제확률 13.8%

[어원] ap(= to ~에) + proxim(= near 가까운) + ate(하다) → ~에 가까워지다

[동] ~에 가까워지다 [형] 대략의, 대강의

Parent-infant 'co-sleeping' is the norm for approximately 90 percent of world population. [10]
전 세계 인구의 약 90%가 부모와 아이가 함께 자는 것을 당연하게 여긴다.

[어형] approximately 대략 approximation 근사치

878

flu
[flu:]
★★☆☆
6/3 출제확률 13.8%

[어원] flu는 '흐르다'라는 의미를 가지고 있다. 콧물이 흐르니 감기에 걸린 것이다.

[명] 독감, 유행성 감기

I hope you're feeling better from the flu. [11]
감기로부터 쾌유하시길 바랍니다.

[어법] influenza(인플루엔자, 독감)을 줄인 표현이다.

879

silk
[silk]

★★☆☆☆

3/3 출제확률 13.8%

어원 누에가 생산해낸 견사로 만든 제품을 말함

명 비단

[idiom] silky cocoon 누에고치

A caterpillar endures when she wraps herself in a silky cocoon. [06]
애벌레는 누에고치로 몸을 감싸고 있을 때 이를 견뎌낸다.

[어형] silky 비단 같은 silkworm 누에 *cotton(면화)

880

hostile
[hástl]

★★☆☆☆

6/3 출제확률 13.8%

어원 host(적) + ile(~한) → 적대적인

형 적의가 있는, 적대적인

The US government is hostile toward North Korea. [08]
미국 정부는 북한에 대해 적대적이다.

[어형] hostility 적의(enmity), 적대 행위 hostage 인질

881

wire
[waiər]

★★☆☆

4/3 출제확률 13.8%

어원 철사로 엮은 것으로 망(network)을 나타내기도 함

명 철사, 전선 동 철사로 매다

Some of their artificial mothers were made of cold, hard wire. [01]
일부 어미 인형은 차갑고 딱딱한 철사로 만들어졌다.

[어형] wireless 무선 wirelessly 무선으로 wiring 배선

882

mist
[mist]

★★☆☆

4/3 출제확률 13.8%

어원 cloud보다 fog를 의미한다.

명 안개 동 흐려지다

The night grew darker and the mist began to spread around him. [02]
밤은 더 깊어가고 그의 주위에 안개가 끼기 시작했다.

[어법] mist는 옅은 안개를, fog은 이보다 짙은 안개를 뜻한다.

883

pine
[pain]

★★☆☆

4/3 출제확률 13.8%

어원 pain(고통)에서 파생되었다.

명 솔, 소나무 동 애타게 그리워하다

Bristlecone pines are unusual trees that grow in the mountain regions of western America. [11]
브리슬콘 소나무는 특이한 소나무로, 아메리카 서부지역에 있는 산에서 서식한다.

884

flexible
[fléksəbl]

★★☆☆

3/3 출제확률 13.8%

어원 flex(구부리다) + able(~할 수 있는) → 구부릴 수 있는

형 구부리기 쉬운, 융통성 있는

The branches then go through a complex process to become strong and flexible paper. [04]
강하고 유연한 종이가 되기 위해 나뭇가지들은 복잡한 과정을 거치게 된다.

[어형] flexibility 융통성, 탄력성

prevalent
[prévələnt]

★★☆☆☆

3/3 출제확률 13.8%

어원 pre(미리) + val(강하다, 가치가 있다) + ent(~한) → 이미 가치가 있는 것은 유행한 것

형 유행하는, 퍼지는

That is the prevalent opinion that the Korean soccer team is going to win over Japan. [04]
대한민국 축구팀이 일본을 이긴다는 것이 전반적으로 우세한 의견이다.

[어형] prevail 만연하다; 우세하다 prevailing 지배적인, 만연하는

886

angle
[ǽŋgl]

★★☆☆☆

7/3 출제확률 13.8%

어원 ang(굽은) + le → 굽은 정도(각도)

명 각도

[idiom] at an angle 비스듬하게

I know a beautiful barn where the corners are not at right angles. [09]
나는 모서리가 직각이 아닌 아름다운 외양간(차고)을 알고 있다.

887

multiple
[mʌltəpl]

★★☆☆☆

4/3 출제확률 13.8%

어원 multi(많은) + pl(접다) → 많이 접으니 여러 가지다

형 다수의, 배수의

They develop expertise in multiple areas. [08]
그들은 다방면에서 전문성을 개발시킨다.

[어형] multiply 곱하다, 늘리다 multiplication 곱셈

888

diabetes
[dàiəbíːtis]

★★☆☆☆

3/3 출제확률 13.8%

어원 일반적으로 diabesity(당뇨증)가 심화된 상태를 나타냄

명 당뇨병

Dietary fiber reduces the risk of heart disease and diabetes. [07]
식이섬유는 심장병과 당뇨병의 위험을 줄여준다.

889

dozen
[dʌzn]

★★☆☆☆

3/3 출제확률 13.8%

어원 꾸러미는 package라고 한다.

명 다스, 12

[idiom] dozens 수십 개, 많은

Dozens of wildflowers of countless varieties cover the ground. [08]
셀 수 없을 정도로 다양한 야생화가 지면을 덮고 있다.

890

forbid
[fərbíd]

★★☆☆☆

5/3 출제확률 13.8%

어원 for(= away ~떨어져서, 분리, 금지) + bid(명령하다) → 금지를 명령하다 → 금하다

동 금하다, 금지하다; 거부하다

Playing with food was forbidden. [05]
음식을 가지고 장난하는 것은 금지되었다.

[어형] forbade (과거형) forbidden 금지된(과거분사)

891

crime
[kraim]
★★☆☆

5/3 출제확률 13.8%

어원 죄를 짓는 행위(action)를 지칭함

명 범죄, 죄(악)

Violence and property crimes were nearly twice as high. [07]
폭행과 절도 범죄가 거의 2배 높았다.

[어형] criminal 범죄의, 형사상의; 범인

892

rub
[rʌb]

★★☆☆

5/3 출제확률 13.8%

어원 벌레(insect)에 물린 곳을 문지르는 것을 나타냄

동 비비다, 문지르다

[idiom] rub in 문질러 바르다

You know how he's always rubbing his chin and saying, "Now class!" [04]
그가 언제나 턱을 문지르면서 "자, 여러분!"이라고 말하는 거 당신도 알죠.

[어형] rubbed (과거, 과거분사) rubbing (현재분사)

893

logic
[ládʒik]
★★☆☆

4/3 출제확률 13.8%

어원 log(= speech 말하기) + ic(학문) → 말하는 학문 → 논리학

명 논리, 논리학

Isn't that your logic? [94]
저건 당신의 논리가 아닌가요?

[어형] logical 타당한, 논리적인

894

conform
[kənfɔ́:rm]
★★☆☆

4/3 출제확률 13.8%

어원 con(같이, 함께, 서로) + form(만들다, 형성하다) → 함께 만든 것을 따르다

동 따르다, 순응하다

No one seems to conform to our way of thinking. [11]
그 누구도 우리가 생각하는 방식을 따르려는 것 같지 않다.

[어형] conforming (현재분사) conformity 순응 conformable 일치하는, 비슷한

895

nourish
[nə́:riʃ]

★★☆☆

3/3 출제확률 13.8%

어원 nour(먹이다) + ish → 기르다 *turn into ~이 되다, ~으로 변하다

동 자양분을 주다, 기르다, 품다

The dead bodies are turned into soil, which in turn nourishes other organisms.
[04]
그 사체들은 흙이 되어 다른 생물의 자양분이 된다.

[어형] nourishing 자양분이 많은 nourishment 영양분, 음식물

896

extraordinary
[ikstrɔ́:rdənèri]
★★☆☆

3/3 출제확률 13.8%

어원 extra(~을 넘어선) + ordin(순서, 질서) + ary(~한, ~하는) → 보통이 아닌

형 대단한, 비상한

Mom was an extraordinarily clean person. [04]
엄마는 대단히 깨끗한 사람이었다.

[어형] extraordinarily 비상하게

897

surf

[sə:rf]

★★☆☆☆

3/3 출제확률 13.8%

어원 해변(beach)으로 밀려오는 파도와 맞섬을 나타냄

명 밀려드는 파도 통 파도타기를 하다

He can watch movies, chat with friends, play games, surf the Internet. [06]
그는 영화보기, 친구와 잡담하기, 게임하기, 인터넷 서핑 등을 할 수 있다.

[어형] surfboard 서핑 보드 surfing 파도타기

898

urge

[ə:rdʒ]

★★☆☆☆

3/3 출제확률 13.8%

어원 조바심을 낼 정도로 간절함을 의미함

명 충동 통 재촉하다, 충고[권고]하다

He urges pumpkin buyers to create their own zoos this Halloween. [05]
그는 호박 바이어들에게 이번 할로윈에 그들만의 동물원을 만들어 달라고 재촉했다.

[어형] urgent 긴급한, 긴박한 urgency 위급, 긴급

899

meanwhile

[mí:nwàil]

★★☆☆☆

3/3 출제확률 13.8%

어원 me(= middle 중간에) + an(어미) + while(~동안) → (일이 진행되는) 중간 동안

부 그러는 동안

The benefits, meanwhile, are nonexistent. [07]
그러는 동안, 이익은 더 이상 존재하지 않는다.

900

session

[séʃən]

★★☆☆☆

7/3 출제확률 13.8%

어원 se(나누다) + (s)sion(~것) → 나눠 놓은 것

명 모임, 기간, 회기

Do you have a session next Monday? [08]
당신은 다음 주 월요일에 모임이 있나요?

901

optimistic

[àptəmístik]

★★☆☆☆

6/3 출제확률 13.8%

어원 optim(최적의) + tic(~한) → 최적이니 낙관적이다

형 낙천적인, 낙관적인

Elites in particular were optimistic of television. [09]
특히 엘리트들은 텔레비전에 대해 낙관적이다.

[어형] optimal 최선의, 최상의, 최적의 optimization 최적화

902

backward

[bǽkwərd]

★★☆☆☆

3/3 출제확률 13.8%

어원 back(뒤로) + ward(향하여) → 뒤로

부 뒤에(↔ forward 앞에), 거꾸로

Now readers could easily move backward in the text to find a previously read passage. [08]
이제 독자들은 이전에 읽은 구절을 찾기 위해 더 쉽게 되돌아갈 수 있다.

TEST 22

1. 아래의 단어에 맞는 뜻을 골라 선으로 이어주세요.

863 mineral	●		ⓐ 범죄
688 diabetes	●		ⓑ 광물
891 crime	●		ⓒ 더욱이, 게다가
867 furthermore	●		ⓓ 다수의
879 silk	●		ⓔ 비단
874 therapy	●		ⓕ 비비다, 문지르다
886 angle	●		ⓖ 치료, 요법
877 approximate	●		ⓗ 적의가 있는
880 hostile	●		ⓘ 논리, 논리학
887 multiple	●		ⓙ 안개
892 rub	●		ⓚ 당뇨병
882 mist	●		ⓛ ~에 가까워지다; 대략의
893 logic	●		ⓜ 협의, 회의
875 conference	●		ⓝ 각도

2. 아래 문장의 알맞은 뜻을 보기에서 고르세요.

a. We're working for the organization which is conserving wild plants in Korea. (   )

b. They are trying to eliminate documents written in local language. (   )

c. This procedure is needed not only for you but also for the person who receives your gift. (   )

d. The branches then go through a complex process to become strong and flexible paper. (   )

e. I know a beautiful barn where the corners are not at right angles. (   )

f. Parent-infant 'co-sleeping' is the norm for approximately 90 percent of world population. (   )

g. Those explorers made unceasing trials and errors and paved the way for us to follow. (   )

보기

① 강하고 유연한 종이가 되기 위해 나뭇가지들은 복잡한 과정을 거치게 된다.
② 이 절차는 당신뿐만 아니라 선물을 받게 될 사람에게도 필요하다.
③ 우리는 한국의 야생식물을 보존하는 단체에서 일한다.
④ 전 세계 인구의 약 90%가 부모와 아이가 함께 자는 것을 당연하게 여긴다.
⑤ 그들은 지역 언어로 쓰여진 문서들을 제거하려고 노력했다.
⑥ 그 탐험가들은 끊임없는 도전과 실패를 거쳐 인류의 길을 개척해주었다.
⑦ 나는 모서리가 직각이 아닌 아름다운 외양간(차고)을 알고 있다.

정답: ③ ⑤ ② ① ⑦ ④ ⑥

197

903

glance

[glæns]

★★☆☆☆

3/3 출제확률 13.8%

어원 곁눈으로 대충 보는 것을 나타냄

명 힐끗 봄 동 힐끗 보다

Although now and again she would glance up at the clock, he didn't come. [06]

그녀는 이따금 시계를 쳐다보곤 했지만, 그는 오지 않았다.

[idiom] now and again 이따금, 때로는 glance up 힐끗 올려다 보다

904

hence

[hens]

★★☆☆☆

3/3 출제확률 13.8%

어원 접속사의 역할을 한다.

부 그러므로, 지금으로부터(henceforth)

Hence, the time spent on regular examinations is a sensible investment in good health. [05]

그러므로, 정기 (건강) 검진에 보낸 시간은 건강에 대한 현명한 투자다.

[어법] therefore와 동일한 의미이다.

905

bet

[bet]

★★☆☆☆

6/3 출제확률 13.8%

어원 도박이나 게임에서 내기를 하는 것을 의미함

명 내기 동 (돈을) 걸다, 내기를 하다

[idiom] lay a bet 돈을 걸다

You bet! [02]

물론이지!(바로 그거야!)

906

associate

[əsóuʃièit]

★★☆☆☆

5/3 출제확률 13.8%

어원 as(~에) + soci(결합하다, 협력하다) + ate(~하다) → 교제하다

명 동료 동 교제하다, 연상하다

Associating the objects with their names [09]

사물과 그 이름을 연결하기

[어형] associated 관련된 associating (현재분사) association 협회, 조합

907

craft

[kræft]

★★☆☆☆

5/3 출제확률 13.8%

어원 다소 정교하거나 숙련된 기술을 나타냄

명 기능, 솜씨; 배, 비행기; 공예

The craft will need a wingspan of 80 meters. [06]

그 비행기의 날개 길이는 80미터는 되어야 할 것이다.

[어형] craftiness 교활함 craftsman 장인, 숙련공

908

revise

[riváiz]

★★☆☆☆

5/3 출제확률 13.8%

[어원] re(다시) + vise(가다) → 다시 가서 보고 개정하다

[명] 개정 [통] 개정하다, 변경하다

There will be time for revising and polishing any ideas you want to pursue later. [08]

당신이 추구하는 생각들을 교정하고 다듬을 시간이 추후에 있을 것이다.

[어형] revised 변경한 revising (현재분사) revision 수정, 검토 revisal 교정, 개정

909

intervene

[ìntərvíːn]

★★☆☆☆

4/3 출제확률 13.8%

[어원] inter(~사이에) + vene(= come 들어오다) → 사이에 들어와 방해하다

[통] 개입하다, 중재하다; 방해하다

The teacher didn't decide when to intervene. [02]

그 선생님은 언제 개입할지 아직 결정하지 못했다.

[어형] intervention 개입, 간섭 interval 간격, 기간

910

yell

[jel]

★★☆☆☆

4/3 출제확률 13.8%

[어원] yawn(하품)처럼 입으로 소리를 지르는 것을 의미함

[통] 고함치다, 소리 지르다

With anger, you can get mad at someone and yell. [08]

화가 나면 당신은 누군가에게 화가 나서 소리를 지를 수도 있을 것이다.

[idiom] get mad at ~에게 화가 나다

[어형] yelled (과거, 과거분사) yelling (현재분사)

911

exert

[igzɔ́ːrt]

★★☆☆☆

3/3 출제확률 13.8%

[어원] ex(= out 밖으로) + ert(= join 참가하다) → 밖으로 무언가를 참가시키다 → 쓰다, 행사하다

[통] 쓰다, 행사하다; 노력하다

Nature does not reward those who do not exert efforts. [11]

자연은 노력하지 않는 이에게 보상을 주지 않는다.

[어형] exerting (현재분사) exertion 노력, (영향력) 행사

912

livestock

[láivstak]

★★☆☆☆

3/3 출제확률 13.8%

[어원] live(살아있는) + stock(재고) → 살아있는 재고는 가축들이다

[명] 가축, 가축류

The country's economy is based on agricultural and livestock products. [08]

그 국가의 경제는 농산물과 축산물에 기반하고 있다.

913

nuclear

[njúːkliər]

★★☆☆☆

3/3 출제확률 13.8%

[어원] nu(new) + clear(깨끗한) → 깨끗한 것 → 원자력

[명] 핵무기 [형] 핵의, 원자력의

[idiom] nuclear bomb 핵무기, 핵폭탄

There is no chance that nuclear energy will ever be obtainable. [05]

핵에너지를 구할 수 있는 방법은 없다.

[어형] nuclear-explosion 핵폭발 nucleus 핵, 미립자

914

sink
[siŋk]

★★☆☆☆

5/3 출제확률 13.8%

[어원] 물이나 땅 아래쪽으로 가라앉는 것을 나타냄

[명] 싱크대 [통] 가라앉다, 침몰하다

[syn] submerge, go down, fall in

Suddenly the engine died, and for mysterious reasons, the boat began to sink. [07]

갑자기 엔진이 멈추더니 알 수 없는 이유로 배가 가라앉기 시작했다.

[어형] sinking 가라앉음, 함몰; 가라앉는 sunken 침몰한, 물속에 가라앉은

915

bubble
[bʌbl]

★★☆☆☆

4/3 출제확률 13.8%

[어원] bub(= buk 부피) + (a)ble → 거품이 일다

[명] 거품, 기포 [통] 거품이 일다

[idiom] bubble over (감정 등이) 달아오르다

"Um—mah," I cried at her, my irritation already bubbling over, "The basket's over here!" [09]

"엄—마" 나는 그녀에게 소리쳤다. 나의 짜증은 이미 달아올랐다. "그 바구니 여기 있다구요!"

[어형] bubbling (현재분사)

916

penny
[péni]

★★☆☆☆

4/3 출제확률 13.8%

[어원] 1센트짜리 동전을 1페니라고 부르며, 10센트는 dime이라 한다.

[명] 페니, 푼돈

This poor little boy spent the next six years, working fifteen hours a day for pennies. [02]

이 불쌍한 어린 소년은 다음 6년간을 단 몇 푼을 벌기 위해 하루에 15시간씩 일하였다.

[어형] penniless 무일푼인, 매우 가난한

917

persuade
[pərswéid]

★★☆☆☆

3/3 출제확률 13.8%

[어원] per(완전히) + suade(= advise 조언하다) → 완전히 조언하다 → 설득하다

[통] 설득하다, 납득시키다

His argument is not persuasive. [04]

그의 주장은 설득적이지 않다.

[어형] persuading (현재분사) persuasive 설득력 있는 persuasion 신앙, 설득

918

vase
[veis]

★★☆☆☆

3/3 출제확률 13.8%

[어원] 그릇(vessel)이라는 의미에서 유래되었다.

[명] 꽃병, 항아리

Whoever of all dancers performs most gracefully will win this vase as a prize. [06]

댄서들 중 가장 우아한 공연을 펼치는 분께 이 꽃병을 상으로 드립니다.

919

endure
[indjúər]

★★☆☆☆

5/3 출제확률 13.8%

[어원] en(강조) + dur(= last 계속하다) → ~을 강하게 계속하다 → 견디다

[통] 견디다, 인내하다

They endure day after day. [06]

그들은 하루 하루를 견뎌낸다.

[어형] endurance 인내력, 참을성

920

elaborate

[ilǽbərət]

★★☆☆☆

4/3 출제확률 13.8%

어원 e(완전히) + labor(일) + ate(하다) → 공들여 만들다

통 공들여 만들다, 자세히 말하다 형 정교한, 공들인

The person will automatically start to elaborate. [10]

그 사람은 자동적으로 자세히 말하기 시작할 것이다.

[어형] elaborated (과거, 과거분사) elaborating(현재분사)

921

temporary

[témpərèri]

★★☆☆☆

3/3 출제확률 13.8%

어원 tempo(시간) + ary(~한) → 임시의, 일시적인

형 임시의(↔ regular 정기의) 명 임시 고용인

Many people didn't recommend me to have a temporary job. [04]

많은 사람들이 나에게 임시직을 추천하지 않더군요.

[어형] temporarily 일시적으로

922

jewel

[dʒúːəl]

★★☆☆☆

3/3 출제확률 13.8%

어원 jewelry → jewel(보석) + ry(~류)

명 보석, 보배

Most people recognize diamond as a jewel. [07]

대부분의 사람들은 다이아몬드를 보석으로 인식한다.

[어형] jewelry 보석류

923

conceal

[kənsíːl]

★★☆☆☆

3/3 출제확률 13.8%

어원 con(함께) + ceal(봉해진) → 함께 봉해진(숨겨진) 것

통 숨기다, 감추다

It was his practice to conceal himself at previews of his paintings to hear public opinion. [11]

그것은 시사회에서 그의 그림이라는 것을 숨겨 대중의 의견을 들어보려는 그의 습관이었다.

[어형] concealed (과거, 과거분사) concealment 숨김, 은폐

924

perspective

[pərspéktiv]

★★☆☆☆

6/3 출제확률 13.8%

어원 per(~를 통하여) + spect(= look 보다, 바라보다) + ive(~는) → 관점, 시각

명 관점, 시각, 균형, 원근법

No matter how many times I have drawn it, the perspective does not look right. [09]

내가 얼마나 그렸든지 간에 균형이 맞지 않아 보였다.

925

agriculture

[ǽgrəkʌltʃər]

★★☆☆☆

6/3 출제확률 13.8%

어원 agri(밭의, 농업의) + cult(일구다) + ure(것) → 밭을 일구어 형성된 것 → 농업

명 농업, 농사

Agriculture will continue to develop in three main ways. [95]

농업은 3가지 주요 방식으로 발전을 계속할 것이다.

[어형] agricultural 농업의

926
greed
[gri:d]

★★☆☆☆

5/3 출제확률 13.8%

[어원] 다소 부정적인 측면의 욕심으로써 desire와 다르다.

[명] 탐욕(avarice), 욕심

Narrow—mindedness, religious impatience, greed, and fear have turned into crisis. [03]

편협한 마음, 종교적 불안, 탐욕, 두려움이 위기로 바뀌었다.

[idiom] turn into ~로 바뀌다

[어형] greedily 탐욕을 부려 greedy 탐욕스러운

927
hardship
[háːrdʃip]

★★☆☆☆

5/3 출제확률 13.8%

[어원] hard(어려운, 힘든) + ship(견디다) → 어려움을 견뎌야 하는 시간 → 고난

[명] 고난, 고생

People are getting wiser and disciplined by overcoming the difficulties and hardships. [04]

사람들은 고난과 역경을 이겨내면서 더 현명해지고 단련된다.

928
passive
[pǽsiv]

★★☆☆☆

4/3 출제확률 13.8%

[어원] pass(괴로워하다) + ive(~는) → 괴로움을 느끼는 수동적인 상태

[형] 소극적인, 수동적인(↔ active)

You will have avoided being merely a passive observer. [09]

당신은 단순히 수동적인 방관자가 되려고 하지 않을 것이다.

929
resent
[rizént]

★★☆☆☆

3/3 출제확률 13.8%

[어원] re(다시, ~에 반하여) + sent(= 느끼는) → ~에 반하여 느끼는 → 분개하다

[동] 분개하다, 분하게 여기다

Big words are resented by persons who don't understand them. [11]

과장된 말을 이해하지 못하는 사람들은 그 말에 대해 분개한다.

[idiom] big words 허풍, 자랑

[어형] resented (과거, 과거분사) resentful 분해하는, 분개하는 resentment 분개, 분함

930
elegant
[éligənt]

★★☆☆☆

3/3 출제확률 13.8%

[어원] e(밖으로) + leg(고르다) + ant(~한) → (좋은 것을) 골라낸

[형] 기품 있는, 품위 있는, 우아한

They were constantly trying to make dolls more elegant and beautiful. [09]

그들은 계속해서 인형을 더 우아하고 아름답게 만들려고 노력했다.

[어형] elegance 우아, 고상, 세련

931
mutual
[mjúːtʃuəl]

★★☆☆☆

3/3 출제확률 13.8%

[어원] mut(= change 바꾸다) + (u)al(~한) → 바꾸는 → 서로의

[형] 서로의, 상호간의

[idiom] mutual agreement 상호 동의 mutual fund 투자신탁(펀드)

The making of this requires the mutual agreement of two or more. [10]

이것을 구성하는 데에는 둘 혹은 그 이상의 상호간 동의가 필요하다.

932

split
[split]
★☆☆☆
3/3 출제확률 13.8%

예 둘 이상으로 쪼개거나 나누는 것을 의미함

(동) 쪼개다, 나누다

A nurse showed me my helmet and it was split in half. [97]
한 간호사가 두 동강 난 내 헬멧을 보여주었다.

933

modify
[mádəfài]
★★☆☆☆
6/3 출제확률 13.8%

예 mod(척도의) + fy(~화하다) → 척도에 맞게 변경한다

(동) 변경하다, 수식하다, 완화하다

Some have faith that we shall solve our food problems with genetically modified crops. [07]
일부 사람들은 유전자 조작 식품이 우리의 식량 문제를 해결해 주리라 믿는다.

[어형] modified 완화된, 수정된 modifying 완화하는, 변경하는

934

passage
[pǽsidʒ]
★★☆☆☆
4/3 출제확률 13.8%

예 pass(통과하다) + age(~것) → 통로

(명) 구절, 통로

[idiom] a long passage of time 오랜 시간[세월]

It can happen that one's memories grow much sharper even after a long passage of time. [08]
심지어 사람의 기억력이 오랜 시간이 지난 뒤에 더 예리해지는 경우도 발생한다.

935

plot
[plat]
★★☆☆☆
3/3 출제확률 13.8%

예 대강의 이야기 뼈대를 꾸밈하는 것을 지칭함

(명) 음모, 줄거리 (동) 음모를 꾸미다

Finally, they decided to plot against the organization. [11]
마침내, 그들은 그 조직에 대항해 음모를 꾸미기로 결정했다.

936

spell
[spel]
★★☆☆☆
3/3 출제확률 13.8%

예 어휘의 낱글자를 쓰는(written) 것을 지칭함

(동) 철자하다, 표기하다

The process of spelling words changed. [08]
단어의 철자 순서가 바뀌었다.

[어형] spelling 철자[법] spelt (과거, 과거분사)

937

wound
[wu:nd]
★★☆☆☆
3/3 출제확률 13.8%

예 신체의 일부에 손상을 입은 상태를 의미함

(명) 부상, 상처

The soldier was severely wounded. [07]
그 군인은 심각한 부상을 입었다.

[어법] wind(굽이치다, 휘다)의 과거, 과거분사형이기도 하다.

938

pave
[peiv]

★★☆☆☆

3/3 출제확률 13.8%

[여원] path(길)를 덮는다(cover)는 의미이다.

[명] 포장길 [통] (도로를) 포장하다

[idiom] pave the way for ~의 길을 열다(닦다)

It is those explorers who have paved the way for us to follow. [07]
우리가 따라갈 수 있도록 길을 닦아준 사람들이 바로 그 탐험가들이다.

[어형] paved (길 등이) 포장된 pavement 포장 지역, 인도, 보도

939

tune
[tju:n]

★★☆☆☆

6/3 출제확률 13.8%

[여원] 음(sound)을 적당히 조정하거나 조율함

[명] 곡, 곡조

Listeners all over the country are going to reach for the tuning dials on their radios. [07]
전국 청취자들이 그들의 라디오 프로그램을 청취하려 할 것이다.

[어형] tuned (과거, 과거분사) tuning 조율, 세부 조정

940

pitch
[pitʃ]

★★☆☆☆

6/3 출제확률 13.8%

[여원] pitcher(던지는 사람, 투수) → pitch + er(사람)

[통] 던지다, 투구하다 [명] 음색(음의 높낮이)

It can travel a greater distance than higher-pitched noise. [08]
그것은 더 높은 음의 소음보다 더 멀리 나갈 수 있다.

[어형] pitched (과거, 과거분사) pitching 투구(법), 피칭

941

solar
[sóulər]

★★☆☆☆

5/3 출제확률 13.8%

[여원] 태양광을 활용하여 에너지원으로 삼는 것을 지칭함

[형] 태양의 [명] 태양에너지

[idiom] along with ~을 따라, ~와 함께 solar-powered 태양을 동력으로 사용하는

Hydrogen is being developed as an alternative to fossil fuels along with solar energy. [08]
수소는 태양열 에너지와 함께 화석 연료의 대체재로 개발되고 있다.

[어형] solar-powered 태양열 동력의 solar cell 태양 전지

942

deed
[di:d]

★★☆☆☆

4/3 출제확률 13.8%

[여원] do의 명사형이다.

[명] 행위, 업적, 실행

Heros sometimes perform amazing deeds in difficult situations. [07]
영웅들은 때때로 어려운 상황에서 놀라운 일을 해낸다.

[어형] misdeed 비행, 나쁜 짓

943

advent
[ǽdvent]

★★☆☆☆

3/3 출제확률 13.8%

[여원] ad(~에) + vent(= come 나오다) → 출현

[명] 출현, 도래

The radio also suffered from the advent of television. [09]
텔레비전의 출현으로 인해 라디오도 어려움을 겪었다.

[어형] adventure 모험 adventurous 모험심 강한

TEST 23

1. 아래의 단어에 맞는 뜻을 골라 선으로 이어주세요.

913 nuclear	●	ⓐ 서로의, 상호간의	
922 jewel	●	ⓑ 핵무기; 핵의	
931 mutual	●	ⓒ 음모, 작은 땅; 음모를 꾸미다	
907 craft	●	ⓓ 탐욕	
914 sink	●	ⓔ 보석	
923 conceal	●	ⓕ 숨기다, 감추다	
925 agriculture	●	ⓖ 설득하다	
934 passage	●	ⓗ 싱크대; 가라앉다	
917 persuade	●	ⓘ 농업, 농사	
926 greed	●	ⓙ 기능, 교묘, 배, 비행기	
935 plot	●	ⓚ 구절, 통로	
927 hardship	●	ⓛ 고난	
904 hence	●	ⓜ 공들여 만들다, 자세히 말하다; 정교한	
920 elaborate	●	ⓝ 그러므로	

2. 아래 문장의 알맞은 뜻을 보기에서 고르세요.

a. "Um-mah," I cried at her, my irritation already bubbling over, "the basket's over here!" (　)

b. Nature does not reward those who do not exert efforts. (　)

c. With anger, you can get mad at someone and yell. (　)

d. People are getting wiser and disciplined by overcoming the difficulties and hardships. (　)

e. The process of spelling words changed. (　)

f. It can happen that one's memories grow much sharper even after a long passage of time. (　)

g. They were constantly trying to make dolls more elegant and beautiful. (　)

보기

① 사람들은 고난과 역경을 이겨내면서 더 현명해지고 단련된다.

② 자연은 노력하지 않는 이에게 보상을 주지 않는다.

③ "엄-마" 나는 그녀에게 소리쳤다. 나의 짜증은 이미 달아올랐다. "그 바구니 여기 있다구요!"

④ 단어의 철자 순서가 바뀌었다.

⑤ 심지어 사람의 기억력이 오랜 시간이 지난 뒤에 더 예리해지는 경우도 발생한다.

⑥ 화가 나면 당신은 누군가에게 화가 나서 소리를 지를 수도 있을 것이다.

⑦ 그들은 계속해서 인형을 더 우아하고 아름답게 만들려고 노력했다.

정답: ③ ② ⑥ ① ④ ⑤ ⑦

944

innovate
[ínəvèit]
★★☆☆☆
3/3 출제확률 13.8%

어원 in(안에) + nov(= new 새로운) + ate(~하다) → 안에서 새롭게 한다

동 혁신하다, 쇄신하다

Innovation requires noticing signals outside the company itself. [11]
혁신은 회사 자체 밖의 신호에 주의를 기울이는 것을 필요로 한다.

[어형] innovation 혁신 innovative 획기적인

945

subtle
[sʌtl]
★★☆☆☆
3/3 출제확률 13.8%

어원 sub(아래) + tle(~한) → 눈에 띄지 않는 → 미묘한

형 미묘한, 교묘한

I decided to forgive him even though I was disappointed at his subtle excuses. [03]
나는 그의 교묘한 변명에 실망했지만 그를 용서하기로 결정했다.

946

substitute
[sʌbstətjùːt]
★★☆☆☆
3/3 출제확률 13.8%

어원 sub(아래에) + st(= stand 서 있는) + tute(~것) → 주전 바로 밑에 있는 후보, 대리인

명 대리인, 후보 **동** 대리하다, 대용하다

Could you be a substitute for me? [08]
저의 대리인이 되어 주시겠습니까?

[어형] substituting (현재분사)

947

incentive
[inséntiv]
★★☆☆☆
3/3 출제확률 13.8%

어원 in(안에) + cent(중앙) + ive(~한) → 사람의 중심인 마음을 움직이게 하는 것 → 동기

명 동기, 격려; 장려금 **형** 자극적인

Poor distribution provided little incentive to purchase the new product. [09]
불충분한 배급망은 신제품을 사고자 하는 동기를 조금밖에 부여하지 못했다.

948

admission
[ædmíʃən]
★★☆☆☆
3/3 출제확률 13.8%

어원 admit(받아들이다) + sion(~것) → 받아들이는 것

명 입장(입학, 입회, 입국)

The cost of free galleries is so high that visitors should pay admission. [03]
무료 갤러리의 비용이 너무 높아 방문객들은 입장료를 지불해야 한다.

[어형] admissible 용인되는, 허용되는

949

pity
[píti]

★★☆☆☆
3/3 출제확률 13.8%

[어원] 인간 본성에 의한 동정심을 의미함

[명] 연민(compassion), 유감

What a pity! I won't back it up next time. [10]
유감입니다! 다음번에는 도와주지 않을 거예요.

[idiom] back ~ up 도와주다

[어형] pitiful 가련한, 측은한

950

legal
[líːgəl]

★★☆☆☆
5/3 출제확률 13.8%

[어원] leg는 '법'을 의미한다.

[형] 법률(상)의, 합법적인(lawful)

We shouldn't download games illegally. [10]
우리는 불법으로 게임을 다운로드하면 안 된다.

[어형] illegally 불법적으로

951

haste
[heist]

★★☆☆☆
4/3 출제확률 13.8%

[어원] 일반적으로 hurry보다 더 급하게 서두르는 것을 나타냄

[명] 서두름, 조급 [동] 서두르다

Hasty eaters then broke tiny branches off trees to pick out the hot food. [02]
급하게 음식을 먹는 사람들은 그 뜨거운 음식을 꺼내기 위해 나무에서 작은 가지들을 꺾었다.

[idiom] pick out 꺼내다, 골라내다, 뽑다, 선택하다

[어형] hasty 급한, 성급한 *Haste makes waste.(서두르면 일을 그르친다.)

952

reinforce
[rìːinfɔ́ːrs]

★★☆☆☆
3/3 출제확률 13.8%

[어원] re(다시) + in(~에, 안으로) + force(힘을 주다) → 강화하다

[명] 강화 [동] 보강하다, 강화하다

What disturbs me is the idea that good behavior must be reinforced with incentives. [11]
나를 혼란시킨 것은, 좋은 행동은 강력한 동기에 의해 강화되어야 한다는 개념이었다.

[어형] reinforced 보강된, 강화된

953

elsewhere
[élshwɛər]

★★☆☆☆
3/3 출제확률 13.8%

[어원] else(다른) + where(곳, 장소) → 다른 곳

[부] 다른 곳에서, 다른 경우에

Many of us do the same when we are speaking to someone and our mind is elsewhere. [04]
다른 사람과 이야기할 때 마음이 다른 곳에 가 있는 경우 대개 그렇게 행동한다.

954

cease
[siːs]

★★☆☆☆
3/3 출제확률 13.8%

[어원] 'stop(중단하다)'의 의미로 쓰인다.

[동] 그만두다, 그치다

The ocean extends without cease in all directions. [01]
그 바다는 막힘없이 사방팔방으로 뻗어 있다.

[idiom] in all directions 사방팔방으로

[어형] ceasing 중지 unceasing 끊임없는

contract

[[kántrækt]]

★★☆☆☆

4/3 출제확률 13.8%

[어원] con(함께) + tract(끌어내다) → 계약

[명] 계약, 계약서

When the roof leaks, only the parent worries about what contractor to employ. [05]
지붕에 물이 새면, 부모만이 어떤 업자를 고용해서 고칠지 고민한다.

[어형] contractor 계약자 contraction 수축, 축소 contracted 수축한, 옹졸한

956

stuff

[stʌf]

★★☆☆☆

4/3 출제확률 13.8%

[어원] 일종의 'thing'을 말하기도 하지만 음식물을 지칭하기도 함

[명] 재료, 물건 [동] 쑤셔 넣다, 채워 넣다

There is also the possibility of damaging your stuff, some of it valuable. [09]
일부는 귀중품을 포함한 당신의 물건이 손상될 가능성이 있다.

[어형] stuffed 포식을 한 *hot stuff(성적 매력의 소유자, 선정적인 것)

957

stable

[stéibl]

★★☆☆☆

3/3 출제확률 13.8%

[어원] sta(서다) + able(가능한) → 가만히 서 있을 수 있으니 안정적이다

[명] 외양간 [형] 안정된, 견실한

It rewards insects with a stable environment that enhances their ability to eat. [09]
그것은 보상으로 벌레들에게 안정적인 환경을 주어 먹이 확보 능력을 향상시켜준다.

[어형] unstable 불안정한 stability 안정, 안전

958

mislead

[misli:d]

★★☆☆☆

3/3 출제확률 13.8%

[어원] mis(잘못) + lead(이끌다) → 잘못 인도하다

[동] 오도하다, 잘못 인도하다

The claim that we have recently entered the information age is misleading. [05]
최근 우리가 정보 시대로 들어섰다는 주장은 잘못이다.

[어형] misleading 오도하는

959

satellite

[sǽtəlàit]

★★☆☆☆

3/3 출제확률13.8%

[어원] sat(star) + el(주변) + lite(act) → 별 주위를 돌다

[명] (인공) 위성

Thanks to satellites, we can find out events that occur on the other side of the world. [05]
인공위성 덕분에 우리는 지구 반대쪽에서 일어나는 일을 알 수 있다.

[idiom] find out 발견하다

960

rot

[rat]

★★☆☆☆

3/3 출제확률 13.8%

[어원] 어떤 물체가 '부식(corrosive)'한 상태를 지칭함

[명] 썩음(decay), 부패 [동] 썩다(go bad)

The rotting, dead tree—stems and the empty, eye—like windows~ [04]
썩어 죽은 나무줄기와 눈처럼 생긴 텅빈 창문~

[어형] rotten 썩은, 부패한 rotting (현재분사)

961

defeat
[difíːt]
★★☆☆☆
3/3 출제확률 13.8%

[어원] de(= down 아래) + feat(= make 만들다) → 아래로 만들어버리다 → 패배시키다

[명] 패배 [동] 패배시키다, 물리치다

The trip had completely defeated the father's purpose. [03]
그 여행은 아버지의 목적과 완전히 다른 결과를 가져다주었다.

[어형] defeated 패배한 defeatism 패배주의

962

luxury
[lʌkʃəri]

★★☆☆☆
출제확률 13.8%

[어원] lux(= light 빛나다) + ury(~것) → 빛나는 것 → 사치(품)

[명] 사치(품) [형] 사치(품)의, 고급의

[idiom] luxury goods 사치품

Especially in the 1930s and 1940s, people did not allow the acquisition of luxury goods. [09]
특히 1930~1940년대 사람들은 사치품의 구입을 허용하지 않았다.

[어형] luxuriant 풍부한 luxurious 호화로운

963

overwhelm
[òuvərhwélmiŋ]
★★☆☆☆
3/3 출제확률 13.8%

[어원] over(넘어) + whelm(압도하다, 짓누르다) → 압도적인

[형] 압도하다, 사로잡히다

People feel an overwhelming need to fill it. [10]
사람들은 그것을 채워야 한다는 강한 필요성을 느끼게 된다.

[어형] overwhelming 압도적인

964

pile
[pail]
★★☆☆☆
3/3 출제확률 13.8%

[어원] stack은 차곡차곡 쌓인 것을 의미하고, pile은 규칙없이 쌓여있는 것(더미)을 의미한다.

[명] 쌓아올린 더미 [동] 쌓아 올리다, 모으다

He went out into the weather for wood he had piled against the garage. [10]
그는 폭풍을 무릅쓰고 차고 앞에 쌓아놓은 장작을 가지러 나갔다.

[어형] piled (과거, 과거분사)

965

blossom
[blásəm]
★★☆☆☆
3/3 출제확률 13.8%

[어원] bloom(꽃이 피다) + ss → 꽃이 피다, 꽃

[명] 꽃, 개화 [동] 꽃피다

Using gardening as a health care tool is blossoming. [08]
원예를 건강관리 수단으로 이용하는 것이 인기 있다.

[어형] blossoming 개화

966

steep
[stiːp]

★★☆☆☆
3/3 출제확률 13.8%

[어원] 경사(inclination)가 험한 상태를 의미함

[명] 비탈 [형] 험한, 가파른

In Western Europe, many people suffer from recent steep gasoline taxes. [09]
최근 가파른 유류세 인상으로 인해 서 유럽의 많은 사람들이 고통받고 있다.

[idiom] suffer from ~로부터 고통받다

[어형] steeper 더 가파른(비교급) steepest 가장 가파른(최상급)

967

stream

[stri:m]

★★☆☆☆

4/3 출제확률 13.8%

어원 쭉 뻗은 물줄기를 나타내는 단어

명 시내, 개울 동 흐르다

[idiom] go with[against] the stream [시대] 흐름을 따라가다[거스르다]

They have a stream that has no end. [03]

그들에게는 그 끝을 알 수 없는 시내가 있다.

968

polish

[páliʃ]

★★☆☆☆

4/3 출제확률 13.8%

어원 poli(도시) + sh → 도시처럼 잘 닦인 → 닦다

명 광택(제), 폴란드어 동 닦다, 윤내다

Industrial diamonds are used in many grinding and polishing operations. [07]

산업용 다이아몬드는 다양한 갈기와 광내는 작업에 사용된다.

[idiom] used in ~에 쓰이다

[어형] polished 윤[광]이 나는 polishing 광내기, 연마

969

pioneer

[pàiəníər]

★★☆☆☆

3/3 출제확률 13.8%

어원 pion(= pawn 보병) + eer(~사람) → 보병 → 개척자, 선구자

명 개척자, 선구자 형 선구적인

Pioneers in human understanding [07]

인간 이해의 선구자들

[어형] pioneered (과거, 과거분사)

970

dismiss

[dismís]

★★☆☆☆

3/3 출제확률 13.8%

어원 dis(= away 멀리) + miss(= send 보내다) → 멀리 보내버리다 → 해고하다

동 해고하다, 해산하다, 내쫓다

We cannot dismiss Mr. Smith's opinion completely. [04]

우리는 스미스 씨의 주장을 완전히 묵살할 수는 없다.

[어형] dismissed 잊혀진

971

vital

[váitl]

★★☆☆☆

3/3 출제확률 13.8%

어원 라틴어 vivere(살다. 生) + al(~의)의 결합이다.

형 필수적인, 생명의

Another vital factor is increasing one's responsiveness to the markets. [06]

또 다른 필수 요소는 시장에 대한 반응성을 증가시키는 것이다.

[어형] vitality 활력, 생명력

972

vertical

[vɔ́:rtikəl]

★★☆☆☆

3/3 출제확률 13.8%

어원 ver(돌리다) + tical(~한) → (반 바퀴) 돌려놓은 → 수직의

형 수직의, 세로의(↔ horizontal)

Which type do you think is better, horizontal or vertical? [09]

수직과 수평 중에 어떤 타입이 네 생각에 더 나은 것 같아?

973

swift
[swift]
★★☆☆☆
3/3 출제확률 13.8%

어원 swif(= sweep 쓸어내리다) + t → 쓸듯이 지나가는 → 빠른, 신속한

형 날쌘, 신속한

The smallmouth prefers clean, rocky bottoms and swift water. [10]
낙연어는 깨끗하고, 유속이 빠르며, 돌바닥인 강을 선호한다.

[어형] swifter 더 날쌘(비교급) swiftly 신속히, 빨리

974

solitary
[sálətèri]
★★☆☆☆
3/3 출제확률 13.8%

어원 sol(혼자) + it(상태) + ary(~한) → 혼자 있는 상태의 → 고독한

형 고독한, 쓸쓸한, 혼자 있기를 좋아하는

In rivers and streams, they are more solitary. [10]
강이나 시내에서 그들은 더 혼자 있기를 좋아한다.

[어형] solitude 고독, 외로움 solitaire 혼자 하는 게임(카드놀이)

975

certificate
[sərtífikeit]
★★☆☆☆
3/3 출제확률 13.8%

어원 cert(= sure 확실한) + fic(=make 만들다) + ate(~하다) → 확실히 만들어 주다 → 증명서를 주다

명 증명서, 면허장; 증명서를 주다

They will proudly receive their graduation certificates. [08]
그들은 자랑스럽게 졸업장을 받을 것이다.

[어형] certify 증명하다, 보증하다 certifiable 증명할 수 있는

976

treasure
[tréʒər]
★★☆☆
3/3 출제확률 13.8%

어원 보석(jewel)과 같은 소중한 것을 지칭함

명 보배, 보물 동 비축하다, 소중히 하다

He treasures everything his dad has given. [04]
그는 아버지가 준 모든 것을 소중하게 여긴다.

[어형] treasury 재무부; 국채 treasurable 소중한

977

clue
[klu:]
★★☆☆
5/3 출제확률 13.8%

어원 clew(실뭉치)에서 유래되었다. 얽킨 실을 하나씩 풀어가는 '힌트'라는 의미이다.

명 실마리, 힌트

Well, give me another clue. [03]
글쎄요. 다른 힌트 주세요.

978

dictate
[dikteit]
★★☆☆☆
3/3 출제확률 13.8%

어원 dict(말하다) + ate(~하다) → 말하여 명령하다

동 명령하다, 지시하다; 받아쓰다

The key is to learn how to use your instincts to support, not dictate, your decisions. [08]
중요한 것은 당신의 직감을 어떻게 활용하여 의사결정에 명령이 아닌 도움을 줄 수 있게 하는가이다.

[어형] dictated (과거, 과거분사) dictatorship 독재자(dictator), 독재 국가 dictation 받아쓰기

979

shower
[ʃáuər]
★★☆☆☆
5/3 출제확률 13.7%

[어원] 하늘에서 내려주는 것을 '신의 은총'으로 여겨 축하선물 증정파티를 지칭하기도 함

[명] 소나기; 샤워 [통] 소나기가 내리다(쏟아지다)

[syn] sprinkle, spray

Many drops make a shower. [99]
물방울이 모여 소나기가 된다. (티끌모아 태산)

980

pat
[pæt]
★★☆☆☆
4/3 출제확률 13.7%

[어원] 의성어로 가볍게 두드리는 것을 말함 *pet(애완동물)과 철자가 다름에 유의할 것

[명] (가볍게) 두드림 [통] 두드리다 [형] 안성맞춤인

Patting with the palm of the hand [10]
손바닥으로 토닥거리기

[어형] patting (현재분사)

981

gesture
[dʒéstʃər]
★★☆☆☆
4/3 출제확률 13.7%

[어원] gest(= carry (몸짓으로) 나르다) + ure(~것) → 몸짓으로 (상대방에게) 알려주는 것

[명] 몸짓, 제스처 [통] 몸짓을 하다

People should fully understand the essential role of hand gestures. [03]
사람들은 손짓의 본질적인 역할에 대해 완전히 이해해야 한다.

[어형] gestured (과거, 과거분사)

982

desert
[dézərt]
★★☆☆☆
출제확률 13.7%

[어원] de(분리) + sert(= join 결합) → 결합되지 않고 떨어져 나간 곳

[명] 사막 [통] 버리다, 없어지다

Let's say you are driving across the desert. [00]
당신이 사막을 운전하여 횡단한다고 가정해보자.

[어형] deserted 사람이 없는, 버림받은

983

archaeologist
[à:rkiálədʒist]
★★☆☆
3/3 출제확률 13.7%

[어원] arch(= old) + ology(학문) + ist(사람) → 오래된 것에 대해 공부하는 사람

[명] 고고학자

According to archaeologists, early man used them for fortunetelling, not for games. [05]
고고학자들에 따르면, 초기의 인간은 그것들을 게임이 아닌 운세를 보는데 사용했다고 한다.

[어형] archaeological 고고학의 archaeology 고고학

984

orient
[ɔ́:riənt]
★★☆☆
3/3 출제확률 13.7%

[어원] ori(시작하다) + ent(~한) → 해는 동쪽에서부터 뜨기 시작한다 → 동양

[명] 동양 [형] 동쪽의, 지향하는

The students should create future-oriented attitudes. [10]
학생들은 미래 지향적인 자세를 가져야 한다.

[어형] oriental 동양의, 동양인의 oriented ~을 지향하는

1. 아래의 단어에 맞는 뜻을 골라 선으로 이어주세요.

947 incentive ●   ⓐ 패배; 패배시키다

964 pile ●   ⓑ 다른 곳에서, 다른 경우에

966 steep ●   ⓒ 재료, 물건; 쑤셔 넣다, 채워 넣다

975 certificate ●   ⓓ 압도적인

960 rot ●   ⓔ 명령하다

953 elsewhere ●   ⓕ 동기, 격려; 자극적인

972 vertical ●   ⓖ 개척자, 선구자

956 stuff ●   ⓗ 썩음, 부패; 썩다

978 dictate ●   ⓘ 수직의

963 overwhelming ●   ⓙ 비탈, 험한, 가파른

969 pioneer ●   ⓚ 증명서, 면허장; 증명서를 주다

967 stream ●   ⓛ 시내, 개울; 흐르다

959 satellite ●   ⓜ 쌓아올린 더미; 쌓아 올리다

961 defeat ●   ⓝ (인공) 위성

2. 아래 문장의 알맞은 뜻을 보기에서 고르세요.

a. The cost of free galleries is so high that visitors should pay admission. ( )

b. People feel an overwhelming need to fill it. ( )

c. He treasures everything his dad has given. ( )

d. It rewards insects with a stable environment that enhances their ability to eat. ( )

e. The rotting, dead tree-stems and the empty, eye-like windows. ( )

f. Industrial diamonds are used in many grinding and polishing operations. ( )

g. Which type do you think is better, horizontal or vertical? ( )

보기

① 수직과 수평 중에 어떤 타입이 네 생각에 더 나은 것 같아?

② 사람들은 그것을 채워야 한다는 강한 필요성을 느끼게 된다.

③ 썩어 죽은 나무줄기와 눈처럼 생긴 텅빈 창문.

④ 무료 갤러리의 비용이 너무 높아 방문객들은 입장료를 지불해야 한다.

⑤ 산업용 다이아몬드는 다양한 갈기와 광내는 작업에 사용된다.

⑥ 그것은 보상으로 벌레들에게 안정적인 환경을 주어 먹이 확보 능력을 향상시켜 준다.

⑦ 그는 아버지가 준 모든 것을 소중하게 여긴다.

정답: ④ ② ⑦ ⑥ ③ ⑤ ①

985

thrill

[θril]

★★☆☆☆

3/3 출제확률 13.7%

[어] '스릴 만점이다!'라고 말할 때 스릴이 'thrill'이다.

[명] 스릴, 전율, 감동

It's exciting and thrilling. [10]
흥미롭고 스릴 넘친다.

[어형] thrilled 아주 신이 난, 흥분한 thrilling 흥분되는, 신나는

986

aircraft

[ɛərkræft]

★★☆☆☆

3/3 출제확률 13.7%

[어] air(공중) + craft(탈 것, 기술) → 공중에서 타는 것

[명] 항공기, 비행기

Researchers are developing a solar–powered and single–pilot aircraft. [06]
연구원들은 태양전지가 달린 1인승 조종 비행기를 개발하고 있다.

987

mud

[mʌd]

★★☆☆☆

4/3 출제확률 13.7%

[어] 일반적으로 진흙(점토)은 clay라 하는데 mud는 물기를 머금은 흙을 말함

[명] 진흙

Tony's family car is covered with mud. [94]
토니네 가족 차량이 진흙으로 뒤덮여 있다.

[idiom] be covered with ~로 덮이다

[어형] muddy 진흙투성이인

988

refund

[rifʌnd]

★★☆☆☆

3/3 출제확률 13.7%

[어] re(다시) + fund(자금) → 돈을 돌려준다

[명] 환불 [동] 환불하다

I'll go to the store and ask for a refund. [09]
저는 그 상점에 가서 환불해 달라고 요구할 것입니다.

989

abstract

[æbstrækt]

★★☆☆☆

3/3 출제확률 13.7%

[어] abs(~에서 분리하여) + tract(끌어내다) → ~에서 분리해 끌어내다 → 추상적인

[명] 추상, 초록 [형] 추상적인 [동] 요약하다

To get information from abstract subjects [09]
추상적인 주제에서 정보 얻기

[어형] abstraction 추상

990

possess
[pəzés]
★★☆☆☆
3/3 출제확률 13.7%

어원 poss(= power 힘) + ess(앉다) → 힘 있는 자리에 앉아 있으니, 무언가를 소유하다

통 소유하다, 보유하다

His work belongs among the most precious possessions of mankind. [06]
그 작품은 인류의 자산 중 가장 귀중한 것에 속한다.
[어형] possession 소유, 소유물 possessive 소유의

991

transform
[trænsfɔ́:rm]
★★☆☆☆
3/3 출제확률 13.7%

어원 trans(변경, 이동) + form(형태) → 형태를 변경하다 → 변형시키다

통 변형시키다, 바꾸어 놓다, 전환하다

Each listener could transform the music depending upon his or her own personal tastes. [04]
각 청취자는 취향에 맞게 음악을 변형시킬 수 있다.
[어형] transformation 변화, 변신

992

folk
[fouk]
★★☆☆
7/3 출제확률 13.7%

어원 '민중'이라는 뜻에서 '민속'이라는 개념으로 확장됨

명 사람들, 민속, 전통 형 서민의, 민속의

We are scheduled to go to Folk Village at 4:00. [04]
우리는 4시에 민속촌 방문이 예정되어 있다.
[idiom] be scheduled to ~하도록 예정되다

993

reverse
[rivə́:rs]
★★☆☆
5/3 출제확률 13.7%

어원 re(다시, 반대로) + verse(= trun 돌리다) → 거꾸로 하다

통 거꾸로 하다 형 거꾸로 된, 반대의

Your friend will prefer the true print, but you will prefer the reverse image. [10]
당신의 친구는 사실적인 사진을 선호하겠지만 당신은 거꾸로 된 사진을 선호할 것이다.
[어형] reversed 반대의, 거꾸로 된 reversal 반전, 전도

994

justice
[dʒʌstis]
★★☆☆
4/3 출제확률 13.7%

어원 just(올바른, 공정한) + (i)ce(~것) → 올바른 것

명 정의, 공정

Its mission is to move the nation towards social, racial, and economic justice. [09]
그것의 임무는 국가를 사회적, 인종적 경제적으로 정의롭게 만드는 것이다.
[어형] justify 정당화하다

995

link
[liŋk]
★★☆☆
3/3 출제확률 13.7%

어원 개체적인 것을 서로 연계시키는 것을 말함

명 고리, 연결 통 ~을 연결하다

[idiom] between A and B A와 B 사이에

Last class, we talked about the possible link between blood type and personality. [11]
지난 시간에 우리는 혈액형과 성격의 연관 가능성에 대해 이야기했다.

aside
[əsáid]

★★☆☆☆

3/3 출제확률 13.7%

어원 a(강조) + side(옆에)

부 옆에(으로), 따로, 제쳐놓고

[idiom] aside from ~을 제외하고, ~와는 별도

You will be able to put that emotion and memory aside and find peace of mind. [03]
당신은 그 감정과 기억을 제쳐두고 마음의 평안을 찾을 수 있을 것이다.

---

overnight
[óuvərnait]

★★☆☆☆

3/3 출제확률 13.7%

어원 over(~넘어) + night(밤) → 밤을 (자지 않고) 넘기는 → 밤을 새는

형 밤을 새는 **부** 밤새, 하룻밤에

Let's go hiking on the mountain and stay overnight. [07]
산으로 하이킹 가서 밤을 새웁시다.

---

despair
[dispέər]

★★☆☆☆

4/3 출제확률 13.7%

어원 de(멀리) + spair(희망) → 희망이 멀리 날아가버림 → 절망

명 절망 **동** 절망하다, 단념하다

In isolation, hope disappears, despair rules. [08]
고독해지면 희망은 사라지고 절망이 지배한다.

[어형] despairful 절망한 desperate 절망적인

---

pole
[poul]

★★☆☆☆

4/3 출제확률 13.7%

어원 bar는 작은 막대를 나타내며, pole은 다소 긴 막대를 의미함

명 막대기, 장대

[idiom] North Pole 북극

This wind has traveled from the North Pole. [02]
이 바람은 북극에서 날아온 것이다.

---

aid
[eid]

★★☆☆☆

4/3 출제확률 13.7%

어원 aid는 물질적인 도움을 지칭하고 직접적인 지원을 나타냄

명 도움, 지원 **동** 돕다

[idiom] first-aid 응급 치료

It's useful for study of motion too slow to be observed by the unaided, human eye. [94]
그것은 사람의 육안으로 식별하기 어려울 정도의 매우 느린 움직임을 연구하는데 유용하다.

[어형] unaided 도움을 받지 않는

---

chief
[tʃi:f]

★★☆☆☆

4/3 출제확률 13.7%

어원 지위상의 우두머리를 뜻하므로 '국장, 장관'의 의미로도 쓰임

명 우두머리, 장

[idiom] CEO(Cheif Executive Officer) 최고 경영자

Let's suppose that the same fire chief has asked you to paint a picture on his firehouse. [10]
그 동일한 소방대장이 당신에게 소방서에 그림을 그려달라는 요청을 했다고 가정해보자.

[어형] chiefly 주로, 대개

1002

entrance
[éntrəns]
★★☆☆☆
3/3 출제확률 13.7%

어원 entre(= enter 들어가다) + ce(~것) → 들어가는 곳 → 입구

명 입구; 입학

You can check your belongings at the room located on the right of the main entrance. [10]
당신은 소지품들을 중앙 현관 오른편에 있는 방에서 확인할 수 있다.

1003

refuse
[rifjú:z]
★★☆☆☆
3/3 출제확률 13.7%

어원 re(다시, 뒤로) + fuse(쏟아버리다) → (받은 것을) 뒤로 쏟아버림 → 거부하다, 거절하다

동 거절하다, 거부하다

Bell refused to listen to him. [00]
벨은 그의 말 듣기를 거절하였다.

[어형] refused (과거, 과거분사) refusal 거절, 거부

1004

transfer
[trænsfɔ́:r]
★★☆☆☆
5/3 출제확률 13.7%

어원 trans(~를 넘어, 가로질러) + fer(= carry 나르다) → ~을 넘어 나르다 → 옮기다

명 운반 동 옮기다, 넘겨주다

In this case, if information has been transferred, it is most definitely false. [11]
이 경우, 만약 정보가 전달되었다면, 확실히 가장 잘못되었다.

[어형] transferred (과거, 과거분사) transferring 전도, 전환

1005

appliance
[əpláiəns]
★★☆☆☆
5/3 출제확률 13.7%

어원 주로 가전용 기기를 지칭함

명 기구, 장치, 설비

Home appliances will drown out the sounds of the birds singing in the morning. [08]
가전제품들로 인해 아침의 새 소리를 듣지 못하게 될 것이다.

*drown out 떠내려 보내다, 들리지 않게 하다 *home appliances 가전제품

1006

structure
[strʌ́ktʃər]
★★☆☆☆
3/3 출제확률 13.7%

어원 struct(짓다) + ure(~것) → 지은 것 → 구조물

명 구조, 건조물

In short, you occupy several different positions in the complex structure of society. [01]
요약하면, 당신은 복잡한 사회 구조 안에서 몇 개의 다른 지위(역할)를 맡고 있다.

[idiom] in short 요컨대

[어형] structured 구조[조직]가 있는 structural 구조의, 구조적인

1007

enthusiastic
[inθù:ziǽstik]
★★☆☆☆
3/3 출제확률 13.7%

어원 en(안에) + thu(s)(신) + iastic(~한) → 신들린 듯이

형 열광적인, 열중하는

Some sports coaches occasionally become over-enthusiastic. [07]
일부 스포츠 감독들은 가끔 과도하게 열성적이 된다.

[어형] enthuse 열중하다, 열광하다 over-enthusiastic 과도하게 열중한

1008

scent
[sent]
★★☆☆☆
3/3 출제확률 13.7%

어원 scent(= feel 느끼다) → 무언가를 느낌 → 냄새

명 냄새, 향내(perfume) 통 냄새를 맡다

No songs of birds were in the air, no pleasant scents, no moving lights and shadows. [94]
지저귀는 새소리도, 기분 좋은 향내도, 지나가는 빛이나 그림자도 없었다.

1009

innocent
[ínəsənt]
★★☆☆☆
3/3 출제확률 13.7%

어원 '잘못'이나 '죄'가 전혀 없음을 나타냄

형 순결한, 결백한

You'll see that this is nothing more than an innocent habit. [03]
당신은 이것이 결백한 습관 외에 어떤 것도 아니라는 것을 알게 될 것이다.

[idiom] nothing more than ~에 불과한
[어형] innocence 결백, 순수

1010

autograph
[ɔ́:tougræf]
★★☆☆☆
4/3 출제확률 13.7%

어원 auto(스스로) + graph(쓰다) → 스스로 쓴 것

명 서명, 자필

Could I please have your autograph? [05]
사인을 받을 수 있을까요?

1011

ray
[rei]
★★☆☆☆
3/3 출제확률 13.7%

어원 빛(light)을 내는 장치가 '레이저(laser)'이다.

명 광선 통 번쩍이다, 빛나다

[idiom] ultraviolet ray 자외선 X-ray 엑스레이

Regular exposure to the ultraviolet rays of sunlight can be harmful to health. [96]
정기적으로 태양의 자외선에 노출되면 건강에 해로울 수 있다.

1012

supervise
[sú:pərvàiz]
★★☆☆☆
4/3 출제확률 13.7%

어원 super(= over 위에서) + vise(보다) → 위에서 지켜보다 → 감독하다

통 감독하다, 관리하다

This can also create an atmosphere where children are better supervised. [07]
또한 이것은 아이들 관리가 더 잘되는 환경이 조성될 수 있도록 한다.

[어형] supervised (과거, 과거분사) supervising (현재분사) supervision 감독, 관리

1013

ought
[ɔːt]
★★☆☆☆
4/3 출제확률 13.7%

어원 ought은 to와 함께 쓰이며 should보다 강한 의무를 뜻한다.

조 ~하기로 되어 있다, ~해야 한다

You ought to go on a diet. [04]
당신은 다이어트를 해야 한다.

1014

tolerate
[tálərèit]
★★☆☆☆
3/3 출제확률 13.7%

어원 tol(er)(= support 떠받치다) + ate(~하다) → 떠받치다 → 견디다, 참다

图 관대하게 다루다, 묵인하다, 참다

Discussion seldom changed his mind, and disagreement was not tolerated. [94]
토론으로 그의 마음을 바꾼 적은 좀처럼 없었을 뿐더러 의견이 다르면 참지 못했다.

[어형] intolerable 참을 수 없는 tolerance 용인, 관용 tolerated (과거, 과거분사)

1015

peak
[pi:k]
★★☆☆☆
3/3 출제확률 13.7%

어원 pick에서 파생했다. pick은 '고르다'라는 의미도 있지만 '뾰족한 끝'이라는 의미도 있다.

图 정상, 봉우리; 절정 图 최고의

He probably travels at a peak time when the airports are crowded and unpleasant. [94]
그는 아마 공항에 가장 사람이 많고 불편할 때 여행을 간다.

1016

mechanical
[məkǽnikəl]
★★☆☆☆
4/3 출제확률 13.7%

어원 mechanic(기계공) + al(~한) → 기계적인

图 기계상의, 기계적인

Mechanical clocks started appearing on towers in Italy in the 14th century. [05]
기계로 작동하는 시계는 14세기 이탈리아의 타워에서 등장하기 시작했다.

[어형] machine 기계, 기구 mechanic 수리공

1017

leap
[li:p]
★★☆☆☆
4/3 출제확률 13.7%

어원 hop과 유사하나 막 상승하려는 순간을 의미한다.

图 뜀, 도약 图 껑충 뛰다, 도약하다(take-off)

Look before you leap. [01]
잘 생각해 보고 행동하라(돌다리도 두들겨 보고 건너라).

1018

cabin
[kǽbin]
★★☆☆☆
3/3 출제확률 13.7%

어원 오두막 형태의 임시적인 거처를 말함

图 오두막집, 선실(객실)

That night we cooked out, and then shared a small cabin with other climbers. [10]
그날 밤 우리는 밖에서 요리를 해 먹은 뒤, 다른 등반가들과 조그마한 오두막집을 함께 사용했다.

[idiom] cook out 요리를 해 먹다
[어형] cabinet 내각, 각료

1019

fiction
[fíkʃən]
★★☆☆☆
3/3 출제확률 13.7%

어원 fic(= make 만들다) + tion(~것) → 만들어낸 것

图 소설, 꾸며낸 이야기

The recent fiction written by Thomas is very popular all over the world. [05]
토마스가 최근에 쓴 소설이 전 세계에 걸쳐 매우 인기가 있다.

[어형] fictional 허구의, 소설적인 nonfiction 비소설(논픽션)

1020

telescope

[téləskòup]

★★☆☆☆

4/3 출제확률 13.7%

어원 tele(멀리) + scope(보다) → 멀리 볼 수 있게 하는 것 → 망원경

명 망원경, 감소하다

We explore the universe by observing it with all kinds of telescopes. [02]
우리는 모든 종류의 망원경을 이용하여 관찰함으로서 우주를 탐험한다.

1021

diminish

[dimíniʃ]

★★☆☆☆

3/3 출제확률 13.7%

어원 di(아래로) + minish(= minus ~을 줄이다) → 줄이다

동 줄이다

By the year 2000, the area of the earth's forests is expected to diminish by a fifth. [94]
2000년까지 지구에 있는 숲의 면적이 5분의 1로 줄어들 것으로 예상된다.

[어형] diminished 감소된 diminishable 줄일 수 있는

1022

acre

[éikər]

★★☆☆☆

3/3 출제확률 13.7%

어원 면적의 단위 1에이커 = 약 4,046.8 m², 약 1,224평.

명 에이커, 경지, 토지

People destroyed the jungles of the world at a speed of 50 acres a minute. [96]
사람들은 세계의 밀림을 1분당 500에이커의 속도로 파괴했다.

[어형] acreage 에이커 수, 면적

1023

lounge

[laundʒ]

★★☆☆☆

3/3 출제확률 13.7%

어원 우리가 '로비'라고 부르는 것이 라운지(lounge)이다.

명 어슬렁거림, 휴게실 동 느긋하게 서 있다

[syn] reception room, living room, sitting room

He may be at the drivers' lounge. [11]
그는 기사 휴게실에 있을 것이다.

1024

colony

[káləni]

★★☆☆☆

3/3 출제확률 13.7%

어원 colon(= till 경작하다) + y → 경작하는 곳 → 식민지

명 식민지, 정착촌

We already sent our spaceship to start the first colony on Mars. [99]
우리는 화성에 최초의 식민지를 건설하기 위해 이미 우주선을 보냈다.

[어형] colonist 식민지 사람 colonized (과거, 과거분사) colonial 식민지의

1025

suspect

[səspékt]

★★☆☆☆

3/3 출제확률 13.7%

어원 su(~아래) + spect(보다) → 아래에 숨긴 게 있나 보다 → 의심하다

명 용의자, 피의자 동 의심하다

They suspected that he is the thief they saw yesterday. [03]
그들은 그가 어제 그들이 본 도둑이라고 의심했다.

[어형] suspected 의심나는 suspended 집행 유예의 unsuspecting 의심하지 않는

TEST 25

1. 아래의 단어에 맞는 뜻을 골라 선으로 이어주세요.

993 reverse	●	ⓐ 뜀, 도약; 껑충 뛰다
1008 scent	●	ⓑ 반대; 거꾸로 하다; 거꾸로 된
1020 telescope	●	ⓒ 구조, 건조물
1012 supervise	●	ⓓ 옆에(으로), 따로, 제쳐놓고
1003 refuse	●	ⓔ 냄새, 향내; 냄새를 맡다
995 link	●	ⓕ 감독하다
1006 structure	●	ⓖ 고리, 연결; ~을 연결하다
1017 leap	●	ⓗ ~하기로 되어 있다
1013 ought	●	ⓘ 열광적인, 열중하는
996 aside	●	ⓙ 망원경
1007 enthusiastic	●	ⓚ 기계상의, 기계적인
1016 mechanical	●	ⓛ 줄이다
1021 diminish	●	ⓜ 운반; 옮기다, 나르다
1004 transfer	●	ⓝ 거절하다

2. 아래 문장의 알맞은 뜻을 보기에서 고르세요.

a. Last class, we talked about the possible link between blood type and personality. (   )

b. Bell refused to listen to him. (   )

c. Mechanical clocks started appearing on towers in Italy in the 14th century. (   )

d. It's useful for study of motion too slow to be observed by the unaided, human eye. (   )

e. Could I please have your autograph? (   )

f. Regular exposure to the ultraviolet rays of sunlight can be harmful to health. (   )

g. He probably travels at a peak time when the airports are crowded and unpleasant. (   )

보기
① 그는 아마 공항에 가장 사람이 많고 불편할 때 여행을 간다.
② 지난 시간에, 우리는 혈액형과 성격의 연관 가능성에 대해 이야기했다.
③ 벨은 그의 말 듣기를 거절하였다.
④ 그것은 사람의 육안으로 식별하기 어려울 정도의 매우 느린 움직임을 연구하는데 유용하다.
⑤ 정기적으로 태양의 자외선에 노출되면 건강에 해로울 수 있다.
⑥ 사인을 받을 수 있을까요?
⑦ 기계로 작동하는 시계는 14세기 이탈리아의 타워에서 등장하기 시작했다.

정답: ②③⑦④⑥⑤①

1026

generous
[dʒénərəs]

★★☆☆☆

3/3 출제확률 13.7%

어원 gen(낳다) + erous(~한) → 태생이 좋으니 관대하다

형 관대한, 너그러운

Please show your support by sending a generous contribution to the Flood Relief Fund. [04]

당신의 지지를 홍수 구호 기금에 후한 기부를 통해 보여 주십시오.

1027

gear
[giər]

★★☆☆☆

3/3 출제확률 13.7%

어원 '변속장치'를 말하는 프랑스어이다.

명 톱니바퀴(장치), 기어

[idiom] gear to ~에 맞추어 조정하다

The shutter is geared to take only one shot per second, or one per minute. [94]

이 셔터는 1초에 한 번이나 1분에 한 번씩만 찍히도록 맞추어져 있다.

[어형] geared 설계된, 구성된 gearbox 변속장치

1028

quarrel
[kwɔ́:rəl]

★★☆☆☆

3/3 출제확률 13.7%

어원 불평하다는 말에서 유래되었다. 주로 말싸움을 의미한다.

명 싸움, 말다툼 동 싸우다, 연장하다

It takes two to make a quarrel. [06]

손바닥도 마주쳐야 소리가 난다.

1029

retire
[ritáiər]

★★☆☆☆

3/3 출제확률 13.7%

어원 re(다시) + tire(피곤하다) → 다시 피곤하다 → 은퇴하다

동 물러나다, 은퇴하다

Fortunately, I seem to remember that I'm retired. [05]

다행히도 내가 은퇴한 것이 기억나는 것 같다.

[어형] retired 은퇴한, 퇴직한 retiree 퇴직자 retirement 은퇴

1030

accustom
[əkʌstəm]

★★☆☆☆

3/3 출제확률 13.7%

어원 ac(~와 같은) + custom(습관) → 어떤 습관에 동일시하다 → 익숙케 하다

동 익숙해지다, 적응되다

People are accustomed to using blankets to make themselves warm. [02]

사람들은 담요를 보온용으로 사용하는데 익숙하다.

[어형] accustomed 익숙해진

1031

democracy
[dimάkrəsi]
★★☆☆☆
4/3 출제확률 13.7%

어원 demo(민중의) + cracy(통치) → 민주주의

명 민주주의, 민주정치

We have the good fortune to live in a democracy. [02]
우리는 민주주의 사회에 사는 행운을 누리고 있다.

[어형] democratic 민주적인, 민주주의의 democrat 민주당원

1032

tone
[toun]
★★☆☆
3/3 출제확률 13.7%

어원 색의 색감이나 소리의 어조를 의미함

명 톤(색감)

[idiom] in a tone 일치하여, ~어조로

Paint the background tones lighter. [03]
배경색을 더 연하게 칠하세요.

1033

impose
[impóuz]
★★☆☆☆
3/3 출제확률 13.7%

어원 im(= in ~에) + pose(= put 놓다) → ~에 놓다 → ~을 부과하다

통 부과하다, 강요하다

We try to impose our values on others by wanting them to live by what we feel.
[06]
우리가 느끼는 대로 타인도 살기를 원함으로써 우리의 가치관을 타인에게 강요한다.

1034

fancy
[fǽnsi]
★★☆☆☆
3/3 출제확률 13.7%

어원 fantasy(환상)의 줄임말.

명 팬시, 좋아함, 공상 통 공상하다 형 화려한, 고급의

I poured out my fancies and my dreams onto the paper. [03]
나는 내가 좋아하는 것들과 나의 꿈들을 종이 위에 쏟아 내었다.

[idiom] pour out 쏟아져 나오다

1035

pupil
[pjú:pl]
★★☆☆☆
3/3 출제확률 13.7%

어원 pup(= child 아이) + il(어미) → 아이 → 학생, 제자

명 학생, 제자; 눈동자

The pupils of the cat's eyes were believed to gradually change. [97]
고양이의 눈동자는 점점 변한다고 알려져 있다.

1036

protest
[próutest]
★★☆☆☆
3/3 출제확률 13.7%

어원 pro(앞에) + test(= witness 증언하다) → 항의하다(demo)

명 항의, 주장 통 항의하다, 주장하다

She called me up to protest that the tornado watch kept her in her basement for
hours. [01]
그녀는 토네이도 경보 때문에 몇 시간 동안이나 지하실에 있었다고 전화로 항의했다.

[어형] protested (과거, 과거분사) protestant 개신교

1037

portion
[pɔ́ːrʃən]
★★☆☆☆
3/3 출제확률 13.7%

어원 port(= part 부분) + tion(~것) → 부분

명 일부, 부분 동 분할하다, 분배하다

Shortages will mean that a large portion of cash will be used to pay for this basic fuel. [94]
이 기초 연료가 부족하다는 것은 이를 구입하는데 많은 돈을 지출해야 함을 의미한다.

1038

string
[striŋ]
★★☆☆☆
10/2 출제확률 9.3%

어원 strong(강한)에서 파생되었다.

명 끈, 줄, 현(악기)

The balls were first made of grass or leaves held together by strings. [08]
최초의 공은 풀이나 나뭇잎을 줄로 묶어 만들었다.

[idiom] hold together 뭉치다, 단결하다

1039

sentence
[séntəns]
★★☆☆☆
10/2 출제확률 9.3%

어원 sent(느끼다) + ence(~것) → 느끼게 하는 것 → 문장

명 문장; 형벌 동 선고하다

He recorded a sentence and cut out a piece of the sentence from the recording tape. [10]
그는 한 문장을 녹음한 뒤, 문장 일부분을 녹음테이프에서 잘라냈다.

[idiom] cut something out ~을 잘라내다

1040

insurance
[inʃúərəns]
★★☆☆☆
9/2 출제확률 9.3%

어원 피보험자(insurant)가 보험에 가입하는 대상이나 상품을 의미함

명 보험, 보증

[idiom] insurance policy 보험 증권

A suitable insurance policy should provide coverage for medical expenses. [05]
적절한 보험 증권은 의료비용에 대한 보상을 제공해야 한다.

[어형] insure 보험에 가입하다, 보장하다 insurer 보험업재[회사]

1041

advocate
[ǽdvəkèit]
★★☆☆☆
7/2 출제확률 9.3%

어원 ad(= to ~에게) + voc(= call (돕기 위해) 부르다) + ate(~하다) → 변호하다

명 지지자, 변호사 동 변호[옹호]하다

An advocate who seeks to adopt a neutral position [12]
중립적인 입장을 추구하려는 한 지지자

[어형] advocacy 변호, 지지

1042

output
[autput]
★★☆☆☆
8/2 출제확률 9.3%

어원 out(밖으로) + put(놓는 것) → (만들어) 밖에 놓은 것 → 산출물

명 생산, 산출물

The growth rate of total output declined from the 1960-1969 period to the 1980-1989 period. [10]
총생산량 성장률은 1960-1969년에서부터 1980-1989년 기간 동안 하락했다.

1043

mediate
[míːdièit]
★★☆☆☆
7/2 출제확률 9.3%

어원 medi(중간에) + ate(동사, ~하다) → 중간에서 조정하다

명 조정 통 중재하다, 조정하다

RPC helped mediate labor disputes. [09]
RPC는 노동분쟁을 중재하는데 도움을 주었다.

[어형] mediated (과거, 과거분사) mediation 중재, 조정, 매개 mediator 중재인, 중재기관

1044

equilibrium
[ìːkwəlíbriəm]
★★☆☆☆
7/2 출제확률 9.3%

어원 equi(같은) + librium(= balance 균형) → 균형을 맞춤

명 평행(상태), 균형, 마음의 안정

A violin creates tension in its strings and gives each of them an equilibrium shape. [09]
바이올린은 각 줄에 장력을 일으켜 줄들이 평행을 이루도록 한다.

1045

mars
[maːrz]
★★☆☆☆
11/2 출제확률 9.2%

어원 화성인(Martian)이 사는 곳으로 지구와 가깝다.

명 화성

Mars was so bright that even the lights of the city didn't get in the way. [04]
화성은 너무 밝아서 그 도시의 불빛조차 방해되지 않았다.

[idiom] get in the way 방해되다

1046

static
[stǽtik]
★★☆☆☆
6/2 출제확률 9.2%

어원 sta(서다) + tic(~한) → 서 있는, 가만히 있는

명 잡음; 정전기 형 정적인, 고정된

He replaced the missing piece with a burst of static of the same duration. [10]
그는 없어진 부분을 같은 길이의 잡음으로 대체하였다.

[어형] stable 안정적인

1047

renaissance
[rènəsáːns]
★★☆☆☆
7/2 출제확률 9.2%

어원 어떤 부흥(revival) 요건이 발생하여 활발한 운동이 전개됨을 지칭함

명 르네상스, 문예 부흥기

Mathematics definitely influenced Renaissance art. [05]
분명 수학은 르네상스 예술에 영향을 미쳤다.

[어형] renaissant 르네상스의, 부활하고 있는

1048

emit
[imít]
★★☆☆☆
5/2 출제확률 9.2%

어원 e(밖으로) + mit(= send 보내다) → 내뿜다

통 내뿜다, 방사하다

United Kingdom has been emitting CO_2 for longer than most countries. [12]
영국은 대부분의 국가들보다 더 오랜기간 CO_2를 발생시켰다.

[어형] emitter 발포자, 방사체 emitting (현재분사) emission 방출

1049

complicate
[kámpləkèit]
★★☆☆☆
6/2 출제확률 9.2%

어원 com(함께) + plic(= fold 겹쳐진) + (a)tion(~것) → 서로 겹쳐져 있어 복잡하다

동 복잡하게 하다, 악화시키다

Our brains involve a much more complicated system. [09]
우리의 뇌는 훨씬 더 복잡한 체계에 관여한다.

[어형] complicated 복잡한 uncomplicated 복잡하지 않은, 단순한

1050

phenomenon
[finámənàn]
★★☆☆☆
5/2 출제확률 9.2%

어원 phen(o)(보여주다) + menon(= ment ~것) → 보여주는 것 → 현상

명 현상, 장관(panorama)

Everything is a phenomenon of energy. [11]
모든 것은 에너지 현상이다.

1051

ecosystem
[ékousístəm]
★★☆☆☆
9/2 출제확률 9.2%

어원 eco(생태) + system(체계) → 생태계

명 생태계(ecosys)

The consequences of the destruction of ecosystems [10]
생태계 파괴의 결과들

[어형] ecospecies 생태종 marine ecosystem 해양 생태계

1052

cattle
[kǽtl]
★★☆☆☆
6/2 출제확률 9.2%

어원 catt(머리) + le → 머리를 잡힌 동물 *불가산명사이기 때문에 's'가 붙지 않는다.

명 소, 가축

So the leopard began to attack dogs and cattle in the village. [06]
그래서 표범은 그 마을의 개와 소들을 공격하기 시작했다.

[어형] cattle-owner 소 소유주

1053

format
[fɔ́:rmæt]
★★☆☆☆
5/2 출제확률 9.2%

어원 form(형태) + at(명접) → 형태, 형식

명 형식, 형태, 포맷

Students process and store information in a much more flexible format. [09]
학생들은 훨씬 더 유연한 방식으로 정보를 처리하고 저장한다.

[어형] formation 대형, 형성 formatting 초기화

1054

ankle
[ǽŋkl]
★★☆☆☆
5/2 출제확률 9.2%

어원 angle(각도)에서 파생되었다.

명 발목

When you play soccer, you should be careful because your ankle can be sprained. [10]
축구를 할 때는 발목을 삐지 않도록 조심해야 한다.

[어형] ankle-high 발목 높이

1055

alienation
[èiljənéiʃən]
★★☆☆☆
5/2 출제확률 9.2%

어원 alien(= other 다른) + (n)ation(~것) → 다르기에 멀리함

명 멀리함, 소외; 양도(transfer)

As a result, there is little or none of that alienation of young from old. [11]
그 결과, 젊은이와 나이든 사람 간의 이질감은 적거나 거의 없다.

[어형] alien 외계인 alienate 멀리하다 alienated 소외된

1056

manipulate
[mənípjulèit]
★★☆☆☆
5/2 출제확률 9.2%

어원 mani(= manus 손) + pul(= ful 가득한) + ate(~하다) → (손으로) 조종하다

동 조종하다, 교묘하게 다루다

Saying a person's name too often in face-to-face conversation sounds manipulative. [10]
마주보고 대화를 나누는 중에 사람의 이름을 너무 많이 언급하는 것은 교활해 보인다.

[어형] manipulated (과거, 과거분사) manipulation 조작, 속임수 manipulative 조작의

1057

dilemma
[dilémə]
★★☆☆☆
4/2 출제확률 9.2%

어원 이중의 가정(assumption)에서 유래됨

명 진퇴양난, 딜레마

These are easy to find and lead to the familiar dilemma in the social sciences. [12]
이러한 것들은 발견하기 쉽고 사회과학의 친숙한 딜레마로 인도한다.

1058

minimal
[mínəməl]
★★☆☆☆
5/2 출제확률 9.2%

어원 mini(작은) + al(형용사) → 작은, 최소의

형 최소의(↔ maximal), 극미한

Poor distribution combined with minimal offerings provided little incentive to purchase. [09]
불충분한 배급망과 극소수의 물량은 구입을 하고자 하는 동기를 조금밖에 부여하지 못했다.

1059

shed
[ʃed]
★★☆☆☆
4/2 출제확률 9.2%

어원 동물(뱀)이 허물을 벗는 것을 의미함

동 (피, 눈물 등) 흘리다, 벗다

[idiom] shed light on ~에 해결의 빛을 주다

It is only to shed light on our plans for the future. [11]
그것은 우리의 미래에 대한 계획에 빛을 밝히기 위한 것일 뿐이다.

1060

vulnerable
[vʌlnərəbl]
★★☆☆☆
3/2 출제확률 9.2%

어원 vulner(= pull 당기다) + able(~할 수 있는) → 잡아 당길 수 있는 → 취약한, 연약한

형 취약한, 연약한

Thus they become more vulnerable. [12]
그래서 그들은 더 취약해진다.

[어형] vulnerability 약점이 있음, 약함 vulnerary 외상치료약

1061

credible
[krédəbl]
★★☆☆☆
3/2 출제확률 9.2%

[어원] credit(신용) + able(~할 수 있는) → 신용할 수 있는

[형] 신용할 수 있는

A mediator who 'takes sides' is likely to lose all credibility. [12]
한쪽 편을 드는 중재자는 신용을 모두 잃게 된다.

[어형] credit 신용 credence 신용, 믿음 credibility 신용, 진실성

1062

parallel
[pǽrəlèl]
★★☆☆☆
3/2 출제확률 9.2%

[어원] para(= beside 옆에) + allel(= each other 서로) → 서로 옆에 있는 → 평행의

[명] 평행선 [형] 평행의

It parallels advocacy in so far as it tends to involve a process of negotiation. [12]
그것은 협상의 과정에 참여한다는 점에서 지지와 유사하다.

[어형] unparalleled 비할 데 없는

1063

outcome
[autkʌm]
★★☆☆☆
8/2 출제확률 9.2%

[어원] out(밖으로) + come(나오다) → 밖으로 나오는 것 → 결과, 성과

[명] 결과, 과정, 성과

The amount of the bet will influence the outcome. [12]
내기의 양은 결과에 영향을 미칠 것이다.

1064

punish
[pʌniʃ]
★★☆☆☆
7/2 출제확률 9.2%

[어원] poena(형벌)에서 파생되었다.

[동] 처벌하다, 벌주다

You demand that children tell you the truth and then punish them. [09]
당신은 아이에게 진실을 말하라고 요구한 뒤에 벌을 준다.

[어형] punished (과거, 과거분사) punishment 처벌, 징계

1065

fatal
[féitl]
★★☆☆☆
3/2 출제확률 9.2%

[어원] fate(운명) + al(~것) → 운명적인 것 → 치명적인 결과

[형] 치명적인 결과 [형] 치명적인, 불행한

The result is a fatal loss. [11]
그 결과는 치명적인 손실이다.

[어형] fatality 치사율

1066

sprint
[sprint]
★★☆☆☆
3/2 출제확률 9.2%

[어원] spring(튀어 오르다)에서 유래되었다.

[명] 단거리 경주, 전력질주

For a sprinter, it could be trying to beat his own record. [11]
단거리 달리기 선수에게는 그것은 그의 기록을 경신하려는 노력이 될 수도 있다.

[어형] sprinter 단거리 주자 sprinting 스프린팅

TEST 26

1. 아래의 단어에 맞는 뜻을 골라 선으로 이어주세요.

1036 protest	●	ⓐ 생산, 산출물
1060 vulnerable	●	ⓑ (피, 눈물 등) 흘리다, 내뿜게 하다
1063 outcome	●	ⓒ 최소의, 극미한
1059 shed	●	ⓓ 문장, 형벌; 선고하다
1058 minimal	●	ⓔ 결과, 과정, 성과
1054 ankle	●	ⓕ 현상
1049 complicate	●	ⓖ 발목
1047 renaissance	●	ⓗ 조종하다, 교묘하게 다루다
1056 manipulate	●	ⓘ 르네상스, 문예 부흥기
1042 output	●	ⓙ 취약한, 연약한
1050 phenomenon	●	ⓚ 소, 가축
1037 portion	●	ⓛ 항의, 주장; 항의하다, 주장하다
1052 cattle	●	ⓜ 일부, 부분; 분할하다
1039 sentence	●	ⓝ 복잡하게 하다

2. 아래 문장의 알맞은 뜻을 보기에서 고르세요.

a. The result is a fatal loss. ( )

b. Students process and store information in a much more flexible format. ( )

c. Everything is a phenomenon of energy. ( )

d. Mars was so bright that even the lights of the city didn't get in the way. ( )

e. Poor distribution combined with minimal offerings provided little incentive to purchase. ( )

f. A mediator who 'takes sides' is likely to lose all credibility. ( )

g. The growth rate of total output declined from the 1960–1969 period to the 1980–1989. ( )

보기
① 학생들은 훨씬 더 유연한 방식으로 정보를 처리하고 저장한다.
② 모든 것은 에너지 현상이다.
③ 총생산량 성장률은 1960–1969년에서부터 1980–1989년 기간 동안 하락했다.
④ 한쪽 편을 드는 중재자는 신용을 모두 잃게 된다.
⑤ 화성은 너무 밝아서 그 도시의 불빛조차 방해되지 않았다.
⑥ 불충분한 배급망과 극소수의 물량은 구입을 하고자 하는 동기를 조금밖에 부여하지 못했다.
⑦ 그 결과는 치명적인 손실이다.

정답: ⑦ ① ② ⑤ ⑥ ④ ③

1067

barn

[ba:rn]

★★☆☆☆

5/2 출제확률 9.2%

어원 bar(막대기, 봉) + n → 막대로 울타리를 쳐 놓은 곳 → 외양간

명 헛간, 외양간

At night they were securely locked into their barns. [06]
밤이 되면 그들은 외양간에 안전하게 가둬졌다.

1068

bunch

[bʌntʃ]

★★☆☆☆

4/2 출제확률 9.2%

어원 비교적 작은 열매가 송이로 달려 있음을 나타냄

명 다발, 송이; 무리

[idiom] a bunch of (양이) 많은

If you catch one, you can catch a bunch. [10]
만약 당신이 하나를 잡게 되면, 많이 잡을 수 있다.

1069

narration

[næréiʃən]

★★☆☆☆

3/2 출제확률 9.2%

어원 narr(= 말하다) + ate(~하다) + tion(명접) → 이야기하기

명 이야기를 진행하기, 서술하기, 내레이션

Through scattered narration and commentary throughout the play~ [10]
연극 중간중간에 분산된 내레이션과 해설을 통해

[어형] narrate 이야기하다 narrative 이야기, 담화

1070

straw

[strɔ:]

★★☆☆☆

4/2 출제확률 9.2%

어원 속이 텅 빈 빨대와 같은 것을 지칭하며 '사소한'의 의미로 쓰임

명 짚, 밀짚, 빨대

[idiom] straw hat 밀짚모자

Do you sell straw hats, too? [05]
밀짚모자도 파세요?

1071

polar

[póulər]

★★☆☆☆

4/2 출제확률 9.2%

어원 pole(기둥) + ar(~의) → 극지의

형 남(북)극의, 극지의

A United Nations report says that the number of polar bears is rapidly decreasing. [07]
UN 보고서에 따르면 북극곰의 개체수가 급속히 줄어들고 있다고 한다.

[어형] pole 극 polarity 양극성

1072
secondhand
[sékəndhæd]
★★☆☆☆
3/2 출제확률 9.2%

[어원] second(두 번째) + hand(손, 손길) → 두 번째 손길 → (이미 한번 거친) 중고

[형] 중고의, 간접의(indirect) [부] 고물로, 간접으로

I won't buy second-hand items again. [09]
나는 중고 물품은 다신 사지 않을 것이다.

1073
clarity
[klǽrəti]
★★☆☆☆
3/2 출제확률 9.2%

[어원] clar(깨끗한) + (i)ty(~것) → 깨끗한 것 → 명확함, 명료함

[명] 명료함, 명석함, 명쾌함

A fire chief, for example, needs to issue his orders with absolute clarity. [10]
예를 들면 소방 대장은 절대적으로 명확하게 명령을 내려야 한다.

[어형] clarify 분명히 하다 clarified 정화된

1074
paddle
[pǽdl]
★★☆☆☆
3/2 출제확률 9.2%

[어원] 나룻배의 운행에서 paddle은 동력원이다.

[명] 노 [동] 노를 젓다

Ocoee was among the most paddled rivers in the country. [10]
Ocoee는 그 나라에서 가장 노 젓는 배가 많은 강이다.

[어형] paddled (보트나 카누용) 노, 패들

1075
flatter
[flǽtər]
★★☆☆☆
3/2 출제확률 9.2%

[어원] flat(납작한)에서 유래된 말로 상대의 입맛에 맞는 말을 하는 것을 의미함

[동] 아첨하다, 자만하다

I rushed to look up the word 'flattering' in the dictionary. [10]
'아첨'이란 단어를 사전에서 서둘러 찾아봤다.

[idiom] look up ~을 찾아보다

[어형] flattered (과거, 과거분사) flattering 아첨하는 flattery 아첨

1076
committee
[kəmíti]
★★☆☆☆
6/2 출제확률 9.2%

[어원] commission과 유사한 표현으로 쓰인다.

[명] 위원회

[idiom] sit on the committee 위원회의 일원이 되다

I have been asked to assist in creating a committee to improve the Sunshine Charity. [05]
나는 Sunshine 자선단체의 발전을 위한 위원회 발족에 자문을 해달라는 요청을 받았다.

1077
steam
[sti:m]
★★☆☆☆
5/ 2 출제확률 9.2 %

[어원] 물이 끓으면 발생하는 vapor(수증기)와 같은 표현이다.

[명] 증기 [동] 증기가 발생하다

[idiom] run out of steam 피곤하다, 지치다, 힘이 빠지다

I'm completely running out of steam. [09]
나는 완전히 지쳐가고 있다.

[어형] steamed (과거, 과거분사) steaming 몹시 화가 난, 찌는 듯이 더운

1078

foretell
[fɔ:rtel]
★★☆☆☆
4/2 출제확률 9.2%

에웬 fore(미리, 앞서) + tell(말하다) → 예언하다

통 예언하다(predict)

We desperately need people who can foretell the future. [05]
우리는 미래를 예견할 수 있는 사람들이 몹시 필요하다.

[어법] forecast(예보하다)와 predict(예언하다)를 포괄하는 표현이다.

1079

relevant
[rélǝvǝnt]
★★☆☆☆
3/2 출제확률 9.2%

에웬 re(다시) + lev(= raise 들어올리다) + ant(~하는) → 다시 들어보니 적절한

형 관련된, 적절한

They often collect data that are unhelpful or irrelevant. [10]
그들은 종종 불필요하거나 연관성 없는 데이터를 수집한다.

[어형] irrelevant 상관없는, 무관한 relevance 타당성

1080

cave
[keiv]
★★☆☆☆
3/2 출제확률 9.2%

에웬 '굴복하다'라는 뜻이 있음에 유의하자

명 동굴 **통** 굴복하다, 동굴을 파다

Before long more than 3,800 caves surrounding the city had been discovered. [10]
이윽고 도시 주위에 3,800개의 동굴이 발견되었다.

[어형] caved (과거, 과거분사) caveman 혈거인

1081

calculate
[kǽlkjulèit]
★★☆☆☆
2/2 출제확률 9.2%

에웬 calc(돌) + ul(작은) + ate(~하다) → 작은 돌로 셈을 하다 → 계산하다

통 계산하다, 추정하다

We should calculate how much greenhouse gases each country has emitted. [12]
우리는 각 국가들이 온실 가스를 얼마나 배출했는지 추정해야 한다.

[어형] calculation 계산 calculated 계산된, 계획된

1082

deteriorate
[ditíǝriǝrèit]
★★☆☆☆
2/2 출제확률 9.2%

에웬 deter(단념시키다) + ate(~하다) → 단념시키게 하다 → 악화시키다

통 악화시키다, 나쁘게 하다

Overgrazing of livestock resulted in further deterioration of the soil. [12]
과도한 가축의 방목은 토양의 추가적 악화를 초래했다.

[어형] deterioration 악화, 저하

1083

enterprise
[éntǝrpràiz]
★★☆☆☆
2/2 출제확률 9.2%

에웬 enter(= among ~사이에) + prise(= seize 잡다) → (여러 기획안 중에) 잡아서 실행하는 것 → 사업

명 사업, 기업, 회사

Use their individual talents toward the goals of the enterprise. [12]
회사의 목표를 달성하는데 개인들의 재능을 활용하라.

1084

fade
[feid]
★★☆☆☆
2/2 출제확률 9.2%

어원 농구에서 사용하는 fade away는 '사라지다'라는 뜻이다.

통 사라지다, 희미해지다(fade out)

Long after the name of the rock band once written across it has faded [12]
(티 셔츠에) 한때 적혀있었던 락밴드의 이름이 희미해진지 오래된 후에

[어형] faded 쇠퇴한, 빛깔이 바랜 fadeaway 소실

1085

inevitable
[inévətəbl]
★★☆☆☆
2/2 출제확률 9.2%

어원 in(아닌) + evitable(피할 수 있는) → 피할 수 없는

명 피할 수 없는 일 형 피할 수 없는, 불가피한

It was inevitable that the country faced a severe economic crisis. [ ]
그 나라는 심각한 경제 위기에 직면하는 것을 피할 수 없었다.

[어형] inevitability 불가피함, 필연성

1086

mechanism
[mékənìzm]
★★☆☆☆
2/2 출제확률 9.2%

어원 mechan(기계) + (i)sm(주의, 특성) → 기계 장치, 절차

명 기계 장치, 절차, 방법

inner mechanisms to enhance the quality of life [12]
삶의 질을 향상시키는 내부적인 방법들

[어형] mechanic 정비사 mechanical 기계적인, 기술적인

1087

privilege
[prívəlidʒ]
★★☆☆☆
2/2 출제확률 9.2%

어원 priv(i)(= private 개인만을 위한) + leg(= law 법) → 특권

명 특권[전], 영광 통 특혜를 주다

Thank you for inviting me and it was a great privilege to meet you. [03]
초대해 주셔서 감사하고요 당신을 만나뵙게 되어 영광입니다.

[어형] privileged 특권을 가진 underprivileged 혜택을 못 받는

1088

shovel
[ʃʌvəl]
★★☆☆☆
2/2 출제확률 9.2%

어원 삽으로 shove(밀다, 밀어내다)하는 것에서 유래됨

명 삽 통 삽으로 파다

Excuse me. How much is this shovel? [12]
실례합니다. 이 삽은 얼마인가요?

[어법] 스페이드(spade)와 닮아 spade를 '가래, 삽'을 지칭하기도 함

1089

submerge
[səbmə́:rdʒ]
★★☆☆☆
2/2 출제확률 9.2%

어원 sub((물)아래) + merge(가라앉다) → 잠수하다, 매몰시키다

통 물속에 잠기다, 잠수하다

Bits of skin that the whales leave behind on the surface when they re-submerge [12]
고래가 다시 잠수할 때 표면에 남은 고래 가죽 조각들

[어형] re-submerge 다시 잠수하다 submerged 수중에서의

1090

executive
[igzékjutiv]

★★☆☆☆

4/2 출제확률 9.2%

[어원] execute(실행하다) + ive → 실행의, 실행하는 사람

[명] 경영 간부, 관리직 [형] 실행의, 관리의

Your skills led you to be promoted to executive secretary in 1992. [05]
당신의 기술덕택에 당신은 1992년에 비서실장으로 승진할 수 있게 되었다.

[idiom] be promoted to ~로 진급되다

[어형] executed (과거, 과거분사) execution 실행, 집행

1091

cope
[koup]

★★☆☆☆

2/2 출제확률 9.2%

[어원] 다소 좋지 못한 것에 대하여 대처하는 것을 말함

[동] 잘 처리하다, 조정하다

[idiom] cope with ~을 처리하다, 대처하다

Ways to cope with nervousness [11]
긴장에 대처하는 방법들

1092

recess
[risés]

★★☆☆☆

2/2 출제확률 9.2%

[어원] re(다시, ~반하여) + cess(= going 가기) → 가는 것의 반대는 휴식

[명] 쉼, 휴식, 휴회

The boys earn Nature Trail tickets for running the quarter-mile track during lunch and recess. [11]
그 소년들은 점심 휴식 시간에 0.25마일을 달리는 네이쳐 트레일(자연 길) 티켓을 얻었다.

[어형] recession 불황, 침체

1093

rehearsal
[rihá:rsəl]

★★☆☆☆

2/2 출제확률 9.2%

[어원] re(다시) + hear(듣다) + (s)al(~것) → 다시 들어보는 것 → 시연

[명] 리허설, 총연습, 시연

But the final rehearsal is in two days. [11]
그러나 그 마지막 리허설은 이틀밖에 남지 않았다.

1094

restrain
[ristréin]

★★☆☆☆

2/2 출제확률 9.2%

[어원] re(다시, 뒤로) + strain(잡아당기다) → 감정을 표현하지 않고 누르다

[동] 억제하다, 누르다

Apelles was unable to restrain himself. [11]
에펠은 스스로를 억누를 수 없었다.

[어형] restraint 규제, 통제, 제한 restrict 제한하다 restriction 제한, 제약 조건

1095

voluntary
[váləntèri]

★★☆☆☆

2/2 출제확률 9.2%

[어원] vol(= will (스스로의) 의지) + ary(~로) → 스스로 하는 →자발적인

[명] 원조, 기부 [형] 자발적인(↔ forced, compulsory 강제적인)

This organization operates on a voluntary basis. [08]
이 조직은 자원봉사를 기반으로 운영하고 있다.

[어형] voluntarily 자발적으로 *voluntary act(자발적 행위)

1096

exhaust
[igzɔ́:st]
★★☆☆☆
3/2 출제확률 9.2%

어원 ex(밖으로) + haust(= draw (물이) 빠지다) → 밖으로 물을 퍼내다 → 다 써버리다, 지치게 하다

동 지치다, 피곤하다; 소모시키다 명 배기, 고갈

They all reached the beach two hours later, exhausted but safe. [07]
그들은 2시간 뒤에 그 해변에 도착하였다. 그들은 지쳤지만 안전했다.

[어형] exhausted 탈진한, 고갈된 exhaustion 탈진, 고갈

1097

deadline
[dedlain]
★★☆☆☆
3/2 출제확률 9.2%

어원 dead(죽음, 끝) + line(선) → 끝내야 하는 선

명 마감 기한

I won't be able to finish by the deadline. [10]
나는 마감 기한 내에 끝내지 못할 것이다.

1098

reconciliation
[rèkənsìliéiʃən]
★★☆☆☆
2/2 출제확률 9.2%

어원 reconcile(화해하다) + −tion(~것) → 화해

명 화해(compromise), 조정

We must work to resolve conflicts in a spirit of reconciliation. [10]
우리는 갈등을 화해의 정신으로 해결해야만 한다.

1099

overlap
[óuvərlæp]
★★☆☆☆
2/2 출제확률 9.2%

어원 over(~위에) + lap(무릎) → (무릎 위에 다리가) 겹치다(다리를 꼬는 동작)

명 중복 동 겹치다, 일치하다

Having the edges overlapping in a regular arrangement like tiles on a roof [11]
끝을 지붕 위의 타일(기와)처럼 규칙적으로 겹치게 하기

[어형] overlapping 중복된, 서로 중복되는

1100

peer
[piər]
★★☆☆☆
2/2 출제확률 9.2%

어원 par(평등)에서 유래되었다.

명 동등한 사람, 동료 동 응시하다

People's tendency to agree with their peers was stronger. [11]
사람들은 동료의 의견에 동의하려는 경향이 더 강했다.

[idiom] agree with ~에 동의하다

1101

surpass
[sərpǽs]
★★☆☆☆
2/2 출제확률 9.2%

어원 sur(= over 이상으로) + pass(고통, 아픔) → 남보다 더 큰 고통과 아픔을 겪으니 남을 능가하다

동 ~보다 낫다, 능가하다

Achieving results that surpass their expectations [11]
그들의 기대를 뛰어 넘는 결과를 달성하기

[어형] surpassed (과거, 과거분사) surpassing 뛰어난, 출중한

당신은 수능 영단어의 **48.9%**를 알고 있다

1102

unanimous
[juːnǽnəməs]
★★☆☆☆
2/2 출제확률 9.2%

[어원] un(모두) + anim(= mind 마음) + ity(~것) → 모두 같은 마음인 것(상태) → 만장일치

[형] 만장일치의, 합의의

The lawmakers unanimously agreed on the new budget. [04]
국회의원들이 만장일치로 새로운 예산안에 동의했다.

[어형] ambiguous 애매모호한 unanimously 만장일치로 unanimity 만장일치, 일치

1103

referee
[rèfərí:]
★★☆☆☆
3/2 출제확률 9.2%

[어원] refer(언급하다) + ee(사람) → 문제에 대해 언급하는 사람 → 심판

[명] 심판, 판정

Finally, the referee ordered the player off which he latter regretted. [00]
마침내, 그 심판은 그 선수에게 퇴장을 명령했고 그는 나중에 후회했다.

1104

propose
[prəpóuz]
★★☆☆☆
3/2 출제확률9.2%

[어원] pro(앞서) + pose(= put ~를 내 놓다(안건 등을)) → 제안하다

[통] 제안하다, 신청하다

I propose that our children focus on areas in which they excel. [06]
저는 우리 아이들이 잘하는 분야에 집중하기를 제안합니다.

[어형] proposal 제안, 제의 proposition 제안, 주장

1105

palm
[paːm]
★★☆☆
3/2 출제확률 9.2%

[어원] 손가락을 제외한 '손바닥'만을 지칭함

[명] 손바닥, 야자(종려)

You can talk to each other in real time, looking at each other on a palm-sized phone. [08]
당신은 실시간으로 손바닥 만한 크기의 전화기로 서로 마주보며 통화할 수 있다.

[어형] palm-sized 손바닥크기 만한

1106

distort
[distɔ́:rt]
★★☆☆☆
2/2 출제확률 9.2%

[어원] dis(= apart 따로 떼다) + tort(비틀다) → 왜곡하다

[통] 왜곡하다, 뒤틀다

They may distort the truth. [09]
그들은 진실을 왜곡할 수 있다.

[어형] distortion 왜곡

1107

dot
[dat]
★★☆☆☆
2/2 출제확률 9.2%

[어원] 비교적 작은 점을 이르는 말인데 인터넷상의 주소에 사용되는 점이나 마침표(period)를 가리키기도 한다.

[명] 점, 얼룩

How about the line graph with dots? [09]
점으로 된 선 그래프는 어떤가?

[어형] dotting 점묘

236

1. 아래의 단어에 맞는 뜻을 골라 선으로 이어주세요.

1080 cave ●

1086 mechanism ●

1094 restrain ●

1102 unanimous ●

1078 foretell ●

1089 submerge ●

1101 surpass ●

1092 recess ●

1076 committee ●

1097 deadline ●

1105 palm ●

1099 overlap ●

1107 dot ●

1108 suburb ●

ⓐ ~보다 낫다, 능가하다

ⓑ 동굴; 굴복하다, 동굴을 파다

ⓒ 만장일치의

ⓓ 점

ⓔ 억제하다, 누르다

ⓕ 손바닥, 야자(종려)

ⓖ 물에 잠그다, 잠수하다

ⓗ 위원회

ⓘ 예언하다

ⓙ 중복, 겹치다

ⓚ 기계 장치, 절차, 방법

ⓛ 쉼, 휴식, 휴회

ⓜ 교외, 근교

ⓝ 마감 기한

2. 아래 문장의 알맞은 뜻을 보기에서 고르세요.

a. Thank you for inviting me and it was a great privilege to meet you. ( )

b. We should calculate how much greenhouse gases each country has emitted. ( )

c. Before long more than 3,800 caves surrounding the city had been discovered. ( )

d. Achieving results that surpass their expectations ( )

e. The boys earn Nature Trail tickets for running the quarter-mile track during lunch recess. ( )

f. Use their individual talents toward the goals of the enterprise. ( )

g. Having the edges overlapping in a regular arrangement like tiles on a roof ( )

보기

① 끝을 지붕 위의 타일(기와)처럼 규칙적으로 겹치게 하기

② 오래지 않아 도시 주위에서 3,800개의 동굴이 발견되었다.

③ 초대해 주셔서 감사하고요 당신을 만나뵙게 되어 영광입니다.

④ 그 소년들은 점심 휴식 시간에 0.25마일을 달리는 네이처 트레일(자연 길) 티켓을 얻었다.

⑤ 회사의 목표를 달성하는데 개인들의 재능을 활용하라.

⑥ 우리는 각 국가들이 온실 가스를 얼마나 배출했는지 추정해야 한다.

⑦ 그들의 기대를 뛰어 넘는 결과를 달성하기

정답: ③ ⑥ ② ⑦ ④ ⑤ ①

1108

suburb
[sʌbəːrb]

★★☆☆☆

2/2 출제확률 9.2%

어원 sub(아래) + urb(시가지, 도시) → 시가지 아래에 있는 '교외'

명 교외, 근교

Cities in Western Europe tend to be economically healthy compared with their suburbs. [09]
서유럽 도시들이 지방에 비해 더 경제적으로 부유한 경향이 있다.

1109

beforehand
[bifɔ́ːrhænd]

★★☆☆☆

2/2 출제확률 9.2%

어원 before(~이전에) + hand(소유) → 가지기 전에 → 사전에

부 사전에, 미리(in advance)

It was, therefore, important for the viewer to learn about the play beforehand. [10]
그래서 연극을 보기 전에 미리 청중들이 그 연극에 대해 알아두는 것이 중요하다.

1110

biography
[baiágrəfì, bi-]

★★☆☆☆

2/2 출제확률 9.2%

어원 bio(= life 일생, 생애) + graphy(기록한 것) → 일생에 걸쳐 기록한 것

명 전기, 자서전

"Biography of Marie Curie" Rob said. [10]
"메리 퀴리 부인의 자서전이요."라고 Rob이 말했다.

[어형] biographical 전기의 *autograph(자필 사인)

1111

facilitate
[fəsílətèit]

★★☆☆☆

2/2 출제확률 9.2%

어원 facil(쉬운) + ate(~하다) → 쉽게 하다 → 촉진하다

동 용이하게 하다, 쉽게 하다, 촉진하다, 조장하다

It was important for the viewer so as to facilitate interpretation of the content. [10]
내용에 대한 이해를 촉진시키기 위해 그것은 시청자에게 중요했다.

[어형] facility 시설, 설비 facilitator 촉진제(자)

1112

sweat
[swet]

★★☆☆☆

2/2 출제확률 9.2%

어원 sweet(사탕)과 혼동하지 않도록 하자.

명 땀; 걱정 동 땀을 흘리다; 걱정하다, 초조하다

[idiom] cold sweating 식은 땀

If you are in a cold sweat, you'd better see a doctor. [03]
만약 당신이 식은땀을 흘린다면, 진찰을 받으십시오.

[어형] sweating (현재분사) *sweated labor(저임금 노동)

1113

minimize

[mínəmàiz]

★★☆☆☆

3/2 출제확률 9.2%

[어원] mini(작은) + ize(~화하다) → 최대한 작게 하다

[동] 최소화하다, 축소하다; 과소평가하다

They have made their stores bigger to minimize time spent shopping. [04]

그들은 쇼핑시간을 최소화하기 위해 점포를 더 크게 만들었다.

[어형] minimal 최소의 minimum 최소, 최저

1114

paw

[pɔː]

★★☆☆☆

3/2 출제확률 9.2%

[어원] 특히 앞발을 지칭한다.

[명] (개, 고양이) 발, (사람의) 손

Yes, my puppy's got something wrong with his paw. [04]

맞아, 우리 강아지 발에 뭔가 이상한 게 있어.

1115

portray

[pɔːrtréi]

★★☆☆☆

3/2 출제확률 9.2%

[어원] port(= carry 나르다) + ay → 현상을 날라 그림으로 옮김

[동] 그리다, 묘사하다

Mathematics was used to portray the essential form of objects in perspective of humans. [05]

인간의 관점에서 사물의 핵심적인 형태를 묘사하는데 수학이 사용되곤 했다.

[어형] portrait 초상화 portrayed (과거, 과거분사)

1116

ridiculous

[ridíkjuləs]

★★☆☆☆

3/2 출제확률 9.2%

[어원] rid(웃음거리) + ic + ulous(~인) → 웃음거리의, 어리석은

[형] 어리석은, 터무니없는

Some players call the change "Simply ridiculous." [06]

일부 선수들은 그 변화에 대해 "너무 터무니없다."고 말한다.

[어형] ridicule 조롱; 비웃다 ridiculously 어처구니없게

1117

vibrate

[váibreit]

★★☆☆☆

3/2 출제확률 9.2%

[어원] 소리(voice)가 공기(air)를 타고 전해짐을 나타냄

[동] 진동하다, 울리다

We have learned that light waves are characterized by different frequencies of vibration. [08]

우리는 빛의 파동이 진동의 빈도에 따라 특징을 보인다는 것을 배웠다.

*핸드폰이 진동한다고 할 때 'The cell phone is vibrating.'이라고 표현한다.

[어형] vibration 진동, 떨림 vibrant 진동하는 vibrancy 진동, 반향

1118

notion

[nóuʃən]

★★☆☆☆

2/2 출제확률 9.2%

[어원] not(= know 알다) + ion(~것) → 아는 것

[명] 생각, 개념

The notion that the people represented a biologically less evolved form of humanity ~ [08]

그 사람들이 생물학적으로 덜 진화된 형태의 인류를 대표한다는 생각 ~

1119

convert
[kənvə́:rt]
★★☆☆
2/2 출제확률 9.2%

[어원] con(완전히) + vert(돌다) → 완전히 돌다 → 바꾸다, 전환하다

[통] 바꾸다, 전환하다

To convert inaccurate drawings into accurate ones [09]
부정확한 그림을 정확한 것으로 바꾸기 위해

[어형] converted 전환된, 변환된 conversion 전환, 융합

1120

cuisine
[kwizí:n]
★★☆☆
2/2 출제확률 9.2%

[어원] 부엌(kitchen)에서 유래되었다.

[명] 요리법(recipe), 요리

The cuisine constitute a deep reservoir of accumulated wisdom about diet and health. [09]
그 요리법은 음식과 건강에 대한 깊은 지혜가 담겨져 있다.

1121

ingredient
[ingrí:diənt]
★★☆☆
2/2 출제확률 9.2%

[어원] in(안에) + gred(= go (들어)가는) + (i)ent(것) → 안에 있는 것 → 성분

[명] 성분, 재료

Ask her if you can borrow a cup of sugar or some equally non-threatening ingredients. [09]
당신이 설탕 한 컵이나 설탕처럼 안전한 재료를 빌릴 수 있는지 그녀에게 물어보세요.

1122

particle
[pá:rtikl]
★★☆☆
5/2 출제확률 9.2%

[어원] part(부분) + icle(작은) → 작은 조각

[명] 작은 조각, 극소(량) 입자

One example is the virus − a particle that can be stored like chemicals in a bottle. [02]
한 가지 예는 바이러스이다 − 병 속의 화학물질처럼 보관될 수 있는 입자.

1123

scratch
[skrætʃ]
★★☆☆
3/2 출제확률 9.2%

[어원] scrape(스크랩, 조각)에서 파생되었다.

[통] 할퀴다, 긁다

The habit of scratching can be replaced with rubbing in some lotion. [10]
긁는 습관은 로션을 비비는 것으로 대체 될 수 있다.

[idiom] be replaced with ~로 대체되다

[어형] scratched 할퀸 scratching (현재분사)

1124

prescription
[priskrípʃən]
★★☆☆
3/2 출제확률 9.2%

[어원] pre(미리) + script(쓰다) → 규정은 미리 쓰여진 것이다

[명] 처방, 규정, 법규

You don't necessarily need a prescription for this. [10]
이것 때문에 처방전이 필요하지는 않아요.

[어형] prescribe 처방하다, 규정하다

1125

awesome

[ɔ́:səm]

★★☆☆☆

2/2 출제확률 9.2%

[어원] awe(경외) + some(다소) → 다소 놀랄만한 → 멋진

[형] 멋진, 근사한

I still remember the awesome feeling I had on that day. [07]
나는 그 날에 받은 멋진 느낌을 아직도 기억하고 있다.

1126

outlet

[áutlet]

★★☆☆☆

2/2 출제확률 9.2%

[어원] out(밖으로) + let(~시키다) → 밖으로 내보내는 곳 → 출구 → 판매 대리점

[명] 출구, 배출구, 판매 대리점

The brand has many retail outlets in this country. [02]
그 브랜드는 이 나라에서 많은 유통 판매 대리점을 보유하고 있다.

1127

acknowledge

[æknálidʒ]

★★☆☆☆

2/2 출제확률 9.2%

[어원] ac(~에 대한) + knowledge(지식) → ~에 대한 지식이 있으니 → 인정하다

[동] 인정하다, 알다

You will acknowledge the high cost of night driving. [08]
당신은 야간 운전의 비용이 비싸다는 것을 인정하게 될 것이다.

[어형] acknowledgement 인정, 확인

1128

altitude

[ǽltətjù:d]

★★☆☆☆

2/2 출제확률 9.2%

[어원] alti(높은) + tude(상태) → 고도

[명] 고도, 높이

If you climb up a mountain at an altitude of 5,000m, you'll have difficulty breathing. [11]
만약 당신이 5천미터 높이의 산을 오르게 된다면, 당신은 호흡하는데 어려움이 있을 것이다.

1129

anthropology

[ænθrəpáledʒi]

★★☆☆☆

2/2 출제확률 9.2%

[어원] anthro(인류) + logy(학문) → 인류학

[명] 인류학

With the rise of anthropology, words like 'savage' and 'primitive' began to disappear. [08]
인류학이 부상하면서 '야만적인'과 '원초적인'과 같은 단어들은 사라지기 시작했다.

[어형] anthropologist 인류학자

1130

barren

[bǽrən]

★★☆☆☆

2/2 출제확률 9.2%

[어원] Bahrein(바레인)은 메마르고 황량하다는 데서 유래됨.

[형] 불모의, 메마른, 황량한

The flowers won't grow in barren soil. [04]
꽃들은 메마른 토양에서는 자라지 않을 것이다.

1131

invariable

[invέəriəbl]

★★☆☆☆

2/2 출제확률 9.2%

[어원] in(아니다) + variable(변함) → 변함없는

[형] 변함없는, 항상

People who tried this little exercise would invariably report more frustration. [09]
이 작은 실험을 시도한 사람들은 항상 더 화를 냈다.

[어형] invariably 변함없이

1132

reluctant

[rilʌ́ktənt]

★★☆☆☆

2/2 출제확률 9.2%

[어원] 싫어서 받아들이지 못하는 상태를 나타냄

[형] 마음이 내키지 않는, 주저하는

The two countries finally made a reluctant agreement. [09]
그 두 국가는 결국 마지못해 합의안을 만들었다.

[idiom] make an agreement with ~와 협약을 체결하다

[어형] reluct 반항하다, 싫어하다 reluctance 꺼림, 주저함

1133

drain

[drein]

★★☆☆☆

3/2 출제확률 9.2%

[어원] 주로 액체 따위를 '배출하다, 배수하다'에서 '소비하다'로 의미가 확장됨

[명] 유출 [동] 배수하다, 잔을 비우다

[idiom] to start with 우선, 첫째로 drain off 배출하다

To start with, you need well drained, not necessarily over fertile soil. [06]
우선 당신은 배수가 잘되고 불필요하게 너무 비옥하지 않은 토양이 있어야 한다.

[어형] drained 진이 빠진 drainage 하수, 오수; 배수장치

1134

federal

[fédərəl]

★★☆☆☆

2/2 출제확률 9.2%

[어원] fed(믿다) + al(~한) → 믿는 → 동맹의

[형] 동맹의, 연방의

The craft's design is from the Swiss Federal Institute of Technology. [06]
그 비행기는 스위스 연방 과학 기술 협회에서 설계되었다.

[어형] federacy 연합, 동맹 federation 연합, 연맹

1135

submit

[səbmít]

★★☆☆☆

2/2 출제확률 9.2%

[어원] sub(= under 아래로) + mit(= send 보내다) → 내 아래가 되니, 복종시키는 것이다

[동] 제출하다; 복종시키다

I want to submit my new application tomorrow. [06]
저는 신규 신청서를 내일 제출하고 싶습니다.

[어형] submission 굴복, 순종

1136

undergo

[ʌndərgou]

★★☆☆☆

2/2 출제확률 9.2%

[어원] under(아래로, 이하로) + go(가다, 겪다) → (기대)이하의 일을 겪음

[동] (특이한, 안 좋은 일을) 겪다, 받다; 진행하다

Learning to ski is one of the most humbling experiences an adult can undergo.
[06]
어른들이 겪는 경험 중에 가장 겸손하게 만드는 것 중 하나가 스키를 배우는 것이다.

[어형] underwent ~을 겪었다

1137
adequate
[ǽdikwət]
★★☆☆☆
2/2 출제확률 9.2%

[어원] ad(~에) + equa(= equal 동등한) + te(~한) → 남과 비슷하니 적당하다

[형] 적당한, 충분한

All travellers should ensure they have adequate travel insurance before they depart. [07]
모든 여행자들은 출발하기 전에 적절한 여행 보험에 가입했는지 반드시 확인해야 한다.

[어형] adequacy 타당함, 적절함

1138
fossil
[fásəl]
★★☆☆☆
2/2 출제확률 9.2%

[어원] 파서 발견된 것(anything dug up)이라는 의미에서 유래되었다.

[명] 화석(의)

We shall solve our dependence on fossil fuels by developing new technologies. [07]
우리는 신기술을 개발함으로써 화석연료 의존 문제를 해결할 수 있을 것이다.

1139
suck
[sʌk]
★★☆☆☆
2/2 출제확률 9.2%

[어원] 구어에서 '실망스럽다, 아첨하다'의 의미로 쓰임

[통] 빨다, 형편없다

[idiom] suck in 빨아들이다

The leaf fish's large jaws enable it to suck in the unfortunate individual very easily. [07]
리프피시(leaf fish)의 큰 턱은 불운한 먹이들을 매우 쉽게 빨아들일 수 있게 해 준다.

[어형] suckling 젖먹이

1140
bounce
[bauns]
★★☆☆☆
2/2 출제확률 9.2%

[어원] bound(튀다)와 동일한 의미이다.

[통] (공이) 튀다, 바운드하다

When the light from an object hits a person, only some of it bounces off. [10]
한 물체에서 발생한 빛이 사람에게 부딪히면 극히 일부만이 반사된다.

[어형] bounced (과거분사), 내쫓긴 *bounce back(회복하다)

1141
mission
[míʃən]
★★☆☆
2/2 출제확률 9.2%

[어원] miss(= send 보내다) + ion(~것) → (~을 수행하라고) 보내는 것 → 임무

[명] 사명, 임무, 사절단; 선교(미션)

Manned space missions are more costly than unmanned ones. [10]
유인 우주비행이 무인 우주비행보다 더 비싸다.

1142
candidate
[kǽndidèit]
★★☆☆
4/2 출제확률 9.2%

[어원] cand(흰) + ate(하다) → 로마시대에 관직 지원자들이 흰 의복을 입고 다닌 것에서 유래됐다.

[명] 후보자, 지원자, 응시자

Candidates were required to know thousands of logographs merely to read the classics. [98]
응시자들은 단지 고전을 읽기 위해서 수천 개의 특수글자를 알아야 했다.

[어형] candidacy 입후보 자격

1143

caterpillar
[kǽtərpìlər]
★★☆☆☆
4/2 출제확률 9.2%

예 나비, 나방이 되기 전의 모충을 의미한다.

명 모충, 애벌레

The caterpillar makes a special honey mixture which the ants eat. [04]
모충은 개미들이 먹는 특수한 꿀 혼합물을 만들어낸다.

1144

refine
[rifáin]
★★☆☆☆
3/2 출제확률 9.2%

예 re(다시) + fine(끝내다) → (여러 번) 다시 끝낸다 → 정제하다

통 정련하다, 정제하다

This method is generally used for refining crude oil. [06]
이 방식은 원유를 정제하는데 일반적으로 사용된다.

[어형] refined 정제된, 교양 있는

1145

ancestor
[ǽnsestər]
★★☆☆☆
2/2 출제확률 9.2%

예 an(먼저) + cest(= go 가다) + or(사람) → 먼저 간 사람 → 조상

명 선조, 조상

Our ancestors inhabited an innocent world where news didn't travel far beyond the villa. [05]
우리의 조상들은 마을너머 멀리까지 소식이 전해지지 않는, 때 묻지 않은 세계에 살았다.

1146

navigate
[nǽvəgèit]
★★☆☆☆
2/2 출제확률 9.2%

예 nav(배) + ate(~하다) → 배를 움직이다 → 항해하다

통 항해하다, 조종하다

A clock that worked at sea and put accurate time in a navigator's pocket [05]
바다에서도 작동하고, 항해사에게 정확한 시간을 알려주는 시계

[어형] navigator 항해사 navigation 항해, 항법

1147

rumor
[rú:mər]
★★☆☆☆
2/2 출제확률 9.2%

예 루머나 유언비어를 살포하는 사람을 gossipmonger라 한다.

명 소문 통 소문을 내다

Ever since the coming of television, there has been a rumor that the novel is dying. [05]
텔레비전이 등장하면서 소설이 죽어간다는 소문이 있었다.

[idiom] ever since ~이후로 줄곧

1148

tease
[ti:z]
★★☆☆☆
2/2 출제확률 9.2%

예 상대방을 괴롭히거나 애타게 하는 행위를 말함

통 놀리다, 못살게 굴다

[syn] provoke, ridicule, mock

He teased me saying, "Wow, you look like you're 11." [05]
그는 나를 놀리며, "와 너 11살짜리 아이 같아 보여."라고 말했다.

[어형] teased (과거, 과거분사) teaser ad 티저 광고

1. 아래의 단어에 맞는 뜻을 골라 선으로 이어주세요.

1128 altitude ●	ⓐ 제출하다, 복종시키다
1137 adequate ●	ⓑ 고도, 높이
1146 navigate ●	ⓒ 생각, 개념
1122 particle ●	ⓓ 사명, 임무, 사절단
1129 anthropology ●	ⓔ 적당한, 충분한
1138 fossil ●	ⓕ 화석(의)
1140 bounce ●	ⓖ 마음이 내키지 않는, 주저하는
1108 suburb ●	ⓗ (공이) 튀다, 바운드하다
1132 reluctant ●	ⓘ 후보자, 지원자, 응시자
1141 mission ●	ⓙ 작은 조각, 극소(량) 입자
1118 notion ●	ⓚ 교외, 근교
1142 candidate ●	ⓛ 항해하다, 조종하다
1119 convert ●	ⓜ 인류학
1135 submit ●	ⓝ 바꾸다

2. 아래 문장의 알맞은 뜻을 보기에서 고르세요.

a. When the light from an object hits a person, only some of it bounces off. (   )

b. The flowers won't grow in barren soil. (   )

c. Candidates were required to know thousands of logographs merely to read the classics. (   )

d. The cuisine constitute a deep reservoir of accumulated wisdom about diet and health. (   )

e. To start with, you need well drained, not necessarily over fertile soil. (   )

f. The suburban areas have fertile and rich soil. (   )

g. I want to submit my new application tomorrow. (   )

보기

① 그 교외 지역에는 비옥하고 기름진 토양이 있다.

② 꽃들은 메마른 토양에서는 자라지 않을 것이다.

③ 그 요리법은 음식과 건강에 대한 깊은 지혜가 담겨져 있다.

④ 우선, 당신은 배수가 잘되고 불필요하게 너무 비옥하지 않은 토양이 있어야 한다.

⑤ 응시자들은 단지 고전을 읽기 위해서 수천 개의 특수글자를 알아야 했다.

⑥ 한 물체에서 발생한 빛이 사람에게 부딪히면 극히 일부만이 반사된다.

⑦ 저는 신규 신청서를 내일 제출하고 싶습니다.

정답: ⑥ ② ⑤ ③ ④ ① ⑦

20년간 출제된 11만 어휘를 컴퓨터 통계로 엄선한 우선순위 영단어

1149

combat
[kəmbǽt]
★★☆☆☆
2/2 출제확률 9.2%

어원 com(함께) + bat(때리다) → 서로 때리며 싸우다

동 전투하다, 싸우다

Simmons came across a pair of male giraffes locked in combat. [06]
시몬스는 싸움에 몰두하고 있는 두 수컷 기린과 우연히 마주치게 되었다.

[idiom] come across ~을 우연히 마주치다

1150

fertile
[fə́:rtl]
★★☆☆☆
2/2 출제확률 9.2%

어원 fer(낳다, 나르다) + tile(기름진) → 기름져 많이 낳는 → 비옥한

형 비옥한, 다산의

The suburban areas have fertile and rich soil. [03]
그 교외 지역에는 비옥하고 기름진 토양이 있다.

[어형] fertility 비옥함 fertilizer 비료

1151

irrigation
[ìrəgéiʃən]
★★☆☆☆
2/2 출제확률 9.2%

어원 ir(= in ~안에) + rig(= water 물) + ation(~하는 것) → ~안에 물을 댐 → 관개

명 물을 댐, 관개

There needs to be enough rain, or in some cases, irrigation. [06]
적당히 비가 오거나 어떤 경우엔 충분한 관개시설이 있어야 하다.

[어형] irrigate 관개하다 irrigated 관개 사정이 좋은

1152

obligate
[ábləgèit]
★★☆☆☆
2/2 출제확률 9.2%

어원 ob(~에) + lig(묶이다) → ~에 얽매이게 하다 → 의무를 부여하다

동 의무를 부여하다, 어쩔 수 없는

We must realize that no one is obligated to change just to meet our expectations. [06]
그 누구도 우리의 기대에 부응하기 위해 변화되어야 할 의무가 없다는 것을 깨달아야만 한다.

[어형] obligated (법, 도덕적) ~할 의무가 있는 oblige 의무적으로 ~하게 하다

1153

script
[skript]
★★☆☆☆
2/2 출제확률 9.2%

어원 적힌 것이라는 의미에서 유래되었다.

명 원문, 각본, 대본 동 대본을 쓰다

A related limitation was that few people ever learned to write this early script. [06]
또 다른 한계는 이 고대문자를 배운 사람들이 거의 없었다는 점이다.

[idiom] early script 고대문자

summit
[sʌ́mit]
★★☆☆☆
2/2 출제확률 9.2%

[어원] sum(= highest 가장 높은) + it(명접) → 최고, 정상 → 정상회담

[명] 정상, 정상회담 [형] 정상급의

The mountain is steepest at the summit, but that's no reason to turn back. [06]
산에서 가장 가파른 곳은 정상이지만, 그것 때문에 돌아와야 하는 것은 아니다.

---

adversity
[ædvə́ːrsəti]
★★☆☆☆
2/2 출제확률 9.2%

[어원] ad(~로) + vers(돌다) + ity(~것) → 돌아가게 만드는 것은 역경이다

[명] 역경, 재난

Some heroes shine in the face of great adversity. [07]
일부 영웅들은 엄청난 역경 속에서 빛을 발한다.

[어형] adverse 부정적인, 불리한 adversary 적, 상대

---

dare
[dɛər]

★★☆☆☆
2/2 출제확률 9.2%

[어원] "You dare!(안 돼!)"는 상대방에게 단념하도록 gf 때 사용하는 표현이다.

[통] 감히 ~하다

[idiom] dare to 감히 ~하다

Brave individuals daring to step into the unknown darkness [07]
미지의 어둠 속으로 용감하게 들어가는 용기 있는 사람들

[어형] daring 대담한, 대담성(dareful) daredevilry 무모, 만용

---

meantime
[míːntàim]
★★☆☆☆
2/2 출제확률 9.2%

[어원] me(= middle 중간에) + an(어미) + time(시간) → (일이 진행되는) 시간 동안

[명] 그 동안, 그러는 동안

What are you going to do in the meantime? [07]
그 동안 뭘 할 것인가요?

---

opponent
[əpóunənt]
★★☆☆☆
2/2 출제확률 9.2%

[어원] op(반대에) + pon(= put 놓인, 있는) + ent(것) → 적

[명] 적, 적수, 상대

My opponent is strong. [11]
나의 상대(적수)는 강하다.

[어형] oppose 반대하다 opponency 저항, 대항

---

bump
[bʌmp]

★★☆☆☆
2/2 출제확률 9.2%

[어원] 충돌시 충격을 완화시키는 것을 bumper라 한다. 놀이동산의 범퍼카가 바로 bumper car이다.

[명] 충돌, 혹 [통] 부딪치다

I saw a connection between those bumpy vegetables on our table and the quotation. [10]
나는 테이블 위의 울퉁불퉁한 야채와 가격표 간의 연관성을 발견하였다.

[어형] bumpy 울퉁불퉁한 bumper 범퍼(완충장치)

1160

duration
[djuréiʃən]
★★☆☆☆
2/2 출제확률 9.2%

[어원] dur(= last 계속) + ation(~것) → 계속되는 것

[명] 지속, 계속 기간, 내구

He would have the duration of the flight all to himself. [08]
그는 비행하는 동안 내내 혼자일 것이다. *all to oneself 자기 자신에게

[어형] durative 계속 중의, 미완의

1161

multiply
[mʌltəplài]
★★☆☆☆
2/2 출제확률 9.2%

[어원] multi(다수) + ply(열성을 내다) → 늘리다, 증식하다

[명] 곱셈 [동] 늘리다, 증식하다

Get out there and start digging, and the benefits multiply. [08]
거기서 나와서 파기 시작하면 이익이 곱절이 될 것입니다.

[어형] multiple 배수; 다수의 multiplication 곱셈

1162

remodel
[ri:mádl]

★★☆☆☆
2/2 출제확률 9.2%

[어원] re(다시) + model(고치다) → 개조하다

[동] 개조하다, 개축하다

Remodeled hospitals and nursing homes increasingly come equipped with healing gardens. [08]
리모델링한 병원과 요양원에 치료정원을 갖춘 곳이 늘어났다.

[어형] remodeled (과거, 과거분사) remodeling 재형성

1163

vivid
[vívid]
★★☆☆☆
2/2 출제확률 9.2%

[어원] viv(살다) + id(~한) → 살아 넘침

[명] 생기 [형] 생생한, 발랄한

One of the more amusing aspects of this age is the child's often vivid imagination. [10]
아이들이 종종 그려내는 발랄한 상상력이 이 나이 때의 재미있는 모습 중 하나다.

1164

zeal
[zi:l]

★★☆☆☆
4/2 출제확률 9.2%

[어원] 열의(zeal)는 열망(eager)과 뉘앙스의 차이가 있다.

[명] 열심, 열성, 열의

I always choose zeal over ability. [96]
나는 항상 능력보다 열정을 택한다.

[idiom] choose A over B B보다는 A를 택하다

[어형] zealous 열성적인 zealot 광신자, 열광자

1165

ripen
[ráipən]
★★☆☆☆
4/2 출제확률 9.2%

[어원] ripe(익은)의 동사형이다.

[동] 익다, 원숙하다

I could see crops ripening in the fields. [03]
농작물이 밭에서 익어가는 것을 볼 수 있었다.

[어형] ripe 잘 익은, 때가 된 ripening 성숙, 숙성

1166

examine

[igzǽmin]

★★☆☆☆

3/2 출제확률 9.2%

[어원] exam(시험)에서 유래되었다.

[통] 검사하다, 시험하다

Research was done to examine the difference. [02]

그 차이를 검사하기 위해 조사(연구)가 시행되었다.

[어형] reexamining 재시험[재검토] 하다 examination 시험, 검사

1167

comprehend

[kàmprihénd]

★★☆☆☆

3/2 출제확률 9.2%

[어원] com(함께, 완전히) + prehend(= seize 파악하다) → 완전히 파악하다 → 이해하다

[통] 이해하다, 포함하다

Reading comprehension involves one's knowledge of the world. [04]

독해력은 한 사람이 가지고 있는 세상에 대한 지식과 연관되어 있다.

[어형] comprehension 이해, 포괄성

1168

outlook

[autluk]

★★☆☆☆

3/2 출제확률 9.2%

[어원] out(밖의) + look(모습) → 전망, (내다보는) 관점

[명] 관점, 전망

This presents only one of several outlooks on physics. [09]

이것은 물리학에 대한 몇 가지 관점 중 한 가지만 보여준다.

1169

clinic

[klínik]

★★☆☆☆

2/2 출제확률 9.2%

[어원] 클리닉은 '치료'나 '임상'의 의미를 지님

[명] 진료소, 개인(전문) 병원

Yesterday, James dropped by an animal clinic. [00]

어제 James는 동물병원에 들렀다.

[idiom] drop by ~에 들리다

[어형] clinical 임상의, 임상치료의

1170

launch

[lɔ:ntʃ]

★★☆☆☆

2/2 출제확률 9.2%

[어원] 어떤 제품이나 상품을 공개하는 것을 뜻함

[명] 발사 [통] 진수하다, 발사하다

They have launched efforts to preserve wild plants for generations to come. [04]

그들은 다음 세대들을 위해 야생 식물을 보존하려는 노력을 시작했다.

[idiom] generation to come 다가올 세대

[어형] launched (과거, 과거분사) launching pad 발사대

1171

sculpture

[skʌlptʃər]

★★☆☆☆

2/2 출제확률 9.2%

[어원] sculpt(조각하다) + ure(~것) → 조각한 것

[명] 조각, 조각술

The sculpture became so popular that it brought a lot of tourists to come. [05]

그 조각품의 인기가 매우 좋아져서 많은 관광객들이 보러 오게 되었다.

[어형] sculptor 조각가

1172
accent
[ǽksent]
★★☆☆☆
2/2 출제확률 9.2%

[어원] ac(만들다) + cent(= center 중앙) → 중앙으로 몰아가다 → 강조[하다]

[명] 강조, 악센트, 말씨(사투리) [동] ~을 강조하다

Barking of a distant dog served to accentuate the solitary scene. [06]
멀리서 개 짓는 소리 가 그 고독한 장면을 더욱 두드러지게 했다.

[어형] accented 악센트가 있는 accentuate 강조하다

1173
ecology
[ikálədʒi]
★★☆☆☆
2/2 출제확률 9.2%

[어원] eco(생태) + logy(학문) → 생태학

[명] 생태, 생태학

It is probably wrong, says Robert Simmons, a behavioral ecologist. [06]
그것은 아마도 잘못되었다고 행동 생태학자인 Robert Simmons가 말했다.

[어형] ecological 생태계의 ecologist 생태학자

1174
exaggerate
[igzǽdʒərèit]
★★☆☆☆
2/2 출제확률 9.2%

[어원] ex(강조, 너무) + agger(쌓인) + ate(~하다) → 너무 쌓다 → 과장하다

[동] 과장하다, 지나치다

Other cases exaggerate such differences. [06]
다른 경우들은 그러한 차이를 과장한다.

[어형] exaggerated 과장된 exaggeration 과장

1175
rubber
[rʌbər]
★★☆☆☆
2/2 출제확률 9.2%

[어원] rub(문지르다) + er(~것) → 문지르는 것 → 고무(지우개)

[명] 고무

A group of students were shown an unfamiliar rubbery object. [09]
한 그룹의 학생들에게 생소한 종류의 고무로 된 물체를 보여주었다.

[어형] rubbery 고무 같은

1176
souvenir
[sù:vəníər]
★★☆☆☆
2/2 출제확률 9.2%

[어원] sou(아래) + ven(오다) + ir(~것) → (여행을 갔더니 마음 속에) 떠 오르는 것

[명] 기념품, 선물

This is a nice souvenir shop. [08]
이곳은 좋은 기념품 상점이다.

1177
rude
[ru:d]
★★☆☆☆
3/2 출제확률 9.2%

[어원] 예의와 도리에 벗어난 상태를 뜻함

[형] 무례한, 가공하지 않은

[syn] impolite, discourteous, imprudent

People are often considered to be rude unintentionally. [03]
사람들은 종종 의도와는 달리 무례해 보일 때가 있다.

[어형] rudely 무례하게

1178

cancer
[kǽnsər]
★★☆☆☆
3/2 출제확률 9.2%

어원 원래 '게'라는 의미로 사용하다가 암조직을 게다리에 비유하면서 '암'으로 사용되었다.

명 암, 종양

This year your contribution will help in the fight against diseases such as cancer. [05]
당신의 기부금은 올해 암과 같은 질환과 싸우는 이들을 돕는데 사용될 것입니다.

1179

translate
[trænsléit]
★★☆☆☆
2/2 출제확률 9.2%

어원 trans(변경) + ate(하다, 동사) → 번역하다

동 번역하다, 해석하다

If you can speak another language, please serve as a translator. [03]
만약 당신이 다른 언어를 구사할 수 있다면 통역사로 봉사를 부탁드립니다.

[어형] translator 번역가, 통역사

1180

vacuum
[vǽkjuəm]
★★☆☆☆
2/2 출제확률 9.2%

어원 vac(u)(빈) + um(~것) → 빈 상태의 것

명 진공, 공백

He brought us a good looking vacuum cleaner. [98]
그는 멋진 진공청소기를 우리에게 가져왔다.

1181

awkward
[ɔ́ːkwərd]
★★☆☆☆
2/2 출제확률 9.2%

어원 aw(오, 저런) + ward(~를 향한) → 계속 한숨만 나오는 방향으로 가는 → 어설픈

형 어설픈, 귀찮은, 서투른

When his kicking became awkward and noisy, Margo ordered him to stop. [07]
그의 발차기 때문에 불편하고 시끄럽자 마고는 그에게 멈추라고 명령했다.

[어형] awkwardly 어색하게

1182

faith
[feiθ]
★★☆☆☆
4/2 출제확률 9.2%

어원 fai(= trust) + th(상태) → 믿는 상태 → 신앙, 믿음

명 신앙, 신용, 믿음

Some people have faith that we shall solve our dependence on fossil fuels. [07]
몇몇 사람들은 화석 연료에 의존하는 문제를 해결할 수 있다는 믿음을 가지고 있다.

[어형] faithful 충실한, 믿을 수 있는

1183

trait
[treit]
★★☆☆☆
2/2 출제확률 9.2%

어원 trai(끌다) + t → 특정 사물을 자세히 끌어내니 특징, 특색 등이 나타남

명 특징, 특색, 특성

It is a human trait to try to judge and name the things we find in the world. [02]
세상에서 발견된 것들에 대해 판단하고 이름붙이려 하는 것이 인간의 특성이다.

[어형] traitor 배신자, 반역자

1184

caution
[kɔ́:ʃən]

★★☆☆ 2/2

출제확률 9.2%

어원 일반적인 어휘로 warning과 유사하게 사용함

명 조심, 경고

[syn] alertness, wariness, carefulness

Parents first teach us essential ways of living by cautioning. [04]
부모들은 경고를 통해 필수적인 생활 방식을 가르친다.

[어형] cautioning (현재분사) cautious 신중한

1185

strive
[straiv]

★★☆☆

2/2 출제확률 9.2%

어원 st(~에 서있는) + riv(물가) → 흐르는 물가에 서 있으려면 노력해야 한다

동 노력하다, 분투하다

These people have striven to conserve the wild plants growing in Korea. [04]
이 사람들은 한국에서 자라는 야생 식물들을 보존하기 위해 노력했다.

[어형] striven (과거분사)

1186

charm
[tʃa:rm]

★★☆☆

2/2 출제확률 9.2%

어원 매력이나 애교로 이성의 시선을 이끎을 지칭함

명 매력 **동** 매혹하다, 마법을 걸다

[syn] fascination, attraction, allure

The age of 3½ is not without its charm. [10]
세 살 반의 나이가 매력이 없는 것은 아니다.

[어형] charming 매력 있는

1187

remote
[rimóut]

★★☆☆

2/2 출제확률 9.2%

어원 re(멀리) + mot(움직이다) → 멀리 움직여 감 → 먼

형 먼, 먼 곳의; 원격의

It's in a place so remote it was extremely difficult to be a 'friend to man'. [10]
그곳은 너무 멀리 떨어져 있어서 '사람과 친구되기' 정말 힘든 곳이다.

[어형] remote control 원격 조정

1188

cupboard
[kʌbərd]

★★☆☆

2/2 출제확률 9.2%

어원 cup(컵) + board(판) → 컵을 놓는 판 → 찬장

명 찬장, 벽장

Most people have a vase or two in a cupboard. [09]
대부분의 사람들은 찬장에 꽃병 1, 2개씩 가지고 있다.

1189

pharmacy
[fá:rməsi]

★★☆☆

2/2 출제확률 9.2%

어원 일반적으로 drugstore라고도 한다.

명 약국, 조제술

OK, I'll be back after stopping by the pharmacy. [11]
알겠어요, 약국에 들렀다가 돌아오겠습니다.

[idiom] stop by ~에 들리다

1. 아래의 단어에 맞는 뜻을 골라 선으로 이어주세요.

1165 ripen	●	ⓐ 약국, 조제술	
1180 vacuum	●	ⓑ 익다, 원숙하다	
1149 combat	●	ⓒ 찬장, 벽장	
1184 caution	●	ⓓ 관점, 전망	
1175 rubber	●	ⓔ 노력하다, 분투하다	
1167 comprehend	●	ⓕ 번역하다	
1178 cancer	●	ⓖ 조심, 경고	
1189 pharmacy	●	ⓗ 이해하다, 포함하다	
1185 strive	●	ⓘ 암, 종양	
1168 outlook	●	ⓙ 비옥한, 다산의	
1179 translate	●	ⓚ 진공, 공백	
1188 cupboard	●	ⓛ 전투하다, 싸우다	
1150 fertile	●	ⓜ 고무	
1176 souvenir	●	ⓝ 기념품	

2. 아래 문장의 알맞은 뜻을 보기에서 고르세요.

a. Some people have faith that we shall solve our dependence on fossil fuels. (　)

b. The sculpture became so popular that it brought a lot of tourists to come. (　)

c. Reading comprehension involves one's knowledge of the world. (　)

d. He brought us a good looking vacuum cleaner. (　)

e. Most people have a vase or two in a cupboard. (　)

f. Remodeled hospitals and nursing homes increasingly come equipped with healing gardens. (　)

g. Parents first teach us essential ways of living by cautioning. (　)

보기

① 부모들은 경고를 통해 필수적인 생활 방식을 가르친다.

② 리모델링한 병원과 요양원에 치료정원을 갖춘 곳이 늘어났다.

③ 몇몇 사람들은 화석 연료에 의존하는 문제를 해결할 수 있다는 믿음을 가지고 있다.

④ 독해력은 한 사람이 가지고 있는 세상에 대한 지식과 연관되어 있다.

⑤ 대부분의 사람들은 찬장에 꽃병 1, 2개씩 가지고 있다.

⑥ 그는 멋진 진공청소기를 우리에게 가져왔다.

⑦ 그 조각품의 인기가 매우 좋아져서 많은 관광객들이 보러 오게 되었다.

정답: ③ ⑦ ④ ⑥ ⑤ ② ①

1190

swallow

[swálou]

★★☆☆☆

2/2 출제확률 9.2%

[어원] '제비'를 일컫는 용어이다.

[명] 삼킴 [동] 삼키다; 감수하다

[syn] gulp, consume, drink

When I came back, I swallowed hard at what I saw. [08]
내가 돌아왔을 때, 내가 목격한 것을 보고 침을 삼키기 어려웠다.

[어형] swallowed (과거, 과거분사)

1191

thereafter

[ðɛəræftər]

★★☆☆☆

2/2 출제확률 9.2%

[어원] there(거기) + after(이후로) → 그 이후로

[부] 그 후에

Please connect a primitive digital camera to your PC. Thereafter you download its data. [06]
기존 디지털 카메라를 당신의 PC에 연결하십시오. 그 후에 그 데이터를 다운받으세요.

1192

suspicious

[səspíʃəs]

★★☆☆☆

4/2 출제확률 9.2%

[어원] su(~아래) + spec(보다) → 아래에 숨긴 게 있는지 보다 → 의심하다

[형] 의심하는, 의심 많은

They must accept the criticism of others but be suspicious of it. [94]
그들은 타인의 비판을 수용해야 하지만 의심도 해야 한다.

[어형] suspicion 의심, 혐의 suspect 혐의자, 피의자

1193

recreational

[rèkriéiʃənəl]

★★☆☆☆

4/2 출제확률 9.2%

[어원] re(다시) + create(창조하다) + al(~는) → 다시 새롭게 하는

[형] 기분전환의, 오락의

Recreational tree climbing is an evolving sport. [08]
레저용 나무 오르기는 뜨고 있는 스포츠다.

[어형] recreation 오락, 휴양

1194

manual

[mǽnjuəl]

★★☆☆☆

4/2 출제확률 9.2%

[어원] man(손의) + (u)al(~의) → 손의, 수동의

[명] 설명서 [형] 수동의, 손으로 하는

Did you follow the instructions in the manual carefully? [08]
설명서의 지시를 신중히 따르셨나요?

1195

pedestrian

[pədéstriən]

★★☆☆☆

3/2 출제확률 9.2%

[어원] ped(발) + st(= stand 서다) + (r)ian(~것, 사람) → 두 발로 서 있는 사람 → 보행자

[명] 보행자 [형] 도보의, 보행의

One day a truck hit a pedestrian on the street. [97]
어느 날, 트럭이 길거리에서 사람을 쳤다.

1196

beard

[biərd]

★★☆☆☆

3/2 출제확률 9.2%

[어원] 콧수염은 moustache이며, 구레나룻는 whisker라고 한다.

[명] (턱)수염

At last, a car pulled up, and a large man with a beard jumped out. [00]
결국 차가 와서 멈추더니 턱수염을 기른 덩치 큰 남자가 뛰어내렸다.

[idiom] pull up 멈추다(서다)

1197

daydream

[deidri:m]

★★☆☆☆

3/2 출제확률 9.2%

[어원] day(낮) + dream(꿈) → 공상

[명] 공상(에 잠기다), 백일몽

It inspired in me countless childhood daydreams. [10]
그것은 나로 하여금 유년기에 셀 수 없이 많은 백일몽을 꾸도록 하였다.

[어형] daydreaming 백일몽

1198

reception

[risépʃən]

★★☆☆☆

2/2 출제확률 9.2%

[어원] re(다시) + cept(= take 받다) + ion(~것) → 다시 받아들이는 것 → 환영회, 연회

[명] 환영회, 응접, 연회

Unwanted signals, such as noise in the reception or recording of sound [03]
연회에서 들리는 소음이나 녹음 중에 발생하는 잡음같이 원치 않는 신호들

[어형] receptive 수용적인

1199

cliff

[klif]

★★☆☆☆

2/2 출제확률 9.2%

[어원] 벼랑의 위험한 곳을 의미하는데 주로 해안가를 말한다.

[명] 절벽, 낭떠러지

People began flooding into the city to explore its caves, rivers, and cliffs. [10]
사람들이 그 도시의 동굴, 강, 절벽 등을 답사하기 위해 몰려들기 시작했다.

[idiom] flood into 물밀듯이 몰려들다

1200

antique

[æntí:k]

★★☆☆☆

2/2 출제확률 9.2%

[어원] anti(= before 이전에) + que(접미사) → 옛날의

[형] 옛날의 [명] 골동품

Various systems of grading coins have been developed by antique coin specialists. [08]
옛날 동전 전문가들에 의해 동전을 평가하는 다양한 시스템이 개발되었다.

1201
bilingual
[bailíŋgwəl]
★★☆☆☆

2/2 출제확률 9.2%

[어원] bi(둘) + lingu(= tongue 혀, 언어) + al(~한, ~의) → 2개 언어의

[형] 2개 국어로 쓰여진, 2개 국어의
Consider bilingual speech communities. [08]
2개 국어를 사용하는 사회를 생각해 보라.

1202
dig
[dig]

★★☆☆☆

2/2 출제확률 9.2%

[어원] 주로 도구를 이용하여 땅을 파는 행위를 의미함

[동] (땅을) 파다, 발굴하다
They're not going to stop digging before they find something they're looking for.
[99]
그들은 그들이 찾고 있는 무언가를 발견하기 전까지 파는 것을 멈추지 않을 것이다.
[idiom] stop -ing ~하는 것을 멈추다 stop to -v ~를 하기 위해 멈추다
[어형] digging 파기

1203
utility
[ju:tíləti]

★★☆☆☆

6/2 출제확률 9.2%

[어원] ut(= use 사용하다) + il + ity(~것) → 사용하는 것 *power utilities 전력 설비

[명] 유용성, 실용품
The percentage of CO₂ emissions is greater from power utilities than from transportation. [05]
교통수단보다 전력시설에서 발생하는 CO₂ 비율이 더 높다.
[어형] utilize 활용하다, 이용하다 utilitarian 실용적인

1204
loan
[loun]

★★☆☆☆ 4/2

출제확률 9.2%

[어원] 이자(interest)를 받고 돈을 빌려줌

[명] 대출(금) [동] 빌려주다
[syn] let out, lend, credit
The standard loan period is 21 days. [07]
기본 대출 기간은 21일이다.
[어형] loaned (과거, 과거분사)

1205
commit
[kəmít]

★★☆☆☆

3/2 출제확률 9.2%

[어원] com(함께) + mit(보내다) → (~을 처리하라고) 함께 보내다 → 맡기다

[동] 범하다, 위탁하다, 맡기다
I made a serious commitment to myself to give it my best every time I competed.
[96]
나는 매 경기에서 최선을 다하겠다고 스스로 진지하게 다짐했다.
[어형] commitment 위탁, 연루 committed 전념하는

1206
asset
[ǽset]
★★☆☆☆

3/2 출제확률 9.2%

[어원] a(하나) + set(세트) → 물건의 한 세트(통칭) → 자산

[명] 자산, 재산
The time and energy are limitless and assets are abundant. [11]
시간과 에너지는 무한하며 자산은 풍부하다.
[어형] assess 평가하다, 사정하다 assessment 세액; 사정, 평가

1207

rival

[ráivəl]

★★☆☆☆

2/2 출제확률 9.2%

어원 rive(강둑) + al → 강둑을 차지하기 위해서 서로 싸우는 사람들 → 경쟁자

명 경쟁자, 라이벌 동 경쟁하다, 필적하다

Still, my rival looked calm. [01]

여전히 나의 라이벌은 평온해 보였다.

[어형] rivalry 경쟁, 대항

1208

creep

[kri:p]

★★☆☆☆

2/2 출제확률 9.2%

어원 뱀 따위가 천천히 이동하는 것을 말함

명 서행 동 기다, 천천히 움직이다

Creeping plants cover the polished silver gate. [08]

덩굴 식물들이 광채나는 은색 대문을 덮고 있다.

[idiom] creeping plants 덩굴 식물

[어형] creeping 서서히, 진행되는 crept (과거, 과거분사)

1209

glow

[glou]

★★☆☆☆

2/2 출제확률 9.2%

어원 빛이 발광하는 상태를 나타냄

동 빛나다, 타다

It was made calm by the glow of the firelight. [05]

벽난로 불빛이 빛나며 잔잔한 분위기가 흘렀다.

[어형] glowing 강렬한, 극찬하는

1210

exclude

[ksklú:d]

★★☆☆☆

2/2 출제확률 9.2%

어원 ex(밖으로) + clud(= shut (못 들어오게) 닫다) → 밖에서 못 들어오게 막다

동 제외하다, 배척하다

Remember to get closer to them to exclude unwanted objects. [06]

원치 않던 사물을 제거하기 위해 가까이 다가가야 한다는 것을 기억하라.

[어형] exclusion 제외 exclusive 배타적인, 독점적인

1211

misconception

[miskənsépʃən]

★★☆☆☆

2/2 출제확률 9.2%

어원 mis(잘못) + concept(생각하다) + ion(~것) → 잘못 생각함 → 오해

명 오해, 그릇된 생각

And not just plain folk hold these misconceptions. [06]

그리고 평범한 사람들만이 이러한 오해를 하는 것은 아니다.

1212

empirical

[impírikəl]

★★☆☆☆

4/2 출제확률 9.2%

어원 experimental은 비슷하지만 지식에 널리 활용된다.

형 경험적인

They falsify them by using positive empirical evidence. [12]

그들은 긍정적 경험에 의한 증거를 사용하여 그것들을 조작한다.

[어형] empiric 경험주의자

1213

empower

[impáuər]

★★☆☆☆

4/2 출제확률 9.2%

어원 em(~에) + power(권한) → ~에 권한을 부여하다

동 ~에게 권한을 부여하다

Empower people by allowing them to take action. [12]
그들이 행동을 취할 수 있도록 허락함으로써 권한을 부여하라.

[어형] empowering (현재분사) disempower 권리를 박탈하다

1214

illusion

[ilú:ʒən]

★★☆☆☆

4/2 출제확률 9.2%

어원 il(= on ~위에) + lus(= play 놀다) + ion(~것) → ~위에서 놀고 있는 것 → 환영

명 환각, 착각, 환영

In this case, control of the outcome is clearly an illusion. [12]
이 경우, 결과에 대한 통제는 명백한 착각이다.

1215

underground

[ʌndərgraund]

★★☆☆☆

4/2 출제확률 9.2%

어원 under(아래) + ground(땅) → 지하

명 지하 형 지하의

I think the best way is to take the underground. [00]
내 생각엔 가장 좋은 방법은 지하로 가는 것이다.

1216

dribble

[dríbl]

★★☆☆☆

3/2 출제확률 9.2%

어원 drib(= drip 떨어뜨리다) + (b)le(~것) → 떨어지는 것 → 이슬비 → 드리블(하다)

명 드리블, 이슬비 동 물이 똑똑 떨어지다

I dribbled awkwardly around the free-throw line. [09]
나는 자유투 라인에서 엉성하게 드리블을 했다.

[어형] dribbled (과거, 과거분사)

1217

poison

[pɔ́izn]

★★☆☆☆

3/2 출제확률 9.2%

어원 독극물을 나타내는 일반적인 말이며, toxin(독소)도 함께 사용된다.

명 독(약)

[idiom] food poisoning 식중독

Such poisons can kill wild animals or even pets, like dogs. [00]
이러한 독성 물질들은 야생동물이나 강아지 같은 애완동물을 죽일 수 있다.

[어형] poisoning 독살, 음독, 중독

1218

faint

[feint]

★★☆☆☆

2/2 출제확률 9.2%

어원 색, 소리, 빛뿐만 아니라 기억이나 생각 따위가 분명하지 않음을 나타냄

형 희미한, 어렴풋한

[syn] dim, unclear, vague

When he discovered that he would be sitting right next to Jane, he nearly fainted with joy. [00]
그가 Jane 옆에 앉게 된다는 것을 알게 되었을 때 그는 기뻐서 거의 기절할 뻔했다.

[idiom] right next to ~바로 옆에

[어형] fainted (과거, 과거분사)

1219

chop

[tʃap]

★★☆☆☆

2/2 출제확률 9.2%

[어원] '칼로 야채나 고기를 자르거나 썰다'라는 뉘앙스를 가진다.

[동] 자르다, 잘게 썰다

[idiom] chop into small pieces ~을 잘게 썰다

By 400 BC, food was chopped into small pieces so it could be cooked quickly. [02]

기원전 400년 경에는 음식이 잘게 썰어져 있어서 빨리 요리할 수 있었다.

[어형] chopped 잘게 썬, 다진

1220

sew

[sou]

★★☆☆☆

2/2 출제확률 9.2%

[어원] 바늘(needle)로 무언가를 꿰매는 것을 지칭함

[동] 꿰매다, 깁다

[idiom] sew up 봉합하다

Why? Do you want to sew something? [04]

왜요? 꿰메고 싶은 것이 있나요?

[어형] sewn (과거분사)

1221

workload

[wə:rkloud]

★★☆☆☆

2/2 출제확률 9.2%

[어원] work(일) + load(싣다) → 해야 할 일들

[명] 작업량, 업무량

As for women, 'workload and time' is preferred to 'sustainability' in their job seeking. [08]

여성에게는 안정성보다는 업무량과 시간이 구직활동에 더 고려되는 사항이다.

1222

virtual

[vɔ́:rtʃuəl]

★★☆☆☆

4/2 출제확률 9.2%

[어원] virtue(힘) + al(~한) → 힘이 있는 → 실질적인 → 사실이라고 가정하는 → 가상의

[형] 사실상의, 허상의, 가상의

It virtually stops all pop-ups. [11]

그것은 사실상 모든 팝업창들을 차단한다.

[어형] virtually 사실상, 거의 virtuality 실질, 실제

1223

command

[kəmǽnd]

★★☆☆☆

4/2 출제확률 9.2%

[어원] com(강조, 강하게) + mand(= order 명령하다) → 명령하다

[명] 명령 [동] 명령하다, 지휘하다

The center hole allows the kite to respond quickly to the flyer's commands. [06]

그 중앙에 난 구멍은 연을 조종하는 사람의 명령에 재빠르게 반응토록 한다.

[어형] commander 사령관, 지휘관

1224

atom

[ǽtəm]

★★☆☆☆

3/2 출제확률 9.2%

[어원] a(= not 아닌) + tom(= cut 자르다) → (더 이상) 자를 수 없는 것 → 원자

[명] 원자, 미립자

Although an apple may appear red, its atoms are not themselves red. [08]

비록 사과는 붉게 보일지라도 그 원자 자체는 붉은색이 아니다.

[어형] atomic 원자의

당신은 수능 영단어의 **54.3%**를 알고 있다

1225
clever
[klévər]
★★☆☆☆
2/2 출제확률 9.2%

[어원] 유사하게 사용되는 어휘로 smart, wise가 있다.

[형] 영리한, 현명한

Some clever fishermen in the village bought bigger and better equipped boats. [99]
그 마을에 사는 몇몇 똑똑한 어부들이 더 크고 장비를 잘 갖춘 배를 구입했다.

[어형] cleverness 영리함

1226
slope
[sloup]
★★☆☆☆
2/2 출제확률 9.2%

[어원] slip(미끄러지다)에서 유래되었다. 미끄러지는 곳이니 '경사'이다.

[명] 경사 [통] 경사지다 [형] 경사진

You should watch out for yourself now that you're on a slippery slope. [97]
당신은 지금 미끄러운 경사에 있기 때문에 조심해야 합니다.

1227
leak
[li:k]
★★☆☆☆
2/2 출제확률 9.2%

[어원] 물(water)이나 가스(gas)가 새는 것을 의미함

[명] 누설 [통] 새다, 새어 나오다

[syn] disclose, reveal, drip
The sink is leaking and there's water all over the place. [06]
싱크대에서 물이 새서 온통 물난리다.

[어형] leaking (현재분사)

1228
auditory
[ɔ́:ditɔ̀:ri]
★★☆☆☆
4/2 출제확률 9.2%

[어원] audi(= hear 듣다) + to(~로) + ry(~것) → 듣는 곳

[형] 귀의, 청각의

The auditory system had filled in the missing speech information. [10]
청각 체계가 놓친 연설 정보를 채워 넣었다.

[어형] audio 음향의, 청각의 auditorium 방청석 audio-visual 시청각의

1229
adolescent
[ædəlésnt]
★★☆☆☆
4/2 출제확률 9.2%

[어원] ad(= to ~을 향해) + ol(= old(grow) 성장하는) + escent(형접) → ~로 성장하는 것 → 사춘기의

[형] 사춘기의, 미성숙한

We feel that a man in his thirties should act his age and not behave like an adolescent. [08]
30대인 사람은 그에 맞는 행동을 해야지 청소년처럼 행동하면 안된다는 것을 우리는 알고 있다.

[어형] adolescence 사춘기

1230
scarcity
[skéərsəti]
★★☆☆☆
3/2 출제확률 9.2%

[어원] scarce(부족한)의 명사형이다.

[명] 부족, 결핍, 희소

If scarcity exists, the choices must be made by individuals and societies. [94]
만약 '부족'이라는 것이 존재한다면, 개인과 사회는 선택을 해야만 한다.

[어형] scarce 부족한, 드문 scarcely 좀처럼 ~않다

TEST 30

1. 아래의 단어에 맞는 뜻을 골라 선으로 이어주세요.

1208 creep ●	ⓐ 환각, 착각, 환영
1192 suspicious ●	ⓑ 서행; 기다, 천천히 움직이다
1193 recreational ●	ⓒ 부족, 결핍, 희소
1203 utility ●	ⓓ 오해, 그릇된 생각
1230 scarcity ●	ⓔ 유용성, 실용품
1226 slope ●	ⓕ 사실상의, 허상의, 가상의
1221 workload ●	ⓖ 경사; 경사지다; 경사진
1219 chop ●	ⓗ 귀의, 청각의
1228 auditory ●	ⓘ 작업량, 업무량
1214 illusion ●	ⓙ 빛나다, 타다
1222 virtual ●	ⓚ 기분전환의, 오락의
1209 glow ●	ⓛ 원자, 미립자
1224 atom ●	ⓜ 자르다, 잘게 썰다
1211 misconception ●	ⓝ 의심하는, 의심 많은

2. 아래 문장의 알맞은 뜻을 보기에서 고르세요.

a. Creeping plants cover the polished silver gate. ( )

b. I made a serious commitment to myself to give it my best every time I competed. ( )

c. They must accept the criticism of others but be suspicious of it. ( )

d. You should watch out for yourself now that you're on a slippery slope. ( )

e. Various systems of grading coins have been developed by antique coin specialists. ( )

f. They falsify them by using positive empirical evidence. ( )

g. Although an apple may appear red, its atoms are not themselves red. ( )

보기

① 옛날 동전 전문가들에 의해 동전을 평가하는 다양한 시스템이 개발되었다.

② 나는 매 경기에서 최선을 다하겠다고 스스로 진지하게 다짐했다.

③ 덩굴 식물들이 광채나는 은색 대문을 덮고 있다.

④ 그들은 긍정적 경험에 의한 증거를 사용하여 그것들을 조작한다.

⑤ 당신은 지금 미끄러운 경사에 있기 때문에 조심해야 합니다.

⑥ 그들은 타인의 비판을 수용해야 하지만 의심도 해야 한다.

⑦ 비록 사과는 붉게 보일지라도 그 원자 자체는 붉은색이 아니다.

정답: ③ ② ⑥ ⑤ ① ④ ⑦

20년간 출제된 11만 어휘를 컴퓨터 통계로 엄선한 우선순위 영단어

1231

shoulder

[ʃóuldər]

★★☆☆☆

3/2 출제확률 9.2%

어원 어깨로 짊어지는 것은 '책임'이다.

명 어깨 동 책임을 짊어지다

They were reluctant to shoulder the financial burden of developing national networks. [09]

그들은 전국적인 망을 개발하는데 따른 재정적 부담을 떠안는 것에 대해 망설였다.

1232

metal

[métl]

★★☆☆☆

3/2 출제확률 9.2%

어원 철(iron)로 열이나 전기를 전도하며, 광택을 지닌 물질

명 금속

[idiom] metal-working 금속 세공, 금속 가공

Shortage of diamonds would cause a breakdown in the metal-working industry. [07]

다이아몬드의 부족은 금속 세공 산업의 붕괴를 몰고 올 수 있다.

[어형] metalic 금속의 metalist 금속세공사

1233

barbarism

[bá:rbərìzm]

★★☆☆☆

2/2 출제확률 9.2%

어원 barbar(바바) + (i)sm(특성) → '바바'소리(이상한 소리)를 내는 것 → 야만, 포학

명 야만, 포학

I consider it barbarism, I said, and I think I'll walk. [97]

'제 생각엔 그것은 야만적이에요, 저는 걸어 가야할 것 같군요'라고 말했다.

[어형] barbarous 잔혹한 barbarian 야만인

1234

chase

[tʃeis]

★★☆☆☆

2/2 출제확률 9.2%

어원 trace와 pursuit은 유사하게 활용된다.

명 추적 동 뒤쫓다, 추구하다

[idiom] give chase to ~을 뒤쫓다

Lisa never tires of chasing and punching her classmates. [97]

리사는 학교 친구들을 쫓아가서 때리는 데 절대 지칠 줄 모릅니다.

[어형] chased (과거, 과거분사) chasing 조금

1235

enrich

[inrítʃ]

★★☆☆☆

2/2 출제확률 9.2%

어원 en(~하게 하다) + rich(부유한) → 부유하게 하다

동 부유하게 하다, 풍성하게 하다; 농축하다

Enriching life through meditation [11]

명상을 통해 삶을 풍요롭게 하기

[어형] enriching (현재분사) enriched 농축된

1236

grasp

[græsp]

★★☆☆☆

2/2 출제확률 9.2%

[어원] grab(움켜쥐다)에서 파생했다.

⒨ 붙잡음 ⒱ 움켜쥐다, 붙잡다; 파악하다

The president grasped my hand and shook it. [11]

대통령은 나의 손을 잡고 악수했다.

[어형] grasped (과거, 과거분사) grasping 붙잡는

1237

solid

[sálid]

★★☆☆☆

2/2 출제확률 9.2%

[어원] 액체(liquid)의 반의어로 '딱딱함'을 의미함

⒨ 고체 ⒜ 고체의, 견실한, 견고한

It removes the caffeine along with all the soluble solids in the beans. [09]

그것은 카페인과 더불어 원두 내의 용해 가능한 모든 고체물질을 제거한다.

[idiom] along with ~와 함께, ~에 따라

[어형] solidness 굳음, 견실 solidify 응고하다 solidity 고체성, 견고

1238

whisper

[hwíspər]

★★☆☆☆

2/2 출제확률 9.2%

[어원] 귓속말을 하는 것을 의미함

⒱ 속삭이다, 휘파람 불다 ⒨ 속삭임

He had no choice but to lean toward his partner and whisper, "Where are we?". [02]

그는 하는 수 없이 그의 파트너에 기대어 "여기 어디지?"라고 묻는 수밖에 없었다.

[idiom] lean toward 기울어지다, ~에 기울다

[어형] whispering 속삭이는 듯한

1239

channel

[tʃǽnl]

★★☆☆☆

2/2 출제확률 9.2%

[어원] '수도관'이라는 의미에서 유래되었다.

⒨ 수로, 해협; 채널

It's on channel 2 at nine o'clock. [03]

그것은 9시에 2번 채널에서 합니다.

1240

distress

[distrés]

★★☆☆☆

3/2 출제확률 9.2%

[어원] distress는 '고뇌, 고민'의 뜻으로 사용된다.

⒨ 고통, 고난; 걱정

[syn] trouble, worry, disturb

The motivational basis for this guilt is empathetic distress. [13]

이러한 죄책감에 대한 동기적인 기반은 공감적 고통이다.

1241

migrate

[máigreit]

★★☆☆☆

3/2 출제확률 9.2%

[어원] migr(움직이는) + -ate(~하다) → 움직이다, 이동하다

⒱ 이주하다, 이동하다

There are birds that migrate to the North during the summer time. [00]

여름에 북쪽으로 이동하는 새들이 있다.

[어형] migrated 이주한 migration 이주 migrant 철새, 이주자

1242

coal
[koul]
★★☆☆☆
3/2 출제확률 9.2%

어원 덩어리로 된 고체 연료를 말함

명 석탄 동 석탄을 싣다

Today coal is still used for heating, especially in factories. [94]
오늘날 석탄은 난방용으로 여전히 사용되고 있는데, 공장에서 특히 그렇다.

1243

useless
[júːslis]
★★☆☆☆
3/2 출제확률 9.2%

어원 use(사용하다) + less(~없는) → 사용 못하는

형 쓸모없는

Really? How did you get rid of those useless ads? [11]
정말요? 어떻게 이런 불필요한 광고들을 제거하셨나요?

[idiom] get rid of ~을 제거하다

1244

irresistible
[ìrizístəbl]
★★☆☆☆
3/2 출제확률 9.2%

어원 ir(아닌) + re(반대로) + sist(서다) + able(~할 수 있는) → 저항할 수 있는 것이 아닌

형 저항할 수 없는, 억제할 수 없는

Two irresistibly romantic gardens the Villa Rufolo and the Villa Cimbrone [08]
거부할 수 없이 낭만적인 정원 2곳인 Villa Rufolo와 Villa Cimbrone

[어형] irresistibly 저항할 수 없는, 너무 유혹적인

1245

yearbook
[jiərbuk]
★★☆☆
3/2 출제확률 9.2%

어원 year(년) + book(책) → 매년 발간하는 책

명 졸업 앨범, 연감

I have an announcement from the graduation yearbook committee. [04]
졸업 앨범 위원회에서 안내해 드릴 말씀이 있습니다.

1246

lean
[liːn]
★★☆☆
3/2 출제확률 9.2%

어원 위치를 옆으로 기울이는 의미에서 '(사람에게) 의지하다'라는 의미로 확장되기도 함

명 기울기 동 기대다, 의지하다 형 야윈

[idiom] lean against ~에 기대다, ~에 반대하다

I'm not the one leaning against the tree. [03]
나무에 기대고 있던 사람은 제가 아니에요.

[어형] leaning 성향, 경향

1247

barely
[béərli]
★★☆☆☆
2/2 출제확률 9.2%

어원 bare(가까스로의) + ly(~게) → 간신히

부 간신히, 겨우

I can barely remember life without television. [96]
난 텔레비전이 없었던 생활을 거의 기억할 수 없다.

1248

phrase
[freiz]
★★☆☆☆
2/2 출제확률 9.2%

어원 단어(word)가 결합된 어구를 말함

명 구, 숙어 통 말로 나타내다, 표현하다

The term "law," as used in the phrases "a human law" has two different meanings. [96]

"인간의 법칙"이라는 문구에서 사용되는 "법칙"이라는 말은 두 가지 다른 뜻을 가지고 있다.

1249

splash
[splæʃ]
★★☆☆☆
2/2 출제확률 9.2%

어원 s(강조) + plash(철벅철벅) → 철벅철벅 거리다 → (물이) 튀다 → 얼룩

명 튀김, 얼룩 통 튀기다

I don't understand why they are splashing water on me. [03]

왜 그들이 나에게 물을 뿌리는지 이해할 수 없어요.

[어형] splashed (과거, 과거분사) splashing (현재분사)

1250

spare
[spɛər]
★★☆☆☆
2/2 출제확률 9.2%

어원 sparing spare(여분의) + ing(~하는) → (여분을 아끼니) 절약하는

명 예비품 통 절약하다 형 여분의, 예비의

You would thank nature for sparing you much labor. [11]

자연 덕분에 당신의 노동이 많이 절약되는 것에 대해 감사해야 할 것이다.

[어형] sparing 인색한, 아끼는 spare time 여가의

1251

wit
[wit]
★★☆☆☆
2/2 출제확률 9.2%

어원 유머(humor)와 다르며 재치 있음을 말한다.

명 지혜, 재치, 수완

[syn] intellect, wisdom, cleverness

You could learn wit from your teacher because he's very wise. [06]

당신의 선생님은 매우 현명하기 때문에 그로부터 지혜를 배울 수 있었을 것이다.

[어형] witty 재치 있는

1252

astronomical
[æstrənámikəl]
★★☆☆☆
2/2 출제확률 9.2%

어원 astro(별) + nom(학문) + (i)cal(~한) → 별을 연구하는 학문의 → 천문학적인

형 천문학의, 천문학적인

If you missed this astronomical show, you're really out of luck. [04]

만약 당신이 이 천체 쇼를 못보고 놓쳤다면, 당신은 정말 운이 없다.

[어형] astronomer 천문학자 astronomy 천문학 astronaut 우주비행사

1253

chef
[ʃef]
★★☆☆☆
3/2 출제확률 9.2%

어원 chief(우두머리)에서 유래되었다.

명 요리사, 주방장

When speaking to a group of French chefs, you might speak differently. [12]

만약 프랑스 주방장들에게 말할 경우엔 당신은 다르게 말하게 될 것이다.

1254
loom
[lu:m]
★★☆☆☆
3/2 출제확률 9.2%

어원 시야에 갑자기 불쑥 보이기 시작할 때 쓰임

동 어렴풋이 나타나다

Everest looms as a three-sided pyramid of gleaming ice and dark rock. [12]
에베레스트는 마치 흰 얼음과 흑암으로 이루어진 삼면의 피라미드인양 어렴풋이 나타난다.
[어형] looming 어렴풋이 보이는

1255
expedition
[èkspədíʃən]
★★☆☆☆
3/2 출제확률 9.2%

어원 ex(밖으로) + ped(발) + (i)tion(~것) → 밖으로 발을 내딛는 것 → 탐험, 원정

명 원정, 탐험[대]

A member of the third British expedition reached an elevation of 28,126 feet. [12]
세 번째 영국 탐험대 중 한 명은 해발 28,126피트에 도착했다.

1256
broad
[brɔ:d]
★★☆☆☆
3/2 출제확률 9.2%

어원 광고의 광대역은 broadband나 wideband를 쓴다.

형 넓은, 광대한 부 완전히, 순사투리로
[syn] vast, extensive, wide
[idiom] a broad range of 광범위한

Students should study a broad range of subjects throughout middle and high school. [06]
학생들은 중학교와 고등학교를 통해 광범위한 과목을 공부해야 한다.

1257
decay
[dikei]
★★☆☆☆
2/2 출제확률 9.2%

어원 de(아래로) + cay(떨어지다) → (썩어) 떨어지다 → 부식하다

명 부식, 충치 동 부패하다

Bristlecone pines grow faster in richer conditions, but die earlier and soon decay. [11]
브리슬콘 소나무는 더 좋은 환경에서 더 빨리 자라지만 일찍 죽고 곧 썩는다.
[어형] decayed 부패한

1258
trim
[trim]
★★☆☆☆
2/2 출제확률 9.2%

어원 머리카락이나 예산을 자르거나 삭감하는 것을 말함

명 정돈 동 다듬다, 정돈하다 형 산뜻한
[syn] neaten, cut, even up

You need to get a haircut and trim your nails. [04]
당신은 머리를 자르고 손톱을 손질할 필요가 있다.
[어형] trimly 정돈하여, 손질하여 trimming 삭감하는

1259
temper
[témpər]
★★☆☆☆
2/2 출제확률 9.2%

어원 temp(time) + er → 시간에 따라 변하는 것; 성격

명 기질, 성미 동 완화하다
[syn] nature, character, disposition

Personality factors such as an aggressive behavior or a passive temperament [09]
공격적인 행동 혹은 수동적인 기질과 같은 성격 요인
[어형] temperament 기질, 신경질적임 temperature 온도, 날씨

stare
[steər]

★★☆☆☆

2/2 출제확률 9.2%

애 상대방을 째려보는 행위를 말하는데 어감상 좋지 못함

통 응시하다

[idiom] stare at ~을 응시하다

The only brightness in the room was in her dark old eyes that stared at me. [08]
그 방에서 유일하게 빛나는 것은 나를 응시하는 그녀의 검고 늙은 눈이었다.

[어형] stared (과거, 과거분사) staring 노려보는

1261

chant
[tʃænt]

★★☆☆☆

2/2 출제확률 9.2%

애 찬송가와 같은 노래나 멜로디를 읊조리는 것을 말한다.

명 노래, 멜로디 통 (노래) 부르다

Among the banners and signs, one would normally expect a lot of singing and chanting. [02]
사람들은 보통 배너와 표지판들에서 많은 노래와 멜로디가 나오리라 기대한다.

[어형] chanting (현재분사)

1262

classify
[klǽsəfài]

★★☆☆☆

2/2 출제확률 9.2%

애 class(급, 수준) + ify(상태) → 급을 나누다

통 분류하다

There are many everyday misunderstandings which are classified as "folk" understanding. [06]
일상생활에서 "옛것"이라고 분류하여 알고 있는 것들 중에는 잘못 알려진 것들이 많다.

[어형] classified 분류된 classification 분류

1263

wipe
[waip]

★★☆☆☆

2/2 출제확률 9.2%

애 방바닥이나 유리창을 훔치는 것을 의미하는데 wiper(타월, 걸레)를 이용한다.

통 닦다, 지우다

[idiom] wipe up ~을 닦다, ~을 섬멸하다

They should have wiped it up before they left. [06]
그들은 떠나기 전에 그것을 닦아냈어야 했다.

[어형] wiped (과거, 과거분사) wiping (현재분사)

1264

workforce
[wə:rkfɔ:rs]

★★☆☆☆

2/2 출제확률 9.2%

애 work(일, 노동) + force(힘) → 노동력

명 노동력, 노동자

The demand for the required workforce is expected to grow. [03]
필요한 노동력에 대한 수요가 증가할 것으로 예상된다.

1265

grind
[graind]

★★☆☆☆

4/2 출제확률 9.2%

애 입자를 가늘게 만들기 위해 맷돌이나 믹스 따위로 가는 것을 말함

통 (맷돌 등으로) 갈다, 가루로 만들다

[syn] crush, mill, grate

Industrial diamonds are crushed and powdered, and then used in many grinding. [07]
산업용 다이아몬드는 부서지고 가루가 되어 그라인딩(깎기, 갈기)에 사용된다.

[어형] grinding 빻기, 빻는 grinder 가는 기구

1266

distract

[distrǽkt]

★★☆☆☆

3/2 출제확률 9.2%

[어원] dis(아닌, 반대) + tract(끌어내다) → 반대로 (주의를) 끌어내다 → 떼어놓다, 딴 데로 돌리다

[동] (마음, 주의를) 흐트러뜨리다, 산만하게 하다

You can be distracted from what is before your eyes. [11]
당신은 눈 앞에 보이는 것으로부터 주의를 딴 데로 돌릴 수 있게 된다.

[어형] distracted (마음이) 산만해진, 산란한 distractible 주의가 산만한

1267

invade

[invéid]

★★☆☆☆

3/2 출제확률 9.2%

[어원] in(안으로) + vade(= go 가다) → 침입하다

[동] 침략하다, 침입하다

After the invasion, people started to rethink about the importance of peace. [06]
그 침략이 있은 후, 사람들은 평화의 중요성에 대해 다시 생각하기 시작했다.

[어형] invasion 침략, 침입 invaded (과거, 과거분사) invader 침입자

1268

withdraw

[wiðdrɔ́:]

★★☆☆☆

3/2 출제확률 9.2%

[어원] with(뒤로) + draw(빼다) → 뒤로 빼다 → 철수하다

[동] 빼다, 퇴각하다, 철수하다

I'd like to make a cash withdrawal. [11]
저는 현금을 인출하고 싶습니다.

[어형] withdrawal 철회, 철수, 탈퇴 withdrawing (현재분사)

1269

apart

[əpáːrt]

★★☆☆☆

3/2 출제확률 9.2%

[어원] a(~로, 강조) + part(떨어져) → 떨어진

[부] 떨어져서, 따로 [형] 별개의

How can you create closeness when the two of you are hundreds of miles apart? [10]
당신 둘이 수백 마일 떨어져 있다면 어떻게 친밀감을 형성할 수 있겠는가?

[어형] apartment 아파트

1270

soak

[souk]

★★☆☆☆

3/2 출제확률 9.2%

[어원] 물에 담그거나 절이는 것을 의미함

[동] 담그다, 적시다; 흡수하다

[syn] wet, merge, moisten

After the beans are steamed, they are soaked in water. [09]
원두를 찐 후 물에 담근다.

[어형] soaked 흠뻑 젖은 soakage 삼투(액)

1271

pronunciation

[prənʌnsiéiʃən]

★★☆☆☆

3/2 출제확률 9.2%

[어원] pro(= before ~앞에) + nounce(말하다) → ~앞에서 말하다 → 발음하다

[명] 발음, 발음법

I'd like someone to check my pronunciation. [00]
누군가 내 발음을 체크해 주었으면 좋겠다.

TEST 31

1. 아래의 단어에 맞는 뜻을 골라 선으로 이어주세요.

1250 spare	●	ⓐ 이주하다, 이동하다
1237 solid	●	ⓑ 예비품; 절약하다; 여분의
1240 distress	●	ⓒ 어렴풋이 나타나다
1254 loom	●	ⓓ 어깨; 책임을 짊어지다
1266 distract	●	ⓔ (마음, 주의를) 흐트러뜨리다
1261 chant	●	ⓕ 부유하게 하다, 풍성하게 하다
1232 metal	●	ⓖ 노래, 멜로디; (노래) 부르다
1264 workforce	●	ⓗ 침략하다, 침입하다
1267 invade	●	ⓘ 고통, 고난
1235 enrich	●	ⓙ 떨어져서, 따로; 별개의
1231 shoulder	●	ⓚ 금속
1269 apart	●	ⓛ 노동력, 노동자
1241 migrate	●	ⓜ 분류하다
1262 classify	●	ⓝ 고체;[형] 고체의, 견실한, 견고한

2. 아래 문장의 알맞은 뜻을 보기에서 고르세요.

a. Personality factors such as an aggressive behavior or a passive temperament (   )

b. A member of the third British expedition reached an elevation of 28,126 feet. (   )

c. If you missed this astronomical show, you're really out of luck. (   )

d. I'd like someone to check my pronunciation. (   )

e. The president grasped my hand and shook it. (   )

f. The demand for the required workforce is expected to grow. (   )

g. When speaking to a group of French chefs, you might speak differently. (   )

보기
① 누군가 내 발음을 체크해 주었으면 좋겠다.
② 만약 당신이 이 천체 쇼를 못보고 놓쳤다면, 당신은 정말 운이 없다.
③ 공격적인 행동 혹은 수동적인 기질과 같은 성격 요인
④ 필요한 노동력에 대한 수요가 증가할 것으로 예상된다.
⑤ 세 번째 영국 탐험대 중 한 명은 해발 28,126피트에 도착했다.
⑥ 만약 프랑스 주방장들에게 말할 경우엔, 당신은 다르게 말하게 될 것이다.
⑦ 대통령은 나의 손을 잡고 악수했다.

정답: ③ ⑤ ② ① ⑦ ④ ⑥

20년간 출제된 11만 어휘를 컴퓨터 통계로 엄선한 우선순위 영단어

1272

prevail

[privéil]

★★☆☆☆

2/2 출제확률 9.2%

[어원] pre(미리, ~전에) + vail(= strong 강한) → 이미 강하다

[통] 우세하다, 보급되다, 승리하다

A literary critic taking exception to a prevailing method of interpretation [11]
보편적으로 이해하는 법칙을 따르지 않는 한 문학 비평가

[어형] prevailed (과거, 과거분사) prevailing 우세한, 지배적인

1273

tile

[tail]

★★☆☆☆

2/2 출제확률 9.2%

[어원] '(타일을) 덮다'라는 의미에서 유래되었다.

[명] 타일 [통] 타일을 붙이다

The tile I bought from the store was already broken before I opend it. [07]
내가 그 상점에서 구입한 타일은 이미 열어보기도 전에 부서져 있었다.

[어형] tiled 타일을 붙인

1274

overhear

[óuvərhiər]

★★☆☆☆

2/2 출제확률 9.2%

[어원] over(넘어) + hear(듣다) → 우연히 듣다

[통] 우연히 듣다, 엿듣다

A woman approached them and overheard my friend's wife say. [10]
한 여자가 그들에게 다가가 내 친구의 부인이 하는 말을 우연히 들었다.

[어형] overheard (과거, 과거분사)

1275

drown

[draun]

★★☆☆☆

2/2 출제확률 9.2%

[어원] 의도된 강제나 억지로 행하는 것을 의미함

[통] 익사하다, 익사시키다; 몰아내다

[idiom] drown out 사라지게 하다, 잠식시키다

She was about to be drowned by the creature. [99]
그녀는 그 녀석 때문에 익사하기 일보 직전이었다.

[어형] drowned ~에 빠진, 몰두한

1276

semester

[siméstər]

★★☆☆☆

2/2 출제확률 9.2%

[어원] semi(두 번) + (s)ter(~것) → 1년에 2번인 것은 '학기'

[명] 학기[6개월]

Sorry to give you trouble in the middle of the semester. [00]
학기 중간에 문제를 일으켜 죄송합니다.

[idiom] in the middle of ~의 도중에

[어형] semestral 6개월마다의

1277

option
[ápʃən]
★★☆☆☆
5/2 출제확률 9.2%

[어원] opt(= choose 선택하다) + ion(~것) → 선택권

[명] 선택, 선택권

These two possibilities are presented to us as options. [02]
이 두 가지 가능성이 우리에게 선택권으로 주어졌다.

[어형] opt 선택하다, 고르다

1278

beneath
[biní:θ]
★★☆☆☆
2/2 출제확률 9.2%

[어원] be(강조) + neath(= below 아래) → ~아래에, ~의 바로 밑에

[전] ~의 바로 밑에 [부] 밑에

Beneath the stamped imprint was a notation from the bank in ink. [94]
그 도장의 아래에는 은행에서 잉크로 쓴 글이 적혀져 있었다.

1279

dedicated
[dédikèitid]
★★☆☆☆
2/2 출제확률 9.2%

[어원] de + dic(말하다) + ate(~하다) + (e)d(~된) → 누가 시켜서 ~를 하게 된 → ~를 바치는, 헌신적인

[형] 헌신적인, 일신을 바친

Greenpeace is dedicated to the protection of the natural world. [94]
그린피스는 자연계 보호에 헌신했다.

[어형] dedicate 헌신하다, 바치다 dedicant 헌정자

1280

biomechanical
[bàiouməkǽnikəl]

★★☆☆☆
2/2 출제확률 9.2%

[어원] bio(생명의) + mechanical(기계적인) → 자동적인 생명의 움직임

[형] 생태계적인, 신체 역학의

[idiom] derive from ~에서 유래하다

It derives from the prevalent belief that all of us are similar bio-mechanical units.
[10]
그것은 우리 모두가 유사한 생태계적 존재라는 보편적 믿음에서 유래되었다.

[어형] biomechanics 생체 역학

1281

mode
[moud]
★★☆☆☆
2/2 출제확률 9.2%

[어원] mod(척도의, 양식의) + e(~것) → 양식

[명] 방법, 양식; 상태

Art as a satisfying mode of expression [10]
표현의 만족을 주는 방법으로서의 예술

[어형] model 모델, 모형

1282

abroad
[əbrɔ́:d]
★★☆☆☆
3/2 출제확률 9.2%

[어원] a(~에) + broad(광대한) → 광대한 곳에 → 외국으로

[부] 해외에, 외국에, 널리

They watch and influence what governments do at home or abroad. [00]
그들은 정부가 국내외에서 하는 일을 감시하고 영향을 끼친다.

1283

proceed

[prəsí:d]

★★☆☆☆

2/2 출제확률 9.2%

[어원] pro(앞으로) + ceed(= go 가다) → 나아가다

[통] 나아가다, 진행하다

Our collection letters proceed automatically in a series. [94]
우리의 대금 청구서는 순서대로 자동 발송된다.

[어형] proceeded (과거, 과거분사) proceeding 진행, 절차

1284

earnest

[ə́:rnist]

★★☆☆☆

2/2 출제확률 9.2%

[어원] earn(얻다) + est(최상급) → 열렬하게 추구함

[명] 진지함 [형] 진지한, 열심인

[syn] sincere, solemn, dedicated

I know a father who devoted himself earnestly to photographing the birth of his child. [11]
자기 아이의 출생을 진지하게 사진으로 담아내는 한 아버지를 나는 알고 있다.

[어형] earnestly 진지하게

1285

harvest

[há:rvist]

★★☆☆☆

2/2 출제확률 9.2%

[어원] har(heir) + vest(주다) → 넘겨주는 것 → 수확(물)

[명] 수확, 추수 [통] 수확하다

[syn] gathering, picking, reaping

The harvest this year is worse than last year. [03]
올해 수확량이 지난해보다 안 좋다.

[어형] harvesting 수확

1286

resume

[rizú:m]

★★☆☆☆

2/2 출제확률 9.2%

[어원] re(다시) + sume(= take 취하다) → 다시 시작하다, 취하다

[통] 다시 시작하다, 재개하다 [명] 이력서

If our situation changes, we will call you to resume delivery. [11]
만약 우리의 상황이 바뀐다면 배달을 다시 해달라고 전화하겠다.

1287

enforce

[infɔ́:rs]

★★☆☆☆

2/2 출제확률 9.2%

[어원] en(~하게 하다) + force(힘) → 힘을 주어 ~을 하게 하다 → 실행하다

[통] 실시하다, 집행하다, 강요하다

This, in the simplest definition, is a promise enforceable by law. [10]
가장 간단히 정의하면, 이것은 법적 구속력이 있는 약속이다.

[어형] enforceable 시행할 수 있는 enforced 강제적인

1288

nectar

[néktər]

★★☆☆☆

2/2 출제확률 9.2%

[어원] nec(묶다) + tar(= tract 추출) → 추출한 것을 서로 연결한 것

[명] 음료, 과즙, 달콤한 음료

When you are exhausted, drinking nectar is a good idea. [09]
당신이 지쳤을 때, 과즙 음료를 마시는 것은 좋은 생각이다.

[idiom] feed on ~을 먹다, 먹고 살다

inquire
[inkwáiər]
★★☆☆☆
2/2 출제확률 9.2%

어원 in(안으로) + quire(= seek 찾다) → 안에 있는 내용에 대해 묻다 → 문의하다

통 묻다, 문의하다, 조사하다

"How much is a dish of plain ice cream?" he inquired. [08]
"일반 아이스크림 한 접시에 얼마입니까?"라고 그가 물었다.

[어형] inquired (과거, 과거분사) inquiry 조사, 문의

---

nurture
[nə́ːrtʃər]
★★☆☆☆
5/2 출제확률 9.2%

어원 nur(= feed 기르다) + ure(~것) → 양육(천성의 반대)

명 양육 통 양육하다, 기르다

Without this nurturing, we would only live for a few hours or a few days at the most. [97]
이러한 양육이 없다면 우리는 기껏해야 몇 시간이나 며칠밖에 살 수 없다.

[어형] nurtured (과거, 과거분사) nurturing (현재분사)

---

trunk
[trʌŋk]
★★☆☆☆
3/2 출제확률 9.2%

어원 무엇인가를 전달하거나 배달하는 경로를 의미함

명 줄기; 간선

I looked upon the dark, gray walls and upon a few white trunks of some dead trees. [04]
나는 어두운 회색 벽과 일부 죽은 나무의 흰 나무줄기들을 지켜보았다.

[idiom] look upon 지켜보다, 구경하다

---

coincident
[kouínsidənt]
★★☆☆☆
2/2 출제확률 9.2%

어원 co(함께) + in(= on ~위에) + cid(e)(= fall 떨어지다) + ent(~한) → ~위에 함께 떨어진 → 우연히 일치하는

형 일치하는

I knew that it was totally coincidental. [01]
그것이 완전히 우연의 일치임을 알았다.

[어형] coincide 일치하다, 동시에 일어나다 coincidental 우연의 coincidence 우연의 일치

---

council
[káunsəl]
★★☆☆☆
2/2 출제확률 9.2%

어원 count(의논하다) + cil(모임) → 모여서 회합하다

명 회의, 협의, 평의회

The student council elections are right around the corner. [12]
학생회장 선거가 코앞으로 다가왔습니다.

[idiom] right around the corner 코앞으로 다가오다, 모퉁이에

---

scrutiny
[skrúːtəni]
★★☆☆☆
2/2 출제확률 9.2%

어원 scrut(= examine 조사하다) + in + y(~것) → 정밀한 조사

명 정밀한 조사, 감시

Perhaps because you expected a different critical scrutiny in the two groups. [12]
아마도 당신은 그 두 집단 간의 서로 다른 비평을 예상했기 때문일 것이다.

1295

strip

[strip]

★★☆☆☆

2/2 출제확률 9.2%

[어원] 감싼 것을 벗기는 것을 의미하는데 strip show를 연상하면 된다.

[동] 벗기다, 제거하다

The police were trying to strip them and searched their body. [12]
경찰은 그들의 옷을 벗겨 몸을 수색하려고 했다.

[어형] stripped 손상된, 마멸된

1296

undertake

[ʌndərrteik]

★★☆☆☆

2/2 출제확률 9.2%

[어원] under(아래) + take(맡다) → ~을 맡다

[동] 착수하다, 맡다, 보증하다

It is therefore important to maintain a clear focus in undertaking advocacy. [12]
그러므로, 지지를 약속할 때는 확실한 중심을 유지하는 것이 중요하다.

[어형] undertaking (중요한) 일, 약속 undertaken (과거, 과거분사)

1297

interfere

[ìntərfíər]

★★☆☆☆

2/2 출제확률 9.2%

[어원] inter(~사이에) + fere(화나게 함) → ~사이에 화나게 하다 → 훼방하다

[동] 방해하다, 훼방하다

He wants to be free from interference. [06]
그는 간섭으로부터 자유로워지고 싶어한다.

[어형] interference 방해, 간섭

1298

shortcut

[ʃɔ:rtkʌt]

★★☆☆☆

2/2 출제확률 9.2%

[어원] short(짧게) + cut(끊다) → 짧게 끊다 → 지름길

[명] 지름길

Is there a shortcut to Gyeongbokgung? [11]
경복궁으로 가는 지름길이 있나요?

1299

till

[təl, tíl]

★★☆☆☆

2/2 출제확률 9.2%

[어원] 의미는 until과 유사하나 용법에서 차이가 있다.

[전] ~까지; ~을 갈다

[syn] cultivate, plough, dig

Your family will induce you to spend weary days in tilling the ground. [11]
당신의 가족은 당신이 땅을 갈며 피곤한 날들을 보내도록 할 것이다.

[어형] tilling (현재분사)

1300

await

[əwéit]

★★☆☆☆

2/2 출제확률 9.2%

[어원] a(강조) + wait(기다리다) → 기다리다

[동] 기다리다, 기대하다

When I went to the court, I had to await trial because it hadn't started yet. [01]
내가 법원에 갔을 때 아직 재판이 시작되지 않아 기다려야 했다.

[어형] awaiting (현재분사)

1301

dynamic
[dainǽmik]
★★☆☆☆
2/2 출제확률 9.2%

어원 '역동적인' 움직임을 나타내는 용어이다.

형 동력의, 역학의

It was dynamic and spectacular. [06]
그것은 역동적이고 볼만했다.

1302

breeze
[bri:z]
★★☆☆☆
2/2 출제확률 9.2%

어원 '북동풍'이라는 말에서 유래되었다.

명 산들바람, 미풍

The perfume of wild flowers fills the air as the grass dances upon a gentle breeze. [08]
부드러운 산들바람에 풀들이 춤추면서 야생화 향기가 공중에 가득 찬다.

1303

chairperson
[tʃɛərpɔ́:rsn]
★★☆☆☆
2/2 출제확률 9.2%

어원 chair(의장, 사회자) + person(사람) → 의장

명 의장, 회장

I have an announcement from the chairperson of the Better Life Digital Camera Club. [08]
'더 좋은 삶 디지털 카메라 클럽' 회장님으로부터 말씀을 전해 드립니다.

[어형] chairman 의장

1304

marine
[məríːn]
★★☆☆☆
2/2 출제확률 9.2%

어원 mar(바다) + ine(~의) → 바다의

명 해병대 형 바다의, 해양의

A flashlight will easily light your way and the creatures around you, revealing marine life. [08]
손전등은 바다의 환경을 드러내며 당신의 길과 주변의 생물들을 쉽게 밝혀줄 것이다.

1305

stupid
[stjú:pid]
★★☆☆☆
2/2 출제확률 9.2%

어원 다소 우둔하면서 멍청한 것을 지칭함

형 어리석은

No. But I felt pretty stupid. [08]
아니다. 하지만 나는 꽤 어리석은 것 같다는 느낌을 받았다.

[어형] stupidity 어리석음, 어리석은 짓

1306

subconscious
[sʌbkánʃəs]
★★☆☆☆
2/2 출제확률 9.2%

어원 sub(아래에) + conscious(의식하는) → 잠재의식의

형 잠재의식의

It works on the subconscious, creating or enhancing mood and unlocking deep memories. [08]
그것은 무의식 속에 작용하여 분위기를 만들거나 고취시켜 옛 기억들을 풀어낸다.

1307
tremendous
[triméndəs]

★★☆☆☆

2/2 출제확률 9.2%

어원 tremend(떨다) + ous(~한) → 떨릴 정도로 무서운

형 무서운, 굉장한

Cultures sometimes vary tremendously in this regard. [08]
때때로 문화는 이 점에 있어서 매우 다양하다.

[idiom] in this regard 이 점에 있어서는

[어형] tremendously 엄청나게

1308
bitter
[bítər]

★★☆☆☆

2/2 출제확률 9.2%

어원 bite(물다)에서 파생되었다.

형 쓴, 쓰라린, 지독한

I don't like the bitter taste and roughness of fruit peel. [07]
나는 과일 껍질의 쓴 맛과 거친 것이 싫다.

1309
inhabit
[inhǽbit]

★★☆☆☆

3/2 출제확률 9.2%

어원 in(안에, ~에) + habit(살다) → 서식하다, 거주하다

동 서식하다, 거주하다

Several eagles inhabit this mountain. [98]
몇몇 독수리들이 이 산에 서식하고 있다.

[어형] inhabitant 주민, 서식 동물 inhabited 거주하는, 서식하는

1310
poverty
[pávərti]

★★☆☆☆

3/2 출제확률 9.2%

어원 poor(가난한) + ty(상태, ~것) → 가난

명 빈곤, 가난

Schubert spent his whole life in poverty. [03]
슈베르트는 평생 빈곤의 삶을 살았다.

1311
mummy
[mʌmi]

★★☆☆☆

3/2 출제확률 9.2%

어원 mum(무언의) + (m)y → 입 다물고 아무 말도 안하고 있는 것 → 미라

명 미라; 엄마

We became so interested in the mummies that we lost track of the time. [02]
우리는 미라에 너무 흥미를 느낀 나머지 시간 가는 줄도 몰랐다.

1312
bulletin
[búlitən]

★★☆☆☆

2/2 출제확률 9.2%

어원 흔히 게시판을 bulletin board라고 부른다.

명 고시, 게시 동 게시하다

[idiom] bulletin board 게시판

Take a look at the bulletin board. [11]
게시판을 보세요.

TEST 32

1. 아래의 단어에 맞는 뜻을 골라 선으로 이어주세요.

1300 await	●	ⓐ 타일; 타일을 붙이다
1309 inhabit	●	ⓑ 기다리다
1273 tile	●	ⓒ 우연히 듣다
1294 scrutiny	●	ⓓ 생태계적으로
1301 dynamic	●	ⓔ 서식하다, 거주하다
1310 poverty	●	ⓕ 빈곤, 가난
1312 bulletin	●	ⓖ 해병대; 바다의
1274 overhear	●	ⓗ 동력의, 역학의
1304 marine	●	ⓘ 고시, 게시; 게시하다
1279 dedicated	●	ⓙ 정밀한 조사, 감시
1280 biomechanical	●	ⓚ 헌신적인, 일신을 바친
1314 detach	●	ⓛ 떼다, 떼어내다
1291 trunk	●	ⓜ 무서운, 굉장한
1307 tremendous	●	ⓝ 나무 줄기
1275 drown	●	ⓞ 익사하다, 익사시키다
1278 beneath	●	ⓟ ~의 바로 밑에; 밑에

2. 아래 문장의 알맞은 뜻을 보기에서 고르세요.

a. The perfume of wild flowers fills the air as the grass dances upon a gentle breeze. (   )

b. Is there a shortcut to Gyeongbokgung? (   )

c. He wants to be free from interference. (   )

d. Greenpeace is dedicated to the protection of the natural world. (   )

e. This, in the simplest definition, is a promise enforceable by law. (   )

f. Our collection letters proceed automatically in a series. (   )

g. The tile I bought from the store was already broken before I opend it. (   )

보기

① 그린피스는 자연계 보호에 헌신했다.

② 경복궁으로 가는 지름길이 있나요?

③ 부드러운 산들바람에 풀들이 춤추면서 야생화 향기가 공중에 가득 찬다.

④ 가장 간단히 정의하면, 이것은 법적 구속력이 있는 약속이다.

⑤ 우리의 대금 청구서는 순서대로 자동 발송된다.

⑥ 그는 간섭으로부터 자유로워지고 싶어 한다.

⑦ 내가 그 상점에서 구입한 타일은 이미 열어보기도 전에 부서져 있었다.

정답: ③ ② ⑥ ① ④ ⑤ ⑦

1313

combustion

[kəmbʌstʃən]

★★☆☆☆

2/2 출제확률 9.2%

어원 com(함께) + bust(부수다, 타다) + (t)ion(~것) → 함께 부수어 지는 것(상태)

명 연소, 산화

The companies focused on increasing the efficiency of the internal combustion engine. [11]

그 회사들은 내부 연소 엔진의 효율성을 높이는데 중점을 두었다.

1314

detach

[ditǽtʃ]

★★☆☆☆

2/2 출제확률 9.2%

어원 de(아닌) + tach(닿다) → 닿지 않다 → 떼다

동 떼다, 떼어내다

Looking through the camera lens made him detached from the scene. [11]

카메라 렌즈로 보느라고(사진 촬영하느라) 실제 광경은 볼 수 없었다.

[어형] detached 무심한, 거리를 두는

1315

devour

[diváuər]

★★☆☆☆

2/2 출제확률 9.2%

어원 de(강조) + vour(먹다) → 심하게 먹다 → 게걸스레 먹다

동 게걸스레 먹다, 먹어치우다

[syn] eat up, swallow up

Devouring those melt-in-your-mouth cookies that were delivered by mom [11]

엄마가 만든 입에 넣으면 살살 녹는 쿠키를 게걸스레 먹기

[어형] devouring 게걸스레 먹는, 강렬한 devoured (과거, 과거분사)

1316

endanger

[indéindʒər]

★★☆☆☆

2/2 출제확률 9.2%

어원 en(~하게 하다) + danger(위험) → 위험에 빠뜨리다

동 위험에 빠뜨리다

Ways to preserve natural habitats for endangered species [11]

멸종 위기에 처한 종들을 위한 자연 서식지 보존 방법

[어형] endangered 위험에 처한

1317

evergreen

[évərgri:n]

★★☆☆☆

2/2 출제확률 9.2%

어원 ever(항상, 늘) + green(푸른, 녹색) → 항상 푸른

명 상록수 **형** 항상 신선한

These evergreens often live for thousands of years. [11]

이 상록수들은 종종 수 천 년간 산다.

1318

horn
[hɔːrn]
★★☆☆☆
2/2 출제확률 9.2%

어원 뿔로 된 나팔로 소리를 내는 악기는 금관악기이다.

명 뿔, 경적

It's great, but do you have the same model with a horn? [11]
훌륭해요. 하지만 같은 모델로 뿔이 달린 것이 있나요?

1319

induce
[indjuːs]
★★☆☆☆
2/2 출제확률 9.2%

어원 in(안에) + duce(이끌다) → 안으로 들어오라고 이끌다 → 권유하다

동 유도하다, 유인하다; 권유하다

We made every effort to induce him to give up the strategy. [06]
우리는 그가 그 전략을 포기하도록 권유하는데 모든 노력을 다했다.

[어형] induced 원인이 된(명사와 결합함) inducement 유인

1320

philosophy
[[filásəfi]
★★☆☆☆
2/2 출제확률 9.2%

어원 philo(~를 좋아하는) + sophy(지혜로움) → 무언가를 좋아하는 지혜 → 철학

명 철학

We can strive to understand what in Eastern philosophy is called 'the way of things.' [11]
우리는 동양 철학에서 '사물의 이치'라고 부르는 것이 무엇인지 이해하려 노력할 수 있다.

1321

bargain
[báːrgən]
★★☆☆☆
2/2 출제확률 9.2%

어원 bar(막대) + gain(얻다) → 하나라도 더 얻는 → 싼 조건

명 싼 조건, 거래; 특가품 동 흥정하다

I could convince people to feel lucky about the bargain. [10]
나는 사람들이 그 할인판매에 운이 좋았다고 확신하도록 설득할 수 있었다.

1322

defect
[díːfekt, difékt]
★★☆☆☆
2/2 출제확률 9.2%

어원 de(아닌, 반대) + fect(= make 만들다) → 반대되는 것을 만들어 낸 것 → 결점

명 결점, 단점

There was major news coverage about a defect in its products. [10]
그 제품의 결함에 대한 주요 뉴스 보도가 있었다.

[어형] defective 결함이 있는 defection 탈당, 변절

1323

fist
[fist]
★★☆☆☆
2/2 출제확률 9.2%

어원 손가락 다섯 개(five)에서 유래되었다.

명 주먹, 철권 동 움켜쥐다

Playing with a toy or opening and closing your fists might be an answer. [10]
장난감을 가지고 놀거나 주먹을 쥐었다 폈다하는 것도 답이 될 수 있다.

[어형] fistful 한 줌, 소량 fistic 주먹다짐의

1324
incident
[ínsədənt]
★★☆☆☆
2/2 출제확률 9.2%

[어원] in(~에) + cid(떨어지다) + ent(~한) → ~에 떨어진 → (우발적인) 사고

[명] 사건, 사고 [형] 일어나기 쉬운

Grandparents shouldn't overlook the value of incidental learning experiences. [09]
조부모들은 우연적으로 배우는 경험의 가치를 간과해서는 안된다.

[어형] incidental 부수적인, 임시의 incidentally 우연히

1325
hay
[hei]
★★☆☆☆
2/2 출제확률 9.2%

[어원] '건초'에서 마리화나(hay butt), 창녀(haybag) 등의 뜻으로 확장됨

[명] 건초

They were stuffed with feathers or hay. [08]
그것들은 깃털이나 건초로 채워졌다.

[idiom] stuff with ~으로 채우다

1326
drift
[drift]
★★☆☆☆
2/2 출제확률 9.2%

[어원] drive(몰아내다)에서 유래되었다.

[명] 흐름, 대세 [동] 표류하다, 떠돌다

The leaf fish also imitates the movement of a drifting leaf underwater. [07]
Leaf fish는 물 속에서 나뭇잎이 표류하는 움직임을 흉내낸다.

[어형] drifting (현재분사)

1327
humble
[hʌmbl]
★★☆☆☆
2/2 출제확률 9.2%

[어원] hum(땅) + ble(~한) → 땅에 가까이 자신을 낮추는

[형] 겸손한, 하찮은, 초라한

I've never seen any person more humble than him. [09]
나는 지금까지 그이보다 더 겸손한 사람을 본 적이 없다.

[어형] humbling 겸손한, 비천한

1328
punch
[pʌntʃ]
★★☆☆☆
2/2 출제확률 9.2%

[어원] punch(= point 찌르다)

[명] 펀치, 주먹질 [동] 구멍을 뚫는 도구

[idiom] punch in 입력하다

You go to a vending machine, punch in your ID number and get your medicine. [06]
자동판매기가 있는 곳으로 가서 당신의 ID 숫자를 입력하시면 약을 수령할 수 있습니다.

[어형] punching 구멍 뚫는 도구, 펀칭

1329
geometry
[dʒiámətri]
★★☆☆☆
2/2 출제확률 9.2%

[어원] geo(땅) + metr(재다) + y(~것) → 공간의 성질을 재는 학문

[명] 기하학

Renaissance artists achieved perspective using geometry. [05]
르네상스 예술가들은 기하학을 이용하여 원근법을 배웠다.

1330

recite
[risáit]
★★☆☆☆
2/2 출제확률 9.2%

어원 re(다시) + cite(= call 부르다) → 암송하다

통 읊다, 암송하다

I can recite the names of nearly every baseball player on the team. [05]
나는 그 팀 야구 선수들의 이름을 거의 말할 수 있다.

[어형] recital 독주회 recitation 암송, 낭송

1331

noble
[nóubl]
★★☆☆☆
2/2 출제확률 9.2%

어원 no(= know 알다) + ble(~한) → 알려진 → 귀족의

명 귀족 형 고귀한, 귀족의

Soon all the yangban nobles bought shares, and Kim Son-dal became rich. [00]
곧 모든 양반 귀족들은 지분을 매입했고 김선달은 부자가 되었다.

1332

dip
[dip]
★★☆☆☆
3/2 출제확률 9.2%

어원 dipper(국자) = dip(담그다) + per(~하는 것)

통 담그다(soak), 가라앉다

I found a gourd, the traditional Korean dipper. [04]
한국의 전통 국자인 조롱박을 발견했다.

[어형] dipped (과거, 과거분사) dipper 국자

1333

grab
[græb]
★★☆☆☆
2/2 출제확률 9.2%

어원 동물이 사냥감을 낚을 경우에는 snatch를 쓰며, 스포츠에서 승리할 경우에도 grab을 쓴다.

통 움켜잡다, 거머쥐다

[syn] grasp, seize, capture

Rob grabbed the encyclopedia. [10]
Rob은 백과사전을 움켜쥐었다.

[어형] grabbed (과거, 과거분사) grabby 악착같은, 욕심 많은

1334

integral
[intigrəl]
★★☆☆☆
2/2 출제확률 9.2%

어원 '불가결한, 없어서는 안 될' 것을 지칭할 때 쓰임

형 완전한, 필수적인

[idiom] integral calculus (수학) 적분

Yes, light is an integral element of all life. [10]
그렇다. 빛은 모든 생명에게 필수적인 요소이다.

1335

sacrifice
[sǽkrəfàis]
★★☆☆☆
2/2 출제확률 9.2%

어원 sacre(바치다) + fice(접미사) → 희생, 희생하다

명 희생, 제물 통 희생하다

Their glory lies not in their achievements but in their sacrifices. [07]
그들의 영광은 성취에 있는 것이 아니라 그들의 희생에 있다.

[어형] sacrificed (과거, 과거분사)

1336

worship
[wɔ́:rʃip]
★★☆☆☆
2/2 출제확률 9.2%

[어원] worth(가치) + ship(= spirit 정신) → 가치가 있는 것 → 예배

⌷ 예배, 숭배 ⌷ 예배하다

The book name was "Gods and Their Worshipers". [07]
그 책 이름이 "신들과 그 숭배자들"이었다.

[어형] worshiper 예배자, 숭배자

1337

doom
[du:m]
★★☆☆☆
2/2 출제확률 9.2%

[어원] do(처벌하다)에서 파생되었다.

⌷ 운명, 파멸 ⌷ 운명짓다

[idiom] be doomed to ~할 운명이다

Print−oriented novelists seem doomed to disappear. [05]
인쇄 지향적 소설가들은 사라질 운명에 처한 것 같다.

[어형] doomed 불운한 doomful 불길한

1338

artificial
[à:rtəfíʃəl]
★★☆☆☆
3/2 출제확률 9.2%

[어원] arti(예술적으로) + fi(만든) + (c)ial(형용사, ~인) → (가짜지만 진짜같아) 예술적인 → 인공적인

⌷ 인위적인, 인조의

Baby monkeys were separated from their mothers and provided with artificial mothers. [01]
어미로부터 새끼 원숭이들은 떼어놓고 대신 어미 인형을 주었다.

1339

geology
[dʒiálədʒi]
★★☆☆☆
2/2 출제확률 9.2%

[어원] geo(토양, 지구) + logy(학문) → 토양을 연구하는 학문 → 지질학

⌷ 지질학

We're going to learn about the differences between geography and geology. [09]
우리는 지리학과 지질학의 차이에 대해 배울 것이다.

[어형] geologically 지질학상으로

1340

receipt
[risí:t]
★★☆☆☆
2/2 출제확률 9.2%

[어원] re(다시) + ceipt(= take 받다) → 돈을 내고 다시 받는 것

⌷ 영수증

Here's the receipt. My dad said he bought it here last week. [09]
영수증 여기 있어요. 우리 아빠가 지난주에 그것을 여기에서 샀다고 말했어요.

[어형] receive 받다

1341

resemble
[rizémbl]
★★☆☆☆
2/2 출제확률 9.2%

[어원] re(강조, 매우) + semble(닮다) → ~을 닮다

⌷ ~을 닮다, 유사하다(similar)

Our heads do not resemble steam kettles. [09]
우리의 머리는 스팀 주전자와 닮지 않았다.

[어형] resemblance 유사

1342
handicap
[hǽndikæp]

★★☆☆☆

2/2 출제확률 9.2%

[어원] handy(유용한) + cap(모자, 머리를 감싸는 것) → 유용한 것을 감싸니 제대로 사용을 못함

[명] 신체장애, 불리한 조건 [동] 불리하게 하다

Ignorance of other languages and cultures handicaps the United States. [06]
다른 언어와 문화를 무시하는 것은 미국을 불리하게 한다.

[어형] handicapped (신체, 정신적) 장애가 있는, 장애인

1343
extinct
[ikstíŋkt]

★★☆☆☆

2/2 출제확률 9.2%

[어원] ex(강조) + tinct(찌르다, 끄다) → 강하게 찌르고 끄다 → 멸종된

[형] 멸종된, 사라진

It became an old-fashioned genre to be preserved in a museum like an extinct species. [05]
박물관에 보관되어 있는 멸종된 종처럼 그것은 구식 장르가 되었다.

[어형] extinction 멸종, 소멸 extinctive 소멸성의

1344
profound
[prəfáund]

★★☆☆☆

2/2 출제확률 9.2%

[어원] pro(= forward 앞으로) + found(밑바닥) → 밑바닥보다 더 아래(앞)에 있으니 매우 깊은

[형] 깊이가 있는, 심오한

Often what they seek is not so much profound knowledge as quick information. [05]
흔히 그들이 찾는 것은 빠른 정보만큼이나 깊이 있는 지식은 아니다.

[어형] profoundly 깊이, 간절히

1345
sidewalk
[saidwɔ:k]

★★☆☆☆

2/2 출제확률 9.2%

[어원] side(~가에, 옆에) + walk(걷다, 길) → 옆길 → 인도

[명] 보도, 인도

Whenever it snows, Brian always goes out and clears the snow off the sidewalks. [03]
눈이 올 때면 Brian은 항상 밖에 나가 인도에 있는 눈을 치운다.

1346
confront
[kənfrʌnt]

★★☆☆☆

3/2 출제확률 9.2%

[어원] con(서로, 함께) + front(마주치다) → 직면하다

[동] 직면하다, 맞서다

Destruction of natural habitats caused some wild plants to confront to an uncertain future. [04]
자연서식지의 파괴는 일부 야생 식물들의 미래를 불투명하게 만들었다.

[어형] confronted (과거, 과거분사) confronting (현재분사)

1347
aboriginal
[æbərídʒənl]

★★☆☆☆

2/2 출제확률 9.2%

[어원] ab(멀리) + origin(기원) + al(~한, ~의) → 옛날 옛적의

[형] 최초의, 원시의, 토착의

Ekman studied the facial reactions of students to aboriginal ritual ceremony. [08]
Ekman은 원시적 종교 행사에 대한 학생들의 얼굴 반응을 연구했다.

1348

eternal
[itə́ːrnəl]
★★☆☆☆
2/2 출제확률 9.2%

[어원] 긴 세월이라는 의미에서 유래되었다.

[형] 영원한, 무한한(↔ limited 유한한), 불멸의

They are the masters, the great, the eternally shining. [07]
그들은 승리자들이며, 위대하며, 영원히 빛날 사람들이다.

[어형] eternally 영원히

1349

beam
[biːm]

★★☆☆☆
2/2 출제확률 9.2%

[어원] 빛의 줄기를 '빔(laser beam)'이라 부른다.

[명] 빔, 광선 [통] 밝게 미소 짓다

[syn] glow, ray, fresh

Tonight, the girl across from him was wearing the ring, beaming. [05]
오늘밤, 그의 건너편에 있는 소녀는 그 반지를 낀 채 밝게 미소 짓고 있었다.

[어형] beamed 빛나는 beaming 빛나는

1350

grain
[grein]
★★☆☆☆
3/2 출제확률 9.1%

[어원] gra(= grate 즐거운, 기쁜) + in → 기쁘게 하는 것 → 곡류

[명] 곡류, 낟알 [통] 낟알로 만들다

We eat grains, vegetables, fruits, nuts, meat, and fish. [97]
우리는 곡류, 야채, 과일, 견과, 고기, 생선 등을 섭취한다.

1351

essence
[ésns]

★★☆☆☆
2/2 출제확률 9.1%

[어원] ess는 '존재하다(be)'를 의미한다.

[명] 본질, 진수, 에센스

Children will fully accept our messages; they will become the essence of their character. [07]
인격의 본질이 될 우리의 메시지를 아이들은 완전히 받아들일 것이다.

[어형] essential 필수의 essentially 본질적으로

1352

liberal
[líbərəl]
★★☆☆☆
2/2 출제확률 9.1%

[어원] liber(수평) + al(~의) → 한쪽에 치우치지 않고 공평한 → 자유

[명] 자유주의자 [형] 자유주의의

He has a liberal mind. [04]
그는 자유로운 사고 방식을 가지고 있다.

1353

solitude
[sálətjùːd]
★★☆☆☆
2/2 출제확률 9.1%

[어원] soli(외로운, 홀로) + tude(상태) → 고독

[명] 고독, 외로움(loneliness)

What is so special about walking in the woods or resting in bed? Solitude and relaxation. [07]
숲에서 산책하거나 침대에 누워 쉬는 것의 특별한 점이 무엇인가? 바로 고독과 휴식이다.

TEST 33

1. 아래의 단어에 맞는 뜻을 골라 선으로 이어주세요.

1334 integral	●	ⓐ 영원한
1351 essence	●	ⓑ 영수증
1353 solitude	●	ⓒ 멸종된
1346 confront	●	ⓓ 곡류, 낟알; 낟알로 만들다
1347 aboriginal	●	ⓔ 싼 조건, 거래; 흥정하다
1340 receipt	●	ⓕ 완전한, 필수적인
1348 eternal	●	ⓖ 연소, 산화
1343 extinct	●	ⓗ 최초의, 원시의, 토착의
1318 horn	●	ⓘ 결점, 단점
1350 grain	●	ⓙ 고독, 외로움
1321 bargain	●	ⓚ 읊다, 암송하다
1313 combustion	●	ⓛ 뿔, 경적
1322 defect	●	ⓜ 본질, 진수, 에센스
1330 recite	●	ⓝ 직면하다

2. 아래 문장의 알맞은 뜻을 보기에서 고르세요.

a. Often what they seek is not so much profound knowledge as quick information. (   )

b. I've never seen any person more humble than him. (   )

c. There was a major news coverage about a defect in its products. (   )

d. He has a liberal mind. (   )

e. We're going to learn about the differences between geography and geology. (   )

f. We made every effort to induce him to give up the strategy. (   )

g. Renaissance artists achieved perspective using geometry. (   )

보기

① 나는 지금까지 그이보다 더 겸손한 사람을 본 적이 없다.

② 그는 자유로운 사고방식을 가지고 있다.

③ 르네상스 예술가들은 기하학을 이용하여 원근법을 배웠다.

④ 그 제품의 결함에 대한 주요 뉴스 보도가 있었다.

⑤ 흔히 그들이 찾는 것은 빠른 정보만큼이나 깊이 있는 지식은 아니다.

⑥ 우리는 그가 그 전략을 포기하도록 권유하는데 모든 노력을 다했다.

⑦ 우리는 지리학과 지질학의 차이에 대해 배울 것이다.

정답: ⑤ ① ④ ② ⑦ ⑥ ③

1354

overseas
[óuvərsíːz]
★★☆☆☆
2/2 출제확률 9.1%

[어원] over(넘어) + sea(바다) → 바다 넘어 → 해외로

[형] 해외의, 해외로

The success of Korean firms overseas and growing interest in Korean culture. [05]
해외에서의 한국 기업들의 성공과 한국 문화에 대해 커지는 관심.

1355

host
[houst]
★★☆☆☆
2/2 출제확률 9.1%

[어원] 어떤 행사를 국제적으로 유치하는 나라를 host country라고 한다.

[명] 무리, 떼, 주인 [동] 개최하다

They just hosted the Asian Games. [03]
그들이 막 아시안 게임을 개최했다.

[어형] hosted (과거, 과거분사) hostess 여종업원 hostage 인질

1356

crosswalk
[krɔːswɔːk]
★★☆☆☆
2/2 출제확률 9.1%

[어원] cross(가로지르다) + walk(걷다) → 가로질러 걸어가는 곳 → 횡단보도

[명] 횡단보도

Why don't we take the crosswalk instead of underground? [03]
지하도 대신 횡단보도로 건너가는 게 어때?

1357

triumph
[tráiəmf]
★★☆☆☆
2/2 출제확률 9.1%

[어원] 노력이나 열정의 대가로 주어진 결과를 쟁취한 것

[명] 승리, 업적

[syn] success, conquest, victory

He finally achieved a triumph over the severe cancer. [01]
그는 결국 심각한 암을 이겨내었다.(승리를 얻었다)

[어형] triumphantly 의기양양하여

1358

fulfill
[fulfíl]
★★☆☆☆
2/2 출제확률 9.1%

[어원] ful(= full 완전히) + fil(= fill 채우다) → 다 채웠다 → 실현하다, 달성하다

[동] 이행하다, 실현(달성)하다

The ability to decide what to do in what order is an essential skill to fulfill multiple roles. [01]
무엇을 먼저 할 지를 결정하는 능력은 다양한 역할을 수행하는데 필수적인 기술이다.

legend
[lédʒənd]

★★☆☆☆

2/2 출제확률 9.1%

어원 leg(= send 보내다, 파견하다) + end(끝) → 끝까지 간 것은 전설이다

명 전설, 신화

According to legend, a storm hit a large tree in northwestern England in the mid-1500s. [01]
전설에 따르면, 1500년대 중반에 폭풍이 잉글랜드 북서쪽에 있는 큰 나무를 강타했다.

[어형] legendary 전설적인

---

substance
[sʌbstəns]

★★☆☆☆

3/2 출제확률 9.1%

어원 sub(아래에) + stan(있는) + ce(~것) → (수면) 아래에 있는 것 → 실제, 실체

명 실질, 실체, 물질

The shepherds who found the substance were curious about its softness. [01]
그 물질을 발견한 목동들은 그것의 부드러움에 호기심을 가졌다.

[어형] substantial 상당한, 현저한

---

scold
[skould]

★★☆☆☆

3/2 출제확률 9.1%

어원 주로 어른이 아이들을 혼내거나 질책하는 것을 말함

명 잔소리꾼 **통** 꾸짖다, 잔소리하다

She kept telling herself that she would scold him when he came in. [96]
그녀는 그가 들어오면 꾸짖겠다고 스스로 계속 다짐했다.

[syn] rebuke, criticize, nag

[어형] scolded (과거, 과거분사) scolding 꾸짖는; 잔소리

---

venture
[véntʃər]

★★☆☆☆

3/2 출제확률 9.1%

어원 vent(나오다) + ure(~것) → (위험을 무릅쓰고) 나오는 것은 모험이다

명 모험 **통** 위험을 무릅쓰고 ~하다

I'm thinking of starting a business venture with him. [96]
나는 그와 함께 벤처 사업을 시작할까 생각 중이다.

---

component
[kəmpóunənt]

★★☆☆☆

2/2 출제확률 9.1%

어원 com(함께) + pon(= put 놓인, 있는) + ent(~것) → 함께 놓인 것 → 구성요소

명 구성 요소, 부품

Meeting these conditions requires making highly efficient electrical components. [06]
이러한 조건을 충족시키려면 고효율의 전기 부품을 만들어야 한다.

---

confine
[kənfáin]

★★☆☆☆

2/2 출제확률 9.1%

어원 con(함께) + fine(끝내다) → 모두에게 주어진 경계 → 경계, 한도

명 경계, 한도 **통** 가두다, 제한한다

Knowledge of writing was confined to professionals who worked for the king or temple. [06]
글 쓰는 지식은 궁이나 사원에서 일하는 전문가들에게만 주어졌다.

[어형] confined 사방이 막힌, 좁은(공간); 한정된

1365

oval

[óuvəl]

★★☆☆☆

2/2 출제확률 9.1%

어원 ov(= egg 달걀) + al(~의) → 달걀 모양의 → 타원형의

형 타원형(의)

The breadfruit is an oval fruit that grows on the tropical islands in the Pacific Ocean. [06]

빵나무 열매는 태평양 열대 섬에서 자라는 타원형 열매이다.

1366

destiny

[déstəni]

★★☆☆☆

2/2 출제확률 9.1%

어원 de(아닌) + st(서다) + (i)ny(~것) → 거스를 수 없는 것 → 운명

명 운명, 숙명 *be destined to ~할 운명이다

One may wonder if literary fiction is destined to become an old-fashioned genre. [05]

문학 소설이 결국 구식 장르가 되지 않을까 걱정할 수도 있다.

[어형] destined ~할 운명인 destination 목적지, 종착지

1367

merit

[mérit]

★★☆☆☆

2/2 출제확률 9.1%

어원 advantage는 유리하거나 우세한 것을 의미하지만 merit은 일반적인 의미로 쓰인다.

명 장점, 공적

This infrasound, as a means of communication, has special merit. [04]

이 초저주파는 통신 수단으로서 특별한 장점이 있다.

1368

prosper

[práspər]

★★☆☆☆

2/2 출제확률 9.1%

어원 pro(앞으로) + sper(= hope 희망이 있는) → 미래가 밝은 → 번영하다

동 번영하다(flourish, thrive), 성공하다

However, in the end, the groups which encourage individual members will prosper. [04]

그러나, 결국엔 구성원 개인들을 격려하는 집단이 성공할 것이다.

1369

dim

[dim]

★★☆☆☆

2/2 출제확률 9.1%

어원 조명이 다소 어두운 상태로써 gloomy와 유사하다.

동 어둑해지다 형 어둑한, 희미한

Suddenly, the lights in the room dimmed twice and then went out. [02]

갑자기, 그 방의 불들이 두 번 어둑어둑해 지더니 꺼졌다.

[idiom] go out 사라지다

[어형] dimmed (과거, 과거분사) dimmish 어두컴컴한

1370

enormous

[inɔ́ːrməs]

★★☆☆☆

2/2 출제확률 9.1%

어원 e(밖으로) + norm(표준) + ous(형용사, ~한) → 표준을 넘을 만큼 거대한

형 막대한, 거대한(huge)

One can sense an enormous tension. [02]

엄청난 긴장감을 느낄 수 있다.

1371

prison

[prízn]

★★☆☆☆

2/2 출제확률 9.1%

어원 pri(= sieze 잡다) + on(곳) → 잡아두는 곳

명 감옥, 교도소

A pianist in China who had been in prison for seven years [00]

감옥에 7년간 복역했던 중국인 피아니스트

1372

radical

[rǽdikəl]

★★☆☆☆

5/2 출제확률 9.1%

어원 rad(ic)(= root 뿌리) + al(~한) → 근본적인

형 급진적인, 근본적인

The members of the Republican Party are kind of radical I think. [02]

제 생각엔 공화당 의원들은 좀 과격한 것 같아요.

[어형] radicle 어린 뿌리(유근) *radical reform(급진적 개혁)

1373

conquer

[káŋkər]

★★☆☆☆

4/2 출제확률 9.1%

어원 con(함께) + quer(= seek 찾다) → 함께 구하여 얻다 → 정복하다

동 정복하다, 점령하다; 이겨내다

The country finally conquered all countires in Europe but the UK. [98]

그 나라는 영국을 제외한 유럽의 모든 국가를 정복했다.

1374

sow

[sou]

★★☆☆☆

3/2 출제확률 9.1%

어원 땅에 씨앗(seed)을 파종하는 것을 의미함.

동 (씨를) 뿌리다, 심다 명 암퇘지

[syn] scatter, implant, plant

The farmer sowed seeds and reaped what he sowed. [01]

그 농부는 씨를 뿌렸고 그가 뿌린 것들을 거둬들였다.

[어형] sowed (과거, 과거분사) sower 파종기; 선동자

1375

long-term

[lɔːŋ-təːrm]

★★☆☆☆

3/2 출제확률 9.1%

어원 long(긴) + term(기간) → 장기간

명 장기간(↔ short term, short time)

Today, I'd like to talk about the long-term effects of pollution. [97]

오늘 저는 오염의 장기 효과에 대해 이야기하고자 합니다.

1376

edible

[édəbl]

★★☆☆☆

출제확률 9.1%

어원 eat(먹다) + able(~할 수 있는) → 먹을 수 있는

형 식용의, 식용에 적합한 명 식품(eatables)

With his edible produce sculptures, Elffers hopes to share that joy. [05]

Elffers는 그가 만든 식용 조각들과 함께 즐거움을 나누길 희망한다.

[어형] edibility 식용

1377

frankly
[frǽŋkli]
★★☆☆☆
2/2 출제확률 9.1%

어원 frank(솔직한) + ly(~게) → 솔직히, 솔직하게

부 솔직히

But if he does something wrong, he must accept his errors frankly. [98]
그러나 만약 그가 무슨 잘못을 한다면, 그는 과실을 솔직하게 인정해야 한다.

1378

cottage
[kátidʒ]
★★☆☆☆
4/2 출제확률 9.1%

어원 cot(시골집) + (t)age(~것) → 시골집, 작은집

명 시골집, 작은집(오두막) *별장

Brigid Gill was alone in her cottage waiting for her little son to come from school. [96]
브리짓 길 씨는 그녀의 작은 집에서 아들이 학교에서 돌아오길 홀로 기다리고 있었다.

1379

sightsee
[sáitsì:]
★★☆☆☆
3/2 출제확률 9.1%

어원 sight(장소) + see(보다) → 장소를 둘러보다 → 관광하다

동 관광 여행하다, 유람하다

Perhaps it will one day take people for sightseeing trips around the moon. [95]
아마 언젠가는 그것이 사람들을 태우고 달 관광 여행을 시켜줄 것이다.

[어형] sightseeing 관광

1380

platform
[plǽtfɔ:rm]
★★☆☆☆
2/2 출제확률 9.1%

어원 plat(땅) + form(형태) → 땅을 반듯하게 테를 둘러 만들어 놓은 곳 → 승강장

명 플랫폼, 승강장

Go to Platform 3, please. [01]
3번 플랫폼으로 가세요.

1381

rod
[rad]
★★☆☆☆
3/2 출제확률 9.1%

어원 '낚싯대'를 의미한다.

명 막대, 회초리

A little girl suddenly felt something and saw the fishing rod bowing like a question mark. [99]
어린 소녀는 갑자기 무언가를 느껴 그 낚시대를 보니 물음표처럼 구부러져 있었다.

1382

buildup
[bíldʌp]
★★☆☆☆
2/2 출제확률 9.1%

어원 build(짓다) + up(위로) → 강화

명 증강, 강화(strengthening)

Military build-up is costly, and often leads to greater destruction. [99]
군대 증강은 많은 비용이 소요되며 종종 더 큰 파괴를 야기시킨다.

1383

worsen
[wə́:rsn]

★★☆☆☆

2/2 출제확률 9.1%

어원 worse(더 나쁜) + en(~하게 하다) → 악화시키다

통 악화되다, 악화시키다

Poor conditions in the urban areas, worsening sanitation and unemployment [96]
위생상태와 실업률을 더욱 악화시키는 도시의 열악한 환경

[어형] worsening 악화되고 있는 worse 더 나쁜, 악화되어 있는 worst 최악의

1384

counsel
[káunsəl]

★★☆☆☆

2/2 출제확률 9.1%

어원 '변호사(lawyer)'를 지칭하기도 함

명 상담, 조언 통 권고하다

Mother's good counsel cannot work on her son, and fathers often side with their sons. [97]
어머니의 좋은 권고가 아들에게 먹히지 않고 아버지는 흔히 아들 편에 선다.

[어형] counseling 상담, 카운슬링 counselor 상담가

1385

fever
[fí:vər]

★★☆☆☆

3/2 출제확률 9.1%

어원 일반적으로는 heat가 쓰이나 몸에서 나는 열에는 fever를 쓴다.

명 열, 고열

[idiom] in a fever 열광하여

I have a fever and a sore throat. [94]
나는 열이 나고 목이 아프다.

[어형] feverish 열이 있는; 열성의

1386

evil
[í:vəl]

★★☆☆☆

2/2 출제확률 9.1%

어원 (d)ev(신) + il(= ill 나쁜) → 악마, 나쁜

명 해, 악마(devil) 형 나쁜, 사악한(wicked)

She played one of Cinderella's evil sisters. [01]
그녀는 신데렐라의 나쁜 언니 중 한 명으로 연기했다.

1387

drastic
[drǽstik]

★★☆☆☆

2/2 출제확률 9.1%

어원 dramatic(극적인)과 의미가 비슷하다.

형 격렬한, 전면적인

I firmly believe drastic measures should be taken before it's too late. [97]
나는 너무 늦기 전에 과감한 조치가 취해져야 한다고 확고히 믿는다.

[어형] drastically 과감하게 *drastic action(극단적인 조치)

1388

barrier
[bǽriər]

★★☆☆

3/2 출제확률 9.1%

어원 bar(막대, 봉) + (i)er(물건) → 막대나 봉으로 만들어진 물건 → 장벽

명 장애, 장벽 통 울타리를 둘러싸다

I firmly believe that there's a hidden barrier among us. [09]
나는 우리 사이에 보이지 않는 벽이 있다고 확신한다.

[어형] barricade 장애물

1389

deprived

[dipráivd]

★★☆☆☆

출제확률 9.1%

[어원] de(아래) + pri(가치) + ed(~한) → 재산이 거의 없는 → 가난한

웹 가난한, 불우한

No matter how deprived his background may be, he can play a constructive role here. [98]
그의 배경이 얼마나 불우했든지 간에, 그는 여기서 건설적인 역할을 해낼 수 있다.

[어형] deprive 빼앗다, 박탈하다 deprivation 박탈, 몰수 self-deprivation 자아 박탈, 자아 궁핍

1390

ease

[i:z]

★★☆☆☆

2/2 출제확률 9.1%

[어원] easy(쉬운, 편한)에서 파생되었다.

웹 편함, 용이함 통 진정시키다

You can ease the tension by getting the other party to share your feelings. [98]
당신이 느끼는 감정을 상대방과 나눔으로써 긴장을 완화시킬 수 있다.

[어형] easy 쉬운

1391

moisture

[móistʃər]

★★☆☆☆

2/2 출제확률 9.1%

[어원] moist(축축한) + ure(~것) → 습기, 수분

웹 습기, 수분

They fall down into warmer air, where another icy coat is made due to the moisture. [98]
그것들은 습기로 인해 또 다른 얼음막이 생기는 더 따뜻한 공기 속으로 떨어진다.

1392

afterward

[ǽftərwərd]

★★☆☆☆

2/2 출제확률 9.1%

[어원] after(~후에) + ward(~쪽에) → 나중에

부 후에, 나중에

Afterwards he had difficulty in speech, yet his music was as brilliant as ever. [94]
그 후로 말하는데 어려움은 있었지만 여전히 그의 음악성은 뛰어났다.

1393

glare

[glɛər]

★★☆☆☆

2/2 출제확률 9.1%

[어원] glare는 '응시하다'의 개념인 반면에 stare는 '노려보다'로 쓰인다.

웹 노려봄, 섬광, 번쩍이는 빛 통 노려보다

[syn] flame, frown, blaze

Hour after hour, the changeless glare of the hot sky shone upon the same object. [94]
몇 시간이 지나도 변함없이 뜨거운 하늘의 눈부신 빛이 같은 물체를 비쳤다.

[어형] glaringly 확연하게, 눈부시게 glaring 눈부신, 화려한

1394

permanent

[pə́:rmənənt]

★★☆☆☆

2/2 출제확률 9.1%

[어원] per(~를 통하여) + man(= remain 남다) + ent(~한) → 세월이 지나도 남아있는 → 영구적인

웹 영구적인, 영원한

Most of the loss will be in tropical forests in developing countries and will be permanent. [94]
대부분의 손실은 개발도상국들의 열대 우림에서 발생할 것이고 이는 지속될 것이다.

TEST 34

1. 아래의 단어에 맞는 뜻을 골라 선으로 이어주세요.

1380 platform ●   ⓐ 횡단보도

1359 legend ●   ⓑ 플랫폼, 승강장

1365 oval ●   ⓒ 노려봄, 섬광, 번쩍이는 빛; 노려보다

1356 crosswalk ●   ⓓ 악화되다, 악화시키다

1390 ease ●   ⓔ 해외의, 해외로

1382 buildup ●   ⓕ 실질, 실체, 물질

1393 glare ●   ⓖ 장점, 공적

1354 overseas ●   ⓗ 육성하다; 보살펴 주는

1372 radical ●   ⓘ 영구적인

1383 worsen ●   ⓙ 급진적인, 근본적인

1394 permanent ●   ⓚ 타원형(의)

1367 merit ●   ⓛ 전설

1360 substance ●   ⓜ 습기, 수분

1391 moisture ●   ⓝ 편함, 용이함; 진정시키다

1362 venture ●   ⓞ 모험; 위험을 무릅쓰고 ~하다

2. 아래 문장의 알맞은 뜻을 보기에서 고르세요.

a. Military build-up is costly, and often leads to greater destruction. (　)

b. You can ease the tension by getting the other party to share your feelings. (　)

c. Meeting these conditions requires making highly efficient electrical components. (　)

d. I firmly believe drastic measures should be taken before it's too late. (　)

e. They just hosted the Asian Games. (　)

f. Why don't we take the crosswalk instead of underground? (　)

g. I have a fever and a sore throat. (　)

보기

① 나는 열이 나고 목이 아프다.

② 군대 증강은 많은 비용이 소요되며 종종 더 큰 파괴를 야기시킨다.

③ 당신이 느끼는 감정을 상대방과 나눔으로써 긴장을 완화시킬 수 있다.

④ 나는 너무 늦기 전에 과감한 조치가 취해져야 한다고 확고히 믿는다.

⑤ 지하도 대신 횡단보도로 건너가는 게 어때?

⑥ 그들이 막 아시안 게임을 개최했다.

⑦ 이러한 조건을 충족시키려면 고효율의 전기 부품을 만들어야 한다.

정답: ② ③ ⑦ ④ ⑥ ⑤ ①

1395

dormitory

[dɔ́ːrmətɔ̀ːri]

★★☆☆☆

2/2 출제확률 9.1%

어원 dorm(= sleep 자다) + (it)ory(~곳) → 자는 곳 → 기숙사

명 기숙사

Students are allowed to use the newly built school dormitory. [03]
학생들은 최근 건립된 학교 기숙사를 사용할 수 있다.

1396

ironic

[airánik]

★★☆☆☆

2/2 출제확률 9.1%

어원 아이러니(irony)는 '모순, 풍자'의 뜻을 지닌다.

형 반어의, 빈정대는

His speech was kind of ironic and humorous. [97]
그의 연설은 좀 반어적이면서도 재미있었다.

[어형] irony 반어법, 모순 ironically 반어적으로

1397

cotton

[kátn]

★★☆☆☆

2/2 출제확률 9.1%

어원 cotton(면)과 woolen(모직)을 구분해야 한다.

명 목화, 솜 형 면의

Looking upward, I can see skies splashed with cotton white clouds. [96]
위를 보니, 솜처럼 하얀 구름들이 떠 있는 하늘을 볼 수 있다.

1398

farewell

[fɛərwél]

★★☆☆☆

2/2 출제확률 9.1%

어원 fare(가다) + well(잘) → 잘 가라(안녕)

명 작별, 헤어짐 형 송별의

Really? Then, we should have a farewell dinner before you leave. [96]
정말요? 그렇다면 당신이 떠나기 전에 송별회를 해야겠군요.

1399

fierce

[fiərs]

★★☆☆☆

2/2 출제확률 9.1%

어원 fier(= wild 야생의) + ce → 야생의, 사나운

형 사나운, 격렬한, 지독한

The two schools had been fierce rivals for a long time. [97]
그 두 학교는 오랫동안 지독한 라이벌 관계였다.

[어형] fiery 격한 fiercely 치열하게, 필사적으로

1400
foster
[fɔ́ːstər]
★★☆☆☆
2/2 출제확률 9.1%

어원 food(음식)에서 파생되었다.

동 육성하다 형 보살펴 주는 명 입양(adoption)

Facilities should be improved to foster a more positive attitude to rural life. [96]
전원생활에 대한 더 긍정적인 태도를 갖도록 하기 위해서는 시설이 개선되어야 한다.

1401
approve
[əprúːv]
★★☆☆☆
2/2 출제확률 9.1%

어원 ap(~에) + prove(동의하다) → 승인하다

동 찬성하다, 승인하다(recognize)

No matter what list of courses would be offered, it would not be approved by all student. [94]
어떤 종류의 수업이 도입되건 간에 모든 학생이 찬성하지는 않을 것이다.

[어형] approved 입증된 approval 승인, 동의

1402
income
[ínkʌm]
★★☆☆☆
2/2 출제확률 9.1%

어원 in(안에) + come(들어오는) → 안으로 들어오는 것은 수입

명 수입, 소득

Another group consists of retirees who also need to live on reduced incomes. [94]
또 다른 집단은 삭감된 수입으로 살아가야 하는 퇴직자들로 구성되어 있다.

1403
prohibit
[prouhíbit]
★★☆☆☆
2/2 출제확률 9.1%

어원 pro(앞) + hibit(= hold 고정하다) → 앞에 무언가를 두어 막다

동 금하다, 금지하다

In all cases, tricks and physical threats are prohibited. [95]
속임수나 신체적인 위협은 어떤 경우에도 금지된다.

[어형] prohibited 금지된 prohibition 금지, 금주

1404
imprint
[ímprint]
★★☆☆☆
3/2 출제확률 9.1%

어원 im(강조, 안에) + print(찍다, 인쇄하다) → 강하게 찍다 → 흔적, 자국

명 흔적, 인장 자국 동 누르다, 찍다

It bore a stamped imprint : "Insufficient Funds." [94]
"잔고 부족"이라는 글이 찍혀있었다.

[어형] imprinting 각인, 새김

1405
excessive
[iksésiv]
★★☆☆☆
2/2 출세확률 9.1%

어원 ex(밖으로) + cess(가다) + ive(~한) → (안에 있어야 하는데) 밖으로까지 가버린 → 과도한

형 과도한, 지나친, 엄청난

Excessive dependence on foreign imports may weaken a nation's capability. [95]
수입품에 대한 과도한 의존은 국가의 능력을 약화시킬 수 있다.

[어형] excess 초과, 여분

1406

personnel
[pə̀:rsənél]
★★☆☆☆
2/2 출제확률 9.1%

[어원] 사람, 인간을 의미하는 person과 'el'이 만났다.

[명] 인원, 인사과 [형] 직원의

Send your resume and salary requirements to the director of personnel. [94]
당신의 이력서와 희망 연봉을 인사 부장에게 보내세요.

1407

dwell
[dwel]

★★☆☆☆
2/2 출제확률 9.1%

[어원] 일상적으로 live를 사용하고, dwell은 문어체에서 활용됨

[동] 살다, 거주하다

[syn] reside, stay, lodge

Clean, private, spacious, and quiet dwellings can be guaranteed. [94]
쾌적하고, 사적이고, 넓고, 조용한 주거환경이 보장될 수 있다.

[어형] dwelling 주거(지), 주택 dweller 거주자, 주민

1408

sprout
[spraut]
★★☆☆☆
2/2 출제확률 9.1%

[어원] s + rout(= break 깨다) → 깨고 나오다 → 싹트다

[명] 눈, 싹 [동] 싹트다

Because of the camera, it is possible to see a bean sprout growing up out of
the ground. [94]
그 카메라 덕분에 콩이 땅에서 싹트며 자라는 장면을 볼 수 있다.

1409

peel
[pi:l]

★☆☆☆☆
10/1 출제확률 4.7%

[어원] strip와 유사하게 쓰이나 peel은 과일의 껍질이나 겉껍데기를 벗기는 것을 의미함

[명] 껍질 [동] 껍질을 벗기다

[syn] take off, remove, strip

Finally, I think people who eat fruit peel prefer organic food. [07]
결론적으로, 과일 껍질을 먹는 사람들이 유기농 음식을 선호한다고 생각한다.

[어형] peeling 껍질 벗기기 peeled 벗겨진

1410

dew
[dju:]

★☆☆☆☆
9/1 출제확률 4.7%

[어원] 세탁기로 탈수하는 것을 dewatering이라 한다.

[명] 이슬, 물방울

[idiom] dew point 이슬점

When the mirror temperature is at dew point, dew drops cover the surface of
the mirror. [10]
거울 온도가 이슬점에 도달하게 되면, 거울 표면이 이슬방울로 덮히게 된다.

1411

mole
[moul]
★☆☆☆☆
10/1 출제확률 4.7%

[어원] mole(두더지)은 검기 때문에 검은 점인 사마귀로도 사용되었다.

[명] 두더지, 사마귀, 검은 점

According to ancient superstitions, moles reveal a person's character. [05]
고대 미신에 따르면, 점이 그 사람의 성격을 드러낸다고 한다.

1412

aggressive

[əgrésiv]

★☆☆☆☆

8/1 출제확률 4.7%

[어원] ag(~로) + gress(= step 발을 힘차게 내딛는) + ive(~는) → **공격적인(호전적인)**

[형] 침략(공격)적인, 적극적인

I'm the youngest child and thus less aggressive than my older brothers. [09]
내가 막내라서 형들보다 덜 적극적이다.

[어형] aggressively 적극적인 aggression 공격, 침략

1413

tickle

[tíkl]

★☆☆☆☆

8/1 출제확률 4.7%

[어원] tick(살짝 만지기) + le → **간지럼**

[명] 간지럼 [통] 간지럽히다

Would you stop tickling me? [08]
저를 간지럽히지 마세요.

[어형] tickling (현재분사)

1414

asthma

[ǽzmə]

★☆☆☆☆

7/1 출제확률 4.7%

[어원] 호흡기나 기관지 계통에 나타나는 증상

[명] 천식

The percentage of male children with asthma was higher in urban areas. [11]
천식에 걸린 남자 어린이의 비율이 도시에서 더 높았다.

[어형] asthmatic 천식에 걸린, 천식의

1415

carbon

[káːrbən]

★☆☆☆☆

6/1 출제확률 4.7%

[어원] 탄소배출권은 certified emission reduction이라 한다.

[명] 탄소

[idiom] carbon dioxide 이산화탄소

Norway introduced a carbon tax on emissions from energy. [13]
노르웨이는 에너지로부터 나오는 배기가스에 대한 탄소세를 도입했다.

[어형] carbon fiber 탄소섬유 carbon dioxide 이산화탄소

1416

roast

[roust]

★☆☆☆☆

6/1 출제확률 4.7%

[어원] 불에 굽거나 볶는 것을 지칭함

[명] 구이요리 [통] 굽다, 볶다

[syn] grill, barbeque, toast

Ellen Langer learned from her mother how to prepare a roast. [13]
Ellen Langer는 어머니로부터 구이요리 하는 법을 배웠다.

[어형] roasting 구운

1417

pasture

[pǽstʃər]

★☆☆☆☆

5/1 출제확률 4.6%

[어원] pas(통과하는) + ure(~것) → (우리 없이) 통과하는 것 → **방목**

[명] 목초지, 방목 [통] 방목하다

The extra grazing contributes to the deterioration of the pasture. [13]
추가적인 방목이 목초지의 악화를 초래한다.

1418
symptom
[símptəm]
★☆☆☆☆
5/1 출제확률 4.6%

[어원] sym(함께) + pt(= fall 떨어) + om(~것) → ~가 함께 떨어짐(무언가 안좋은 징조) → 징후, 조짐

[명] 징후, 조짐

These symptoms are caused when you're exposed to motions such as swinging or turning. [10]
당신이 흔들거나 도는 것과 같은 동작을 취할 때 이러한 증상들이 발생한다.

1419
caffeine
[kǽfíːn]
★☆☆☆☆
5/1 출제확률 4.6%

[어원] cafe(커피) + ine(원소명 어미) → 카페인

[명] 카페인

The solvent comes into direct contact with them, carrying the caffeine with it. [09]
그 용액은 그것들과 직접적으로 접촉하여 카페인을 나르게 된다.

1420
chuck
[tʃʌk]
★☆☆☆☆
4/1 출제확률 4.6%

[어원] 폐점이나 마감시간을 chucking out time이라 한다.

[명] 친구 [동] 던지다, 토하다, 중지하다

[syn] cast, cease, abandon

As the months passed, the chuck grew bigger and bigger. [13]
몇 달이 지나면서 그 친구는 더욱 더 자라났다.

1421
socket
[sákit]
★☆☆☆☆
4/1 출제확률 4.6%

[어원] 콘센트의 바른 표현은 socket outlet이다.

[명] 소켓, 꽂는 구멍

How many sockets do you need to setup the computer? [13]
컴퓨터를 설치하는데 소켓이 몇 개나 필요합니까?

1422
infrasound
[ínfrəsàund]
★☆☆☆☆
6/1 출제확률 4.6%

[어원] infra(안에, 안쪽에) + sound(소리) → 안에 나는 소리

[명] 초저주파, 불가청음

Scientists have been able to discover the existence of infrasound. [04]
과학자들은 초저주파의 존재를 발견할 수 있었다.

1423
evoke
[ivóuk]
★☆☆☆☆
4/1 출제확률 4.6%

[어원] e(= out 밖으로) + voke(= call 부르다) → 불러내다

[동] 일깨우다, 불러내다, 환기시키다

Clothes can evoke both cherished and painful memories. [12]
옷들은 소중하고 힘들었던 기억들이 생각나게 할 수 있다.

[어형] evoked 유발하는

attain
[ətéin]
★☆☆☆☆
4/1 출제확률 4.6%

어원 at(~에) + tain(닿다) → 목표를 얻어내다 → 달성하다

통 달성하다, 이루다, 얻다

We have worked hard to attain them. [11]
우리는 그것들을 얻기 위해 열심히 노력했다.

[어형] attainment 달성, 업적

optimal
[áptəməl]
★☆☆☆☆
4/1 출제확률 4.6%

어원 optim(최적의) + al(형용사) → 최적의, 최상의

형 최선의, 최상의

Optimal experience is thus something that we make happen. [11]
그러므로 최고의 경험은 우리가 해내는 그 무엇이다.

[idiom] make happen 성취하다, 해내다
[어형] optimum 최적의(↔ pessimum 최악의)

pop-up
[papʌp]
★☆☆☆☆
4/1 출제확률 4.6%

어원 컴퓨터나 방송에서 갑자기 돌출되는 광고를 pop-up ad라 한다.

명 형 갑자기 (그림이) 튀어나오는(책)

Pop-up ads are all over the Internet. [11]
팝업 광고창은 인터넷 도처에 있다.

[idiom] all over 곳곳에, 온 데

decaf
[díːkæf]
★☆☆☆☆
4/1 출제확률 4.6%

어원 de(없는) + caf(카페인의 줄인 말) → 카페인이 없는

명 카페인을 제거한 커피

Now many kinds of superior coffee beans are being decaffeinated. [09]
오늘날 많은 종류의 우수한 커피 원두에서 카페인이 제거되고 있다.

[어형] decaffeinated 카페인을 제거한 decaffeination 카페인을 뺌

outward
[áutwərd]
★☆☆☆☆
4/1 출제확률 4.6%

어원 out(밖) + ward(~를 향한) → 밖을 향한

형 밖을 향한

The two outward forces on a given piece sum to zero. [09]
주어진 조각에 밖으로 작용하는 두 힘의 합은 0이다.

[어형] forward(앞으로), toward(~쪽으로)

solvent
[sálvənt]
★☆☆☆☆
4/1 출제확률 4.6%

어원 solv(느슨하게 하다) + ent(것) → 느슨하게 한 것 → 용액

명 용액, 용매 형 지불 능력이 있는

The drained solvent is then mixed with water. [09]
배출된 용액은 물과 혼합되었다.

[어형] dissolvent 용해제 resolvent 분해시키는; 소산제 insolvent 파산한, 파산의

1430

amend
[əménd]
★☆☆☆☆
3/1 출제확률 4.6%

[어원] a(강조) + mend(말하다) → 강하게 말하다 → 개정하다, 수정하다

[명] 보상 [동] 개정하다(revise), 수정하다

They are inclined to make amends for their actions. [13]
그들은 자신의 행동에 대해 보상을 하려는 경향이 있다.

[어형] amendment 수정, 개정 amended 수정된

1431

burrow
[bə́:rou]
★☆☆☆☆
3/1 출제확률 4.6%

[어원] 사람이나 동물이 은신하기 위해 굴을 파는 것을 지칭함

[명] 굴, 구멍 [동] 굴을 파다

[syn] shelter, hole, den

I guessed the rain had washed out his burrow. [13]
나는 그 비가 그 굴을 씻겨내렸을 것이라고 추측했다.

[어형] burrowed (과거, 과거분사)

1432

convey
[kənvéi]
★☆☆☆☆
3/1 출제확률 4.6%

[어원] con(함께) + vey(돌리다) → 함께 돌리다 → 전달하다

[동] 전달하다, 운반하다

Information is conveyed in this high-tech manner. [13]
정보는 이러한 고도기술에 의해 전달된다.

[어형] conveyed (과거, 과거분사) conveyer 컨베이어

1433

gravity
[grǽvəti]
★☆☆☆☆
3/1 출제확률 4.6%

[어원] grave(heavy) + ity → 무거워서 내려앉는 것

[명] 중력

[idiom] law of universal gravitation 만유인력의 법칙

Newton's theory of gravity is one example. [13]
뉴턴의 중력이론이 한 예다.

1434

inferior
[nfíəriər]
★☆☆☆☆
3/1 출제확률 4.6%

[어원] in(안에서) + fer(참다) → 안에서 참다 → 열등한

[형] 열등한, 열악한

You don't need to feel inferior to those guys. [02]
저 친구들에 비해 열등하다고 생각할 필요는 없다.

[어형] inferiority 열등, 열세

1435

maximize
[mǽksəmàiz]
★☆☆☆☆
3/1 출제확률 4.6%

[어원] max(최대의) + -ize(~화하다) → 최대화하다

[동] 극대화하다

You should do your best to maximize your skills. [96]
당신의 기술을 극대화하기 위해 최선을 다해야 한다.

TEST 35

1. 아래의 단어에 맞는 뜻을 골라 선으로 이어주세요.

1423 evoke ●		ⓐ 용액; 지불 능력이 있는
1395 dormitory ●		ⓑ 살다, 거주하다
1407 dwell ●		ⓒ 사나운, 격렬한, 지독한
1399 fierce ●		ⓓ 갑자기 (그림이) 튀어나오는(책)
1404 imprint ●		ⓔ 증강, 강화
1400 foster ●		ⓕ 과도한, 지나친, 엄청난
1403 prohibit ●		ⓖ 징후, 조짐
1434 inferior ●		ⓗ 기숙사
1408 sprout ●		ⓘ 열등한
1429 solvent ●		ⓙ 흔적, 인장 자국; 누르다, 찍다
1405 excessive ●		ⓚ 금하다, 금지하다
1424 attain ●		ⓛ 일깨우다, 불러내다
1408 symptom ●		ⓜ 달성하다, 이루다, 얻다
1426 pop-up ●		ⓝ 눈, 싹; 싹트다

2. 아래 문장의 알맞은 뜻을 보기에서 고르세요.

a. Another group consists of retirees who also need to live on reduced incomes. (   )

b. Really? Then, we should have a farewell dinner before you leave. (   )

c. Looking upward, I can see skies splashed with cotton white clouds (   )

d. Information is conveyed in this high-tech manner. (   )

e. In all cases, tricks and physical threats are prohibited. (   )

f. His speech was kind of ironic and humorous. (   )

g. The drained solvent is then mixed with water. (   )

보기

① 정말요? 그렇다면 당신이 떠나기 전에 송별회를 해야겠군요.

② 위를 보니, 솜처럼 하얀 구름들이 떠 있는 하늘을 볼 수 있다.

③ 배출된 용액은 물과 혼합 되었다.

④ 그의 연설은 좀 반어적이면서도 재미있었다.

⑤ 정보는 이러한 고도기술에 의해 전달된다.

⑥ 속임수나 신체적인 위협은 어떤 경우에도 금지된다.

⑦ 또 다른 집단은 삭감된 수입으로 살아가야 하는 퇴직자들로 구성되어 있다.

정답: ⑦ ① ② ⑤ ⑥ ④ ③

1436

mutation

[mjuːtéiʃən]

★☆☆☆☆

3/1 출제확률 4.6%

어원 mut(e)(= change 바꾸다) + -tion(~것) → 바뀐 것 → 돌연변이

명 돌연변이, 변화

Every gene is the architect of its own mutation. [13]
각각의 유전자는 스스로 변이한다.

[어형] mutate 변화시키다 mutative 전환의

1437

natal

[néitl]

★☆☆☆☆

3/1 출제확률 4.6%

어원 nat(태어난) + al(~한) → 탄생한, 탄생의

형 탄생의, 출생의

Males leave home and females mature in their natal area. [13]
수컷은 집을 떠나고, 암컷은 그들이 태어난 지역에서 자란다.

1438

prone

[proun]

★☆☆☆☆

3/1 출제확률 4.6%

어원 pro(앞에) + ne(~한) → ~앞에 가려고 하는 → ~하기 쉬운

형 ~하기 쉬운(liable), ~의 경향이 있는

The more prone to anxieties a person is, the poorer his or her academic performance is. [13]
불안감이 더 큰 사람일수록 학업 성취도가 낮다.

1439

routine

[ruːtíːn]

★☆☆☆☆

3/1 출제확률 4.6%

어원 route(길) + ne(~한) → 가는 길대로 한 → 간 곳을 (또) 가는 → 일상적인 일

명 일상적인 일, 반복적인 일

As an adult, she followed the same routine. [13]
그녀도 어른으로써 동일한 반복된 삶을 따랐다.

[어형] route 길, 방법

1440

breaststroke

[bréststròuk]

★☆☆☆☆

3/1 출제확률 4.6%

어원 breast(가슴) + stroke(타격) → 가슴 치기 → 평영

명 평영 동 평영으로 헤엄치다

This new breaststroke was about 15% slower. [12]
이 새로운 방식의 배영은 15% 더 느렸다.

1441
negotiate
[nigóuʃièit]
★☆☆☆☆
3/1 출제확률 4.6%

어원 속칭 '네고하다(nego)'라고 많이 쓰인다.

동 협상하다, 협정하다

Unfortunately, the negotiation was broken off. [09]
불행히도, 그 협상은 결렬되었다.

[어형] negotiation 협상, 교섭

1442
physiology
[fìziálədʒi]
★☆☆☆☆
3/1 출제확률 4.6%

어원 physical(신체의) + logy(word) → 생리학

명 생리, 생리학

Most of the systems in animal and human physiology are controlled by homeostasis. [12]
대부분의 동물과 인간의 생리 조직은 항상성에 의해 통제된다.

[idiom] by homeostasis 항상성의 의해

[어형] physiological 생리적인, 생리학상의

1443
prophecy
[práfəsi]
★☆☆☆☆
3/1 출제확률 4.6%

어원 pro(= before 먼저) + phes(= speak 말하다) + y(어미) → 먼저 말하다 → 예언하다

명 예언, 예언 능력

His prophecy that she would get a job did not come true. [어형]
그녀가 취업할 것이라는 그의 예언은 빗나갔다.

[어형] prophet 예언자 prophetic 예언의, 예언적인

1444
diffusion
[difjúːʒən]
★☆☆☆☆
4/1 출제확률 4.6%

어원 dif(= away 멀리(흩어지게)) + fuse(쏟아버리다, 붓다) → 멀리(흩어지게) 쏟아버리다 → 방산

명 방산, 발산, 확산

Diffusion is a process by which one culture or society borrows from another. [07]
확산이란 한 문화 혹은 사회가 다른 문화나 사회를 빌려오는 과정이다.

[어형] diffuse 퍼뜨리다 diffused 확산의, 보급된

1445
pesticide
[péstisàid]
★☆☆☆☆
4/1 출제확률 4.6%

어원 pest(해충) + cide(= kill 죽이다) → 해충을 죽이는 것 → 살충제

명 살충제, 구충제

Organic food, which encourages farmers to use less pesticide [07]
농부들에게 농약을 덜 쓰도록 하여 만든 유기농 식품

1446
canal
[kənǽl]
★☆☆☆☆
3/1 출제확률 4.6%

어원 can(= cane (속이 빈) 줄기) + al(~것) → (속이 빈) 줄기 → 운하

명 운하, (체내의) 관

The Erie Canal took four years to build. [11]
이리 운하는 완공하는데 4년이 걸렸다.

[어형] channel 해협 gulf[bay] 만

intricate
[íntrikət]
★☆☆☆☆
3/1 출제확률 4.6%

어원 in(안에) + tric(얽힌, 묶인) + ate(~하게 하는) → 안에 얽혀있는 → 복잡한

형 복잡한, 복잡하게 하는

Mastering an intricate musical passage [11]
복잡한 악절 마스터하기

preview
[príːvjùː]
★☆☆☆☆
3/1 출제확률 4.6%

어원 pre(미리) + view(봄) → 미리보기

명 미리보기, 시연, 시사(회)

After correcting the picture the painter arranged a second preview. [11]
그 화가는 그림을 수정하여 두 번째 시사회를 개최했다.

aptitude
[ǽptətjùːd]
★☆☆☆☆
4/1 출제확률 4.6%

어원 apt(솜씨 있는) + tude(성질, 상태) → 솜씨 있는 상태 → 적성

명 적성, 소질, 재능

To this end, we should test our children's aptitudes in various subject areas. [06]
이것 때문에, 우리는 아이들에 대한 적성검사를 다양한 분야에 걸쳐 실시해야 한다.

[어형] aptitudinal 소질의 aptitude test 적성검사

password
[pǽswɔːrd]
★☆☆☆☆
3/1 출제확률 4.6%

어원 pass(통과) + word(단어) → 통과시키는 단어 → 비밀번호

명 비밀번호, 암호

What? I've been trying the wrong password until now! I totally lost my patience. [10]
뭐라고요? 지금까지 틀린 비밀번호를 계속 입력했잖아요! 완전히 인내심에 한계가 왔어요.

artifact
[áːrtəfækt]
★☆☆☆☆
3/1 출제확률 4.6%

어원 arti(예술적으로) + fact(= make 만든 것) → 진짜같이 예술적으로 만든 것 → 인공물

명 인공물, 가공품

Natural objects do not come with labels, but these days, most physical artifacts do. [09]
자연물에는 꼬리표가 없지만 요즘 대부분의 물리적 인공물들에는 있다.

skeptical
[sképtikəl]
★☆☆☆☆
3/1 출제확률 4.6%

어원 skeptic(회의론자)는 타인을 믿지 못하는 경향이 있다.

형 의심 많은, 비관적인

[idiom] skeptical about ~에 비관적인

The fans were very skeptical about winning the soccer game. [08]
그 팬들은 축구 경기 승부에 있어 매우 비관적이었다.

1453

cognitive
[ágnitiv]

★☆☆☆☆

2/1 출제확률 4.6%

여원 cogn(알다) + ive(~한) → 알아보는 → 인식하는

형 인지의, 인식하는

Even purchases that seem simple can quickly turn into a cognitive quagmire. [13]
단순한 구매조차도 즉시 인지적 수렁으로 변할 수 있다.

1454

dash
[dæʃ]

★☆☆☆☆

2/1 출제확률 4.6%

여원 하이픈(hyphen)보다 좀 더 긴 부호가 dash(대시)이다.

동 돌진하다, 서두르다

[syn] smash, run, rush

He knew instantly that a hole spells home, and he dashed inside. [13]
그는 구멍이 집을 뜻한다는 것을 즉시 알아채고 안으로 돌진했다.

[어형] dashed 지독한

1455

disperse
[dispə́:rs]

★☆☆☆☆

2/1 출제확률 4.6%

여원 '해산'의 의미로 break up 외에도 dissolve도 많이 쓰인다.

동 퍼뜨리다, 흩어지게 하다

[syn] scatter, break up, spread

You may see a dispersal of seeds during the spring time. [04]
봄에 씨앗들이 날리는 것을 볼 수 있을 것이다.

[어형] dispersal 분산, 확산 dispersant 분산성의; 분산제

1456

dissolve
[dizálv]

★☆☆☆☆

2/1 출제확률 4.6%

여원 화학용어로 dissolve는 '용해시키다'라는 뜻을 지님

동 녹이다, 없애다, 퍼뜨리다

[syn] melt, soften

The majority of salt in the Great Salt Lake is a remnant of dissolved salts. [13]
Great Salt 호수의 대부분의 소금은 용해된 소금의 잔여물이다.

[어형] dissolved (과거, 과거분사)

1457

empathetic
[èmpəθétik, empǽθik]

★☆☆☆☆

2/1 출제확률 4.6%

여원 em(강조) + path(느낌, 감정) +tic(~한) → 감정이 모이는 → 감정이입의

형 감정이입의, 이해심이 많은

Mr. Choi was much more empathetic than I thought. [96]
최 씨는 내가 생각했던 것 보다 훨씬 더 이해심이 많았다.

1458

evaporate
[ivǽpərèit]

★☆☆☆☆

2/1 출제확률 4.6%

여원 수분을 증발시켜 건조시키는 것을 의미함

동 증발하다, 사라지다

[syn] disappear, vanish

As the water evaporated, the traces of dissolved salts were gradually concentrated in the lake. [13]
물이 증발하면서, 용해된 소금의 잔여물이 줄어든 호수에 점차 농축되었다.

[어형] evaporated (과거, 과거분사) evaporation 증발

fatigue

[fətíːg]

★☆☆☆☆

2/1 출제확률 4.6%

[어원] 육체적 피로(physical fatigue)와 정신적 피로(mental fatigue)를 포괄하는 개념이다.

[명] 피로, 피곤

[syn] exhaust, weary, heavy

The relationship between muscle fibers and physical fatigue [13]
근섬유와 육체적 피로 간의 관계

---

merchandise

[óːrtʃəndàiz]

★☆☆☆☆

2/1 출제확률 4.6%

[어원] 일반적으로 product를 지칭하지만 goods를 의미하기도 함

[명] 상품, 물품

[syn] good, product, stock

Gregorio Dati was a successful merchant of Florence. [13]
Gregorio Dati는 피렌체의 성공한 상인이었다.

[어형] merchant 상인, 무역상

---

overly

[óuvərli]

★☆☆☆☆

2/1 출제확률 4.6%

[어원] over(~넘어) + ly(~하게) → ~를 넘게 → 지나치게

[부] 지나치게, 너무

It is an overly zealous mental preparation for an anticipated threat. [13]
예상되는 위협에 대한 너무 과한 정신적인 대비이다.

---

suppress

[səprés]

★☆☆☆☆

2/1 출제확률 4.6%

[어원] sup(= sub 아래) + press(누르다) → 아래로 누르다 → 억압하다

[동] 억압하다, 탄압하다

This is very different from the case of someone who suppresses emotions. [13]
이것은 감정을 억누르는 사람의 경우와는 매우 다르다.

[어형] suppression 진압, 억제 suppressant 억제제

---

vice

[vais]

★☆☆☆☆

2/1 출제확률 4.6%

[어원] 원래는 '대리의' '악'이란 의미로도 쓰임

[부] 반대로, 거꾸로

[syn] on the contrary, contrast

I was imprinting the woodchuck and vice versa. [13]
나는 그 마멋을 내 마음에 새겼고 그 마멋도 나를 마음에 새겼다.

[어형] vice versa(반대) minister 차관

---

gourd

[ɡɔːrd]

★☆☆☆☆

4/1 출제확률 4.6%

[어원] 속어로 '미치다, 정신나가다'의 표현으로 활용됨

[명] 조롱박, 호리병박

Feeling thirsty, I took the gourd, dipped some water, and drank. [04]
갈증이 나서 조롱박으로 물을 조금 떠서 마셨다.

1465

draft

[dræft]

★☆☆☆☆

3/1 출제확률 4.6%

어원 스포츠 선수를 선발하는 것을 '드래프트'라고 한다.

몡 설계도, 초안 통 설계하다, 입안하다

[idiom] first draft (원고의) 초고

The first draft isn't your best writing. [08]

초안은 당신이 제일 잘 쓴 글이 아니다.

1466

hangar

[hǽŋər]

★☆☆☆☆

3/1 출제확률 4.6%

어원 hang(매달다) + ar(명접) → 무언가를 매달아 놓는 곳 → 격납고

몡 격납고, 차고(repair shed) 통 격납고에 넣다

He told himself as he stepped out of the elevator car into the hangar. [08]

그는 엘리베이터에서 나와 격납고로 들어가면서 혼잣말을 했다.

1467

savage

[sǽvidʒ]

★☆☆☆☆

3/1 출제확률 4.6%

어원 야만인을 barbarian이라고 하는데 미개인을 뜻한다.

몡 야만인 휑 야만스러운, 잔인한

You should be aware of them because they're savages. [09]

그들은 야만적이기 때문에 당신은 그들을 조심해야 한다.

[idiom] be aware of ~을 알아차리다, ~을 알다

1468

ain't

[eint]

★☆☆☆☆

2/1 출제확률 4.6%

어원 속어이므로 사용에 유의한다.

통 am not / is not / have not

I ain't got no pencil. [12]

전 연필이 전혀 없는데요.

1469

checkered

[tʃékərd]

★☆☆☆☆

2/1 출제확률 4.6%

어원 checker(체크무늬) + ed(~된) → 체크무늬로 된

휑 체크무늬의, 가지각색의

We have two designs. One with stripes and the other in the checkered pattern.
[12]

두 가지 디자인이 있어요. 하나는 줄무늬이고 다른 하나는 체크무늬입니다.

1470

dialect

[dáiəlèkt]

★☆☆☆☆

2/1 출제확률 4.6%

어원 dia(= between 사이에) + lect(= talk 말) → (시골 사람들) 사이에 쓰는 말 → 사투리

몡 방언, 사투리(↔ standard language)

He brings some other nonstandard dialect into the classroom. [12]

그는 수업시간에 표준어가 아닌 사투리를 사용한다.

1471

discharge

[distʃáːrdʒ]

★☆☆☆☆

2/1 출제확률 4.6%

어원 dis(반대) + charge(싣다) → 싣지 않다 → 배출하다

명 발사, 퇴원 동 발사하다, 배출하다

I have few things you have to keep in mind on the day of discharge. [12]
당신이 퇴원하는 날 잊지 말아야 하는 것들에 대해 알려드릴게요.

[idiom] keep in mind 잊지 않고 있다

1472

hydro

[háidrou]

★☆☆☆☆

2/1 출제확률 4.6%

어원 hydro는 물(water)을 의미한다.

명 수력 전기 형 수력의

In 1971, hydro was the second biggest source of electricity generation. [12]
1971년에는 수력 발전이 두 번째로 가장 큰 발전원이었다.

[어형] hydrogen 수소

1473

flap

[flæp]

★☆☆☆☆

3/1 출제확률 4.6%

어원 흔히 파리채를 flyflap, flapper라고 한다.

동 (날개 등을) 퍼덕거리다, 딱 때리다

[idiom] ear flap 방한모의 귀덮개

There is a long back flap for the back of the neck. [07]
목 뒤에 긴 뒷덮개가 있다.

1474

anatomy

[ənǽtəmi]

★☆☆☆☆

2/1 출제확률 4.6%

어원 ana(강조) + tomy(자름, 절개) → 해부

명 해부, 해부학, 분석

The surgeon began to criticize the anatomy of one of the characters. [01]
그 외과의사는 해부학의 특징 중 한 가지를 비판하기 시작했다.

[어형] anatomical 해부의 anatomic 해부[학]의

1475

diagnose

[dáiəgnòus -nòuz]

★☆☆☆☆

2/1 출제확률 4.6%

어원 dia(= apart 떨어져) + gno(= know 알다) + se → 부분으로 구분하여 알아내다 → 진단하다

동 진단하다, 원인을 밝혀내다

The above graph shows the percentage of children diagnosed with asthma. [11]
위의 그래프는 천식에 걸린 아이들의 비율을 보여준다.

[어형] diagnosed (과거, 과거분사) diagnosis 진단, 진찰 diagnostic 진단의

1476

dissent

[disént]

★☆☆☆☆

2/1 출제확률 4.6%

어원 dis(아니다) + sent(보낸) → 보내지 않는다 → 반대하다

명 반대 동 의견을 달리하다

Dissent was far more frequent in the high-performing clubs. [11]
반대 의견은 고성과 조직에서 훨씬 더 많이 발생한다.

[어형] dissentient 의견을 달리하는 dissenting opinion 반대 의견

1. 아래의 단어에 맞는 뜻을 골라 선으로 이어주세요.

¹⁴⁶⁷ savage   ●   ⓐ 비밀번호

¹⁴⁷³ flap   ●   ⓑ 야만인; 야만스러운, 잔인한

¹⁴⁴⁷ intricate   ●   ⓒ 협상하다, 협정하다

¹⁴⁵⁰ password   ●   ⓓ 복잡한, 복잡하게 하는

¹⁴⁶⁵ draft   ●   ⓔ 탄생의, 출생의

¹⁴⁷⁶ dissent   ●   ⓕ 살충제, 구충제

¹⁴⁴⁶ canal   ●   ⓖ 반대; 의견을 달리하다

¹⁴⁴⁵ pesticide   ●   ⓗ 반대로, 거꾸로

¹⁴⁶³ vice versa   ●   ⓘ 설계도, 초안, 설계하다

¹⁴⁴¹ negotiate   ●   ⓙ 예언

¹⁴³⁶ mutation   ●   ⓚ (날개 등을) 퍼덕거리다

¹⁴⁴³ prophecy   ●   ⓛ 일상적인 일, 반복적인 일

¹⁴³⁷ natal   ●   ⓜ 돌연변이

¹⁴³⁹ routine   ●   ⓝ 운하

2. 아래 문장의 알맞은 뜻을 보기에서 고르세요.

a. The surgeon began to criticize the anatomy of one of the characters. (　)

b. I ain't got no pencil. (　)

c. You should be aware of them because they're savages. (　)

d. This new breaststroke was about 15% slower. (　)

e. Males leave home and females mature in their natal area. (　)

f. He brings some other nonstandard dialect into the classroom. (　)

g. After correcting the picture the painter arranged a second preview. (　)

보기
① 그 화가는 그림을 수정하여 두 번째 시사회를 개최했다.
② 그들은 야만적이기 때문에 당신은 그들을 조심해야 한다.
③ 그 외과의사는 해부학의 특징 중 한 가지를 비판하기 시작했다.
④ 수컷은 집을 떠나고, 암컷은 그들이 태어난 지역에서 자란다.
⑤ 그는 수업시간에 표준어가 아닌 사투리를 사용한다.
⑥ 전 연필이 전혀 없는데요.
⑦ 이 새로운 방식의 배영은 15% 더 느렸다.

정답: ③ ⑥ ② ⑦ ④ ⑤ ①

1477

donor

[dóunər]

★☆☆☆☆

2/1 출제확률 4.6%

어원 don(주다) + or(사람) → 무언가를 주는 사람

명 기증자, 기부자

It is likely that the donor will itself eventually need help from some nest-mate. [11]
그 기부자 자신도 결국 다른 둥지 동료들로부터 도움을 받을 가능성이 높다.

1478

forage

[fɔ́:ridʒ]

★☆☆☆☆

2/1 출제확률 4.6%

어원 말이나 소의 먹이(식량)를 일컫는 표현이다.

명 마초, 꼴 **동** 먹이를 찾아다니다

Blood donors are saving unsuccessful foragers that are close to starvation. [11]
피를 나눠준 박쥐들은 먹이 사냥에 실패해 굶어 죽어가는 박쥐들을 구한다.

*예문의 blood donors와 forage는 수능 기출 문맥상 박쥐를 뜻한다.

[어형] forager 약탈자 foraging 수렵 채집

1479

martial

[má:rʃəl]

★☆☆☆☆

2/1 출제확률 4.6%

어원 군대에서 군인이 지닌 기질을 가리킴

형 전쟁의; 호전적인(truculent, bellicose)

[idiom] martial art 무술(호신술)

In martial arts, this sense of looking freshly at something is known as 'beginner's mind'. [11]
무술에서는 무언가를 새롭게 느끼는 것을 '초보자의 마음가짐'이라고 알려져 있다.

1480

patch

[pætʃ]

★☆☆☆☆

2/1 출제확률 4.6%

어원 한 조각(piece)이라는 의미에서 유래되었다.

명 헝겊 조각 **동** 수선하다(헝겊을 대고)

Habitat doesn't completely disappear but is reduced gradually until small patches remain. [11]
서식지는 완전히 사라지지 않고 작은 조각(지역)들이 남을 때까지 서서히 줄어든다.

1481

saucer

[sɔ́:sər]

★☆☆☆☆

2/1 출제확률 4.6%

어원 흔히 비행접시(UFO)를 flying saucer라고 한다.

명 받침, 접시

[syn] dish, plate

She came back with the cups and saucers and put them down on a small side table. [11]
그녀는 컵과 받침을 가져와서 작은 사이드테이블 위에 내려놓았다.

---

vampire

[vǽmpaiər]

★☆☆☆☆

2/1 출제확률 4.6%

어원 주로 밤에 활동하는 것으로 vampire bat(흡혈 박쥐)가 있다.

명 뱀파이어, 흡혈귀

When vampire bats return to their communal nests from a successful night's foraging [11]

흡혈 박쥐들이 성공적인 야간 먹이사냥을 마치고 그들의 집단 보금자리로 돌아왔을 때

1483

contaminate

[kəntǽmənèit]

★☆☆☆☆

3/1 출제확률 4.6%

어원 con(함께) + tam(= touch 만지다) + ate(~하다) → 모두가 만져 더럽히다

통 오염시키다, 더럽히다

The decayed food can contaminate the river. [97]

썩은 음식은 강을 오염시킬 수 있다.

[어형] contaminating (현재분사) contaminant 오염물질

1484

leopard

[lépərd]

★☆☆☆☆

3/1 출제확률 4.6%

어원 표범무늬를 한 동물이나 식물을 지칭할 때 활용됨

명 표범

A leopard, stretched full-length on a large tree branch, heard it, too. [06]

큰 나뭇가지에서 길게 몸을 뻗고 있던 표범도 그것을 들었다.

1485

vine

[vain]

★☆☆☆☆

3/1 출제확률 4.6%

어원 와인(wine)은 과실주라는 뜻을 내포하고 있다.

명 덩굴, 포도나무

What happens in the vineyard is crucial. [06]

포도원에서 일어난 일은 중대하다.

[어형] vineyard 포도밭, 포도원 vineal 포도의, 와인의

1486

compliment

[kámpləmənt, kóm-]

★☆☆☆☆

2/1 출제확률 4.6%

어원 com(강조, 함께) + pli(채우다) + ment(~것) → 상대방의 기분을 채움 → 칭찬

명 칭찬, 찬사 통 경의를 표하다

I should have used some word like 'complimentary' instead. [10]

나는 '칭찬하는'과 같은 단어를 대신 사용했어야 했다.

[어형] complimentary 칭찬하는, 무료의

1487

dizzy

[dízi]

★☆☆☆☆

2/1 출제확률 4.6%

어원 알약으로 된 마약을 가리키기도 함

형 현기증 나는, 어지러운

[syn] faint, shaky, off balance

This is taken when you have symptoms of dizziness, cold sweating, and headache. [10]

어지러움, 식은땀, 두통 등의 증상이 생기면 이 약을 복용하게 된다.

[어형] dizziness 현기증, 어지러움

1488

dorsal
[dɔ́:rsl]
★☆☆☆☆
2/1 출제확률 4.6%

어원 등 뒤의 의미가 확장되어 '배후의'라는 뜻으로 쓰인다.

형 (물고기) 등의, 등에 있는

The dorsal fin is one continuous fin. [10]
등지느러미는 하나로 연속된 지느러미이다.

1489

encyclopedia
[insàikləpí:diə]
★☆☆☆☆
2/1 출제확률 4.6%

어원 en(안에) + cycle(돌고도는) + pedia(사전) → 서로 돌고도는 세상 이야기에 대한 사전 → 백과사전

형 백과사전

Why don't you find some information from the encyclopedia over there? [10]
저기에 있는 백과사전에서 자료를 찾아보지 그러니?

1490

exotic
[igzátik]
★☆☆☆☆
2/1 출제확률 4.6%

어원 ex(밖으로) + tic(~한) → 국내가 아닌 외국풍의

형 외국의, 이국풍의; 외래의

Traveling to exotic places [10]
해외로 여행하기

1491

fin
[fin]
★☆☆☆☆
2/1 출제확률 4.6%

어원 어원으로써 fin은 '끝나다'라는 의미를 가지고 있다.(finish)

명 지느러미

If you take a look at his fin, you can find that it's very similar to shark's one. [00]
지느러미를 보게 되면, 상어의 지느러미와 매우 비슷함을 알 수 있다.

[idiom] similar to ~과 유사한

1492

interchange
[intə́:rtʃeindʒ]
★☆☆☆☆
2/1 출제확률 4.6%

어원 inter(서로) + change(바꾸다) → 서로 무언가를 바꾸다(주고받다)

동 교환하다, 주고받다

Physicists speak of photons of light as being interchangeable. [10]
물리학자들은 빛의 광자가 상호 대체 가능하다고 말한다.

[어형] interchangeable 교체[교환]할 수 있는 interchanged (과거, 과거분사)

1493

interdependent
[intə́:rdipéndənt]
★☆☆☆☆
2/1 출제확률 4.6%

어원 inter(서로) + depend(의지하다) + ent(~하는) → 서로 의지하는

형 서로 돕는, 의지하는

Today, we are so interdependent that the concept of war has become outdated. [10]
오늘날 우리들은 서로 매우 의존하는 관계이기에 전쟁이라는 개념은 옛날 얘기가 되어버렸다.

[어형] interdependence 상호 의존

1494

microwave
[máikrouweiv]
★☆☆☆☆
2/1 출제확률 4.6%

어원 micro(미세) + wave(파동) → 미세 파동(전자레인지는 미세파동을 이용해 열을 가하는 방식이다)

명 전자레인지

So many people stand in front of their microwaves thinking "Hurry up!". [10]
그래서 많은 사람들이 전자레인지 앞에서 "빨리빨리"라고 생각하며 서 있다.

1495

photon
[fóutan]
★☆☆☆☆
2/1 출제확률 4.6%

어원 photo(빛) + on(알갱이) → 빛 알갱이

명 광자(빛의 입자)

The team finally invented the most efficient way to generate photon. [04]
그 팀은 마침내 광자를 가장 효율적으로 발생시키는 방법을 고안했다.

1496

quotation
[kwoutéiʃən]
★☆☆☆☆
2/1 출제확률 4.6%

어원 quote(인용하다) + tion(~것) → 인용

명 인용, 인용구

On the wall of our dining room was a framed quotation. [10]
우리 집 부엌 벽에는 한 인용구가 액자에 걸려있다.

[어형] quote 인용하다, 견적하다

1497

scatter
[skǽtər]
★☆☆☆☆
2/1 출제확률 4.6%

어원 scat(쉿 고양이(저리가)) + (t)er(~하다) → 쫓아버리다 → 흩뿌리다

동 흩뿌리다, 분산되다

When the transmitted light hits the dew drops, it becomes scattered. [10]
전도된 빛이 이슬방울에 부딪히면 (빛이) 분산된다.

[어형] scattered 산발적인, 산재한

1498

tribal
[tráibl]
★☆☆☆☆
2/1 출제확률 4.6%

어원 tri(= three 셋) + bal(~의) → 셋의 → 부족의

형 부족의, 종족의

Interestingly, art in tribal societies is frequently abandoned. [10]
흥미롭게도, 부족 사회에서는 예술행위가 자주 금지되었다.

[어형] tribe 부족, 집단

1499

accommodation
[əkàmədéiʃən]
★☆☆☆☆
2/1 출제확률 4.6%

어원 com(함께) + mo(= serve 돌보는) + tion(~것) → 서로 돌보는 것 → 도움, 숙박설비

명 숙박설비, 편의, 도움

The registration fee is $150, which includes accommodations and meals. [09]
등록비는 150불인데 여기에는 숙박과 식사가 포함되어 있다.

1500

acoustic
[əkúːstik]
★☆☆☆☆

2/1 출제확률 4.6%

어원 음향기기에서 나는 소리를 일컫는다.

형 청각의, 음파의

Television is fundamentally an acoustic medium. [09]
텔레비전은 근본적으로 청각적 매체이다.

1501

chore
[tʃɔːr]
★☆☆☆☆

2/1 출제확률 4.6%

어원 주로 집에서의 일을 의미하는데 household chores라 한다.

명 허드렛일, 잡일

One grandmother hires her grandchildren to help with gardening chores. [09]
한 할머니는 손녀들에게 정원을 손질하는 잡일을 돕도록 했다.

[어형] choreman 잡역부

1502

deficient
[difíʃənt]
★☆☆☆☆

2/1 출제확률 4.6%

어원 de(아닌) + efficient(효과적인) → 효과적이지 못한 → 부족한

형 부족한, 불충분한

The absence of vitamin B would lead to a deficiency disease. [09]
비타민 B 부족은 비타민 결핍증으로 이어질 수 있다.

[어형] deficiency 결핍, 결함 deficit 적자

1503

hawk
[hɔːk]
★☆☆☆☆

2/1 출제확률 4.6%

어원 hawkeye는 눈치 빠른 사람을 지칭한다.

명 (조류) 매, 매파(강경론자)

Old Hawk gestured up at the tall, old cottonwood. [09]
늙은 매는 오래 된 높은 미루나무에서 날개를 치켜 올렸다.

1504

ivory
[áivəri]
★☆☆☆☆

2/1 출제확률 4.6%

어원 흔히 대학을 '상아탑'이라 지칭하는데 학문을 추앙하는 것에서 비롯됨

명 상아, 상아색 형 상아 같은

One doll was made of ivory and lay beside her owner. [09]
상아로 만들어진 한 인형은 주인 옆에 누워 있었다.

1505

magnitude
[mǽgnətjùːd]
★☆☆☆☆

2/1 출제확률 4.6%

어원 magni(큰) + tude(성질, 상태) → 큰 상태 → 규모

명 (엄청난) 규모, 크기, 양

They have equal magnitudes and point in opposite directions. [09]
그들은 동일한 세기로 서로 반대 방향을 향하고 있다.

bride

[braid]

★☆☆☆☆

2/1 출제확률 4.6%

어원 신랑은 bridegroom이다.

명 신부

She had a bride's flower in her hair, but her hair was white. [08]
그녀는 신부의 꽃을 그녀의 머리에 달고 있었지만 그녀의 머리는 희었다.

1507

browse

[brauz]

★☆☆☆☆

2/1 출제확률 4.6%

어원 양이나 소를 방목하여 기르는 것에서 유래됨

명 어린 잎 통 둘러보다, 훑어보다

[syn] skim, scan, look through

The latest devices are fun to use for many tasks like browsing cyber space. [08]
최신 기기들은 사이버 공간을(인터넷) 둘러보는 등의 재미있는 일들을 할 수 있다.

[어형] browsing (현재분사), 브라우징(인터넷) browser 브라우저(정보 검색 프로그램)

1508

bulb

[bʌlb]

★☆☆☆☆

2/1 출제확률 4.6%

어원 주로 백열전구를 의미한다.

명 구근, 전구

[idiom] a light bulb 전구

Hold the chair tightly while I'm changing this bulb. [08]
내가 전구를 교체하는 동안에 의자를 꼭 잡고 있으세요.

[어형] bulbar 구형의

1509

daylight

[deilait]

★☆☆☆☆

2/1 출제확률 4.6%

어원 day(일) + light(광) → 낮 시간

명 일광, 낮 형 낮 동안의

This allows daylight in but keeps out cold or stormy weather. [08]
이것은 햇빛은 들어오게 하지만 냉기나 험악한 날씨는 차단한다.

1510

accelerate

[æksélərèit, ək-]

★☆☆☆☆

1/1 출제확률 4.6%

어원 자동차의 가속 페달을 accelerator라고 한다.

통 가속하다, 촉진시키다

When you are starting from a gas station, please accelerate slowly. [04]
주유소에서 출발을 할 때, 천천히 출발하십시오.

[어형] accelerant 촉매

1511

adrift

[ədríft]

★☆☆☆☆

1/1 출제확률 4.6%

어원 a(~에, 강조) + drift(표류, 흐름) → 표류하는

형 표류하여, 정처 없는

Ducks, frogs, and turtles were set adrift in the middle of the Pacific Ocean. [12]
태평양 한가운데에 오리, 개구리, 거북이들이 표류하고 있었다.

1512

affirm
[əfə́:rm]
★☆☆☆☆
1/1 출제확률 4.6%

[어원] a(강조) + firm(확실한) → 확실하다

(통) 단언하다, 확언하다

Evidence is used only to affirm a particular theory. [12]
증거물은 특정 이론을 검증하는 용도로만 사용되었다.

[어형] affirmation 단언

1513

allocate
[ǽləkèit]
★☆☆☆☆
1/1 출제확률 4.6%

[어원] al(= to ~에게) + locate(놓다) → ~에게 할당하다

(통) 배분하다, 할당하다

We should use those figures to allocate emissions cuts. [12]
우리는 배출 억제를 할당하기 위해 그 수치들을 사용해야 한다.

[어형] allocation 배당, 할당

1514

anecdote
[ǽnikdòut]
★☆☆☆☆
1/1 출제확률 4.6%

[어원] 아직 밝혀지지 않은 일이라는 뜻에서 유래되었다.

(명) 일화, 비화

He combined biographical anecdotes with critical comment. [12]
그는 전기적인 일화와 비평을 함께 실었다.

1515

appetite
[ǽpətàit]
★☆☆☆☆
1/1 출제확률 4.6%

[어원] ap(~에) + pet(= seek 찾다) + ite → ~을 찾다 → 식욕, 욕구

(명) 식욕, 욕망; 좋아함

They seem to have little appetite for French cuisine. [96]
그들은 프랑스 요리를 별로 먹고 싶지 않은 것처럼 보인다.

1516

astound
[əstáund]
★☆☆☆☆
1/1 출제확률 4.6%

[어원] astoun(= astonish 놀라게 하다) + d(어미) → 몹시 놀라게 하다

(통) 몹시 놀라게 하다(surprise)

It was an astounding achievement that was not surpassed for 28 years. [12]
그것은 엄청난 성과였고 28년간 (그 누구도) 능가하지 못했다.

[어형] astounding 경악스러운 astonish 놀라운; 놀라게 하다

1517

backstroke
[bǽkstròuk]
★☆☆☆☆
1/1 출제확률 4.6%

[어원] back(뒤로) + stroke(타격) → 뒤로 치기 → 배영, 되치기, 반격

(명) 배영; 되치기, 반격

There were three swimming strokes — freestyle, backstroke, and breaststroke. [12]
자유형, 배영, 평영의 세 가지 수영 기법이 있었다.

1. 아래의 단어에 맞는 뜻을 골라 선으로 이어주세요.

1515 appetite	●	ⓐ 백과사전
1481 saucer	●	ⓑ 식욕, 욕망; 좋아함
1489 encyclopedia	●	ⓒ 표범
1509 daylight	●	ⓓ 광자
1516 astound	●	ⓔ 교환하다, 주고받다
1488 dorsal	●	ⓕ 전자레인지
1479 martial	●	ⓖ 청각의, 음파의
1484 leopard	●	ⓗ 받침, 접시
1492 interchange	●	ⓘ 칭찬, 찬사; 경의를 표하다
1486 compliment	●	ⓙ 일광, 낮; 낮 동안의
1494 microwave	●	ⓚ (물고기) 등의, 등에 있는
1495 photon	●	ⓛ 전쟁의
1506 bride	●	ⓜ 몹시 놀라게 하다
1500 acoustic	●	ⓝ 신부

2. 아래 문장의 알맞은 뜻을 보기에서 고르세요.

a. The guideline you suggested will be sufficient. ( )

b. The latest devices are fun to use for many tasks like browsing cyber space. ( )

c. In martial arts, this sense of looking freshly at something is known as 'beginner's mind'. ( )

d. The decayed food can contaminate the river. ( )

e. There were three swimming strokes — freestyle, backstroke, and breaststroke. ( )

f. The dorsal fin is one continuous fin. ( )

g. I should have used some word like 'complimentary' instead. ( )

보기

① 나는 '칭찬하는'과 같은 단어를 대신 사용했어야 했다.

② 등지느러미는 하나로 연속된 지느러미이다.

③ 당신이 추천해 준 안내서만으로 충분합니다.

④ 무술에서는 무언가를 새롭게 느끼는 것을 '초보자의 마음가짐'이라고 알려져 있다.

⑤ 자유형, 배영, 평영의 세 가지 수영 기법이 있었다.

⑥ 썩은 음식은 강을 오염시킬 수 있다.

⑦ 최신 기기들은 사이버 공간을(인터넷) 둘러보는 등의 재미있는 일들을 할 수 있다.

정답: ③ ⑦ ④ ⑥ ⑤ ② ①

1518

bin
[bin]
★☆☆☆☆
1/1 출제확률 4.6%

[어원] 뚜껑이 달린 비교적 큰 용기를 뜻함

[명] 큰 상자, 쓰레기통

[syn] (미) trash can

Waste from the toilet had to go into the bin. [03]
화장실에서 나온 쓰레기는 쓰레기통에 버려져야 한다.

1519

blunt
[blʌnt]
★☆☆☆☆
1/1 출제확률 4.6%

[어원] 너무 솔직한 나머지 무뚝뚝한 사람을 이르는 말로 쓰임

[동] 둔하게 하다 [형] 무딘(dull), 퉁명스러운

It's a less objectionable way of saying something for a blunt or more direct
way. [12]
그것은 퉁명스럽거나 직설적으로 말하는 것보다 덜 기분 나쁘게 말하는 방법이다.

1520

blur
[bləːr]
★☆☆☆☆
1/1 출제확률 4.6%

[어원] 시야나 화면이 흐릿한 상태를 나타냄

[동] 흐리게 하다, 더럽히다

If you take your glasses off, everything will be a blur. [06]
만약 안경을 벗게 되면, 모든 것이 흐릿하게 보일 것이다.

[어형] blurred 흐릿한 blurry 흐릿한, 뿌연

1521

calve
[kæv]
★☆☆☆☆
1/1 출제확률 4.6%

[어원] calf(송아지)에서 유래되었다.

[동] 새끼를 낳다

Sperm whales may even share suckling of calves. [12]
향유 고래들은 심지어 새끼의 젖을 먹이는 것도 함께 공유한다.

1522

cargo
[káːrgou]
★☆☆☆☆
1/1 출제확률 4.6%

[어원] car(= load 싣다) + go(어미) → 화물; 짐을 싣다

[명] 화물, 뱃짐 [동] 짐을 싣다

A ship traveling through rough seas lost 12 cargo containers. [12]
거친 바다를 항해하던 한 배는 화물 컨테이너 12개를 잃어버렸다.

1523

chill

[tʃil]

★☆☆☆☆

1/1 출제확률 4.6%

[어원] 다소 기분이 으스스한 상태를 나타내는데 chilly(형용사형)는 '차가운, 쌀쌀한'의 뜻으로 쓰임

[명] 냉기, 한기 [형] 냉랭한; 무서운

I felt a sudden chill in the air followed by an uncomfortable stillness. [12]
나는 기분이 이상한 적막감과 함께 뜻밖의 한기를 느꼈다.

1524

couch

[kautʃ]

★☆☆☆☆

1/1 출제확률 4.6%

[어원] 잠자리처럼 편안한 sofa를 나타냄

[명] 소파, 긴 의자

You end up on the couch with a bowl of chips. [12]
당신은 결국 과자 한 사발을 들고 소파에 누워있게 된다.

[idiom] end up 결국 ~으로 되다

1525

deforestation

[di:fɔ:ristéiʃən]

★☆☆☆☆

1/1 출제확률 4.6%

[어원] de(아닌, 부정) + forestation(조림, 식림) → 삼림 벌채

[명] 삼림 벌채

Unfortunately, deforestation left the soil exposed to harsh weather. [12]
불행하게도, 삼림 벌채로 인해 토양이 거친 날씨에 노출된 채로 남겨졌다.

1526

defy

[difái]

★☆☆☆☆

1/1 출제확률 4.6%

[어원] de(아닌, 부정) + fy(~하다) → 부정하다, 무시하다

[동] 무시하다, 반항하다, 거부하다

a mysterious illness which had defied the doctors and their medicines [12]
의사와 약을 외면한 원인 모를 병

[어형] defied (과거, 과거분사) defiant 반항적인 defiance 도전, 반항

1527

disrupt

[disrʌpt]

★☆☆☆☆

1/1 출제확률 4.6%

[어원] dis(= apart 떨어져, 산산이) + rupt(= break 부수다) → 붕괴시키다

[동] 방해하다, 붕괴시키다 [형] 분열한

Do you fear that crime, war, or terrorist attacks will disrupt the economy? [12]
당신은 범죄나 전쟁 혹은 테러의 공격으로 인해 경제가 해를 입을까 걱정하는가?

[어형] disruptive 파괴의, 파멸의

1528

dwindle

[dwíndl]

★☆☆☆☆

1/1 출제확률 4.6%

[어원] de(= down 아래로) + wind(바람) → 바람이 잦아들다 → 줄어들다

[동] 점차 감소하다, 줄어들다

Once again, they discussed the company's expenses and dwindling revenue.
[12]
다시 한번, 그들은 회사의 지출과 줄어드는 수익에 대해 이야기 했다.

[어형] dwindling 줄어드는, 쇠퇴하는

1529

eminent
[émənənt]
★★☆☆☆
1/1 출제확률 4.6%

어원 e(밖으로) + min(= project 돌출) + ent(~한) → 밖으로 나온 → 저명한, 뛰어난

형 저명한, 뛰어난
Lives of the most eminent painters, sculptors and architects [12]
가장 저명한 화가, 조각가, 건축가들의 삶

1530

empire
[émpaiər]
★☆☆☆☆
1/1 출제확률 4.6%

어원 emper(= command 명령하다)에서 유래되었다.

명 제국(famous), 왕국
There are numerous explanations for the fall of the Roman empire. [12]
로마 제국의 멸망에 대한 많은 의견이 있었다.

1531

engrave
[ingréiv]
★☆☆☆☆
1/1 출제확률 4.6%

어원 en(~안에) + grave(조각하다) → 새겨넣다, 조각하다

동 새기다, 조각하다
It was a book with the word 'Record' neatly engraved in gold on the cover. [12]
그것은 표지에 금색으로 '기록'이라고 깔끔하게 새겨진 책이었다.

[어형] engraved (과거, 과거분사)

1532

extract
[ikstrǽkt]
★☆☆☆☆
1/1 출제확률 4.6%

어원 ex(밖으로) + tract(끌어내다) → 추출하다

명 추출물 동 추출하다
The DNA extracted from these bits of whale skin will be used. [12]
이러한 고래 가죽 조각에서 추출한 DNA가 사용될 것이다.

[어형] extracted 추출한 extractant 추출물

1533

formidable
[fɔ́:rmidəbl]
★☆☆☆☆
1/1 출제확률 4.6%

어원 formid(공포) + able → 공포를 일으키는

형 무서운, 강력한
According to all reports, staff and pupils, she was formidable. [97]
모든 보고서, 직원, 그리고 학생들은 그녀가 무서웠다고 한다.

1534

fragment
[frǽgmənt]
★☆☆☆☆
1/1 출제확률 4.6%

어원 frag(= break 부서지다) + ment(~것) → 부서진 것 → 조각, 파편

명 조각, 파편 동 산산이 부수다
When he dropped his cell phone, it was crushed to fragments. [04]
그가 핸드폰을 떨어뜨리자 산산조각이 났다.

[어형] fragile 깨지기 쉬운, 쉽게 영향 받는

1535

freshman

[fréʃmən]

★☆☆☆☆

1/1 출제확률 4.6%

어원 fresh(새로운) + man(사람) → 신입생

명 신입생 형 1학년생의

When I was a freshman in high school, I won second prize in the essay contest. [12]

내가 고등학교 1학년이었을 때, 그 수필 대회에서 2등을 했다.

1536

gleam

[gli:m]

★☆☆☆☆

1/1 출제확률 4.6%

어원 밝게 빛나는 shine, glitter와 다른 뉘앙스를 가짐

명 흐릿한 빛 통 어슴푸레 빛나다, 비치다

The light was gleaming and the atmosphere was peaceful. [06]

빛이 아른거렸고 평온한 분위기였다.

[어형] gleaming 빛나는 gleamy 빛나는

1537

guideline

[gáidlàin]

★☆☆☆☆

1/1 출제확률 4.6%

어원 guide(안내하다) + line(선) → 안내, 지침

명 지침, 안내

The guideline you suggested will be sufficient. [99]

당신이 추천해 준 안내서만으로 충분합니다.

1538

hormone

[hɔ́:rmòun]

★☆☆☆☆

1/1 출제확률 4.6%

어원 외부의 자극에 대해 신진대사와 신체과정을 조절하는 기능을 함

명 호르몬

Laughing reduces hormones associated with stress response. [12]

웃음은 스트레스 반응과 관련된 호르몬을 감소시킨다.

1539

immune

[imjú:n]

★☆☆☆☆

1/1 출제확률 4.6%

어원 im(아닌) + mun(의무) → 의무가 아닌 → 면제된

명 면역 형 면역의, 면제된

Laughing prevents numerous diseases by strengthening the immune system. [12]

웃음은 면역 체계를 강화시켜 다양한 질병을 예방해 준다.

[어형] immune deficiency 면역 결핍

1540

imperium

[impíəriəm]

★☆☆☆☆

1/1 출제확률 4.6%

어원 im(강조) + peri(= command 명령) + um(~것) → 강하게 명령하는 것 → 절대권, 주권

명 절대권, 주권

By the end of the Roman Imperium, Italy had been stripped of forest cover. [12]

로마 통치 말엽에, 이탈리아는 숲을 벌채하였다.

1541

infrastructure

[ínfrəstrʌ̀ktʃər]

★☆☆☆☆

1/1 출제확률 4.6%

[어원] infra(아래에, 하부의) + structure(구조물) → 하부에 있는 구조물 → 기반시설

[명] 기반 시설

The system couldn't provide sufficient energy to maintain its infrastructure. [12]
그 시스템은 자체 기반 시설을 유지하는데 필요한 충분한 에너지를 생산하지 못했다.

1542

landfall

[lǽndfɔ̀ːl]

★☆☆☆☆

1/1 출제확률 4.6%

[어원] land(땅) + fall(떨어짐) → 땅에 도착함 → 상륙, 착륙

[명] 상륙, 착륙

The first toys made landfall on beaches near Sitka, Alaska. [12]
첫 번째 장난감들이 알래스카의 시트카 주변 해변에 최초로 도착했다.

[어형] longitude 경도

1543

latitude

[lǽtətjùːd]

★☆☆☆☆

1/1 출제확률 4.6%

[어원] lati(폭, 넓이) + tude(상태) → 폭과 넓이의 상태

[명] 위도; 허용 범위, 자유

Giving people the latitude and flexibility to use their judgment [12]
사람들에게 허용범위와 유연성을 부여하여 판단하도록 하는 것

1544

legitimate

[lidʒítəmət]

★☆☆☆☆

1/1 출제확률 4.6%

[어원] legit(정직한, 합법적인) + ate → 합법적인

[형] 합법적인, 정당한

These are legitimate concerns that many people share. [12]
이것들은 많은 사람들이 함께 걱정하기에 합당한 것들이다.

[어형] legitimacy 적법, 정통

1545

likelihood

[láiklihùd]

★☆☆☆☆

1/1 출제확률 4.6%

[어원] likely(~할 것 같은) + hood(~의 상태) → ~할 것 같은 상태 → 가능성

[명] 가능성, 있음직함

The greater the likelihood that we will shrink as human beings rather than grow. [12]
우리는 인간의 존재로써 성장하기 보다는 더 움츠려들 가능성이 크다.

1546

linger

[líŋgər]

★☆☆☆☆

1/1 출제확률 4.6%

[어원] ling(= long 긴) + er(접미사) → 오래 계속되다

[동] (오래) 남다[계속되다], 머물다

I don't think he will linger long, for that reason. [12]
그 이유 때문에 그가 오래 남아있으리라 생각하지 않는다.

[어형] lingering 질질 끄는, 꾸물거리는

1547

manifest

[mǽnəfèst]

★☆☆☆☆

1/1 출제확률 4.6%

어원 실천 가능한 선거공약을 manifesto(매니페스토)라 함에 유의할 것

통 나타내다 형 명백한

Emotional eaters manifest their problem in lots of different ways. [12]

정서적인 식욕가들은 그들의 문제를 다양한 방법으로 나타낸다.

[어법] '승객 명단'을 지칭하기도 한다.

1548

metabolism

[mətǽbəlìzm]

★☆☆☆☆

1/1 출제확률 4.6%

어원 meta(밖으로 배출) + bolism(행위) → 신진대사

명 신진대사

What you do after eating your dinner sends signals to your metabolism. [12]

당신은 저녁식사 후 신진대사에 어떤 신호를 보낸다.

[어형] metabolic 신진대사의

1549

naive

[na:í:v]

★☆☆☆☆

1/1 출제확률 4.6%

어원 native(자연의)에서 유래되었다.

명 순진한 사람 형 순진한, 고지식한

Most of us are also naive realists. [12]

대다수 우리들도 순진한 현실주의자들이다.

1550

open-ended

[óupən-endid]

★☆☆☆☆

1/1 출제확률 4.6%

어원 open(열어둔) + ended(끝) → 끝까지 열어둔 → 제약 없는

형 제약을 두지 않은

It also created an open-ended conversation among its engineers. [12]

그것은 또한 기술자들 간에 격의 없는 대화를 만들어 냈다.

[어형] open-end 개방형인 close-end 폐쇄형인

1551

overshadow

[óuvərʃǽdou]

★☆☆☆☆

1/1 출제확률 4.6%

어원 over(~위에, 넘어) + shadow(그림자) → 그늘지게 하다

통 그늘지게 하다, 무색하게 하다

The revised edition overshadowed Vasari's own achievements as a painter. [12]

그 개정판은 화가로서 바사리 자신의 업적을 무색하게 했다.

[어형] overshadowed (과거, 과거분사)

1552

pale

[peil]

★☆☆☆☆

1/1 출제확률 4.6%

어원 안색이 좋지 않다는 어감을 지님

통 창백해지다 형 창백한

He looks awfully pale and is sweating all over. [12]

그는 매우 창백해 보였고 온몸이 땀에 젖어있었다.

1553

partial
[páːrʃəl]
★☆☆☆☆
1/1 출제확률 4.6%

[어원] part(부분) + (i)al(~한) → 일부분의

[형] 일부분의, 불공평한

A mediator needs to maintain neutrality and advocate partiality. [12]
중재인은 중립을, 지지자는 편파성을 유지할 필요가 있다.

[어형] partiality 편애, 편파 partially 부분적으로

1554

pastureland
[pǽstʃərlænd]
★☆☆☆☆
1/1 출제확률 4.6%

[어원] pasture(목장) + land(땅) → 목초지

[명] 목초지

The soil converted to crops and pastureland. [12]
그 토지는 농작물과 목장으로 바뀌었다.

1555

plateau
[plætóu]
★☆☆☆☆
1/1 출제확률 4.6%

[어원] flat(평평한)에서 유래되었다.

[명] 고원; 정체기

They walked across the Tibetan plateau to reach the foot of the mountain. [12]
그들은 산기슭에 도달하기 위해 티베트 고원을 가로 질러 걸어갔다.

[idiom] foot of the mountain 산기슭

1556

promptly
[prάmptli]
★☆☆☆☆
1/1 출제확률 4.6%

[어원] pro(= before 먼저) + emp(= take 잡다) + (t)ly(~하게) → 먼저 잡아 → 신속히, 지체없이

[부] 지체 없이, 제 시간에

But I put the notebook away and promptly forgot about it. [12]
그러나 나는 그 노트를 치워버렸고 그 즉시 그것에 대해 잊어버렸다.

[어형] prompt 신속한; 촉발하다

1557

rag
[ræg]
★☆☆☆☆
1/1 출제확률 4.6%

[어원] rag day는 '자선 가장행렬의 날'을 의미함

[명] 헝겊, 조각, 걸레

My mom wanted me to get a wet rag and wipe off the sink. [06]
우리 엄마는 내가 젖은 걸레로 싱크대를 닦기 원했다.

[어형] ragged 너덜너덜한, 누더기의

1558

revenue
[révənjùː]
★☆☆☆☆
1/1 출제확률 4.6%

[어원] re(= back 다시) + ven(= come 오다) + ue(~것) → (투자한 뒤) 되돌아오는 것 → 수익

[명] 수익; 세입

The company's revenue increased 8 percent this year. [00]
그 회사의 수익이 올해 8퍼센트 증가했다.

[어형] revenue and expenditure 수입과 지출

TEST 38

1. 아래의 단어에 맞는 뜻을 골라 선으로 이어주세요.

1555 plateau	●	ⓐ 지침, 안내
1552 pale	●	ⓑ 창백해지다; 창백한
1554 pastureland	●	ⓒ 목초지
1524 couch	●	ⓓ 흐릿한 빛; 어슴푸레 빛나다
1533 formidable	●	ⓔ 삼림 벌채
1525 deforestation	●	ⓕ 점차 감소하다, 줄어들다
1527 disrupt	●	ⓖ 붕괴시키다; 분열한
1536 gleam	●	ⓗ 무서운, 강력한
1519 blunt	●	ⓘ 둔하게 하다; 무딘, 퉁명스러운
1528 dwindle	●	ⓙ 화물, 뱃짐; 짐을 싣다
1537 guideline	●	ⓚ 소파, 긴 의자
1529 eminent	●	ⓛ 고원
1522 cargo	●	ⓜ 저명한, 뛰어난
1532 extract	●	ⓝ 추출물; 추출하다

2. 아래 문장의 알맞은 뜻을 보기에서 고르세요.

a. Most of us are also naive realists. (　)

b. The company's revenue increased 8 percent this year. (　)

c. The soil converted to crops and pastureland. (　)

d. If you take your glasses off, everything will be a blur. (　)·

e. He looks awfully pale and is sweating all over. (　)

f. Laughing reduces hormones associated with stress response. (　)

g. You end up on the couch with a bowl of chips. (　)

보기

① 그는 매우 창백해 보였고 온몸이 땀에 젖어있었다.

② 그 회사의 수익이 올해 8퍼센트 증가했다.

③ 대대수 우리들도 순진한 현실주의자들이다.

④ 웃음은 스트레스 반응과 관련된 호르몬을 감소시킨다.

⑤ 만약 안경을 벗게 되면, 모든 것이 흐릿하게 보일 것이다.

⑥ 그 토지는 농작물과 목장으로 바뀌었다.

⑦ 당신은 결국 과자 한 사발을 들고 소파에 누워있게 된다.

정답: ③ ② ⑥ ⑤ ① ④ ⑦

| 20년간 출제된 11만 어휘를 컴퓨터 통계로 엄선한 우선순위 영단어 |

1559

rip

[rip]

★☆☆☆☆

1/1 출제확률 4.6%

어원 rip-off는 '바가지, 사취'라는 의미를 지님

명 찢음 통 찢다, 바가지를 씌우다

A ripped T-shirt might be rescued from the dust rag bin. [12]

한 찢어진 T셔츠는 헝겊 쓰레기통에서 구출될 수도 있다.

[어형] ripped (과거, 과거분사)

1560

slum

[slʌm]

★☆☆☆☆

1/1 출제확률 4.6%

어원 빈민들이 거주하는 소굴을 지칭함

명 빈민가, 슬럼가

They describe rotting slums as 'substandard housing'. [12]

그들은 빈민가를 '표준 이하 주택'이라고 표현한다.

[어형] slummy 빈민가의, 불결한

1561

statement

[stéitmənt]

★☆☆☆☆

1/1 출제확률 4.6%

어원 state(진술하다) + ment(명접) → 진술

명 진술, 성명서, 말함

One of his statements was 'somewhat at variance with the truth'. [12]

그의 말 중에 하나는 '진실과는 다소 상충될 수 있는 것'이었다.

1562

stationery

[stéiʃənèri]

★☆☆☆☆

1/1 출제확률 4.6%

어원 station(사업소) + ery(~것) → 점포 → 문방구

명 문방구

A little notebook in the stationery department caught my eye. [12]

문방류에 있던 작은 노트북 하나가 내 눈을 사로잡았다.

1563

substantial

[səbstǽnʃəl]

★☆☆☆☆

1/1 출제확률 4.6%

어원 sub(아래) + stant(= stand 서다) + (i)al(~하는) → 아래에 서 있는 → 튼튼한

형 상당한, 튼튼한; 실질적인

The soil was rich in minerals and provided substantial production yields. [12]

그 토양은 미네랄이 풍부했고 상당한 양의 농작물을 생산했다.

[어형] substance 물질, 본질

1564

sunscreen
[sʌnskrìːn]
★☆☆☆☆
1/1 출제확률 4.6%

[어원] sun(태양) + screen(보호막) → 자외선 차단제

[명] 자외선 차단제

I don't even know what this is! It looks like sunscreen. [12]
저는 심지어 이것이 무엇인지도 모르겠어요! 자외선 차단제처럼 생겼네요.

1565

swollen
[swelən]
★☆☆☆☆
1/1 출제확률 4.6%

[어원] swell(부풀다)의 과거분사형이다.

[형] 부푼, 팽창한

The muscles of your right wrist are a bit swollen, but the bone is okay. [12]
당신의 오른쪽 손목 근육은 조금 부었지만, 뼈는 괜찮습니다.

1566

tail
[teil]
★☆☆☆☆
1/1 출제확률 4.6%

[어원] 흔히 '미행자(shadow)'를 tailer라고도 한다.

[명] 꼬리, 끝

People are asked to bet on whether a coin toss is heads or tails. [12]
사람들은 던진 동전이 앞면인지 뒷면인지에 대해 베팅하라고 요구를 받는다.

1567

territory
[térətɔ̀ːri]
★☆☆☆
1/1 출제확률 4.6%

[어원] terra(땅, 흙)의 뜻에서 유래되었다.

[명] 영토, 영역, 구역

Different departments protected their territory. [12]
서로 다른 부서들은 자신들의 영역을 방어했다.

[어형] territorial 영토의, 토지의

1568

timber
[tímbər]
★☆☆☆☆
1/1 출제확률 4.6%

[어원] 건물의 뜻에서 유래되었다.

[명] 재목, 목재, 삼림

The timber was sold on the open market. [12]
목재는 공개 시장에서 매매되었다.

1569

trauma
[tráumə]
★☆☆☆☆
1/1 출제확률 4.6%

[어원] '트라우마'는 충격적인 경험을 뜻하기도 한다.

[명] 외상, 정신적 외상

Individuals who are concerned about a traumatic event [12]
충격적인 일을 염려하는 사람들

[어형] traumatic 가히 충격적인

1570

trek

[trek]

★☆☆☆☆

1/1 출제확률 4.6%

[어원] 오늘날 유행하는 여행의 트레킹(trekking)을 의미함

[명] 오지 여행, 오래 걷기

The first Everesters were obliged to trek 400 miles. [12]
최초의 에베레스트 등반자들은 400마일을 걸어가야만 했다.

[idiom] obliged to 어쩔 수 없이 ~하다, 의무를 지우다

[어형] tracking 추적; 전류의 누수

1571

uphold

[ʌphóuld]

★☆☆☆☆

1/1 출제확률 4.6%

[어원] up(위로) + hold(들다) → 지지하다

[동] 지지하다(support), 받치다

To search for the positive instances that uphold it [12]
그것을 지지하는 긍정적인 사례를 찾기 위해

[어형] upholder 옹호자

1572

vigor

[vígər]

★☆☆☆☆

1/1 출제확률 4.6%

[어원] vig(= lively 생기 있는) + or(~것) → 활기

[명] 정력, 활기, 활력

You'll set the stage for more vigor throughout the evening hours. [12]
당신은 저녁시간 내내 더 큰 활력을 위한 무대를 만들게 될 것이다.

[어형] vigorous 활발한, 격렬한

1573

web

[web]

★☆☆☆☆

1/1 출제확률 4.6%

[어원] world wide web의 약자로 web site(웹사이트)를 가리킴

[명] 거미줄, 웹, 망

I'm looking at water coolers on the web. I think we need to rent one. [12]
웹에서 냉수기를 보고 있어요. 제 생각엔 하나 렌트해야 할 것 같네요.

1574

aboard

[əbɔ́:rd]

★☆☆☆☆

3/1 출제확률 4.6%

[어원] a(강조) + board(탑승하다) → ~에 탑승하다

[전] 배 위에, 배를 타고, 승선하여

In Egypt I am aboard a houseboat on the Nile. [03]
이집트에서 나는 나일강의 선상가옥에 승선했다.

1575

e-business

[i:bíznis]

★☆☆☆☆

3/1 출제확률 4.6%

[어원] 인터넷 상에서 이루어지는 전자 비즈니스를 의미함

[명] 인터넷 비즈니스, 전자 상거래

The e-business industry is faced with a labor shortage. [03]
전자 상거래는 인력 부족 문제에 직면하고 있다.

[idiom] be faced with ~에 직면하다

1576

conscience

[kánʃəns]

★☆☆☆☆

2/1 출제확률 4.6%

[어원] con(서로, 함께) + science(아는 것) → 서로가 알고 있는 것

[명] 양심, 도덕심

We want our children to develop a conscience a powerful inner voice. [07]
우리는 우리 아이들이 강한 내부의 소리인 양심을 개발하길 원한다.

[어형] conscious 의식한, 의식이 있는

1577

detergent

[ditə́:rdʒənt]

★☆☆☆☆

2/1 출제확률 4.6%

[어원] de(제거하다) + ter(= earth 흙) + gent(접미사) → 먼지를 제거하는 것 → 세제

[명] 세제

The use of detergent to clean the fruit can also cause additional water pollution. [07]
과일을 세척하는데 사용하는 세제는 추가적인 수질오염을 야기시킬 수 있다.

[어형] deterge 씻어내다, 세정하다 detergency 세척성

1578

improvise

[ímprəvàiz]

★☆☆☆☆

2/1 출제확률 4.6%

[어원] im(아니다) + pro(미리) + vis(보다) → 미리 연습하지 않은 것

[명] 즉흥연주 [동] 즉흥적으로 하다

We all were very impressed because he's really good at improvising. [07]
그가 즉흥연주를 정말 잘해서 우리 모두는 정말 감명 받았다.

[어형] improvisation 즉석에서 하기[한 것]

1579

sash

[sæʃ]

★☆☆☆☆

2/1 출제확률 4.6%

[어원] 자동차의 차대를 '섀시(chassis)'라 하는데 유의하자.

[명] 띠, 내리닫이 창(금속제의 창틀)

Silk sashes are attached to the ear flaps. [07]
비단 띠가 귀덮개에 붙어 있다.

1580

simulate

[símjulèit]

★☆☆☆☆

2/1 출제확률 4.6%

[어원] simul(비슷한) + ate(~하게 하다) → 흉내내다

[동] 흉내내다, 모의 실험하다

They are made to simulate the behavior of a human body in a motor-vehicle crash. [07]
그것들은 교통 사고시 인체의 움직임을 모의 실험해보기 위해 만들어졌다.

[어형] simulation 모의실험, 흉내 내기

1581

surgeon

[sə́:rdʒən]

★☆☆☆☆

2/1 출제확률 4.6%

[어원] ser(= hand 손) + urg(= work 일하다) + eon(명접) → 손으로 일하는 사람 → 외과 의사

[명] 외과 의사, 군의관

He joined the Army of the North as a military surgeon. [07]
그는 북부 육군 군의관으로 입대했다.

[어형] surgery 외과, 수술

1582

theft

[θeft]

★☆☆☆☆

2/1 출제확률 4.6%

[어원] 행위의 주체를 의미하는 것이 아니라 행위 그 자체를 뜻함

[명] 도둑질, 절도

Alarms do nothing to stop theft. [07]
경보기는 도둑을 막는데 아무 쓸모가 없다.

[어형] thief 도둑

1583

affair

[əfέər]

★☆☆☆☆

1/1 출제확률 4.6%

[어원] a(강조) + fair(행사) → 행사가 많음 → 일, 사건

[명] 사건, 일

Another way of pursuing relativeness in human affairs [11]
인간사에서 관계를 추구하는 또 다른 방법

[어형] affairs of state 국정

1584

angler

[ǽŋglər]

★☆☆☆☆

1/1 출제확률 4.6%

[어원] angle(각도) + er(사람) → 낚시를 할 때 낚시대가 기울어짐

[명] 낚시꾼 *어부(fisherman)

An angler fish that dangles a worm—like bit of skin in front of a small fish. [11]
한 낚시꾼은 작은 물고기 앞에 벌레같이 생긴 외피를 매달아 낚시를 한다.

1585

arrogant

[ǽrəgənt]

★☆☆☆☆

1/1 출제확률 4.6%

[어원] ar(~에) + rog(묻다) → ~에게 막 묻다 → 거만한

[형] 거만한, 오만한

It is the arrogance of the individual who misuses the tools of communication. [11]
그것은 의사소통의 도구들을 오용하는 개인들의 무례함이다.

[어형] arrogate 사칭하다, 가로채다 arrogance 거만

1586

blend

[blend]

★☆☆☆☆

1/1 출제확률 4.6%

[어원] 흔히 블렌드 위스키는 blending을 쓰지 않고 blended를 쓴다.

[동] 섞다, 혼합하다

The sounds blended sufficiently for the students to recognize their commonality.
[11]
그 소리들은 학생들이 공통점을 인식할 수 있도록 충분히 혼합되었다.

[idiom] commonality 보통, 평범, 공통점

[어형] blended 혼합된, 섞인 blending 혼합물

1587

breakthrough

[breikθruː]

★☆☆☆☆

1/1 출제확률 4.6%

[어원] break(부수다) + through(~을 통과하여) → ~을 부수고 통과하기 → 돌파, 타개책

[명] 돌파, 타개(책)

Every victory one person makes is a breakthrough for all. [11]
한 개인이 만들어내는 모든 승리는 모두에게 획기적인 진전이 된다.

1588

clarify
[klǽrəfài]
★☆☆☆☆
1/1 출제확률 4.6%

어원 clar(깨끗한) + (i)fy(~하게 하다) → 깨끗하게 하다 → 명확하게 하다

통 뚜렷하게(명확하게) 하다, 분명히 하다

The committee will soon have an opportunity to clarify the matters. [99]
위원회는 곧 그 사안에 대해 명확히 할 기회를 가질 것이다.

[어형] clarifier 정화기(제) clarified 정화된

1589

cohesion
[kouhíːʒən]
★☆☆☆☆
1/1 출제확률 4.6%

어원 co(함께) + he(= stick 들러붙는) + ion(~것) → 결합

명 결합, 단결, 결속

The voters were trying to build social cohesion. [11]
유권자들은 사회적 결속을 구축하려고 하였다.

[어형] cohesive 점착성이 있는 *adhesive(접착제)

1590

conducive
[kəndjúːsiv]
★☆☆☆☆
1/1 출제확률 4.6%

어원 con(함께) + duc(인도하다) +ive(~한) → 함께 이끌어낸

형 도움이 되는, 이바지 하는, ~에 좋은

Few places are more conducive to internal conversations than a moving plane or train. [11]
내적인 대화를 하는데 비행기나 열차로 이동할 때보다 더 도움이 되는 장소는 거의 없다.

[어형] conduce 공헌하다, 도움이 되는 conducer 유발인(자)

1591

contempt
[kəntémpt]
★☆☆☆☆
1/1 출제확률 4.6%

어원 con(함께) + tempt(유혹하다, 끌리다) → 모두를 유혹하는 것 → 이를 경멸함

명 경멸, 멸시

The soccer player looked at the audience with contempt. [04]
그 축구 선수는 관중들을 경멸스럽다는 듯이 쳐다보았다.

1592

correlation
[kɔ̀ːrəléiʃən]
★☆☆☆☆
1/1 출제확률 4.6%

어원 cor(상호, 함께) + relation(관계) → 상관관계

명 상호 관련, 상관(관계)

There is an almost peculiar correlation. [11]
거의 특이하다고까지 볼 수 있는 상관관계가 있다.

[어형] correlate 상관물; 서로 관련시키다

1593

crave
[kreiv]
★☆☆☆☆
1/1 출제확률 4.6%

어원 무언가를 간절하게 바라는 마음을 뜻함

통 간청하다, 갈망하다(long for)

[syn] desire, seek, plead for

The physical cravings that the product satisfies [11]
그 제품이 만족시키는 신체적인 욕구

[어형] craving 갈망, 열망 craven 비겁한, 겁 많은; 겁쟁이

1594

crunchy

[krʌntʃi]

★☆☆☆☆

1/1 출제확률 4.6%

어원 crush(부수다)에서 유래되었다.

형 바삭바삭한, 우두둑 깨무는

To distinguish them from the more typical crunchy varieties [11]
전형적으로 더 바삭바삭한 종류들로부터 그것들을 구분하기 위해

1595

cultivate

[kʌltəvèit]

★☆☆☆☆

출제확률 4.6%

어원 cult(경작하다) + (i)vate(~하다) → 경작하다

동 경작하다, 재배하다

The land here will be cultivated for years. [01]
여기에 있는 땅은 오랫동안 경작될 것이다.

[어형] cultivation 경작 cultivable 경작할 수 있는

1596

curl

[kəːrl]

★☆☆☆☆

1/1 출제확률 4.6%

어원 cur(= flow 흐르다) + l → 흐르는 것 같은 머리 → 곱슬머리

명 곱슬머리 동 (곱슬곱슬하게) 말다, 웅크리다

For example, if you like to curl up on your side, you're often shy and sensitive. [11]
예를 들어, (잘 때) 웅크리는 것을 좋아한다면, 당신은 흔히 부끄러워하고 민감한 사람이다.

[idiom] curl up 웅크리다 *파마는 perm 혹은 permanent라고 한다.

1597

dangle

[dǽŋgl]

★☆☆☆☆

1/1 출제확률 4.6%

어원 '대롱거림'을 나타내는 말이다.

동 매달리다

[idiom] dangle from ~에 매달리다

A little monkey is dangling from the tree. [09]
작은 원숭이가 나무에 매달려 있다.

1598

debate

[dibéit]

★☆☆☆☆

1/1 출제확률 4.6%

어원 de(강조) + bate(= beat (말로) 때리다) → 강하게 말로 공격함 → 논쟁

명 토론, 논쟁 동 토론하다

The low performers usually voted unanimously, with little open debate. [11]
낮은 성과를 내는 사람들은 보통 공개 토론을 잠깐하고 만장일치로 결정한다.

1599

debt

[det]

★☆☆☆☆

1/1 출제확률 4.6%

어원 deb은 '신세진(owed)'라는 의미를 가지고 있다.

명 빚, 채무

His debt to culture will vary with the nature of his education. [11]
그의 문화에 대한 의존은 그가 받은 교육의 성질에 따라 다를 것이다.

[idiom] vary with ~에 따라 달라지다

TEST 39

1. 아래의 단어에 맞는 뜻을 골라 선으로 이어주세요.

1595 cultivate ●   ⓐ 양심

1567 territory ●   ⓑ 논쟁; 토론하다

1579 sash ●   ⓒ 인터넷 비즈니스, 전자 상거래

1571 uphold ●   ⓓ 경작하다, 재배하다

1562 stationery ●   ⓔ 정력, 활기, 활력

1596 curl ●   ⓕ 꼬리, 끝

1565 swollen ●   ⓖ 지지하다, 받치다

1576 conscience ●   ⓗ 곱슬머리; (곱슬곱슬하게) 말다

1572 vigor ●   ⓘ 부푼, 팽창한

1598 debate ●   ⓙ 띠, 내리닫이 창

1566 tail ●   ⓚ 영토, 영역, 구역

1575 e-business ●   ⓛ 흉내 내다, 모의 실험하다

1580 simulate ●   ⓜ 문방구

1563 substantial ●   ⓝ 상당한, 튼튼한

2. 아래 문장의 알맞은 뜻을 보기에서 고르세요.

a. To search for the positive instances that uphold it (   )

b. The land here will be cultivated for years. (   )

c. There is an almost peculiar correlation. (   )

d. Individuals who are concerned about a traumatic event (   )

e. His debt to culture will vary with the nature of his education. (   )

f. The e-business industry is faced with a labor shortage. (   )

g. Different departments protected their territory. (   )

보기
① 그것을 지지하는 긍정적인 사례를 찾기 위해
② 충격적인 일을 염려하는 사람들
③ 서로 다른 부서는 자신들의 영역을 방어했다.
④ 그의 문화에 대한 의존은 그가 받은 교육의 성질에 따라 다를 것이다.
⑤ 거의 특이하다고까지 볼 수 있는 상관관계가 있다.
⑥ 전자 상거래는 인력 부족 문제에 직면하고 있다.
⑦ 여기에 있는 땅은 오랫동안 경작될 것이다.

정답: ① ⑦ ⑤ ② ④ ⑥ ③

1600

detract

[ditrǽkt]

★☆☆☆☆

1/1 출제확률 4.6%

어원 de(떼다, 강조) + tract(끌어내다) → (주의를) 다른 데로 돌리다

동 (주의를) 다른 데로 돌리다, 떨어지다, 감하다

[idiom] detract from ~을 손상시키다

The role of photographer may actually detract from their delight in the present moment. [11]

사진을 찍는 사람은 사진 찍느라 현재의 즐거움을 누리지 못하게 될 수 있다.

[어형] detraction 비난, 중상 detractive 비난하는

1601

downfall

[daunfɔ:l]

★☆☆☆☆

1/1 출제확률 4.6%

어원 down(아래로) + fall(떨어짐) → 몰락

명 낙하, 몰락

The advent of the railroad would assure the canal's instant downfall. [11]

철도의 출현은 운하의 즉각적인 몰락을 초래할 것이다.

1602

easygoing

[í:zigóuiŋ]

★☆☆☆☆

1/1 출제확률 4.6%

어원 easy(쉬운) + going(가는) → 모든 것이 쉽다 → 느긋한

형 태평스러운, 게으른

If you lie straight on your side like a log, that means you're generally easygoing and sociable. [11]

통나무처럼 반듯이 누워서 잔다면, 당신은 통상 태평하고 사교적임을 의미한다.

1603

embed

[imbéd]

★☆☆☆☆

1/1 출제확률 4.6%

어원 em(안에) + bed(굴을 파다) → 안에 깊숙히 파묻다

동 깊이 박다, 파묻다

Their writing is usually embedded in a context of others' ideas and opinions. [11]

그들이 쓴 것은 보통 다른 사람들의 생각과 의견 속에 깊이 새겨지게 된다.

[어형] embedded 내장된, 박힌 embedment 박음

1604

embrace

[imbréis]

★☆☆☆☆

1/1 출제확률 4.6%

어원 em(안에) + brace(팔) → 팔 안에 놓다 → 껴안다

명 포용; 포옹 동 포옹하다, 껴안다

The water seemed to welcome and embrace her. [11]

그 물은 마치 그녀를 반기고 껴안는 것처럼 보였다.

1605

enact

[inǽkt]

★☆☆☆☆

1/1 출제확률 4.6%

[어원] en(~을 강화하다) + act(행동, 실제) → 행동을 하게하다(바꾸게하다) → (~게 하라고) 규정하다

⑧ 제정하다, 규정하다; 상연하다

Its way of life is enacted before the eyes of all. [11]

그것의 삶의 방식은 모두가 보는 앞에서 규정된다.

[어형] enacted (과거, 과거분사) enactive 입법권이 있는

1606

equilibrate

[ikwíləbrèit]

★☆☆☆☆

1/1 출제확률 4.6%

[어원] equi(같은) + libr(= balance 균형) + ate(~하다) → 균형을 맞추다

⑧ 평형시키다, 균형을 유지하다

The equilibrating process, which is energy, can take place. [11]

평형을 이루는 과정(에너지)이 발생할 수 있다.

[어형] equilibrating (현재분사) equilibrant 평형력

1607

fuss

[fʌs]

★☆☆☆☆

1/1 출제확률 4.6%

[어원] fus(= pour 붓다) + s → (여기저기 부어대니) 정신없음 → 야단법석

⑲ 야단법석, 소란

Why all the fuss over their introduction? [11]

왜 그들을 소개하는데 이렇게 야단법석인가요?

1608

futile

[fjúːtl]

★☆☆☆☆

1/1 출제확률 4.6%

[어원] fut(붓다) + ile(~하기 쉬운) → 쏟아지기 쉬운 → 효과 없는

⑱ 헛된, 효과 없는 ⑲ 헛수고, 무산

After several futile attempts to teach the role of theme, the teacher was at his wit's end. [04]

주제의 역할에 대해 가르치려고 몇 가지 쓸데없는 시도를 한 뒤, 그 교사는 어찌할 바를 몰라했다.

[idiom] at ~ wit's end 어찌할 바를 모르다

1609

heritage

[héritidʒ]

★☆☆☆☆

1/1 출제확률 4.6%

[어원] herit(상속) + age(~것) → 상속 받는 것 → 유산

⑲ 상속(세습) 재산, 유산; 전통

Instead, the child acquires the heritage of his culture by observing and imitating adults. [11]

대신에, 그 아이는 어른들을 관찰하고 따라함으로써 문화유산을 받는다.

1610

hierarchy

[háiəràːrki]

★☆☆☆☆

1/1 출제확률 4.6%

[어원] hier(상속) + archy(계급) → 계급제도

⑲ 계층제, 세습제

This happens due to a complex social hierarchy. [11]

이것은 복잡한 사회 계층구조로 인해 발생한다.

1611
illustrate
[íləstrèit]
★☆☆☆☆
1/1 출제확률 4.6%

[어원] il(~에) + lustr(빛) + ate(~하다) → 빛을 밝힘 → 무언가를 '조명'하다 → 설명하다

[통] 설명하다, 예시하다

As illustrated in the study, the high performers placed more importance on social bonds. [11]
그 연구가 보여주듯이, 고성과자들은 사회적 유대관계에 더 중점을 둔다.

[어형] illustrated 삽화(사진)를 넣은 illustration 삽화

1612
imbricate
[ímbrəkit, -kèit]
★☆☆☆☆
1/1 출제확률 4.6%

[어원] im(in) + bri(기와) + cate(상태) → 기와가 잘 포개진 상태

[통] 겹치다 [형] (잎, 비늘 등이) 겹쳐진

For example, if you don't know, or use, the word 'imbricate' [11]
예를 들어, 만약 당신이 '겹쳐진'이란 단어의 뜻을 모르거나 사용하지 않는다면

1613
impaired
[impéərd]
★☆☆☆☆
1/1 출제확률 4.6%

[어원] im(아닌) + pair(짝) → 짝을 하나 잃은 → 약화된

[형] 약화(악화)된, 건강이 나빠진

The performance of groups and institutions will be impaired. [11]
그 단체와 기관의 성과는 악화될 것이다.

[어형] impairment 손상, 장애

1614
implicate
[ímplikèit]
★☆☆☆☆
1/1 출제확률 4.6%

[어원] im(안에) + plic(= fold 겹쳐진) + ate(동사, ~이다) → 안에 관련되다 → 연루되다

[명] 포함 [통] 함축하다, 관련되다

Consider the following implication involving the role of social bonds. [11]
다음의 사회적 유대의 역할과 관련된 암시를 고려해보세요.

[어형] implication 암시, 함축

1615
imprudent
[imprú:dnt]
★☆☆☆☆
1/1 출제확률 4.6%

[어원] im(아닌) + prudent(신중한) → 경솔한

[형] 경솔한, 무모한

So imprudent are we that we wander about in times that are not ours. [11]
우리는 너무 경솔한 나머지 때때로 우리 것이 아닌 것을 찾아 배회한다.

1616
incorporate
[inkɔ́:rpərèit]
★☆☆☆☆
1/1 출제확률 4.6%

[어원] in(안으로) + corp(육체) + ate(~하게하다) → 안으로 육체를 넣다 → 통합하다

[통] 법인으로 만들다, 통합하다

You must truly own this idea and incorporate it into your daily life. [11]
당신은 이 생각을 진정으로 받아들이고 삶에 결합시켜야만 한다.

[어형] incorporation 합병, 법인 설립

1617

indubitable
[indjú:bitəbl]
★☆☆☆☆
1/1 출제확률 4.6%

어원 in(아닌) + dubt(=doubt 의심하는) + able(~할 수 있는) → 의심할 수 없는

형 의심할 나위 없는, 분명한

It is a question of rejecting universally accepted and indubitable values. [11]
보편적으로 인정되고 의심할 나위 없는 가치를 거부하는 것에 관한 질문이다.

1618

introspective
[ìntrəspéktiv]
★☆☆☆☆
1/1 출제확률 4.6%

어원 into(안으로) + spect(바라보는) + ive(~는) → 내적으로 바라보는 → 내성적인

형 내성적인, 자기 반성의

Introspective reflections which are liable to stall [11]
멈추기 쉬운 자기 성찰

1619

lament
[ləmént]
★☆☆☆☆
1/1 출제확률 4.6%

어원 목 놓아 울며 탄식하는 것을 말함

명 비탄 통 슬퍼하다, 비탄하다

[syn] weep over, mourn, deplore

He lamented afterward. [11]
그는 후에 슬퍼했다.

[어형] lamented 몹시 애석한 lamentation 비탄, 애도

1620

liable
[láiəbl]
★☆☆☆☆
1/1 출제확률 4.6%

어원 원래 lie(~에 달려 있다)에서 비롯됨

형 책임져야 할, 책임있는, ~하기 쉬운

[idiom] be liable to ~하기 쉽다, ~에게 갚아야 하는

You should be liable for the car accident. [06]
당신은 그 차 사고에 대한 책임을 져야 한다.

[어형] liability 빚, 부채

1621

mandatory
[mǽndətò:ri]
★☆☆☆☆
1/1 출제확률 4.6%

어원 mand(명령) + ate(~하다) + ry(~것) → 의무의

명 수임자 형 의무의, 명령의

While this may seem preferable, it is far from mandatory. [11]
이것이 바람직해 보이지만, 의무적인 것과는 거리가 멀다.

[어형] mandate 명령, 위임통치

1622

meditate
[médətèit]
★☆☆☆☆
1/1 출제확률 4.6%

어원 media(중간 매체) + ate(~하다) → 중재하다

통 명상하다, 숙고하다

Sometimes you need to have time for meditation. [96]
때때로 당신은 명상의 시간을 가질 필요가 있다.

[어형] meditation 명상 meditative 사색형의, 묵상에 잠기는

1623

merge

[mə:rdʒ]

★☆☆☆☆

1/1 출제확률 4.6%

[예] 둘 이상을 하나로 통합하는 것을 M&A라 한다.

[통] 합병하다, 합치다

[idiom] M & A(인수합병) Merge & Acquisition

I've seen couples from different ethnic groups merge into harmonious relationships. [11]

서로 다른 인종 집단으로 이뤄진 커플이 조화로운 관계로 어우러지는 것을 보아왔다.

1624

mimic

[mímik]

★☆☆☆☆

1/1 출제확률 4.6%

[예] 남의 행동이나 말투를 그대로 흉내를 내는 것을 뜻함

[통] 흉내내다, 모방하다 [명] 흉내내는 사람; 가짜의

The task can be as paralyzing as having to tell a joke or mimic an accent on demand. [11]

그 일은 요구에 응해 농담을 해야 하거나 말투를 흉내내야 하는 것만큼이나 당황스런 것이다.

1625

misuse

[mìsjú:s]

★☆☆☆☆

1/1 출제확률 4.6%

[예] mis(잘못) + use(사용하다) → 오용하다

[통] 오용하다, 학대하다

The police worried about misuse or abuse of drugs. [95]

경찰은 약물 오남용을 걱정했다.

1626

molecule

[máləkjù:l]

★☆☆☆☆

1/1 출제확률 4.6%

[예] mol(e)(= grind 갈다) + cule → 같은 것 → 미립자, 분자

[명] 분자, 미립자

Whenever a geneticist unlocks new secrets of the DNA molecule [11]

유전학자들이 DNA분자의 새로운 비밀을 밝힐 때마다

[어형] molecular 분자의

1627

negligent

[néglidʒənt]

★☆☆☆☆

1/1 출제확률 4.6%

[예] neg(= not 아닌) + lig(선택하는) + ent(형용사) → 선택에 관심이 없음

[형] 부주의한, 무관심한

Kate felt guilty for her negligence. [11]

Kate는 그녀의 무관심에 죄책감을 느꼈다.

[어형] negligence 부주의, 태만

1628

niche

[nitʃ]

★☆☆☆☆

1/1 출제확률 4.6%

[예] 니치 마켓(niche market 틈새 시장)으로 많이 쓰인다.

[명] 틈새시장, 분야 [통] (적소에) 앉히다, 안치하다

Is it time to create a new niche? [11]

새로운 틈새시장을 만들 때인가?

1629

offspring
[ɔːfspriŋ]

★☆☆☆☆

1/1 출제확률 4.6%

어원 off(=offer 제공하다) + spr(=breath) → 생명을 잇게 함

명 자식, 자손

The contemporary child must travel much further than the offspring of primitive man. [11]

현대의 어린이는 원시 시대의 자손보다 훨씬 더 멀리 여행하게 될 것이다.

1630

paradox
[pǽrədàks]

★☆☆☆☆

1/1 출제확률 4.6%

어원 para(~반하는) + dox(의견) → 역설

명 역설, 패러독스

The paradoxes is that the more difficult the word, the shorter the explanation. [11]

더 어려운 단어일수록 설명이 더 적은 것은 역설이다.

1631

parasitic
[pærəsítik]

★☆☆☆☆

1/1 출제확률 4.6%

어원 para(~반하는) + si(서다) + tic(형용사) → 떨어지라고 하는데도 끝까지 기생하며 서 있음

형 기생적인, 기생충에 의한

A parasitic relationship between vampire bats and its victims [01]

흡혈 박쥐와 희생자 간의 기생 관계

[어형] parasite 기생충, 식객(거지)

1632

pea
[piː]

★☆☆☆☆

1/1 출제확률 4.6%

어원 pease(완두콩)을 복수로 오해하여 반대로 생긴 말이다.

명 완두, 완두콩 형 비슷한

You can donate any canned foods such as corn, peas, or soup. [11]

당신은 옥수수, 완두콩, 수프와 같은 통조림 식품을 아무거나 기부할 수 있다.

1633

peculiar
[pikjúːljər]

★☆☆☆☆

1/1 출제확률 4.6%

어원 pe(= through) + culi(= small) + ar → 아주 작아서 특이함

형 특이한, 이상한

[idiom] peculiar to ~에 특별한

There is an almost peculiar correlation between what we see and think. [11]

우리가 보는 것과 생각하는 것 사이에는 거의 특이하다고 할 만한 상관관계가 있다.

1634

pest
[pest]

★☆☆☆☆

1/1 출제확률 4.6%

어원 pesticide = pest(해충) + cide(죽이다) → 살충제

명 해충, 유해물

The densely structured wood is resistant to invasion by insects and other potential pests. [11]

그 촘촘하게 짜여진 나무는 다른 벌레들과 잠재적 해충들의 침입을 잘 견뎌낸다.

1635

precipitation

[prisìpətéiʃən]

★☆☆☆☆

1/1 출제확률 4.6%

[어원] pre(미리) + cip(= take (생각을)취하다) + tation(명접) → 미리(빨리) 하려고 함 → 촉진

[명] 촉진, 투하, 낙하, 강수, 강수량

The habitat of these trees, such as rocky areas where precipitation is slight [11]
이 나무들의 서식지인 강수량이 적고 바위 투성이인 지역

1636

probe

[proub]

★☆☆☆☆

1/1 출제확률 4.6%

[어원] probe는 '실험하다'라는 의미를 가지고 있다.

[명] 조사 [동] 조사하다, 탐사하다

Some sport scientists are using technology to probe the body. [11]
일부 스포츠 과학자들은 몸을 조사하는데 첨단 기술을 사용한다.

1637

prominent

[prámənənt]

★☆☆☆☆

1/1 출제확률 4.6%

[어원] pro(앞으로) + min(= project 튀어나온) + ent(형용사) → 현저한, 중요한

[형] 현저한, 두드러진, 유명한

I love to hear the prominent repeated melody, in classical music. [11]
나는 고전 음악에서 두드러지게 반복되는 멜로디를 듣는 것을 좋아한다.

[어형] prominence 탁월, 출중

1638

provoke

[prəvóuk]

★☆☆☆☆

1/1 출제확률 4.6%

[어원] pro(앞으로, 먼저) + voke(말하다) → 상대방이 말하려고 하는데 내가 먼저 말해 화가 나게 함

[동] 화나게 하다, 유발하다

One may provoke disapproval, hostility, or contempt. [11]
누군가는 거절, 적개심, 혹은 경멸 등을 유발할 수 있다.

[어형] provocative 선동적인, 자극적인

1639

pursuit

[pərsú:t]

★☆☆☆☆

1/1 출제확률 4.6%

[어원] pur(= pro 앞으로) + suit(소송) → 소송을 하려니 앞에 있었던 일들을 추적함

[명] 추적, 추격

Life becomes fruitful with our endless pursuit of dreams. [11]
우리의 끝없는 꿈에 대한 추구와 더불어 삶은 풍요로워진다.

[어형] persue 추구하다, 추진하다

1640

rapport

[ræpɔ́:r]

★☆☆☆☆

1/1 출제확률 4.6%

[어원] ra(= again) + port(자극) → 자극을 주면 되돌아오는 것

[명] 관계, 접촉

Many good friends have little in common except a warm loving feeling of rapport. [11]
관계 속에 있는 따뜻한 사랑의 느낌을 제외하곤 많은 좋은 친구들은 공통점이 거의 없다.

[idiom] little in common 공통점이 거의 없는

TEST 40

1. 아래의 단어에 맞는 뜻을 골라 선으로 이어주세요.

1637 prominent ●	ⓐ 낙하, 몰락
1619 lament ●	ⓑ 깊이 박다, 파묻다
1622 meditate ●	ⓒ 의심할 나위 없는
1618 introspective ●	ⓓ 포함; 함축하다
1617 indubitable ●	ⓔ 명상하다, 묵상하다
1613 impaired ●	ⓕ 상속(세습) 재산
1608 futile ●	ⓖ 약화(악화)된, 건강이 나빠진
1606 equilibrate ●	ⓗ 경솔한, 무모한
1615 imprudent ●	ⓘ 헛된, 효과 없는
1601 downfall ●	ⓙ 현저한, 두드러진, 중요한
1609 heritage ●	ⓚ 비탄; 슬퍼하다, 비탄하다
1603 embed ●	ⓛ 설명하다
1611 illustrate ●	ⓜ 평형시키다, 균형을 유지하다
1614 implicate ●	ⓝ 내성적인

2. 아래 문장의 알맞은 뜻을 보기에서 고르세요.

a. You should be liable for the car accident. ( )

b. The task can be as paralyzing as having to tell a joke or mimic an accent on demand. ( )

c. Life becomes fruitful with our endless pursuit of dreams. ( )

d. The performance of groups and institutions will be impaired. ( )

e. I've seen couples from different ethnic groups merge into harmonious relationships. ( )

f. As illustrated in the study, the high performers placed more importance on social bonds. ( )

g. Many good friends have little in common except a warm loving feeling of rapport. ( )

보기
① 그 단체와 기관의 성과는 악화될 것이다.
② 우리의 끝없는 꿈에 대한 추구와 더불어 삶은 풍요로워진다.
③ 당신은 그 차 사고에 대한 책임을 져야한다.
④ 그 연구가 보여주듯이, 고성과자들은 사회적 유대관계에 더 중점을 둔다.
⑤ 그 일은 요구에 응해 농담을 해야 하거나 말투를 흉내내야 하는 것만큼이나 당황스런 것이다.
⑥ 관계 속에 있는 따뜻한 사랑의 느낌을 제외하곤 많은 좋은 친구들은 공통점이 거의 없다.
⑦ 서로 다른 인종 집단으로 이뤄진 커플이 조화로운 관계로 어우러지는 것을 보아왔다.

정답: ③ ⑤ ② ① ⑦ ④ ⑥

1641

recur

[rikə́:r]

★☆☆☆☆

1/1 출제확률 4.6%

[어원] re(다시) + cur(발생, 떠오름) → 되풀이하다(재발하다)

[통] 되풀이하다, 반복하다(repeat)

Themes recur throughout a piece. [11]

주제는 작품 전체에 걸쳐 반복해서 나온다.

[어형] recurrent 재발하는

1642

reed

[ri:d]

★☆☆☆☆

1/1 출제확률 4.6%

[어원] 갈대는 벼과에 속하며 '신의'를 상징함

[명] 갈대

There could be reeds, or other dangers she didn't know about. [11]

거기에는 갈대가 있을 수도 있고 그녀가 모르는 다른 위험이 있을 수도 있다.

1643

rehabilitate

[rì:həbílətèit]

★☆☆☆☆

1/1 출제확률 4.6%

[어원] re(다시) + habilitate(자격을 얻다) → 복귀시키다

[통] 복귀시키다, (명예를) 회복시키다

Some sport scientists are using technology to rehabilitate the body. [11]

일부 스포츠 과학자들은 몸을 회복시키는데 최신 기술을 사용한다.

[어형] rehabilitation 재활, 갱생

1644

remedy

[rémədi]

★☆☆☆☆

1/1 출제확률 4.6%

[어원] re(접두사) + medic(의사) + y(~것) → 의사가 하는 일은 '치료'

[명] 치료, 요법 **[통]** 치료하다

That's a smart thing to do, but that's only a temporary remedy. [11]

그것은 현명한 방법이지만 임시방편일 뿐이다.

[어형] remedial 치료하는, 치료상의; 보충의

1645

segment

[ségmənt]

★☆☆☆☆

1/1 출제확률 4.6%

[어원] seg(= cut 자르다) + ment(~것) → 자른 것 → 구획

[명] 구획, 단편 **[통]** 분할하다

[idiom] line segment (수학) 선분

He showed them three line segments, and asked which line was the longest. [11]

그는 그들에게 세 개의 선분을 보여주며 어떤 선이 가장 긴지 물었다.

1646

sepal
[síːpəl]
★☆☆☆☆
1/1 출제확률 4.6%

어원 se(꽃) + pal(손바닥) → 꽃을 손바닥으로 받침

명 꽃받침

A regular arrangement like tiles on a roof, scales on a fish, or sepals on a plant [11]
지붕 위의 기와, 물고기의 비늘, 꽃받침 등과 같은 규칙적인 배치

1647

spectrum
[spéktrəm]
★☆☆☆☆
1/1 출제확률 4.6%

어원 spect(= look 보는) + rum(것) → 보는 것 → 범위

명 스펙트럼, 분광, 범위, 영역

I saw people from opposite ends of the spectrum ended up in happy, lasting marriages. [11]
나는 영역 반대쪽 끝에 있는 사람들이 결국 행복하고 오랜 결혼생활을 지속하는 것을 보았다.

1648

stall
[stɔːl]
★☆☆☆☆
1/1 출제확률 4.6%

어원 sta는 stand(서다, 세우다)를 뜻한다.

명 마구간, 외양간 통 멈추다

The engine was stalled and we didn't know what we should do. [96]
엔진은 멈췄고 우리는 무엇을 해야 할지 몰랐다.

[어형] stallage 텃세, 영업권

1649

stiffen
[stífən]
★☆☆☆☆
1/1 출제확률 4.6%

어원 stiff(뻣뻣한) + en(~하다) → 뻣뻣해지다

통 딱딱해지다, 뻣뻣해지다

Her legs started to shake and she felt her body stiffen. [11]
그녀의 다리는 떨리기 시작했고 그녀는 몸이 뻣뻣해짐을 느꼈다.

1650

sturdy
[stɔ́ːrdi]
★☆☆☆☆
1/1 출제확률 4.6%

어원 stur(뻣뻣한) + dy(~한 것) → 견고한 상태

형 억센, 튼튼한

Although the castle was very sturdy, it had fallen to the enemy's hands in 1764. [06]
비록 그 성은 견고했지만 1764년에 함락되어 적의 수중에 넘어갔다.

1651

surplus
[sɔ́ːrplʌs]
★☆☆☆☆
1/1 출제확률 4.6%

어원 sur(= over 이상으로) + plus(더 많은 것, 추가) → 추가로 남은 것 → 나머지, 잉여

명 나머지, 잔여, 잉여(금)

The blood donors are typically sharing their surpluses. [11]
그 헌혈자들은 전형적으로 그들의 잉여분을 나눠준다.

terse

[tə:rs]

★☆☆☆☆

1/1 출제확률 4.6%

어원 진술이나 의견이 간단명료한 것을 지칭함

형 간결한, 간명한

A genuinely educated person can express himself tersely and trimly. [11]

진짜 교육을 받은 사람은 자신을 짧고 간결하게 표현할 수 있다.

[어형] tersely 간결하게

1653

transact

[trænsǽkt]

★☆☆☆☆

1/1 출제확률 4.6%

어원 trans(~를 넘어) + act(활동하다) → 거래하다

동 거래하다

An executed purpose, in short, is a transaction. [11]

간단히 말해, 실행된 목적은 거래에 있다.

[어형] transaction 거래, 매매

1654

tremble

[trémbl]

★☆☆☆☆

1/1 출제확률 4.6%

어원 trem(= shake 떨다) + ble(접미사) → 떨다

명 떨림 동 떨다, 떨리다

For a child, it could be placing with trembling fingers the last block on a tower she's built. [11]

아이에게는, 떨리는 손가락으로 그녀가 지은 탑에 마지막 블록을 올려놓는 것일 수도 있다.

[어형] trembling 떨림; 떨리는

1655

vomit

[vámit]

★☆☆☆☆

1/1 출제확률 4.6%

어원 vo(입의) + mit(= send 내보내다) → 입에서 나오다

동 토하다, 내뱉다

They frequently vomit blood and share it with other nest-mates. [11]

그들은(흡혈 박쥐) 자주 피를 토해 둥지 친구들과 이를 나눠 먹는다.

[어형] vomiting 구토

1656

weary

[wíəri]

★☆☆☆☆

1/1 출제확률 4.6%

어원 wear(지치게 하다) + ry → 피곤한

동 지치게 하다 형 피곤한, 싫증나는

Actually, she was weary of playing computer games. [06]

사실, 그녀는 컴퓨터 게임을 하는 것에 지쳐 있었다.

1657

loaf

[louf]

★☆☆☆☆

3/1 출제확률 4.6%

어원 a loaf of bread(빵 한조각)라는 표현으로 자주 사용된다.

명 (빵) 한 덩어리, 조각

They had to guess which loaf contained the usual amount of salt, 10% less, or 20% less. [02]

그들은 어떤 빵이 보통수준, 10% 적게, 20% 더 적게 소금을 함유하고 있는지 맞춰야 했다.

1658

cuneiform

[kjuːníːəfɔːrm]

★☆☆☆☆

2/1 출제확률 4.6%

어원 cunei(쐐기의) + form(형태) → 쐐기의 모양을 본뜸

몡 쐐기 문자 혱 쐐기 모양의

Thomas started learning cuneiform to discover ancient treasures. [92]

토마스는 고대 유물을 찾기 위해 쐐기 문자를 배우기 시작했다.

1659

dominate

[dámənèit]

★☆☆☆☆

2/1 출제확률 4.6%

어원 domin(= master 지배) + ate(~하다) → 지배하다

통 통치하다, 지배하다

The introduction of the new, bigger ball will cause first-class games to be dominated. [06]

새롭고, 더 큰 공의 도입으로 최고 수준의 시합에 의해서 지배되는 결과를 가져올 것이다.

[어형] dominated (과거, 과거분사) dominant 지배적인, 우세한 dominance 지배, 우세

1660

embassy

[émbəsi]

★☆☆☆☆

2/1 출제확률 4.6%

어원 대사는 ambassador이다.

몡 대사관

I think the embassy moved to a new place. [06]

제 생각엔 그 대사관은 새로운 곳으로 이사한 것 같아요.

1661

humid

[hjúːmid]

★☆☆☆☆

2/1 출제확률 4.6%

어원 hum(흙) + id → 흙에 있는 것 → 습기

혱 습한, 습기가 있는

This humidity can cause the coffee to quickly spoil. [06]

이러한 습도는 커피를 빨리 상하게 만들 수 있다.

[어형] humidity 습도, 습기

1662

immigrant

[ímigrənt]

★☆☆☆☆

2/1 출제확률 4.6%

어원 im(안으로) + migr(움직이는) + ant(사람) → 안으로 이동하는 사람 → 이주자

몡 이주자 혱 이주하는

Immigrants are importing their mother tongues at record rates. [06]

이민자들이 기록적인 속도로 모국어를 들여오고 있다.

1663

impulse

[ímpʌls]

★☆☆☆☆

2/1 출제확률 4.6%

어원 im(안에서) + pulse(심장박동, 뛰다) → 가슴이 쿵쾅쿵쾅 뛰다 → 충동

몡 충동, 자극(stimulation)

Following your instincts could lead you to make impulsive decisions. [06]

당신의 직감에 따른 행동은 충동적인 의사결정으로 이어질 수 있다.

[어형] impulsive 충동적인 impulsion 충격, 충동

1664

monolingual
[mánoulíŋgwəl]
★☆☆☆☆
2/1 출제확률 4.6%

어원 mono(하나) + lingual(언어의) → 1개 국어를 사용하는

형 1개 언어를 구사하는

The US makes efforts to teach "foreign" languages to monolingual Americans. [06]
미국은 1개 언어를 구사하는 미국인들에게 "외국어"를 가르치려는 노력을 하고 있다.

[어형] bilingual 2개 국어를 구사하는

1665

prose
[prouz]
★☆☆☆☆
2/1 출제확률 4.6%

어원 prose(풀어 쓴) → 풀어쓴 것은 '산문'

명 산문(↔ verse 운문)

The old Sumerian cuneiform could not be used to write normal prose. [06]
옛 수메르 쐐기문자는 평범한 산문을 쓰는데 사용될 수 없었다.

1666

rhyme
[raim]
★☆☆☆☆
2/1 출제확률 4.6%

어원 rhy(리듬) + me(흥얼거림) → 운을 맞추다

명 운, 시

[idiom] nursery rhyme 동요

The most popular nursery rhymes for two-year-olds [06]
두살배기 아이들에게 가장 인기 있는 동요

[어형] rhythm 리듬

1667

secondary
[sékəndèri]
★☆☆☆☆
2/1 출제확률 4.6%

어원 second(두 번째) + ary(것) → 대리자 *secondary school 중·고등학교

명 대리자, 2차적인 것 형 제 2위의, 중등 교육의

Secondary school should be a time for expanding horizons—not limiting them. [06]
중. 고등학교는 시야를 제한할 시기가 아니라 확대할 시기여야 한다.

1668

shield
[ʃiːld]
★☆☆☆☆
2/1출제확률 4.6%

어원 shell(껍질)에서 유래했다. 공격을 막는 것.

명 방패 동 보호하다, 감싸다

The "shield kite," which has a unique hole at its center [06]
중앙에 특유의 구멍이 있는 "방패연"

1669

alter
[ɔ́ːltər]
★☆☆☆☆
1/1 출제확률 4.6%

어원 other(다른)에서 파생되어 '다른 것으로 바꾸다'라는 의미를 갖는다.

동 바꾸다, 변경하다

Nearly everyone who heard the altered recording could report that they heard both. [10]
바뀐 녹음을 들은 거의 대부분의 사람들이 둘 다 들을 수 있었다고 진술했다.

[어형] altered (과거, 과거분사) alternate 대체하다; 교대의

1670

alternate
[ɔ́:ltərnèit, ǽl-]

★☆☆☆☆

1/1 출제확률 4.6%

[어원] alter(다르게) + (n)ate(하다) → 다르게 하다, 교대하다

[동] 교대하다 [형] 번갈아 하는, 교대의

How to present alternatives. [02]
대안을 어떻게 제시할 것인가.

[어형] alternately 번갈아가며

1671

aquarium
[əkwéəriəm]

★☆☆☆☆

1/1 출제확률 4.6%

[어원] aqau(물) + rium(생물 사육장) → 유리 수조

[명] 유리 수조, 수족관, 아쿠아리움

The newly remodeled aquarium plays a big role in the comeback of Chattanooga. [10]
최근 리모델링한 수족관은 Chattanooga의 재기에 큰 역할을 하고 있다.

1672

astronaut
[ǽstrənɔ̀:t]

★☆☆☆☆

출제확률 4.6%

[어원] astro(별) + naut(= sailor 선원) → 우주 비행사

[명] 우주 비행사, 우주인

Robots and astronauts use much of the same equipment in space. [10]
로봇과 우주비행사는 우주에서 거의 동일한 장비를 사용한다.

[어형] astronomy 천문학

1673

bass
[beis]

★☆☆☆☆

1/1 출제확률 4.6%

[어원] base(기초)에서 유래된 남저음을 의미함

[명] 베이스, 낮은 음; [bæs] 베스(물고기 종류)

There were not many bass left in this river due to recent water pollution. [04]
최근 수질 오염으로 인해 이 강에는 베스가 많이 살고 있지 않다.

1674

batter
[bǽtər]

★☆☆☆☆

1/1 출제확률 4.6%

[어원] bat(두드리다) + er(~것) → 두드려서 만든 것 → 반죽

[동] 난타하다 [명] 반죽, 타자

She split the batter for one cake into three parts. [10]
그녀는 케익 하나 분량의 반죽을 세 부분으로 나누었다.

[idiom] split A into B A를 B로 나누다

1675

bush
[buʃ]

★☆☆☆☆

1/1 출제확률 4.6%

[어원] 덤불로 된 수풀을 지칭함

[명] 덤불, 관목, 숲

A bird in the hand is worth two in the bush. [10]
숲 속의 두 마리 새보다 수중의 새 한 마리가 실속이 있다.

1676

compost
[kámpoust]
★☆☆☆☆
1/1 출제확률 4.6%

[어원] com(함께) + post(놓는 것) → 아무렇게나 모여있는 것 → 퇴비

[명] 혼합물, 배합, 퇴비 [동] 비료를 주다

The compost heap is going to be distributed equally to all members. [04]
모든 구성원에게 동일한 양만큼의 퇴비가 분배될 것이다.

1677

cone
[koun]
★☆☆☆☆
1/1 출제확률 4.6%

[어원] 원뿔형 → 아이스크림콘 모양

[명] 원뿔, 원뿔형(hook)

Outside, snow continued to fall quietly in the cones of light cast by the streetlights. [10]
밖엔 가로등에서 나오는 원뿔형 불빛 아래에서 눈이 조용히 계속 내리고 있었다.

1678

crook
[kruk]

★☆☆☆☆
1/1 출제확률 4.6%

[어원] curve(휘어진) + hook(갈고리) → 굽은 것, 갈고리

[명] 굽은 것, 갈고리, 사기꾼

Crooked carrots and odd-looking tomatoes were not valuable to the grocery store. [10]
굽은 당근과 이상하게 생긴 토마토는 식료품점에서 가치가 없었다.

[어형] crooked 비뚤어진, 구부러진

1679

drainage
[dréinidʒ]
★☆☆☆☆
1/1 출제확률 4.6%

[어원] drain(배수하다) + -age(~것) → 배수하는 것

[명] 배수, 배수장치, 배수구, 유역

The smallmouth bass is a native of the Mississippi drainage. [10]
낙연어는 미시시피 강 유역의 토종 물고기이다.

[어형] drain 소비하다, 배수하다

1680

epic
[épik]
★☆☆☆☆
1/1 출제확률 4.6%

[어원] 규모가 방대한 것을 지칭하며 epical에서 유래됨

[명] 서사시, 대작

[idiom] epic theater 서사 연극

Bertolt Brecht with his 'epic theater' used alienation as a strategy. [10]
브레히트는 그의 '서사 연극'에서 (관객과 무대를) 멀리 하는 전략을 사용하였다.

1681

furnish
[fɔ́:rniʃ]

★☆☆☆☆
1/1 출제확률 4.6%

[어원] '붙박이'처럼 갖추는 것을 의미함

[동] 공급하다, 비치하다

[idiom] furnish A with B A에 B를 비치하다

While awaiting the birth of a new baby, North American parents typically furnish a room. [10]
새 아기의 출산을 기다리는 동안 북미 부모들은 보통 (아이를 위한) 방을 준비한다.

[어형] furniture 가구

TEST 41

1. 아래의 단어에 맞는 뜻을 골라 선으로 이어주세요.

1678 crook ●	ⓐ 산문
1662 immigrant ●	ⓑ 굽은 것, 갈고리, 사기꾼
1665 prose ●	ⓒ 되풀이하다, 반복하다
1641 recur ●	ⓓ 습한, 습기가 있는
1653 transact ●	ⓔ 거래하다
1648 stall ●	ⓕ 운, 시
1660 embassy ●	ⓖ 마구간, 외양간; 멈추다
1651 surplus ●	ⓗ 떨림; 떨다, 떨리다
1654 tremble ●	ⓘ 대리자, 2차적인 것; 제 2위의, 중등 교육의
1661 humid ●	ⓙ 지치게 하다; 피곤한
1666 rhyme ●	ⓚ 이주자; 이주하는
1656 weary ●	ⓛ 나머지, 잔여, 잉여
1667 secondary ●	ⓜ 딱딱해지다, 뻣뻣해지다
1649 stiffen ●	ⓝ 대사관

2. 아래 문장의 알맞은 뜻을 보기에서 고르세요.

a. A regular arrangement like tiles on a roof, scales on a fish, or sepals on a plant ( )

b. There could be reeds, or other dangers she didn't know about. ( )

c. A bird in the hand is worth two in the bush. ( )

d. Thomas started learning cuneiform to discover ancient treasures. ( )

e. I think the embassy moved to a new place. ( )

f. The blood donors are typically sharing their surpluses. ( )

g. Secondary school should be a time for expanding horizons—not limiting them. ( )

보기
① 토마스는 고대 유물을 찾기 위해 쐐기 문자를 배우기 시작했다.
② 숲 속의 두 마리 새보다 수중의 새 한 마리가 실속이 있다.
③ 지붕 위의 기와, 물고기의 비늘, 꽃 받침 등과 같은 규칙적인 배치
④ 그 헌혈자들은 전형적으로 그들의 잉여분을 나눠준다.
⑤ 거기에는 갈대가 있을 수도 있고 그녀가 모르는 다른 위험이 있을 수도 있다.
⑥ 중, 고등학교는 시야를 제한할 시기가 아니라 확대할 시기여야 한다.
⑦ 제 생각엔 그 대사관은 새로운 곳으로 이사한 것 같아요.

정답: ③ ⑤ ② ① ⑦ ④ ⑥

1682

gaze

[geiz]

★☆☆☆☆

1/1 출제확률 4.6%

[어원] 주의 깊게 바라보는 것으로 'store(노려보다)'와 다소 차이가 있다.

[통] 응시하다, 바라보다

[idiom] gaze at ~를 응시하다

He was gazing at the warm fire. [10]
그는 따뜻한 불을 응시하고 있었다.

[어형] gazing (현재분사)

1683

goggle

[gágl]

★☆☆☆☆

1/1 출제확률 4.6%

[어원] 눈을 보호하는 안경으로 시야를 확보할 수 있는 것

[명] 고글(보안경) [통] 눈알을 굴리다

Look at those goggles on top of the tree. [10]
나무 꼭대기에 있는 보안경을 보세요.

1684

heap

[hi:p]

★☆☆☆☆

1/1 출제확률 4.6%

[어원] heel(뒤꿈치)에 쌓인 것을 지칭함

[명] 쌓아 올린 것, 더미, 덩어리 [형] 많은, 엄청난

It was often tossed on the compost heap or left in the ground. [10]
그것은 종종 퇴비 더미로 던져지거나 땅에 버려졌다.

1685

hygrometer

[haigrámitər]

★☆☆☆☆

1/1 출제확률 4.6%

[어원] hygro(= wet 습기) + meter(= measure 측정) → 습기를 측정하는 것 → 습도계

[명] 습도계

Figures A and B demonstrate how dew point is measured by a dew point hygrometer. [10]
그림 A와 B는 습도계로 이슬점이 어떻게 측정되는지를 보여준다.

[어형] thermometer 온도계 barometer 기압계

1686

itch

[itʃ]

★☆☆☆☆

1/1 출제확률 4.6%

[어원] 피부가 가려움을 느끼는 것을 의미함

[명] 가려움 [통] 가렵다, 긁다

If the itches, however, do not disappear, stop scratching and take the medicine. [10]
만약 가려움증이 사라지지 않는다면 그만 긁고 약을 바르세요.

1687

magnificent

[mægnífəsnt]

★☆☆☆☆

1/1 출제확률 4.6%

[어원] magni(큰) + fic(만들다) + ent(형용사) → 크게 만든 → 장엄한

[형] 웅대한, 장엄한

I am hardly able believe how magnificent the sight was. [10]
그 광경이 얼마나 웅장했는지 믿기 어려웠다.

[어형] magnify 확대하다, 과장하다

1688

norm

[nɔːrm]

★☆☆☆☆

1/1 출제확률 4.6%

[어원] normal(표준의)은 norm + al(접미사)이다.

[명] 표준, 보통

'Co—sleeping' is the norm. [10]
부모와 아기가 함께 자는 것이 일반적이다.

[어형] normally 보통, 일반적으로

1689

outdated

[autdéitid]

★☆☆☆☆

1/1 출제확률 4.6%

[어원] out(밖에) + dated(날짜가된) 날짜 다 지난 → 구식의

[형] 구식인, 구식의

Today we are so interdependent that the concept of war has become outdated.
[10]
오늘날 우리들은 서로 너무 의존하는 관계여서 전쟁이라는 개념은 옛날 얘기가 되어버렸다.

[어형] up—to—date 최신식의 new fashioned 신식의

1690

spectacular

[spektǽkjulər]

★☆☆☆☆

1/1 출제확률 4.6%

[어원] spect(a)(= look 보는) + (cu)lar(의) → 볼 만한 것

[형] 장관의, 구경거리의

The woman was walking away from the spectacular display. [10]
그 여성은 화려한 장관으로부터 멀어져갔다.

[어형] spectacle 광경, 구경거리

1691

statistic

[stətístik]

★☆☆☆☆

1/1 출제확률 4.6%

[어원] state(국가, 주) + ist(~하는 사람) + ics(학문) → 국가나 주를 이끄는 사람들이 쓰는 학문

[명] 통계, 통계학

You can use a word processing program while using a statistics program. [10]
당신은 워드 프로그램을 사용하면서 통계 프로그램을 동시에 사용할 수 있다.

1692

upright

[ʌpràit]

★☆☆☆☆

1/1 출제확률 4.6%

[어원] up(~위에) + right(똑바른, 직립한) → 위로 직립한 → 똑바로

[형] 똑바로, 수직으로 세워 둔

Children's toys with a short wooden post held upright on the floor. [10]
아이들의 짧은 나무 막대 장난감들이 수직으로 바닥에 세워져 있었다.

[어형] vertical 수직의 horizontal 수평의

1693

virtue
[vɔ́:rtʃu:]

★☆☆☆☆

1/1 출제확률 4.6%

어원 vir(t)(= man 남성) + ue(~것) → 남성다움 → 미덕, 장점

명 미덕, 장점

It is an important virtue. [10]
그것은 중요한 미덕이다.

[어형] easy virtue 성적 부도덕, 부정

1694

barber
[bá:rbər]

★☆☆☆☆

2/1 출제확률 4.6%

어원 barb(= beard 수염) + er(사람) → 수염을 깍아주는 사람 → 이발사

명 이발사

He helped customers read books by opening a library inside his barbershop in 1990. [05]
그는 1990년에 그의 이발소 안에 도서관을 개장하면서 손님들이 책을 볼 수 있도록 하였다.

[어형] barbershop 이발소

1695

mercy
[mɔ́:rsi]

★☆☆☆☆

2/1 출제확률 4.6%

어원 merc(판매하다, 거래하다) + y(~것) → 물건을 팔아주다 → 자비를 베품

명 자비(심), 연민, 은혜

You should behave as mercifully as God. [05]
당신은 하나님처럼 자비롭게 행동해야 한다.

[어형] merciful 자비로운 mercifully 다행히도

1696

pumpkin
[pʌ́mpkin]

★☆☆☆☆

2/1 출제확률 4.6%

어원 큰 멜론이라는 의미에서 유래되었다.

명 호박

Do you want some pumpkins for Holloween? [03]
할로윈용 호박을 원해요?

1697

shelter
[ʃéltər]

★☆☆☆☆

2/1 출제확률 4.6%

어원 shiel(= shell 껍데기) + d → 보호물 → 피난처, 피난하다

명 피난(처) 동 피난하다, 보호하다

We could take some clothes to a shelter. [05]
우리는 피난처에 옷을 좀 가져올 수 있었다.

1698

superstition
[sù:pərstíʃən]

★☆☆☆☆

2/1 출제확률 4.6%

어원 super(~보다 위에) + st(= stand 서 있는) + tion(~것) → 위에 있다고 믿는 것 → 미신

명 미신

Many people in Japan traditionally have believed in their own superstitions. [98]
많은 일본인들은 전통적으로 그들만의 미신을 믿어왔다.

1699

timekeeping

[taimkí:piŋ]

★☆☆☆☆

2/1 출제확률 4.6%

어원 time(시간) + keeping(지키기) → 시간엄수

명 시간 엄수(punctuality), 시간 기록

Its timekeeping was less impressive than their looks, wandering up to 15 minutes
a day. [05]
하루에 15분이나 틀리는 등, 시간을 정확히 지키는 기능은 보기보다 별로였다.

1700

accumulate

[əkjú:mjulèit]

★☆☆☆☆

1/1 출제확률 4.6%

어원 ac(~에) + cumulate(쌓다) → ~에 쌓아 올리다 → 모으다, 축적하다

동 모으다, 축적하다

A deep reservoir of accumulated wisdom about diet and health and place [09]
식단과 건강과 장소에 대해 깊이 축적된 지혜의 보고

[어형] accumulated 모아진 accumulation 축적, 누적

1701

amino

[əmí:nou, æmənòu]

★☆☆☆☆

1/1 출제확률 4.6%

어원 아미노산은 amino acid라고 한다.

명 아미노(산)

Each plant is deficient in an essential amino acid. [09]
각각의 식물에는 필수 아미노산이 부족하다.

[어형] acid 산(신, 신맛의) amino compounds 아미노 화합물

1702

arcade

[a:rkéid]

★☆☆☆☆

1/1 출제확률 4.6%

어원 arc(= arch 아치, 활) + ade → 지붕이 있는 아치형 통로

명 (지붕이 있는 통로의) 상점가, 아케이드

Cafes under the wide arcades that run around the Plaza have every table
crowded. [09]
그 프라자 주변에 넓게 펼쳐진 아케이드 아래 카페 테이블은 사람들로 북적였다.

1703

armrest

[á:rmrèst]

★☆☆☆☆

1/1 출제확률 4.6%

어원 arm(팔) + rest(쉬다) → 팔을 쉬게 하는 것 → 팔걸이

명 팔걸이

'What's happening?' he wondered as he gripped the armrests. [09]
"무슨 일입니까?"그는 팔걸이를 움켜쥐며 궁금해했다.

1704

aroma

[əróumə]

★☆☆☆☆

1/1 출제확률 4.6%

어원 아로마 향기를 통하여 아로마 테라피가 유행하고 있다.

명 방향, 향기 *perfume(향수)

The heat releases an aroma. [09]
그 열은 향기를 방출한다.

[어형] aromatic 향기로운 aroma-therapy 방향요법

1705
circulate
[sə́:rkjulèit]
★☆☆☆☆
1/1 출제확률 4.6%

[어원] circul(원, 둘레에, 돌다) + late(~하다) → 돌다

[동] 돌다, 유통하다, 순환하다

In the chemical process, a solvent circulates through the beans. [09]
화학적 과정 중에 용액이 콩 사이를 순환한다.

[어형] circular 원형의, 순환하는 circulation 유통, 순환

1706
clip
[klip]
★☆☆☆☆
1/1 출제확률 4.6%

[어원] '꽉 쥐다'라는 의미에서 유래되었다.

[명] 클립, 동영상 [동] 자르다, 베다

The scrapbooks I made of basketball stars, with magazine clippings of great players. [09]
내가 잡지에서 오려낸 위대한 선수들의 사진으로 만든 농구스타 스크랩북.

[어형] clipping 깎는, 잘라낸 것 clipped 잘린, 생략된

1707
comb
[koum]
★☆☆☆☆
1/1 출제확률 4.6%

[어원] 빗질을 하며 면밀하게 탐색하는 것에서 유래됨

[명] 빗 [동] 빗질하다, 찾다, 검색하다

Next to the doll was a small box containing tiny combs and a silver mirror. [09]
인형 옆에는 작은 빗과 은 거울이 담긴 작은 상자가 있었다.

1708
compact
[kəmpǽkt]
★☆☆☆☆
1/1 출제확률 4.6%

[어원] com(함께) + pact(= fasten 묶다) → 함께 묶다 → 조밀한 → 계약, 협정

[명] 계약, 협정 [형] 조밀한, 소형의

Other policies have produced relatively compact cities. [09]
다른 정책들은 비교적 작은 도시들을 양산했다.

[어형] compact car 소형차 compact disc CD

1709
compel
[kəmpél]
★☆☆☆☆
1/1 출제확률 4.6%

[어원] com(강조, 함께) + pel(= drive ~하도록 몰다) → ~하도록 강하게 시키다 → 억지로 시키다

[동] 억지로 ~을 시키다, 강요하다

They usually feel this way because their behavior compels others to lie to them. [09]
그들의 행동은 남들이 그들에게 거짓말을 하도록 하기 때문에 보통 이런 식으로 느낀다.

[어형] compelling 강제적인, 강력한

1710
crude
[kru:d]
★☆☆☆☆
1/1 출제확률 4.6%

[어원] 전혀 인공적으로 만지지 않아 조악함을 나타냄

[형] 천연 그대로의, 거친

In fact, each day nearly a billion gallons of crude oil are refined and used in the US. [10]
사실, 하루에 원유 약 10억 갤런이 미국에서 정제되어 소비되고 있다.

[어형] cruddy 불결한 crude oil 원유

1711
deaf
[def]
★☆☆☆☆
1/1 출제확률 4.6%

[어원] ear의 장애가 있는 사람들은 dactylology(수화)를 한다.

[형] 귀가 먼(hearing impaired), 의식하지 못하는

[syn] indifferent, hard of hearing, unhearing

TV as efficient equipment for the deaf [09]
청각 장애인에게 효율적인 장비로서의 TV

1712
deposit
[dipázit]
★☆☆☆☆
1/1 출제확률 4.6%

[어원] de(아래에) + posit(놓다) → 안보이게 놓는 것 → 맡긴 것, 예금

[명] 예금, 맡긴 것 [동] 맡기다

Egyptian civilization was built on the banks of the Nile River depositing soil on its banks. [09]
이집트 문명은 흙을 쌓아 올린 나일강 둑 위에 건설되었다.

[어형] depositing (현재분사) deposited 맡긴, 예탁한

1713
dispute
[dispjú:t]
★☆☆☆☆
1/1 출제확률 4.6%

[어원] dis(= apart 아니다, 따로 떼다) + put(= 합계, 생각하다) → 달리 생각하니 논쟁을 한다

[명] 논쟁, 분쟁 [동] 논쟁하다

The car company is trying to settle a dispute out of court. [09]
그 회사는 법정 밖에서 분쟁을 해결하고자 노력하고 있다.

[어형] disputant 토론자, 논객

1714
errand
[érənd]
★☆☆☆☆
1/1 출제확률 4.6%

[어원] 짐꾼을 bearer라고 하는데 심부름꾼은 messenger라 한다.

[명] 심부름, 사명, 임무

Every day, opportunities exist in the form of errands, meal preparation, and chores. [09]
매일 심부름, 식사준비, 그리고 잡일 등의 형태로 기회는 존재한다.

1715
flip
[flip]
★☆☆☆☆
1/1 출제확률 4.6%

[어원] 동전 던지는 것을 지칭함

[동] 뒤집다, 톡 치다

[syn] turn, spin, flick

She effortlessly flipped the ball up in the air. [09]
그녀는 힘들이지 않고 공을 공중에 톡 쳐 올렸다.

[어형] flipped (과거, 과거분사)

1716
grip
[grip]
★☆☆☆☆
1/1 출제확률 4.6%

[어원] 손잡이를 '그립(grip)'이라고 한다.

[명] 쥠 [동] 쥐다, (마음을) 사로잡다

[syn] grasp, hold, seize

She gripped my hand in fear. [09]
그녀는 무서워 내 손을 꼭 잡았다.

[어형] gripped (과거, 과거분사)

1717

handout

[hǽndaut]

★☆☆☆☆

1/1 출제확률 4.6%

어원 hand(손으로) + out(나눠주다) → 나눠주는 것 → 인쇄물 배포

명 인쇄물, 나눠주는 것

I need to photocopy the handouts. [09]

저는 그 유인물을 복사해야 해요.

1718

headquarters

[hédkwɔ́:rtər]

★☆☆☆☆

1/1 출제확률 4.6%

어원 head(머리, 중요) + quarters(부서들) → 회사 및 기관의 핵심 부서들이 모인 곳

명 본부, 본사

It has its headquarters in Chicago, and major branches in Washington, D.C.. [09]

시카고에 본사가 있고 주요 지사는 워싱턴 D.C.에 있다.

1719

ideology

[àidiálədʒi, ìd-]

★☆☆☆☆

1/1 출제확률 4.6%

어원 idea(관념) + logy(학문) → 관념학

명 이데올로기, 이념, 관념학

Ideological influences also factored in. [09]

이데올로기적인 영향 또한 요인으로 작용했다.

[어형] ideological 사상적인, 이데올로기적

1720

inaudible

[inɔ́:dəbl]

★☆☆☆☆

1/1 출제확률 4.6%

어원 in(없다) + audio(듣는) + able(할 수 있는) → 들을 수 없는

형 들을 수 없는, 들리지 않는

The picture was visible but the sound was inaudible. [09]

화면은 보였지만 소리는 들리지 않았다.

1721

intern

[intə́:rn]

★☆☆☆☆

1/1 출제확률 4.6%

어원 정규직(full-time job) 근무와 비정규직(part time) 근무 사이에(inter) 있는 사람.

명 인턴 동 억류하다

Hi! You must be Mr. Smith, one of the new interns, right? [09]

안녕! 네가 신규 인턴 중 한 명인 Smith겠네, 맞니?

1722

laptop

[lǽptap]

★☆☆☆☆

1/1 출제확률 4.6%

어원 lap(무릎) + top(위) → 무릎 위에 놓고 쓸 수 있는 것 → 노트북

명 노트북, 휴대용 컴퓨터

I'm going to sell it on a website and buy a new laptop computer. [09]

저는 그것을 웹사이트에서 팔아 새 노트북을 살 것입니다.

TEST 42

1. 아래의 단어에 맞는 뜻을 골라 선으로 이어주세요.

1687 magnificent	●	ⓐ 돌다, 유통하다, 순환하다
1696 pumpkin	●	ⓑ 웅대한, 장엄한
1705 circulate	●	ⓒ 억지로 ~을 시키다
1681 furnish	●	ⓓ 모으다, 축적하다
1688 norm	●	ⓔ 호박
1697 shelter	●	ⓕ 피난(처); 피난하다, 보호하다
1699 timekeeping	●	ⓖ 통계, 통계학
1708 compact	●	ⓗ 표준, 보통
1691 statistic	●	ⓘ 시간 엄수, 시간 기록
1700 accumulate	●	ⓙ 공급하다, 비치하다
1709 compel	●	ⓚ 계약, 협정; 조밀한
1701 amino acid	●	ⓛ 아미노산
1721 intern	●	ⓜ 이발사
1694 barber	●	ⓝ 인턴

2. 아래 문장의 알맞은 뜻을 보기에서 고르세요.

a. Today we are so interdependent that the concept of war has become outdated. (　)

b. Figures A and B demonstrate how dew point is measured by a dew point hygrometer. (　)

c. It was often tossed on the compost heap or left in the ground. (　)

d. Each plant is deficient in an essential amino acid. (　)

e. In fact, each day nearly a billion gallons of crude oil are refined and used in the US. (　)

f. Other policies have produced relatively compact cities. (　)

g. The heat releases an aroma. (　)

보기
① 각각의 식물에는 필수 아미노산이 부족하다.
② 그림 A와 B는 습도계로 이슬점이 어떻게 측정되는지를 보여준다.
③ 오늘날 우리들은 서로 너무 의존하는 관계여서 전쟁이라는 개념은 옛날 얘기가 되어버렸다.
④ 사실, 하루에 원유 약 10억 갤런이 미국에서 정제되어 소비되고 있다.
⑤ 다른 정책들은 비교적 작은 도시들을 양산했다.
⑥ 그것은 종종 퇴비 더미로 던져지거나 땅에 버려졌다.
⑦ 그 열은 향기를 방출한다.

정답: ③ ② ⑥ ① ④ ⑤ ⑦

1723

launder

[lɔ́:ndər]

★☆☆☆☆

1/1 출제확률 4.6%

어원 laund는 '세탁'이라는 의미를 가지고 있다.

통 세탁하다, 빨래하다

My mother was the house accountant, the launderer, and, of course, the cook. [09]
우리 어머니는 우리 집 회계사이자, 빨래하는 사람이면서, (당연히) 요리사였다.

[어형] launderer 세탁소, 세탁업자

1724

lay-up

[léiʌp]

★☆☆☆☆

1/1 출제확률 4.6%

어원 lay(놓다) + up(위에) → (농구 골대) 위에 올려놓는 것

명 쉼, 휴식, (농구의) 레이업

The ball fell to my father, who took a few not graceful dribbles and missed an easy lay-up. [09]
아버지에게 공이 떨어졌고, 그는 어설픈 드리블을 몇 번 하고 쉬운 레이업 슛을 놓쳤다.

1725

lid

[lid]

★☆☆☆☆

1/1 출제확률 4.6%

어원 뚜껑으로 덮을 수 있는 용기나 그릇의 덮개를 지칭

명 뚜껑, 눈꺼풀

We need to screw down the lid. [06]
우리는 그 뚜껑의 나사를 조일 필요가 있다.

1726

limestone

[laimstoun]

★☆☆☆☆

1/1 출제확률 4.6%

어원 lime(석회) + stone(석) → 석회석

명 석회석, 석회암

Similarly, corn in Latin America is traditionally ground or soaked with limestone. [09]
비슷하게도, 라틴 아메리카에서는 옥수수를 전통적으로 가루를 내거나 석회암과 함께 담가둔다.

1727

loose

[luːs]

★☆☆☆☆

1/1 출제확률 4.6%

어원 매듭이나 나사를 푸는 것을 의미함

형 느슨한, 풀린

It starts with steaming the green beans to loosen the bonds of caffeine. [09]
녹색 원두에 증기를 가해 카페인의 결속력을 헐거워지게 함으로써 시작한다.

[어형] loosen 느슨하게 하다 loosely 느슨하게

1728

lotus

[lóutəs]

★☆☆☆☆

1/1 출제확률 4.6%

어원 늪지에 자라는 식물로 '연꽃'을 피운다.

명 연(연꽃), 연근

The people are proud of their temples and lotus ponds. [00]
그 사람들은 그들의 사원과 연꽃 연못을 자랑스러워 한다.

1729

magnify

[mǽgnəfài]

★☆☆☆☆

출제확률 4.6%

어원 magni(큰) + fy(만들다) → 확대하다

통 확대하다, 크게 보이게 하다

Please use the microphone and magnify the sounds. [06]
마이크를 써서 소리를 크게 키우세요.

[어형] magnifying (현재분사) magnificent 웅장한 magnification 확대

1730

morse

[mɔːrs]

★☆☆☆☆

1/1 출제확률 4.6%

어원 점(dot)과 선(line)을 배합하여 나타내는 전신용 부호

명 모스 부호(morse code) **형** 모스식의

They just sent me a Morse code message saying, 'Good night, Dad.'. [09]
그들은 내게 막 모스 부호 메시지로 '안녕히 주무세요, 아빠'라고 보냈다.

1731

overbear

[óuvərbèər]

★☆☆☆☆

1/1 출제확률 4.6%

어원 over(넘어) + bear(낳다) → 너무 많이 낳다 → (경쟁자를) 압박하다

통 위압하다, 압박하다, 열매가 너무 많이 열리다

I'm the eldest of three sisters, so I can't help that I'm so overbearing. [09]
저는 세 자매 중 맏이라서 거만할 수밖에 없다.

[어형] overbearing 고압적인, 건방진

1732

persist

[pərsíst]

★☆☆☆☆

1/1 출제확률 4.6%

어원 per(확고히) + sist(서다) + ence(~것) → 고집, 인내

통 지속하다, 고집하다, 주장하다

Activities like these also enhance the value of hard work and persistence. [09]
이와 같은 활동들은 또한 노력과 인내심의 가치를 높여준다.

[어형] persistence 고집, 지속성 persistent 지속하는

1733

petal

[pétəl]

★☆☆☆☆

1/1 출제확률 4.6%

어원 pet(구하다, 원하는) + al → 갖고 싶어하는 것 → 꽃잎

명 꽃잎, 화판

Goldfish bowls look stunning filled with flower heads or petals, magnifying their contents. [09]
금붕어 어항은 어항 안에 있는 꽃송이나 꽃잎과 같은 내용물을 확대시켜 근사해 보인다.

pollen
[pálən]
★☆☆☆☆
1/1 출제확률 4.6%

[어원] 화분은 곤충이나 바람에 의해 수분한다.

[명] 꽃가루

The insects fly into the flower to feed on nectar and pollen. [09]
그 벌레들은 꿀과 꽃가루를 먹기 위해 꽃 안으로 날아든다.

[어형] pollinate 수분하다 pollinator 꽃가루 매개자

---

regulate
[régjulèit]
★☆☆☆☆
1/1 출제확률 4.6%

[어원] reg(= rule 규칙) + ate(~하다) → 규정하다

[동] 규정하다, 통제하다

The school attempts to regulate their students. [07]
그 학교는 학생들을 통제하려고 한다.

[idiom] attempt to ~을 시도하다

[어형] regular 정기의, 정규의 regulation 규제, 규정

---

reservoir
[rézərvwà:r]
★☆☆☆☆
1/1 출제확률 4.6%

[어원] reserve(비축하다, 대비하다) + ior(것) → 가뭄에 대비해 만든 것이 저수지

[명] 저수지, 저장소

There's a reservoir good for fishing. [96]
저기에는 낚시하기에 좋은 저수지가 있다.

[어형] lake 호수 pond 연못 dam 댐

---

runway
[rʌnwèi]
★☆☆☆☆
1/1 출제확률 4.6%

[어원] run(달리는) + way(길) → 활주로

[명] 주로, 활주로

They're communicating with pilots and telling them which runways to use. [09]
그들은 파일럿들과 의사소통을 하며 그들에게 어떤 활주로를 사용해야 하는지 알려준다.

---

sacred
[séikrid]
★☆☆☆☆
1/1 출세확률 4.6%

[어원] sacre(신성하게 하다, 바치다)에서 파생되었다.

[형] 신성한, 바친

[syn] divine, holy, sanctify

A water plant called the sacred lotus regulates its temperature. [09]
성스러운 연꽃라고 불리는 수생식물은 자신의 온도를 조절한다.

---

spectator
[spékteitər]
★☆☆☆☆
1/1 출제확률 4.6%

[어원] spect(= look 보다) + (a)tor(사람) → 무언가를 보고 있는 사람 → 구경꾼

[명] 구경꾼, 관객(audience)

Your spectator experience will have been a fun one. [09]
구경꾼으로서 당신의 경험은 재미있을 것이다.

1740

stake
[steik]
★☆☆☆☆

1/1 출제확률 4.6%

[어원] 말뚝, 막대기의 의미에서 '지분'의 의미로까지 사용되었다.

[명] 말뚝, 지분, 이해관계

The issue of how to manage urban growth poses the highest stakes [09]
도시의 성장을 어떻게 하면 최고로 높일 수 있을 것인가에 대한 주제

1741

stiff
[stif]
★☆☆☆☆

1/1 출제확률 4.6%

[어원] 시체처럼 굳은 상태를 나타냄

[형] 굳은, 뻣뻣한

[syn] rigid, inflexible, firm

The ball curved cleanly into the basket, stiffly popping the chain-link net. [09]
그 공은 깨끗하게 바스켓으로 휘어 들어가 뻣뻣한 그물망을 출렁거렸다.

[어형] stiffly 완고하게, 딱딱하게 stiffen 경직되다

1742

stun
[stʌn]
★☆☆☆☆

1/1 출제확률 4.6%

[어원] s(= ex 밖으로) + tun(= thunder 천둥) → 천둥소리를 내다 → (깜짝 놀라) 기절시키다

[통] 기절시키다, 큰 감동을 주다

I can say this picture drawn by him is stunning. [01]
그가 그린 이 그림은 정말 멋지다고 말할 수 있다.

[어형] stunning 굉장히 멋진, 충격적인

1743

teapot
[tíːpàt]
★☆☆☆☆

1/1 출제확률 4.6%

[어원] tea(차) + pot(주전자) → 차 주전자

[명] 차 주전자

An old teapot which has lost its lid becomes an ideal container for a bunch of roses. [09]
낡고 뚜껑이 없는 차 주전자는 장미 꽃다발을 담기에 알맞은 용기가 되었다.

1744

symphony
[símfəni]
★☆☆☆☆

3/1 출제확률 4.6%

[어원] sym(함께) + phon(음성, 소리) + y(~것) → 함께 소리내는 것

[명] 교향곡, 심포니

A symphony orchestra can fill a whole building and make it ring with music. [00]
심포니 오케스트라는 건물 전체를 음악으로 가득 채워 울리게 할 수 있다.

1745

earthquake
[əːrθkweik]
★☆☆☆☆

2/1 출제확률 4.6%

[어원] earth(지구, 땅) + quake(흔들림) → 지진

[명] 지진

The city was recovered from the effects of the earthquake. [08]
그 도시는 지진의 피해로부터 회복되었다.

[어형] shock 지진(seismic tremor)

1746

spicy

[spáisi]

★☆☆☆☆

2/1 출제확률 4.6%

어원 spice(양념, 향신료) + y → 매운

형 매운, 매콤한

Don't worry. I'll make something spicy. [04]

걱정하지 마세요. 제가 매운 것 좀 만들어 드릴게요.

1747

abuse

[əbjú:z]

★☆☆☆☆

1/1 출제확률 4.6%

어원 ab(멀리) + use(사용하다) → 잘못 사용함

명 남용(misappropriation) 동 남용하다, 학대하다

The process of abusing technology changed. [08]

기술 남용의 방식이 바뀌었다.

[어형] abusing 남용 abusage 남용, 오용

1748

addict

[ǽdikt]

★☆☆☆☆

1/1 출제확률 4.6%

어원 a(~에 대해) + dict(말하다) → ~를 계속 말하며 찾다 → 중독되다

동 ~에 빠지다, 중독되다 명 중독자, 광

Modern technology is addictive. [08]

현대 첨단기술은 중독성이 있다.

[어형] addictive 습관성의 addicted 중독된 addictive 중독성의

1749

aspiration

[æspəréiʃən]

★☆☆☆☆

1/1 출제확률 4.6%

어원 a(~에) + spire(숨쉬다) + (a)tion(~것) → 무언가를 하고 싶어 가슴 벅차게 숨을 내쉬는 것

명 열망, 포부, 염원

Coins reflect both a country's history and its aspirations. [08]

동전은 그 나라의 역사와 염원을 보여준다.

1750

bang

[bæŋ]

★☆☆☆☆

1/1 출제확률 4.6%

어원 폭발음의 의성어로 big bang(대폭발)은 우주에서 일어나는 현상을 말함

명 쾅(강타하는 소리) 동 쾅하고 치다, 두드리다

Everyone was surprised because the tire suddenly went bang.

타이어가 갑자기 펑하고 터져서 모두가 놀랐다.

[어형] banging (현재분사)

1751

beloved

[bilʌvid, -lʌvd]

★☆☆☆☆

1/1 출제확률 4.6%

어원 be(이다, 되다) + loved(사랑하게 된) → 아주 사랑하게 된

형 아주 사랑하는 (사람); 애인(lover)

All of a sudden, he had an irresistible urge to go to see his beloved wife and his two son. [08]

갑자기 그는 사랑하는 아내와 두 아들이 견딜 수 없을 만큼 보고 싶어졌다.

boom
[bu:m]

★☆☆☆☆

1/1 출제확률 4.6%

[어원] 일반적으로 인기 있는 것을 '붐(boom)'이라 한다.

[명] 쾅~!(소리); 붐 [통] 울리다, 알리다

The storm boomed and roared outside. [08]
폭풍은 밖에서 요동치며 굉음을 내고 있었다.

[syn] blast, bang, explosion

[어형] boomed (과거, 과거분사)

clatter
[klǽtər]

★☆☆☆☆

1/1 출제확률 4.6%

[어원] 접시와 포크가 부딪치는 소리를 의미함

[명] [통] 덜걱덜걱(소리나다)

As it fought for altitude, the banging and clattering was getting worse with every moment. [08]
고도를 유지하려고 하자, 굉음과 덜거덕거리는 소리가 시간이 지날수록 더 심해졌다.

의성어 [어형] clattering 덜커덕덜커덕 clattery 시끄러운

commute
[kəmjú:t]

★☆☆☆☆

1/1 출제확률 4.6%

[어원] com(강조) + mut(e)(= change 바꾸다) → (지불 방식을)완전히 바꾸다 → (정기권으로) 통근하다

[명] 통근(거리) [통] 통학하다

'Commuting' is the least considered factor for both among the top five. [08]
'통근'은 최상위 다섯 개 요인 중에서 양자가 가장 덜 고려하는 요인이다.

[어형] commuting 통근, 출퇴근

deck
[dek]

★☆☆☆☆

1/1 출제확률 4.6%

[어원] '층'이나 '단'을 나타내는 용어이다.

[명] 갑판 [통] 장식하다

[idiom] clear the decks 갑판을 치우다; 전투 준비를 하다

It lifted a half-meter or so off the deck of the hangar. [08]
그것은 0.5미터 가량 들려져 격납고 갑판 위를 날아올랐다.

[어형] decorate 장식하다, 꾸미다

deluxe
[dəlʌks, -lúks]

★☆☆☆☆

1/1 출제확률 4.6%

[어원] de(강조) + lux(e)(사치스러운, 호화로운) → 호화스러운

[형] 호화로운, 호화스러운

Constructed in the 12th century, now a deluxe hotel, Palazzo Sasso is all about the view. [08]
12세기에 건축된 Sasso 궁전은 현재 호화 호텔로서 최고의 경치를 자랑한다.

depict
[dipíkt]

★☆☆☆☆

1/1 출제확률 4.6%

[어원] de(강조) + pict(그리다) → 묘사하다, 그리다

[통] 묘사하다, 그리다

Any bump or line will be sufficient to depict a feature. [08]
어떠한 돌기나 선을 사용해도 특징을 묘사하기에 충분할 것이다.

[어형] depicture 상상하다 depictive 그리는, 묘사하는

1758

electromagnet
[ilèktroumǽgnit]

★☆☆☆☆

1/1 출제확률 4.6%

[어원] electro(전기의) + magnetic(전자석의)

[형] 전자기의, 전자석의

[idiom] electromagnetic field 전자기장

So be sure to plan days away from its electromagnetic fields. [08]
그러므로 전자기장에서 며칠 벗어나는 계획을 세워야 한다는 것을 명심하세요.

1759

enlarge
[inláːrdʒ]

★☆☆☆☆

1/1 출제확률 4.6%

[어원] en(강화하다, ~하게하다) + large(큰) → 크게 하다

[동] 크게 하다, 넓히다

This enables us to seek through literature an enlargement of our experience. [08]
이것은 우리로 하여금 문학을 통해 경험을 넓히게 해준다.

[어형] enlargement 확장, 확대

1760

feather
[féðər]

★☆☆☆☆

1/1 출제확률 4.6%

[어원] 깃털처럼 가벼운 것을 지칭하기도 함

[명] 깃털, 가벼운 것

The feather peacock looks awesome. [92]
공작의 깃털은 정말 멋져 보인다.

1761

filament
[fíləmənt]

★☆☆☆☆

1/1 출제확률 4.6%

[어원] fil(e)(= thread 실) + ment(~것) → 실

[명] 가는 실, 필라멘트

Keep out the oxygen that would cause their hot filaments to burn up. [08]
뜨거운 필라멘트를 태워버릴 수 있는 산소를 멀리하세요.

1762

harness
[háːrnis]

★☆☆☆☆

1/1 출제확률 4.6%

[어원] 패러글라이딩에서 앉아서 탈 수 있도록 만든 멜빵 의자를 뜻하기도 한다.

[명] 마구, 갑옷, 장비(안전벨트)

How to climb trees safely using a rope and a harness. [08]
로프와 장비를 이용하여 나무에 안전하게 오르는 방법.

1763

herb
[həːrb]

★☆☆☆☆

1/1 출제확률 4.6%

[어원] 허브는 향기 나는 식물을 지칭함

[명] 허브, 풀잎

A large basket of herbs rests against the fence to the west. [08]
풀잎으로 가득 찬 큰 바구니가 서쪽을 향해 울타리에 기대어 놓여 있다.

[어형] herbal 약초의

TEST 43

1. 아래의 단어에 맞는 뜻을 골라 선으로 이어주세요.

1723 launder ●	ⓐ 규정하다, 통제하다
1738 sacred ●	ⓑ 느슨한, 풀린
1740 stake ●	ⓒ 모스 부호; 모스식의
1749 aspiration ●	ⓓ 주로, 활주로
1734 pollen ●	ⓔ 쾅~시(소리)
1727 loose ●	ⓕ 세탁하다, 빨래하다
1746 spicy ●	ⓖ 찻 주전자
1730 morse ●	ⓗ 꽃가루
1752 boom ●	ⓘ 매운
1737 runway ●	ⓙ 말뚝, 지분, 이해관계
1743 teapot ●	ⓚ 열망, 포부, 염원
1741 stiff ●	ⓛ 굳은, 뻣뻣한
1733 petal ●	ⓜ 신성한, 바친
1735 regulate ●	ⓝ 꽃잎

2. 아래 문장의 알맞은 뜻을 보기에서 고르세요.

a. An old teapot which has lost its lid becomes an ideal container for a bunch of roses. (   )

b. They're communicating with pilots and telling them which runways to use. (   )

c. Everyone was surprised because the tire suddenly went bang. (   )

d. I'm the eldest of three sisters, so I can't help that I'm so overbearing. (   )

e. The insects fly into the flower to feed on nectar and pollen. (   )

f. I can say this picture drawn by him is stunning. (   )

g. Don't worry. I'll make something spicy. (   )

보기
① 걱정하지 마세요. 제가 매운 것 좀 만들어 드릴게요.
② 그들은 파일럿들과 의사소통을 하며 그들에게 어떤 활주로를 사용해야 하는지 알려준다.
③ 그 벌레들은 꿀과 꽃가루를 먹기 위해 꽃 안으로 날아든다.
④ 낡고 뚜껑이 없는 차 주전자는 장미 꽃다발을 담기에 알맞은 용기가 되었다.
⑤ 그가 그린 이 그림은 정말 멋지다고 말할 수 있다.
⑥ 저는 세 자매 중 맏이라서 거만할 수밖에 없다.
⑦ 타이어가 갑자기 펑하고 터져서 모두가 놀랐다.

정답: ④ ② ⑦ ⑥ ③ ⑤ ①

1764

imprison
[imprízn]
★☆☆☆☆
1/1 출제확률 4.6%

[어원] im(= into 넣다) + prison(감옥) → 투옥하다

[통] 교도소에 넣다, 투옥하다

You can no longer see a life beyond the invisible walls that imprison you. [08]
당신은 당신을 가두고 있는 보이지 않는 벽 너머의 삶을 더 이상 볼 수 없다.

1765

index
[índeks]
★☆☆☆☆
1/1 출제확률 4.6%

[어원] in(안에) + dex(말하다, 가리키다) → 내막에 대해 가리키다 → 지수, 지표

[명] 지수(지표), 집게손가락, 색인

Page numbers became a possibility, as did indexes. [08]
색인이 가능해진 것처럼 페이지 수를 매기는 것이 가능해졌다.

1766

orbit
[ɔ́:rbit]
★☆☆☆☆
1/1 출제확률 4.6%

[어원] orb(원, 구) + it(= go 길, 가다) → 원을 그리며 가는 길 → 궤도

[명] 궤도, 안구 [통] 돌다

China successfully put its satellite into orbit. [03]
중국은 성공적으로 그들의 위성을 궤도에 올려놓았다.

[어형] orbital 궤도의

1767

orphanage
[ɔ́:rfənidʒ]
★☆☆☆☆
1/1 출제확률 4.6%

[어원] 고아를 orphan이라 하는데 고아원은 orphan asylum이라 한다.

[명] 고아, 고아원

To pay a visit to an orphanage [08]
고아원에 방문하는 것

[idiom] pay a visit ~을 방문하다, 심방하다

[어형] orphan 고아

1768

outer
[áutər]
★☆☆☆☆
1/1 출제확률 4.6%

[어원] out(밖) + er(~것) → 밖에 있는 것

[명] 과녁 밖의 부분 [형] 밖의, 외부의

The outer doors opened, and the aircar slowly eased out into the driving rain. [08]
바깥 문이 열리고 항공기는 천천히 휘몰아치는 빗속으로 천천히 나아갔다.

1769

overtake

[óuvərteik]

★☆☆☆☆

1/1 출제확률 4.6%

[어원] over(넘어) + take(잡다) → 따라잡다

[통] 뒤따라 잡다[빼앗다], 덮치다; 인수하다

Some music is capable of overtaking the mind until it forgets all else. [08]

어떤 노래는 다른 모든 것들을 잊어버릴 때까지 정신을 빼앗을 수 있다.

[어형] overtaking 추월, 앞지르기

1770

perfume

[pə́:rfju:m]

★☆☆☆☆

1/1 출제확률 4.6%

[어원] per(= through 통과하다) + fume(향, 연기) → 향이 곳곳에 나게 함 → 향수

[명] 향수, 향기

I think we need to put some perfume here because it smells very bad. [00]

제 생각엔 여기 냄새가 너무 역해서 향수를 뿌려야 될 것 같아요.

1771

plankton

[plǽŋktən]

★☆☆☆☆

1/1 출제확률 4.6%

[어원] 바다나 강에 생존하는 부유 생물을 의미함

[명] 플랑크톤

Plankton will leave beautiful glowing wakes trailing behind you. [08]

플랑크톤은 당신 뒤에 아름답게 빛나는 자국을 남겨 놓을 것이다.

1772

prefix

[prí:fiks]

★☆☆☆☆

1/1 출제확률 4.6%

[어원] pre(앞에) + fix(고정된) → 단어 앞에 고정되어 나오는 것

[명] 접두사(↔ suffix 접미사)

What is the most prevalent and perhaps most important prefix of our times? [08]

우리 시대에 가장 보편적이고 가장 중요하다고 할 수 있는 접두사는 무엇인가?

1773

pulse

[pʌls]

★☆☆☆☆

1/1 출제확률 4.6%

[어원] puls(치다, 누르다)에서 파생되었다.

[명] 맥박, 파동 [동] 맥박이 뛰다

You will cause plankton to release tiny pulses of light. [08]

당신은 플랑크톤이 미세한 빛을 발산할 수 있게끔 할 것이다.

[어형] pulse rate 맥박 수

1774

realm

[relm]

★☆☆☆☆

1/1 출제확률 4.6%

[어원] regal(제왕의) + dom(나라) → 왕국

[명] 영지, 왕국

The top rewards go to those who can operate with equal confidence in different realms. [08]

최고의 상은 다양한 영역에서 동일한 자신감을 가지고 일할 수 있는 사람들에게 돌아간다.

roar
[rɔːr]

★☆☆☆☆

1/1 출제확률 4.6%

[어원] 동물이 포효하는 것을 의미함

[동] 으르렁거리다, 소리 지르다

[idiom] lion roars 사자가 으르렁거리다

Even though it's about 1km away from the forest, we could hear the lion roar. [09]

심지어 1km나 숲에서 떨어져 있었는데도 우리는 사자의 포효를 들을 수 있었다.

[어형] roared (과거, 과거분사)

---

servant
[sə́ːrvənt]

★☆☆☆☆

1/1 출제확률 4.6%

[어원] serve(봉사하다) + ant(사람) → 봉사하는 사람 → 하인

[명] 고용인, 하인

Colonists necessarily observed that yesterday's 'savage' might be today's servant. [08]

식민지 주민들은 필연적으로 어제의 야만인이 오늘의 종업원이 되는 것을 목격하게 되었다.

---

sundae
[sʌndei, -di]

★☆☆☆☆

1/1 출제확률 4.6%

[어원] 유리잔에 아이스크림, 견과류, 시리얼, 시럽 등을 얹힌 것

[명] 아이스크림선디(선데이)

He sat at a table and asked me how much an ice cream sundae was. [08]

그는 테이블에 앉아 나에게 아이스크림 선디가 얼마인지 물었다.

---

tray
[trei]

★☆☆☆☆

1/1 출제확률 4.6%

[어원] tree(나무)에서 유래되었다. 초기 쟁반(tray)은 나무로 만들어졌다.

[명] 쟁반, 트레이

How about these tea trays? [08]

이 찻쟁반들은 어떠세요?

---

unambiguous
[ʌnæmbígjuəs]

★☆☆☆☆

1/1 출제확률 4.6%

[어원] un(아닌) + ambiguous(애매한) → 애매하지 않은, 명백한

[형] 모호하지 않은, 명백한

Identify facial features unambiguously when presented in isolation. [08]

따로 제시되었을 때 얼굴의 이목구비를 명확히 확인하세요.

[어형] unambiguously 분명하게

---

workable
[wə́ːrkəbl]

★☆☆☆☆

1/1 출제확률 4.6%

[어원] work(일) + able(~할 수 있는) → 일할 수 있는, 실행 가능한

[형] 사용 가능한, 실행 가능한

Before you begin your business, you need to make a workable plan. [00]

당신은 사업을 시작하기 전에 실행 가능한 계획을 먼저 세울 필요가 있다.

wreck

[rek]

★☆☆☆☆

3/1 출제확률 4.6%

메 배가 사고로 좌초되어 엉망인 것을 나타냄

몡 난파 동 난파하다

Sometimes they can spend days without locating the wreck, a sunken ship. [99]

때때로 그들은 난파된 배를 찾지 못하여 며칠을 보낼 수도 있다.

1782

barrel

[bǽrəl]

★☆☆☆☆

1/1 출제확률 4.6%

메 bar(막대기) + el → 막대기로 만든 것(통)

몡 통, 배럴 동 통에 가득 채워넣다

Around them were lots of wooden barrels and boards. [07]

그들 주위에는 많은 목재통과 판자들이 널려 있었다.

1783

broomstick

[brú:mstìk]

★☆☆☆☆

1/1 출제확률 4.6%

메 broom(비) + stick(막대기) → 빗자루

몡 빗자루

In the game, the players use a broomstick to throw an old bicycle tire. [07]

이 게임에서 선수들은 낡은 자전거 바퀴를 던지기 위해 빗자루를 사용한다.

1784

cholesterol

[kəléstəròul]

★☆☆☆☆

1/1 출제확률 4.6%

메 chol(e)(= bile 담즙) + ster(= solid 고체의) + ol(= oil 기름) → 담즙에 있는 고체 지방

몡 콜레스테롤

Dietary fiber helps to lower the level of cholesterol blood sugar. [07]

식이섬유는 콜레스테롤과 혈당 수치를 낮추는데 도움을 준다.

1785

crush

[krʌʃ]

★☆☆☆☆

1/1 출제확률 4.6%

메 crash(박살나다)에서 파생되었다.

몡 압착 동 눌러 부수다, 찌그러뜨리다

Finally, the airplane crushed into the wall and it was broken into pieces. [93]

결국, 그 비행기는 벽에 부딪혀 산산조각났다.

[어형] crushed (과거, 과거분사)

1786

episode

[épəsòud]

★☆☆☆☆

1/1 출제확률 4.6%

메 epi(~사이, 위, 뒤, 옆에) + sode(끼워넣는(그림)) → 삽화 → 편

몡 에피소드, 삽화, 편(방송)

This is the latest episode of the popular soap opera, Forever Love. [07]

이것은 인기 있는 드라마인 Forever Love(영원한 사랑)의 최신 편이다.

1787

extracurricular
[ékstrəkəríkjulər]

★☆☆☆☆

1/1 출제확률 4.6%

어원 extra(이 외에) + essential(본질적인) → 본질적인 것 외의 → 과외의

형 정규과정 이외의, 과외의

If you happen to know about the celebrity's 'extracurricular' interest. [07]
만약 당신이 그 유명인사의 '과외' 흥미에 대해 알게 된다면.

1788

faucet
[fɔ́:sit]

★☆☆☆☆

1/1 출제확률 4.6%

어원 단추식이 아닌 손(hand)으로 틀 수 있는 수도꼭지를 의미함

명 수도꼭지

The company reduced its water use by installing automatic faucets. [07]
그 회사는 자동 수도꼭지를 설치하여 물 소비를 줄였다.

1789

forehead
[fɔ́:rid, fɔ́:rhèd]

★☆☆☆☆

1/1 출제확률 4.6%

어원 fore(앞의) + head(머리) → 머리의 앞부분 → 이마

명 이마

The hat protects the head and forehead from freezing winds. [07]
그 모자는 찬바람으로부터 이마와 머리를 보호해 준다.

1790

fur
[fə:r]

★☆☆☆☆

1/1 출제확률 4.6%

어원 인조견(artificial)이 아닌 동물이 털을 지칭함

명 부드러운 털, 모피

The bottom of the Nambawi is bordered with fur. [07]
남바위의 끝부분은 부드러운 털로 테를 두르고 있다.

1791

grandstand
[grǽndstænd]

☆☆

1/1 출제확률 4.6%

어원 grand(좋은, 굉장한) + stand(관람석) → 특별 관람석

명 특별 관람석, 지붕이 있는 관람석

My little feet carried me up the stairs into the grandstands at the car racing ★☆☆
stadium. [07]
내 작은 발에 이끌려 자동차 경주장의 특별 관람석으로 가는 계단에 오게 되었다.

1792

greasy
[grí:si, -zi]

★☆☆☆☆

1/1 출제확률 4.6%

어원 grease(기름) + y(~한) → 기름기 있는

형 기름이 묻은, 기름진(fat)

No, it's too greasy. [07]
아니요, 그건 너무 기름지네요.

1793

hydrogen

[háidrədʒən]

★☆☆☆☆

1/1 출제확률 4.6%

어원 hydro(물) + gen(탄생) → 수소는 물에서 탄생하였다

명 수소

Developing new technologies for hydrogen engines, wind energy, or solar energy [07]

수소 엔진, 풍력 에너지, 혹은 태양열 에너지 등의 신기술 개발하기

1794

intake

[inteik]

★☆☆☆☆

1/1 출제확률 4.6%

어원 in(안으로) + take(취하다) → 섭취

명 섭취(물), 흡입구

Fiber also helps to lessen calorie intake. [07]

또한 섬유는 칼로리 섭취를 줄이는 데 도움을 준다.

1795

interrelate

[intə:rriléit]

★☆☆☆☆

1/1 출제확률 4.6%

어원 inter(서로) + relate(관련시키다) → 상호 관계를 갖다

통 상호 관계를 갖다(갖게 하다)

While design and styling are interrelated, they are completely distinct fields. [07]

디자인과 스타일링은 서로 연관되었지만 이 둘은 완전히 별개의 영역이다.

[어형] interrelated 서로 관계가 있는

1796

lifestyle

[laifstail]

★☆☆☆☆

1/1 출제확률 4.6%

어원 life(인생, 삶) + style(양식) → 생활양식

명 생활양식

Of course. In years to come, this building will have exhibitions about our lifestyles. [07]

물론이죠. 앞으로 몇 년간 이 건물에서 우리의 생활양식과 관련된 전시회가 있을 예정입니다.

1797

mattress

[mǽtris]

★☆☆☆☆

1/1 출제확률 4.6%

어원 mat(매트) + ress(명사형 접미사) → 매트리스

명 매트리스, 침상

I'm looking for a blanket to go with my mattress covers. [07]

나는 내 매트리스 커버와 어울리는 담요를 찾고 있어요.

1798

mushroom

[mʌʃruːm]

★☆☆☆☆

1/1 출제확률 4.6%

어원 mush(박쥐우산) + room(공간) → 버섯갓으로 쌓인 곳

명 버섯; 우후죽순격의

Researchers have found a treatment for cancer using wild mushrooms. [07]

연구원들은 야생 버섯을 이용하여 암을 치료하는 방법을 찾아냈다.

1799

pastime

[pǽstàim]

★☆☆☆☆

1/1 출제확률 4.6%

어원 pass(보내는) + time(시간) → 기분전환

명 오락, 기분전환

She will speak to you about it much more freely than about her pastime activities. [07]

그녀는 당신에게 그녀의 여가 활동에 대해 훨씬 더 자유롭게 이야기할 것이다.

1800

saint

[seint]

★☆☆☆☆

1/1 출제확률 4.6%

어원 '신성한(sanctify)'이라는 의미에서 유래되었다.

명 성인

Even if this neighbor were a saint, you would be likely to interpret them in different ways. [07]

비록 이 이웃이 성인이라 할지라도 당신은 그들을 다른 방식으로 이해하려고 할 것이다.

1801

seize

[si:z]

★☆☆☆☆

1/1 출제확률 4.6%

어원 기회나 권력을 잡는 것을 지칭함

통 붙잡다, 점령하다, 엄습하다

It seizes the unsuspecting prey with a lightning-fast snap of the jaws, and swallows. [07]

그것은 낌새를 전혀 알아차리지 못한 먹이를 턱을 이용하여 빛의 속도로 덥석 낚아챈 뒤 삼킨다.

1802

sled

[sled]

★☆☆☆☆

1/1 출제확률 4.6%

어원 slide(미끄러지다)에서 유래되었다.

명 썰매(sledge)

Marshall's sled disappeared slowly in the distance. [07]

Marshall의 썰매가 서서히 멀리서 사라져갔다.

1803

snowstorm

[snóustɔ̀:rm]

★☆☆☆☆

1/1 출제확률 4.6%

어원 snow(눈) + storm(폭풍) → 눈보라

명 눈보라(blizzard)

After the snowstorm, there's a thick fog. [07]

눈보라가 걷힌 후, 짙은 안개가 끼었다.

1804

warranty

[wɔ́:rənti]

★☆☆☆☆

1/1 출제확률 4.6%

어원 war(= protect 보호하다) + anty(명접) → 보호하는 것 → 보증서

명 보증, 보증서; 영장(수색)

And how about the warranty period? [07]

그러면 보증 기간은 어떻게 되나요?

[어형] warrant 보장하다, 정당화하다

1. 아래의 단어에 맞는 뜻을 골라 선으로 이어주세요.

1767 orphanage	●	ⓐ 특별 관람석, 지붕이 있는 관람석
1782 barrel	●	ⓑ 고아, 고아원
1794 intake	●	ⓒ 운용 가능한, 실행 가능한
1786 episode	●	ⓓ 향수, 향기
1777 sundae	●	ⓔ 통, 배럴; 통에 가득 채워넣다
1769 overtake	●	ⓕ 에피소드, 삽화, 편(방송)
1780 workable	●	ⓖ 뒤따라 잡다[빼앗다], 덮치다
1791 grandstand	●	ⓗ 정규과정 이외의, 과외의
1787 extracurricular	●	ⓘ 난파; 난파하다
1770 perfume	●	ⓙ 섭취(물), 흡입구
1781 wreck	●	ⓚ 부드러운 털, 모피
1790 fur	●	ⓛ 상호 관계를 갖다 (갖게 하다)
1795 interrelate	●	ⓜ 쟁반, 트레이
1778 tray	●	ⓝ 아이스크림선디

2. 아래 문장의 알맞은 뜻을 보기에서 고르세요.

a. Some music is capable of overtaking the mind until it forgets all else. ( )

b. He sat at a table and asked me how much an ice cream sundae was. ( )

c. The bottom of the Nambawi is bordered with fur. ( )

d. The top rewards go to those who can operate with equal confidence in different realms. ( )

e. Dietary fiber helps to lower the level of cholesterol blood sugar. ( )

f. Finally, the airplane crushed into the wall and it was broken into pieces. ( )

g. The hat protects the head and forehead from freezing winds. ( )

보기

① 그 모자는 찬바람으로부터 이마와 머리를 보호해 준다.

② 어떤 노래는 다른 모든 것들을 잊어버릴 때까지 정신을 빼앗을 수 있다.

③ 그는 테이블에 앉아 나에게 아이스크림 선디가 얼마인지 물었다.

④ 최고의 상은 다양한 영역에서 동일한 자신감을 가지고 일할 수 있는 사람들에게 돌아간다.

⑤ 결국, 그 비행기는 벽에 부딪혀 산산조각났다.

⑥ 식이섬유는 콜레스테롤과 혈당 수치를 낮추는데 도움을 준다.

⑦ 남바위의 끝부분은 부드러운 털로 테를 두르고 있다.

정답: ② ③ ⑦ ④ ⑥ ⑤ ①

1805

tag

[tæg]

★☆☆☆☆

2/1 출제확률 4.6%

어원 stick(붙이다)에서 유래되었다.

명 태그, 꼬리표 동 표지를 달다

Clothes have a price tag on them. [02]
옷들은 가격표를 달고 있다.

1806

workday

[wə́ːrkdei]

★☆☆☆☆

2/1 출제확률 4.6%

어원 work(일) + day(날) → 일하는 날

명 근무일, 작업일

Take time out to do things you enjoy in order to reduce stress during your workday. [02]
근무를 하면서 생긴 스트레스를 해소할 겸 잠시 좋아하는 것을 즐기며 휴식을 취하세요.

1807

amateur

[ǽmətʃùər, -tər]

★☆☆☆☆

1/1 출제확률 4.6%

어원 am(= love ~을 사랑하는) + ate(~하다) + ur(사람) → 무언가를 사랑하는 사람(비전문가)

명 아마추어, 비숙련자

The most common mistake made by amateur photographers is this. [06]
아마추어 사진작가들이 가장 흔히 저지르는 실수가 이것이다.

[어형] professional 프로(의)

1808

assimilation

[əsìmeléiʃən]

★☆☆☆☆

1/1 출제확률 4.6%

어원 a(~에) + simil(비슷한) + (a)tion(~것) → ~에 비슷해지는 것 → 동화

명 동화, 흡수

This assimilation of Jews into German life caused wide acceptance of the Nazis' racism. [02]
유대인이 독일인의 삶에 동화되면서 나치의 인종차별주의를 폭넓게 수용하게 되었다.

[어형] assimilate 동화하다

1809

cocoon

[kəkúːn]

★☆☆☆☆

1/1 출제확률 4.6%

어원 co(together) + coon(너구리) → 울타리에서 함께 살다

명 고치, 보호막

She wraps herself in a silky cocoon and begins the long transformation to butterfly. [06]
그것(애벌레)은 부드러운 고치로 자신을 감은 뒤 나비가 되기 위한 오랜 변태기간에 돌입한다.

1810

dawn

[dɔːn]

★☆☆☆☆

1/1 출제확률 4.6%

[어원] day(날)에서 파생되었다.

[명] 새벽 [동] 시작되다

It was near the hour of dawn. [06]
새벽녘이 가까워졌다.

1811

drag

[dræg]

★☆☆☆☆

1/1 출제확률 4.6%

[어원] draw(끌다)에서 파생되었다.

[동] 질질 끌다, 지속되다

Sometimes they discover parts that seem to drag. [06]
그들은 때때로 질질 끄는 부분을 찾아낸다.

1812

enlighten

[inláitn]

★☆☆☆☆

1/1 출제확률 4.6%

[어원] en(~하게하다, 만들다) + lighten(밝게 하다) → 무언가를 밝힘 → 계몽시키다

[동] 계몽하다, 무지에서 벗어나게 하다

There are only a few enlightened people with a clear mind. [06]
맑은 정신으로 깨어있는 사람은 소수에 불과하다.

[어형] enlightened 계몽된

1813

forearm

[fɔːraːrm]

★☆☆☆☆

1/1 출제확률 4.6%

[어원] fore(앞에) + arm(팔) → 팔의 앞부분 → 팔뚝

[명] 팔뚝

Next, make bigger circles with your forearms. [06]
다음은, 당신의 팔뚝을 이용해 더 큰 원을 만드세요.

1814

lever

[lévər]

★☆☆☆☆

1/1 출제확률 4.6%

[어원] leve(~을 올리다) + er(~것) → 올려주는 것 → 지레

[명] 레버, 지레

You have to open the doors yourself by depressing a lever or sliding them. [06]
레버를 누르거나 밀어서 네 스스로 문을 열어야 한다.

1815

ligament

[lígəmənt]

★☆☆☆☆

1/1 출제확률 4.6%

[어원] li(끈) + ga(연결) + ment → 끈으로 연결한 것; 인대

[명] 줄, 끈, 인대(ligamentum)

Players may suffer arm and ligament injuries as they swing harder. [06]
선수들이 스윙을 더욱 세게 할 때 팔과 인대에 부상을 입을 수 있다.

load
[loud]

★☆☆☆☆

1/1 출제확률 4.6%

[어원] reload는 re(다시) + load(싣다)로, 총알이 떨어졌을 때 '재장전 하다'라는 의미로 사용된다.

[명] 짐 [동] 짐을 싣다

He always has the newest model loaded with the latest features and services. [06]

그는 항상 최신 사양과 서비스를 갖춘 최신 모델을 가지고 있다.

[어형] loaded (짐을) 실은, 가득한

---

misplace
[mìspleis]

★☆☆☆☆

1/1 출제확률 4.6%

[어원] mis(잘못) + place(두다, 위치하다) → 잘못 두다

[동] 잘못 두다, 둔 곳을 잊다

Out of misplaced fears of diversity or haste to force their assimilation [06]

다양성에 대한 잘못된 두려움이나 그들을 강제로 동화시키려는 서두름으로 인해

[어형] misplaced 잘못된 misplacement 오해

---

monotonous
[mənátənəs]

★☆☆☆☆

1/1 출제확률 4.6%

[어원] mono(하나의) + tone(색, 톤) + ous(~운) → 단색의 → 단조로운

[형] 단조로운

What a person thinks on his own is at best insignificant and monotonous. [06]

사람이 자기 혼자 생각하는 것은 기껏해야 하찮거나 단조로운 것들뿐이다.

[어형] monotone 단조로운, 단색의

---

nonsense
[nánsens]

★☆☆☆☆

1/1 출제확률 4.6%

[어원] non(없는) + sense(감각, 분별) → 터무니없는

[명] 무의미, 터무니없는 생각

Today's physicists say, "This is nonsense." [06]

오늘날의 물리학자들은 "이것은 말도 안 됩니다."라고 말한다.

---

panel
[pǽnl]

★☆☆☆☆

1/1 출제확률 4.6%

[어원] 토론회에 참석한 패널이 토론자이다.

[명] 패널; 판, 금속판

In order to generate enough electricity from solar electric panels on the tops of its wing [06]

날개 위에 달린 태양열 판에서 충분한 전기를 생산하기 위해

---

plumber
[plʌ́mər]

★☆☆☆☆

1/1 출제확률 4.6%

[어원] plumb(파헤치다) + er(사람) → 땅을 파헤치는 사람 → 배관공

[명] 배관공

Really? Did you call a plumber? [06]

정말요? 배관공을 불렀나요?

pulp
[pʌlp]
★☆☆☆☆
1/1 출제확률 4.6%

어원 종이의 원료를 펄프라 한다.

명 과육, 연한 덩어리, 펄프

The pulp of breadfruit looks and feels much like new bread. [06]
빵열매 과육의 모양과 촉감은 신선한 빵과 정말 비슷하다.

1823

punctual
[pʌŋktʃuəl]
★☆☆☆☆
1/1 출제확률 4.6%

어원 punct(= point 찌르는) + al(~한) → ~을 날카롭게 찌르는 → 시간을 칼 같이 지킴

형 시간을 지키는, 시간을 엄수하는

Punctually, as always, she heard the car approach and stepped outside. [06]
여느 때처럼 정시에, 그녀는 밖에서 차가 다가와 멈추는 소리를 듣고 밖에 나가보았다.

[어형] punctually 정각에 punctuality 시간 엄수

1824

recipe
[résəpi]
★☆☆☆☆
1/1 출제확률 4.6%

어원 re(강조) + cip(= take) → (의사로부터) 받은 것 → 처방전 → 요리법(레시피)

명 요리(조리)법, 처방전

To give her a recipe [06]
그녀에게 요리법을 알려주기 위해

1825

redo
[riːduː]
★☆☆☆☆
1/1 출제확률 4.6%

어원 re(다시) + do(하다) → 다시하다

동 다시 하다, 다시 손질하다

You redid your office. I like your new desk. [06]
사무실을 다시 꾸몄군요. 전 당신의 새 책상이 마음에 들어요.

[어형] redid (과거형)

1826

sideboard
[sáidbɔ̀ːrd]
★☆☆☆☆
1/1 출제확률 4.6%

어원 side(옆) + board(판자) → 측면에 있는 판자 → 식기대, 찬장

명 식기대, 찬장, 측면부

On the sideboard behind her, two tall glasses, soda water, champagne. [06]
그녀 뒤에 있는 식기에는 큰 글래스 2잔에 소다수와 샴페인이 담겨져 있었다.

1827

spill
[spil]
★☆☆☆☆
1/1 출제확률 4.6%

어원 spoil(망치다)에서 유래되었다.

동 엎지르다, 흩뜨리다 명 유출

Somebody spilled juice all over the bench. [06]
누가 벤치에 온통 쥬스를 흘려놨다.

[어형] spilled (과거, 과거분사) spillover 과잉, 넘치기

spoil
[spɔil]
★☆☆☆☆
1/1 출제확률 4.6%

[어원] 물이나 우유를 엎질러 더럽혀진 것을 의미함

[동] 망치다, 상하게 하다

[idiom] spoil the sport 흥을 깨뜨리다, 분위기를 망치다

If you spare the rod, you will spoil the child. [03]
매를 아끼면 아이를 망친다. (귀한 자식 매 한 대 더 때린다.)

---

stubborn
[stʌbərn]

★☆☆☆☆

1/1 출제확률 4.6%

[어원] stub(그루터기) + orn(~한) → 그루터기처럼 움직이지 않는 → 고집 센

[형] 완고한, 고집 센

[syn] thrawart, dogged, unrepentant, incompliant

Yet the vast majority of Americans remain stubbornly monolingual. [06]
아직도 대다수의 미국인이 고집스럽게 1개 국어를 사용하고 있다.

[어형] stubbornly 완강하게

---

telegraphic
[tèləgrǽfik]
★☆☆☆☆
1/1 출제확률 4.6%

[어원] tele(멀리) + graph(쓰다) + ic(~의, ~한) → 멀리 써 보내는

[형] 전신의, 전신기의

It was a mere telegraphic shorthand. [06]
그것은 단순한 전신 속기였다.

---

temple
[témpl]
★☆☆☆☆
1/1 출제확률 4.6%

[어원] temp(= moderate 절제하다) + le(~것) → 절제하는 곳

[명] 신전[절], 성당

The temple we're going to visit today was built about 600 years ago. [06]
오늘 우리가 방문할 사찰은 600년 전에 지어진 것입니다.

[어형] temple stay 템플스테이

---

terminate
[tə́:rmənèit]
★☆☆☆☆
1/1 출제확률 4.6%

[어원] termin(끝, 한계) + ate(하다) → 끝내다, 종결시키다

[동] 끝내다, 종결시키다

The subjects had the ability to terminate the noise with a "panic button". [06]
피실험자들은 "비상버튼"을 눌러 그 소음을 중단시킬 수 있었다.

[어형] termination 종결, 종료

---

torso
[tɔ́:rsou]
★☆☆☆☆
1/1 출제확률 4.6%

[어원] 토르소란 머리, 손, 발이 없이 몸통만 있는 나체 조상을 의미한다.

[명] 몸통, 토르소

Your hand is connected to your whole arm, the arm to the torso. [06]
당신의 손은 팔 전체와 연결되어 있고 팔은 몸통에 연결되어 있다.

1834

tuition

[tju:íʃən]

★☆☆☆☆

1/1 출제확률 4.6%

[어원] tuit(= look after 돌보다) + ion(~것) → 돌봄 → 지도 → 학비

[명] 수업, 수업료(tuition fee)

You don't need to pay your tuition. [06]

당신은 수업료를 지불할 필요가 없다.

1835

tumble

[tʌmbl]

★☆☆☆☆

1/1 출제확률 4.6%

[어원] 어렸을 때 트램펄린(trampoline)을 타는 것이 '텀블링(tumbling)'이다. '공중제비'라는 뜻.

[동] 엎드러지다, 넘어지다, 구르다

He slips, falls down, has trouble getting up, gets his skis crossed, tumbles. [06]

그는 미끄러지고 넘어져서 못 일어나는데, 스키가 겹치면서 넘어진다.

1836

veil

[veil]

★☆☆☆☆

1/1 출제확률 4.6%

[어원] 이슬람의 차도르(chador)와 히잡(hijab)은 베일의 일종이다.

[명] 베일, 면사포, 덮개 [동] 베일에 씌우다

[syn] cover, film, curtain

A light mist lay along the earth, partly veiling the lower features of the landscape. [06]

지면에 깔려있는 옅은 안개는 저지대의 풍경을 부분적으로 가리고 있다.

[어형] veiling 베일, 베일로 덮기 veiled 가려진, 휩싸인

1837

descendant

[diséndənt]

★☆☆☆☆

3/1 출제확률 4.6%

[어원] de(아래로) + scend(= climb 오르다) + ant(~사람, ~한) → 전해 내려지는 사람 → 자손

[명] 자손, 제자

What we throw away now will harm ourselves and eventually our descendants as well. [97]

오늘날 우리가 버리는 것들은 우리에게도 해를 주지만 결국 우리 자손들에게도 해를 끼친다.

[어형] descend 내려오다

1838

nigger

[nígər]

★☆☆☆☆

3/1 출제확률 4.6%

[어원] 흑인을 비하하는 말이니 사용에 유의해야 한다. 적절한 표현은 African American이다.

[명] 깜둥이, 흑인

We don't keep niggers, we don't want social equality. [97]

우리는 깜둥이들은 받지 않습니다. 사회적 평등 같은 거 원치 않아요.

1839

bacteria

[bæktíəriə]

★☆☆☆☆

1/1 출제확률 4.6%

[어원] bac(ter)(= stick 막대기) + ia(~것) → 막대기를 닮은 것(생물) → 박테리아

[명] 박테리아, 세균

Our bodies have the natural ability to fight off bacteria when they enter our bodies. [05]

우리의 몸에는 박테리아가 침투하면 스스로 싸울 수 있는 자연적인 능력이 있다.

1840

ball park

[bɔ:lpɑ:rk]

★☆☆☆☆

1/1 출제확률 4.6%

어원 ball(공) + park(공원) → 공을 가지고 노는 공원 → 야구장

명 야구장 형 대략적인(양, 액수)

And then he walked out of the ball park into the night. [05]

그리고 나서 그는 야구장을 빠져나가 어둠 속으로 사라졌다.

1841

basin

[béisn]

★☆☆☆☆

1/1 출제확률 4.6%

어원 base(밑, 기반)에 있는 부분 및 지역

명 대야, 웅덩이, 유역, 분지

Kathmandu sits almost in the middle of a basin. [05]

카트만두는 분지 거의 중앙에 위치해 있다.

1842

beep

[bi:p]

★☆☆☆☆

1/1 출제확률 4.6%

어원 예전에 유행했던 삐삐(무선호출기)가 바로 beeper이다.

명 삑(소리음)

Just hold down the 'alarm set' button for three seconds until you hear a beep. [05]

그냥 삑 소리가 들릴 때까지 '알람 셋' 버튼을 3초간 누르세요.

[idiom] hold down ~를 누르다, 억제하다

1843

coherent

[kouhíərənt]

★☆☆☆☆

1/1 출제확률 4.6%

어원 co(함께) + here(= stick 들러붙는) + nt(~한) → 함께 들러붙는 → (말이 서로 맞아) 논리 정연한

형 일관성 있는, 논리 정연한

Our goal is to make it a visually coherent work of art. [05]

우리의 목표는 그것을 시각적으로 일관성 있는 예술 작품으로 만드는 것이다.

[어형] coherently 시종일관되게, 논리적으로

1844

cube

[kju:b]

★☆☆☆☆

1/1 출제확률 4.6%

어원 큐브는 입체를 의미한다.

명 정육면체, 입방체

They are small cubes and each side has a different number of spots on it. [05]

그것들은 작은 정육면체이며 각 면에 각기 다른 점으로 된 숫자들이 있다.

1845

curry

[kə́:ri]

★☆☆☆☆

1/1 출제확률 4.6%

어원 카레라이스는 curry and rice를 의미한다.

명 카레

I was going to make curry chicken for dinner. [05]

오늘 저녁식사를 위해 카레 치킨을 만들려고 했다.

TEST 45

1. 아래의 단어에 맞는 뜻을 골라 선으로 이어주세요.

1810 dawn	●	ⓐ 짐; 짐을 싣다
1834 tuition	●	ⓑ 몸통, 토르소
1837 descendant	●	ⓒ 끝내다, 종결시키다
1833 torso	●	ⓓ 팔뚝
1832 terminate	●	ⓔ 자손, 제자
1828 spoil	●	ⓕ 요리(조리)법, 처방전
1823 punctual	●	ⓖ 망치다, 상하게 하다
1821 plumber	●	ⓗ 전신의, 전신기의
1830 telegraphic	●	ⓘ 배관공
1816 load	●	ⓙ 수업, 수업료
1824 recipe	●	ⓚ 식기대, 찬장, 측면부
1811 drag	●	ⓛ 새벽; 시작되다
1826 sideboard	●	ⓜ 질질 끌다
1813 forearm	●	ⓝ 시간을 지키는

2. 아래 문장의 알맞은 뜻을 보기에서 고르세요.

a. Our bodies have the natural ability to fight off bacteria when they enter our bodies. ( )

b. Somebody spilled juice all over the bench. ( )

c. To give her a recipe ( )

d. Today's physicists say, "This is nonsense". ( )

e. The subjects had the ability to terminate the noise with a "panic button". ( )

f. He slips, falls down, has trouble getting up, gets his skis crossed, tumbles. ( )

g. He always has the newest model loaded with the latest features and services. ( )

보기

① 누가 벤치에 온통 주스를 흘려 놓았다.

② 그녀에게 요리법을 알려주기 위해

③ 그는 항상 최신 사양과 서비스를 갖춘 최신 모델을 가지고 있다.

④ 그는 미끄러지고 넘어져서 못 일어나는데, 스키가 겹치면서 넘어진다.

⑤ 오늘날의 물리학자들은 "이것은 말도 안됩니다."라고 말한다.

⑥ 피실험자들은 "비상버튼"을 눌러 그 소음을 중단시킬 수 있었다.

⑦ 우리의 몸에는 박테리아가 침투하면 스스로 싸울 수 있는 자연적인 능력이 있다.

정답: ⑦ ① ② ⑤ ⑥ ④ ③

1846

dimension

[diménʃən]

★☆☆☆☆

1/1 출제확률 4.6%

어원 three-dimensional (3차원의)처럼 활용된다.

명 차원, 크기, 부피

Recently, three-dimensional TVs are getting more popular and popular. [02]
3차원 TV가 최근 인기가 더해지고 있다.

[어형] dimensional ~차원의

1847

firelight

[faiərlait]

★☆☆☆☆

1/1 출제확률 4.6%

어원 fire(불) + light(빛) → 불빛

명 (벽)난로 불빛

We gathered our group members and sat by the firelight. [96]
우리는 그룹 구성원들을 모아 난로 옆에 앉았다.

1848

gamble

[gǽmbl]

★☆☆☆☆

1/1 출제확률 4.6%

어원 game(게임, 함께)에서 파생되었다.

명 노름 통 도박을 하다

Today they are used in gambling and other games of chance. [05]
오늘날 그것들은 도박이나 운을 이용하는 오락에 사용된다.

[어형] gambling 도박

1849

lifelong

[laiflɔ:ŋ]

★☆☆☆☆

1/1 출제확률 4.6%

어원 life(인생, 삶) + long(~동안, 기간) → 일생 동안

형 일생의

Fueled by a lifelong love of literature, Gonzales has written many literature books. [05]
일생에 걸쳐 문학에 대한 사랑으로 가득 찼던 곤잘레스는 다수의 문학 서적을 집필했다.

1850

marble

[má:rbl]

★☆☆☆☆

1/1 출제확률 4.6%

어원 mar(놀라다) + ble → 사람을 놀랠 정도로 훌륭한 돌

명 대리석, 구슬

Michelangelo looked at a block of marble and saw a man. [05]
미켈란젤로는 대리석 한 덩어리와 한 남자를 보았다.

[어형] marbling 대리석 무늬 넣기

pendulum
[péndʒuləm]
★☆☆☆☆
1/1 출제확률 4.6%

어원 pend(매달리다, 늘어뜨리다) + lum(~것) → 매달아 놓은 것

명 진자, 시계추

The pendulum in the hall is moving back and forth. [97]
그 홀에 있는 시계추는 앞뒤로 움직이고 있다.

---

peninsula
[pənínsjulə]
★☆☆☆☆
1/1 출제확률 4.6%

어원 pen(= almost 거의) + insul(a)(= island 섬) → 거의 섬(섬처럼 바다로 둘러싸인 곳) → 반도

명 반도

People speaking Korean have long been limited mostly to those from the peninsula. [05]
한국어를 구사하는 사람들은 오랫동안 주로 한반도 사람들로 한정되어 왔다.

---

reform
[rifɔ́:rm]
★☆☆☆☆
1/1 출제확률 4.6%

어원 re(다시) + form(형태) → 형태를 다시 함

명 개혁 통 개혁하다, 개정하다

Artists during the Renaissance reformed painting. [05]
르네상스 시대의 예술가들은 그림을 개혁했다.

[어형] reformed 개량된, 개선된 reformation 교정, 감화

---

saddle
[sǽdl]
★☆☆☆☆
1/1 출제확률 4.6%

어원 sad(= sit 앉다) + le(~것) → 앉는 것

명 안장 통 올라타다

A dissatisfied horse asked the gods for a saddle that would grow upon the horse. [05]
만족하지 못하는 한 말이 신들에게 자신과 함께 크는 안장을 달라고 요청했다.

---

scout
[skaut]
★☆☆☆☆
1/1 출제확률 4.6%

어원 재능이 뛰어난 사람을 뽑을 경우에도 '스카우트'라고 한다.

명 정찰, 스카우트

They are our scouts, going secretly over the border to bring back priceless information. [05]
그들은 우리의 정찰병인데 매우 귀중한 정보를 얻어오기 위해 비밀리에 국경을 넘어간다.

[idiom] bring back ~을 가지고 돌아오다

---

shrug
[ʃrʌg]
★☆☆☆☆
1/1 출제확률 4.6%

어원 불쾌, 의심, 놀람, 냉소 등의 표현을 할 때 사용한다.

통 어깨를 으쓱하다

He just shrugged and said, "Sorry, kid." [05]
그는 어깨를 으쓱하며 "얘야, 미안하다."라고 말했다.

[어형] shrugged (과거, 과거분사)

1857

sparkle

[spá:rkl]

★☆☆☆☆

1/1 출제확률 4.6%

[어원] spark(불꽃) + le(동접) → 불꽃(을 튀기다)

[명] 불꽃, 불똥, 섬광 [동] 불꽃을 튀기다, 번쩍이다

The city of Kathmandu, which looks out on the sparkling Himalayas [05]
반짝거리는 히말라야 산맥이 바라보이는 카트만두 시

[어형] spark 촉발하다, 야기하다; 불꽃 sparkling 반짝거리는

1858

sundial

[sʌndáiəl]

★☆☆☆☆

1/1 출제확률 4.6%

[어원] sun(해) + dial(숫자판) → 해를 이용한 시계

[명] 해시계

For centuries, sundials inaccurately told us all we needed to know about time.
[05]
수 세기 동안 해시계는 우리가 알고자 하는 시간에 대해 부정확한 정보를 주었다.

[어형] water clock 물시계

1859

supreme

[səprí:m]

★☆☆☆☆

1/1 출제확률 4.6%

[어원] supr(= super ~위의, 최고의) + (e)me(~의, ~한)

[형] 최고의, 최상의

You are in a state of supreme delight. [05]
당신은 최고로 기쁜 상태에 도달해 있다.

[어형] supreme court 대법원

1860

take-out

[teikaut]

★☆☆☆

1/1 출제확률 4.6%

[어원] take(가지고) + out(밖으로) → 밖으로 가지고 나가다

[동] 꺼내다, 데리고 나가다

I know how much you love Chinese food, so I'm thinking about picking up
some take-out. [05]
저도 당신이 중국음식을 얼마나 좋아하는지 알기 때문에 음식을 좀 포장해 가려고 합니다.

1861

timepiece

[taimpi:s]

★☆☆☆

1/1 출제확률 4.6%

[어원] time(시간) + piece(조각, 한 개) → 시계

[명] 시계, 계시기(chronometer)

Galileo and Pascal, had theorized about, but failed to build, better timepieces.
[05]
갈릴레오와 파스칼은 이론적으로 더 나은 시계를 고안했지만 실제 완성하지는 못했다.

1862

twofold

[tu:fould]

★☆☆☆

1/1 출제확률 4.6%

[어원] two(둘) + fold(접다) → 두 번 접으니 (굵기가) 2배가 되었다.

[형] 2배의, 이중의 [부] 2배로

The cost of a dozen roses rose twofold or more as a result of high demand. [05]
수요 증가로 인해 장미 12송이 값이 2배 이상 올랐다.

[어형] 3배 : three times, treble, thrice

1863
widespread
[waidspred]

★☆☆☆☆

1/1 출제확률 4.6%

에웹 wide(널리) + spread(퍼진) → 널리 알려진

형 널리 알려진, 광범위한

He noticed a widespread hunger for reading in the community. [05]
그는 독서에 대한 갈망이 그 지역 사회에 널리 퍼진 것을 알게 되었다.

1864
year-round
[jíəráund]

★☆☆☆☆

1/1 출제확률 4.6%

에웹 year(년) + round(처음부터 끝까지) → 1년 내내

형 부 1년 내내(의)

She works hard to increase donations all-year-round. [05]
그녀는 1년 내내 기부금을 늘리려고 열심히 노력했다.

1865
overcrowd
[óuvərkraud]

★☆☆☆☆

3/1 출제확률 4.6%

에웹 over(~이상, 초과) + crowd(군중) → 군중의 숫자가 너무 많음 → 너무 혼잡하게 하다

통 (사람을) 너무 많이 수용하다, 혼잡하게 하다

In many countries, overcrowded cities face a major problem. [96]
많은 국가들의 과밀 도시들은 큰 문제에 직면했다.

[어형] overcrowded 너무 붐비는 overcrowding 초만원, 혼잡

1866
wavelength
[weivleŋθ]

★☆☆☆☆

3/1 출제확률 4.6%

에웹 wave(파동) + length(길이) → 파장

명 파장, 사고방식

All other wavelengths of the light hitting them are absorbed. [96]
그것들에 부딪히는 빛의 파장들은 모두 흡수되었다.

1867
seashell
[si:ʃel]

★☆☆☆☆

2/1 출제확률 4.6%

에웹 sea(바다) + shell(껍데기, 조개) → 바다 조개

명 바다 조개

For years, Munira lived on the seashells she gathered on the beach during the day. [00]
수년 동안 무니라는 낮에 해변에서 조개껍데기를 모아 먹고 살았다.

1868
boil
[bɔil]

★☆☆☆☆

1/1 출제확률 4.6%

에웹 용기에 물을 넣고 끓일 때 비등점에 도달함을 의미함

통 끓다, 삶다

They are steamed, boiled, and then washed. [04]
그것들은 쪄지고, 삶아지고, 씻겨졌다.

[어형] boiled 끓은 boiling 끓는

diaper

[dáiəpər]

★☆☆☆☆

1/1 출제확률 4.6%

[어원] dia(강조) + ap(= alp 하얀) → 하얀 것 → 기저귀

[명] 기저귀, 마름모꼴 무늬

We noticed our friend talking on the phone while changing her baby's diaper. [04]

우리는 친구가 전화통화를 하면서 아이의 기저귀를 갈아 주고 있다는 것을 알게 되었다.

---

fascinate

[fǽsənèit]

★☆☆☆☆

1/1 출제확률 4.6%

[어원] fasc(in)(= speak) + ate(~하다) → 말하다 → (말함으로써) 매혹시키다

[동] 매혹시키다, 주의를 끌다

They are fascinated by the beauty of these plants and have been motivated to conserve. [04]

그들은 이 식물들의 아름다움에 매료되어 보존하고자 하는 동기를 갖게 되었다.

[어형] fascinated 매혹된, 매료된

---

indivisible

[ìndəvízəbl]

★☆☆☆☆

1/1 출제확률 4.6%

[어원] in(없다) + divisible(나눌 수 있는) → 나눌 수 없는

[형] 나눌 수 없는, 불가분의

We find that they and we are indivisible. [04]

그들과 우리는 떨래야 뗄 수 없는 관계임을 알게 되었다.

---

lick

[lik]

★☆☆☆☆

1/1 출제확률 4.6%

[어원] 개와 고양이가 핥는 상태를 의미함

[명] 핥아먹기 [동] 핥다, 쉽게 이기다

[syn] taste, tongue

I can see it hurts. The dog is licking it. [04]

아파 보이네요. 강아지가 거기를 핥고 있어요.

[어형] licking (현재분사) 때려눕히기, 역전패, 패배

---

limp

[limp]

★☆☆☆☆

1/1 출제확률 4.6%

[어원] limb(의족)이라서 절뚝거리는 것을 나타냄

[동] 절뚝거리다, 절다; 파행적인

[syn] stagger, stumble, hobble

He's been limping for two days. [04]

그는 이틀간 절뚝거렸다.

[어형] limping 절름발이

---

majestic

[mədʒéstik]

★☆☆☆☆

1/1 출제확률 4.6%

[어원] major(주요한)에서 파생되었다.

[형] 장엄한, 웅장한, 위엄 있는

All the grace and beauty had gone out of the majestic river. [04]

그 웅장했던 강의 모든 영광과 아름다움은 사라져버렸다.

[idiom] go out of ~에서 없어지다

[어형] majesty 폐하; 위엄

1875

mop

[map]

★☆☆☆☆

1/1 출제확률 4.6%

어웹 대걸레를 의미하는데 '청소부 아줌마'를 지칭하기도 함

몡 마포 걸레 됭 닦다

After feeding my brother and me breakfast, she would scrub, mop, and dust everything. [04]

나와 내 동생(혹은 형)에게 아침을 해준 뒤, 그녀는 모든 걸 문지르고, 닦고, 턴다.

1876

needle

[níːdl]

★☆☆☆☆

1/1 출제확률 4.6%

어웹 바늘 외에도 '주사, 침'이란 의미로도 활용됨

몡 바늘 됭 신경을 건드리다

Can I borrow a needle? [04]

바늘을 빌릴 수 있을까요?

[어형] needle and thread 바늘과 실

1877

psycho-social

[sàikousóuʃəl]

★☆☆☆☆

1/1 출제확률 4.6%

어웹 psycho(정신의) + social(사회적인) → 정신 사회적인

몡 정신 사회적인, 사회 심리적인

Erik Erikson, well-known for his psycho-social development theory [04]

정신 사회적 발달 이론으로 유명한 Erik Erikson 씨

1878

roam

[roum]

★☆☆☆☆

1/1 출제확률 4.6%

어웹 휴대전화는 계약지역 외에서 사용하려면 '로밍(roaming)'이 필요하다

됭 돌아다니다, 거닐다, 배회하다

Such long-distance communication is a must for animals that roam over wide areas. [04]

이러한 장거리 의사소통은 넓은 영역을 돌아다니는 동물들에게는 필수 조건이다.

1879

scrub

[skrʌb]

★☆☆☆☆

1/1 출제확률 4.6%

어웹 sc(= scratch 긁다) + rub(문지르다) → 문지르다, 청소하다

됭 문지르다, 청소하다

If you have a chance to see the log, please scrub it with this. [98]

만약 그 통나무를 보게 되면 이걸로 문질러 주세요.

1880

stationary

[stéiʃənèri]

★☆☆☆☆

1/1 출제확률 4.6%

어웹 sta(서다) + tionary(것) → 가만히 서 있는 것들

몡 움직이지 않, 변동이 없는, 고정되는

No, she's on the stationary bike. [04]

아니오, 그녀는 헬스용 자전거(고정된 자전거)를 타고 있어요.

[어법] stationery(문방구, 문구)와 철자가 다름에 유의할 것

1881

bud

[bʌd]

★☆☆☆☆

2/1 출제확률 4.6%

[어원] buddy(친구)의 줄임말이기도 하다.

[명] (식물) 눈, 봉오리 [동] 자라기 시작하다

The deeper icy snow helps the animals to reach more buds. [99]
더 깊어진 얼음이 덮인 눈은 토끼가 더 많은 식물 싹에 닿을 수 있도록 도와준다.

1882

anniversary

[ænəvə́:rsəri]

★☆☆☆☆

1/1 출제확률 4.6%

[어원] anni(= year 해) + vers(= turn 돌아오는) + ary(~것) → 해마다 돌아오는 것

[명] 기념일

Today is Susan's 30th wedding anniversary as well. [03]
오늘은 수잔의 30번 째 결혼 기념일이기도 합니다.

1883

applause

[əplɔ́:z]

★☆☆☆☆

1/1 출제확률 4.6%

[어원] 박수로 갈채를 보내거나 칭찬을 표시함

[명] 박수(갈채), 칭찬

[idiom] round of applause 큰 박수갈채

Show your appreciation by giving the speaker a big round of applause. [03]
감사의 의미로 연설자에게 큰 박수 부탁드립니다.

[어형] applaud 박수치다, 칭찬하다

1884

astonish

[əstániʃ]

★☆☆☆☆

1/1 출제확률 4.6%

[어원] as(~에) + ton(= to thunder 천둥치다) + ish(접미사) → 천둥 치듯 놀라게 하다

[동] 놀라게 하다

[syn] surprise, frighten, amaze, stun

I said "Merry Christmas!" and handed some astonished child a beautifully wrapped gift. [03]
나는 "메리크리스마스"라고 말하며, 놀란 아이에게 예쁘게 포장된 선물을 건네주었다.

[어형] astonished 놀란 astonishment 놀라운 일, 놀람

1885

bless

[bles]

★☆☆☆☆

1/1 출제확률 4.6%

[어원] bless(→ blood 피로 정화하다) → 축복하다

[동] 축복하다, 감사하다

I am truly blessed, and I wish you all the happiness. [03]
저는 정말 축복받았고 여러분 모두에게 행복이 가득하길 소망합니다.

[어형] blessed 축복받은 blessing 축복, 승인

1886

blond

[bland]

★☆☆☆☆

1/1 출제확률 4.6%

[어원] '노란'이라는 뜻에서 유래되었다.

[형] 금발의

You mean the tall lady with blond hair? [03]
금발 머리에 키가 큰 그 여성을 말씀하시는 것인가요?

TEST 46

1. 아래의 단어에 맞는 뜻을 골라 선으로 이어주세요.

1854 saddle	●	ⓐ 마포 걸레; 닦다
1860 take-out	●	ⓑ 안장
1868 boil	●	ⓒ 바늘; 신경을 건드리다
1876 needle	●	ⓓ (식물) 눈; 자라기 시작하다
1852 peninsula	●	ⓔ 끓다
1863 widespread	●	ⓕ 문지르다, 청소하다
1875 mop	●	ⓖ 널리 알려진, 광범위한
1866 wavelength	●	ⓗ 대리석
1850 marble	●	ⓘ 반도
1871 indivisible	●	ⓙ 절뚝거리다
1879 scrub	●	ⓚ 꺼내다, 데리고 나가다
1873 limp	●	ⓛ 파장, 사고방식
1881 bud	●	ⓜ 기념일
1882 anniversary	●	ⓝ 나눌 수 없는

2. 아래 문장의 알맞은 뜻을 보기에서 고르세요.

a. He noticed a widespread hunger for reading in the community. (　)

b. Show your appreciation by giving the speaker a big round of applause. (　)

c. Artists during the Renaissance reformed painting. (　)

d. I am truly blessed, and I wish you all the happiness. (　)

e. In many countries, overcrowded cities face a major problem. (　)

f. Such long-distance communication is a must for animals that roam over wide areas. (　)

g. Michelangelo looked at a block of marble and saw a man. (　)

> 보기
> ① 감사의 의미로 연설자에게 큰 박수 부탁드립니다.
> ② 미켈란젤로는 대리석 한 덩어리와 한 남자를 보았다.
> ③ 많은 국가들의 과밀 도시들은 큰 문제에 직면했다.
> ④ 그는 독서에 대한 갈망이 그 지역 사회에 널리 퍼진 것을 알게 되었다.
> ⑤ 저는 정말 축복받았고 여러분 모두에게 행복이 가득하길 소망합니다.
> ⑥ 르네상스 시대의 예술가들은 그림을 개혁했다.
> ⑦ 이러한 장거리 의사소통은 넓은 영역을 돌아다니는 동물들에게는 필수 조건이다.

정답: ④ ① ⑥ ⑤ ③ ⑦ ②

1887

gratitude

[grǽtətjùːd]

★☆☆☆☆

1/1 출제확률 4.6%

어원 grat(감사, 기뻐하는) + tude(상태) → 감사하는 상태 → 감사

명 감사, 고마움

To express love and gratitude [03]
사랑과 감사를 표현하기 위해

1888

handbook

[hǽndbuk]

★☆☆☆☆

1/1 출제확률 4.6%

어원 hand(손) + book(책) → 손에 들고 다니는 안내서

명 안내서, 지침서

She hopes to learn to read so that she can study a handbook on raising children. [03]
그녀는 육아 지침서를 공부하기 위해 글 읽는 법을 배우고자 한다.

1889

hardware

[haːrdwɛər]

★☆☆☆☆

1/1 출제확률 4.6%

어원 hard(딱딱한) + ware(제품, 기물) → 딱딱한 제품

명 철물, 하드웨어(↔ software)

The e-business industry is faced with a hardware problem. [03]
인터넷 산업이 하드웨어 문제에 직면하고 있다.

1890

porch

[pɔːrtʃ]

★☆☆☆☆

1/1 출제확률 4.6%

어원 '베란다(veranda)'를 의미하기도 함

명 현관, 입구

Children make too much noise or throw a ball on her porch. [03]
아이들은 몹시 시끄럽게 떠들거나 그녀의 현관에 공을 던진다.

1891

seafood

[siːfuːd]

★☆☆☆☆

1/1 출제확률 4.6%

어원 sea(바다) + food(음식) → 해산물

명 해물 음식, 해산물

Sure, Busan has beautiful beaches and lots of great seafood restaurants. [03]
물론이다. 부산에는 아름다운 해변과 훌륭한 해산물 음식점이 많이 있다.

1892

whereby
[hwéərbai]
★☆☆☆☆
1/1 출제확률 4.6%

[어원] 고어에 사용되는 표현으로 by what, how의 뜻으로 쓰임

[부] 무엇에 의하여, 그것으로 인하여

Whereby the person receiving your letter may decide to do the same thing. [03]
당신의 편지를 받는 그 사람도 동일한 행동을 결심할 것이다.

1893

activate
[æktəvèit]
★☆☆☆☆
출제확률 4.6%

[어원] act(활동하다) + ate(~하게하다) → 움직이게 하다, 활성화하다

[동] 활성화하다, 작동시키다

The researchers also found that these growth changes resulted from gene activation. [98]
연구원들은 유전자 활성화로 인해 이러한 성장의 변화가 발생했음을 발견했다.

[어형] activation 활성화

1894

barter
[bá:rtər]
★☆☆☆☆
2/1 출제확률 4.6%

[어원] bar(막대기) + er(~것) → 막대기로 만든 것을 바꿈 → 물물교환

[명] 물물교환(바터제) [동] 교환하다

Before its invention, mankind used the barter system of trading objects for other objects. [98]
그것을 발명하기 전까지 인류는 다른 물건을 얻기 위해 물물교환 방식을 사용했다.

1895

equation
[ikwéiʒən, -ʃən]
★☆☆☆☆
2/1 출제확률 4.6%

[어원] equa(동등한) + tion(~것) → 동등함

[명] 동등함, 방정식

An equation with two unknown quantities, for instance, is written x+y=20. [98]
예를 들어 2개의 미지수로 이루어진 방정식을 써보면 x+y=20이 된다.

[어형] equate 동일시하다, 일치하다 equator 적도

1896

onlooker
[ənlúkər, ɔ́:n-]
★☆☆☆☆
2/1 출제확률 4.6%

[어원] on(위) + look(보다) + er(사람) → 위에서 보고 있는 사람 → 방관자

[명] 방관자, 구경꾼

Onlookers just walk by a work of art, letting their eyes record it. [98]
관람객들은 작품 옆을 지나치며 눈으로 그것들을 기억시킨다.

1897

priest
[pri:st]
★☆☆☆
2/1 출제확률 4.6%

[어원] pri(첫 번째) + est(사람) → 가장 중요한 사람

[명] 성직자, 목사, 신부

The priest smiled. "But, Miss Smith," he reminded her, "It's dry in the church." [98]
목사님은 웃으며 "하지만, 스미스 양, 교회에는 (비가 안와) 건조해요."라고 상기시켜 주었다.

sunspot

[sʌnspat]

★☆☆☆☆

2/1 출제확률 4.6%

어원 sun(태양) + spot(점) → 태양의 점 → 태양흑점

명 태양흑점, 주근깨

Sunspots are almost as much of a mystery now as in Galileo's time. [98]
태양흑점은 갈릴레오의 시대만큼이나 지금도 미스터리다.

1899

warehouse

[wɛərhaus]

★☆☆☆☆

출제확률 4.6%

어원 ware(제품) + house(집) → 제품을 쌓아 놓는 곳

명 창고, 도매점 통 창고에 넣다

Steve had supervised one of his company's warehouses for four years. [98]
스티브는 4년 동안 그의 회사 창고 중 하나를 관리했었다.

[어형] warehouse store 창고형 할인점

1900

banner

[bǽnər]

★☆☆☆☆

1/1 출제확률 4.6%

어원 플래카드(placard)를 뜻함

명 슬로건, 배너, 기치, 현수막

You should bring the banner back to us. [08]
당신은 그 현수막을 우리에게 돌려줘야 합니다.

[idiom] bring something back ~을 돌려주다, ~을 기억나게 하다

1901

frost

[frɔːst]

★☆☆☆☆

1/1 출제확률 4.6%

어원 콘푸로스트는 시리얼에 설탕을 서리처럼 입혔다는 의미다.

명 서리, 추운 날씨

I used to think that the North Pole was the seat of frost and snow. [02]
나는 종종 북극이 서리와 눈으로 뒤덮인 곳이라 생각했었다.

1902

fuzzy

[fʌzi]

★☆☆☆☆

1/1 출제확률 4.6%

어원 퍼지(fuzzy)는 솜털 모양을 뜻하나 수학에서는 '애매한 수치'를 의미한다.

형 희미한, 취한

As a result, we are often confused by fuzzy edges. [02]
그 결과, 우리는 종종 애매한 경계에 혼란스러워 한다.

[idiom] as a result 그 결과

1903

loyal

[lɔ́iəl]

★☆☆☆☆

1/1 출제확률 4.6%

어원 legal(법률의)에서 유래되었다. royal(왕족, 왕실)과 철자를 혼동하지 않도록 하자.

형 충성스러운, 충직한

Their passion assures that these fans remain loyal. [02]
팬들의 열정은 그들이 계속 충성스러울 것임을 확실히 보여준다.

[어형] loyalty 충성 disloyal 불충한, 불성실한

1904

paperwork

[péipərwə̀:rk]

★☆☆☆☆

1/1 출제확률 4.6%

어웹 paper(종이, 서류) + work(작업) → 서류 작업

명 서류 작업, 문서 업무

I think it's time to take care of the paperwork. [02]
내 생각에는 이제 그 서류작업을 처리해야 할 때인 것 같다.

1905

pill

[pil]

★☆☆☆☆

1/1 출제확률 4.6%

어웹 pil(= ball) + le → 작은 공 → 알약

명 알약(tablet), 괴로운 일 통 벗기다

When should I take these pills? [02]
제가 이 약들을 언제 복용해야 하죠?

1906

time-lapse

[taimlæps]

★☆☆☆☆

3/1 출제확률 4.6%

어웹 time(시간) + lapse(감소, 하락) → 저속 (촬영)

명 저속 촬영

That problem has been solved by the use of the time-lapse camera. [94]
그 문제는 저속 촬영 카메라를 사용함으로써 해결되었다.

1907

tradeoff

[tréidɔ̀(:)f]

★☆☆☆☆

3/1 출제확률 4.6%

어웹 trade(거래) + off(출발, 떨어진) → 거래를 시작할 때 교환 협정을 맺는다

명 (타협을 위한) 거래, 교환, 협정[조건]; 상충하는

Scarcity prohibits the purchase of both and imposes a tradeoff—a book or a date.
[94]
희소성은 둘 다 구매하지는 못하게 하고 책과 데이트 중 하나만 거래 하도록 강요한다.

1908

congestion

[kəndʒéstʃən]

★☆☆☆☆

2/1 출제확률 4.6%

어웹 con(함께) + gest(= carry 나르다) + tion(~것) → 모두 함께 나르니 혼잡함

명 밀집, 혼잡, 폭주

Unless we take action now, traffic congestion will get worse and worse. [97]
우리가 당장 조치를 취하지 않는 한, 교통 혼잡은 더욱 더 악화될 것이다.

[어형] congested 충혈된, 복잡한

1909

criteria

[kraiti.ri.]

★☆☆☆☆

2/1 출제확률 4.6%

어웹 cri(t)(= separate 나뉜) + eria → 나눈 것 → 기준(criterion의 복수형)

명 표준, 기준

These essays were then evaluated according to the criteria of purity and
truthfulness. [98]
이 수필들은 당시 순수성과 진실성의 기준에 따라 평가되었다.

1910
preschooler
[pri:-skú:lər, pri-]
★☆☆☆☆
2/1 출제확률 4.6%

여 pre(앞, 전) + schooler(학생) → 학생이 되기 전 → 취학 전 아동

명 취학 전 아동, 유치원 아동

Researchers said playing with a computer won't increase a preschooler's reading scores. [97]
연구원들은 취학 전 아동이 컴퓨터를 가지고 논다고 읽기 점수가 향상되진 않는다고 말했다.

1911
thigh
[θai]
★☆☆☆☆
2/1 출제확률 4.6%

여 허벅지는 thighbone(대퇴부)를 의미함

명 넓적다리, 허벅지

Both men and women are least concerned with their thighs. [97]
남녀 모두 그들의 허벅지에는 거의 관심이 없다.

1912
basement
[béismənt]
★☆☆☆☆
1/1 출제확률 4.6%

여 base(밑, 기반) + ment(~것) → 밑에 있는 것

명 지하실

The tornado watch had kept her in her basement for five hours. [01]
그 토네이도 경보로 인해 그녀는 지하실에 5시간 동안 갇혀 있었다.

1913
clay
[klei]
★☆☆☆☆
1/1 출제확률 4.6%

여 glei-(to stick together 점성)에서 유래되었다. 점성이 있는 흙이라는 의미이다.

명 점토, (진)흙

It did not feel like stone, clay, or dirt. [01]
그것은 돌이나 점토나 진흙 같지 않았다.

1914
co-worker
[kóuwə̀:rkər]
★☆☆☆☆
1/1 출제확률 4.6%

여 co(함께) + worker(일하는 사람) → 함께 일하는 사람 → 동료

명 협력자, 회사 동료(colleague)

Most foreign workers are being taught by Korean coworkers. [01]
대부분의 외국 노동자들은 한국인 동료들에게 배운다.

1915
expressway
[ikspréswèi]
★☆☆☆☆
1/1 출제확률 4.6%

여 express(빠른) + way(길) → 빠른 길 → 고속도로

명 고속도로

You can often find these on the streets, expressways, and country roads. [01]
당신은 이것들을 종종 길가에서, 고속도로에서, 그리고 시골길에서 발견 할 수 있다.

intersection
[ìntərsékʃən]
★☆☆☆☆
1/1 출제확률 4.6%

[어] inter(~사이에) + section(구분) → ~사이에 나뉜 곳 → 교차로

[명] 교차(로)

As we approached an intersection, we stopped at a red light. [01]
우리는 교차로에 접근하여 빨간불에 멈춰 섰다.

1917

overflow
[óuvərflou]

★☆☆☆☆
1/1 출제확률 4.6%

[어] over(넘쳐) + flow(흐르다) → 넘쳐 흐르다

[명] 넘쳐흐름 [동] 넘치다, 범람하다

Work, too, is an effective means of working off anger and using overflowing energy. [01]
일도 분노를 해소시켜주고 넘치는 에너지를 쓸 수 있게 해주는 효과적인 수단이다.

[idiom] work off 해소하다

1918

reap
[riːp]

★☆☆☆☆
1/1 출제확률 4.6%

[어] 곡물이나 성과를 거둬들이는 것을 나타냄

[동] 베다, 수확하다

[syn] harvest, gain, collect

You must reap what you have sown. [03]
당신은 뿌린대로 거둔다.

[어형] reaped (과거, 과거분사) reaper 수확기계

1919

ropewalk
[róupwɔ̀ːk]
★☆☆☆☆
1/1 출제확률 4.6%

[어] rope(밧줄) + walk(걷기) → 밧줄 걷기 → 밧줄 제조 공장

[명] 밧줄 제조 공장, 새끼 공장

They were called ropewalks because workers had to slowly walk the length of the building. [01]
그것들이 밧줄 걷기라고 불리는 이유는 일꾼들이 건물 길이만큼 천천히 걸어야 했기 때문이다.

1920

royal
[rɔ́iəl]
★☆☆☆☆
1/1 출제확률 4.6%

[어] roy(= rule 통치하다) + al(~것, ~한) → 통치자(의)

[명] 왕족의 사람 [형] 왕의, 위엄 있는

Kings found it so enjoyable that it was known as "The royal game". [01]
왕들이 그것을 매우 재미있어 해서 "왕실게임"이라고 알려졌다.

[어형] royalty 로열티

1921

shepherd
[ʃépərd]
★☆☆☆☆
1/1 출제확률 4.6%

[어] sheep(양) + herd(기르는 사람) → 양을 기르는 사람 → 양치기

[명] 양치는 사람, 양치기, 목자

The shepherds were curious about its softness. [01]
그 양치기들은 그것의 부드러움에 호기심이 생겼다.

1922

summarize

[sʌməràiz]

★☆☆☆☆

1/1 출제확률 4.6%

[어원] summary(요약) + ize(~화하다) → 요약하다

[동] 요약하다, 간략하게 말하다

The magazines summarize the major world and national news stories. [01]
그 잡지들은 주요 국제 뉴스와 국내 뉴스를 요약한다.

[어형] summary 요약, 개괄

1923

workplace

[wə:rkpleis]

★☆☆☆☆

1/1 출제확률 4.6%

[어원] work(일) + place(장소) → 일하는 곳

[명] 일터, 직장

It may even determine your ability to move to a higher position in your
workplace. [01]
그것은 심지어 당신이 직장에서 더 높은 위치로 승진할 수 있는 능력을 결정지을 수도 있다.

1924

tan

[tæn]

★☆☆☆☆

2/1 출제확률 4.6%

[어원] 흔히 말하는 썬탠(suntan)이 tanning을 의미함

[명] 황갈색 [동] 햇볕에 태우다, 타다

Many make a point of getting to the beach to get a tan. [96]
많은 이들이 살을 태우기 위해 애써 해변에 간다.

[idiom] make a point of ~ing 반드시[애써] ~을 한다

[어형] tanning 햇볕에 탐

1925

fellow

[félou]

★☆☆☆☆

1/1 출제확률 4.6%

[어원] 주로 '남자친구'를 의미하며 친구, 가족, 동료처럼 쓰일 때의 동료를 지칭함

[명] 사나이, 동료

Most of my fellow students had the idea that we Asian students are all smart. [00]
대다수의 학교 친구들은 우리 아시아 학생들이 모두 똑똑하다고 생각했다.

[어형] fellowship 단체, 동료 의식

1926

heartache

[ha:rteik]

★☆☆☆☆

1/1 출제확률 4.6%

[어원] heart(심장, 가슴) + ache(아픔) → 심장의 고통, 마음의 고통

[명] 심장의 고통, 마음의 고통

Nawal was a joy to her mother, but also a terrible heartache. [00]
Nawal은 그녀의 어머니의 기쁨인 동시에 매우 가슴 아프게 하는 아이였다.

[어형] heartbreak 비탄, 비통

1927

ladder

[lǽdər]

★☆☆☆☆

1/1 출제확률 4.6%

[어원] lad는 '소년'을 의미하는 데에서 비롯되었다.

[명] 사다리

The clerk got a ladder and climbed halfway up. [00]
그 점원이 사다리를 가져와 반쯤 올라갔다.

[어형] ladder bucket 래더 버킷 ladder tray 사다리형 운반대

TEST 47

1. 아래의 단어에 맞는 뜻을 골라 선으로 이어주세요.

1902 fuzzy	●	ⓐ 표준, 기준
1911 thigh	●	ⓑ 희미한, 취한
1920 royal	●	ⓒ 황갈색; 햇볕에 태우다, 타다
1896 onlooker	●	ⓓ 고속도로
1903 loyal	●	ⓔ 넓적다리, 허벅지
1912 basement	●	ⓕ 지하실
1914 coworker	●	ⓖ 저속 촬영
1923 workplace	●	ⓗ 협력자, 회사 동료
1906 time-lapse	●	ⓘ 교차(로)
1915 expressway	●	ⓙ 방관자, 구경꾼
1924 tan	●	ⓚ 일터, 직장
1916 intersection	●	ⓛ 왕족의 사람; 왕의, 위엄있는
1893 activate	●	ⓜ 충성스러운, 성실한
1909 criteria	●	ⓝ 활성화하다, 작동시키다

2. 아래 문장의 알맞은 뜻을 보기에서 고르세요.

a. Most foreign workers are being taught by Korean coworkers. ( )

b. I think it's time to take care of the paperwork. ( )

c. As we approached an intersection, we stopped at a red light. ( )

d. Before its invention, mankind used the barter system of trading objects for other objects. ( )

e. Scarcity prohibits the purchase of both and imposes a tradeoff—a book or a date. ( )

f. Many make a point of getting to the beach to get a tan. ( )

g. These essays were then evaluated according to the criteria of purity and truthfulness. ( )

보기

① 많은 이들이 살을 태우기 위해 애써 해변에 간다.

② 내 생각에는 이제 그 서류작업을 처리해야 할 때인 것 같다.

③ 그것을 발명하기 전까지 인류는 다른 물건을 얻기 위해 물물교환 방식을 사용했다.

④ 희소성은 둘 다 구매하지는 못하게 하고 책과 데이트 중 하나만 거래 하도록 강요한다.

⑤ 우리는 교차로에 접근하여 빨간불에 멈춰 섰다.

⑥ 대부분의 외국 노동자들은 한국인 동료들에게 배운다.

⑦ 이 수필들은 당시 순수성과 진실성의 기준에 따라 평가되었다.

정답: ⑥ ② ⑤ ③ ④ ① ⑦

1928

raw

[rɔː]

★☆☆☆☆

1/1 출제확률 4.6%

어원 사냥감을 불에 익히지 않은 상태를 지칭함

명 날 것 **형** 가공하지 않은, 미숙한

In short, our raw materials can have considerable effects on the environment.
[00]
요약하면, 우리의 원료는 환경에 상당한 영향을 미칠 수 있다.

[어형] raw material 원료

1929

strict

[strikt]

★☆☆☆☆

1/1 출제확률 4.6%

어원 엄하고도 철저하다는 뉘앙스를 지님

형 엄한, 엄격한

Successful people are willing to work hard, but within strict limits. [00]
성공하는 사람들은 열심히 일하고자 하지만 엄격한 제한 범위 내에서만 그렇게 한다.

[idiom] be willing to 기꺼이 ~하다

[어형] strictly 엄격히, 철저히 strictness 엄격

1930

osteoporosis

[àstiəpəróusis]

★☆☆☆☆

2/1 출제확률 4.6%

어원 osteo(골, 뼈) + por(구멍) + sis(과정, 활동) → 뼈에 구멍이 난 상태 → 골다공증

명 골다공증

If done regularly and over a long period of time, exercise can help prevent
osteoporosis. [95]
장기간 규칙적으로 실시한다면 운동은 골다공증을 예방하는데 도움이 될 수 있다.

1931

row

[rou]

★☆☆☆☆

2/1 출제확률 4.6%

어원 row(→ rouse 깨우다) → 소동, 소란으로 변형됨.

명 열, 좌석 줄, 소동 **통** 노를 젓다

Three rows of benches on each side and six rows in front of him were
occupied. [95]
양 옆에는 3열로 된 의자들이 있었고 그의 앞 6열에는 사람들이 앉아 있었다.

1932

tin

[tin]

★☆☆☆☆

2/1 출제확률 4.6%

어원 tin은 화학원소의 '주석'을 나타내는데 '통조림캔'을 지칭함

명 주석, 양철 **통** 주석을 입히다 **형** 주석의

Norman's tin legs were his only supports. [95]
노르먼을 지탱해주는 것은 오직 그의 양철 다리뿐이었다.

1933

altogether

[ɔ́ːltəɡéðər]

★☆☆☆☆

1/1 출제확률 4.6%

어원 al(= all 모두) + together(함께) → 모든

명 전체, 모든 부 전적으로, 다 합하여

In the end, the fishery stopped altogether, bringing economic destruction to the village. [99]

결국, 모든 어업은 멈추어버렸고 그 마을에 경제적 파괴를 가져왔다.

1934

blueprint

[blu:print]

★☆☆☆☆

1/1 출제확률 4.6%

어원 blue(푸른, 청) + print(사진, 인쇄물) → 건물 건축 계획 등의 도면을 청사진이라고 불러 유래됨

명 청사진 동 계획을 세우다

Our self-image is the blueprint which determines how we see the world. [99]

우리의 자아상은 우리가 세상을 어떻게 바라보는지를 결정하는 청사진이다.

1935

goodwill

[ɡúdwíl]

★☆☆☆☆

1/1 출제확률 4.6%

어원 good(좋은) + will(의도, 뜻) → 좋은 의도 → 호의(선의지)

명 호의, 친선, 영업권

These little coins are picked up by goodwill organizations. [99]

이 소액 동전들은 자선단체들에 의해 주워 모아진다.

[어형] goodwilled 친선의, 호의적인

1936

leather

[léðər]

jackets.

1/1 출제확률 4.6%

어원 가죽으로 된 제품의 주원료로 동물의 껍데기를 의미함

명 가죽 형 가죽의

The men and women walking down the main street were wearing leather

★☆☆☆☆   [99]

중심가를 걷고 있는 남성과 여성들은 가죽 재킷을 입고 있었다.

1937

refresh

[rifréʃ]

★☆☆☆☆

1/1 출제확률 4.6%

어원 re(다시) + fresh(상쾌한) → 상쾌하게 하다

동 상쾌하게 하다, 새롭게 하다; 재충전하다

Being with her is as beautiful as a colorful rainbow or a cool shower on a hot day-refreshing. [99]

그녀와 함께하는 것은 화려한 무지개처럼 아름답거나 더운 날의 소나기같이 상쾌하다.

[어형] refreshing 신선한 refreshment 다과, 간식

1938

spank

[spæŋk]

★☆☆☆☆

어원 손바닥으로 아이의 엉덩이를 때리는 것을 의미함

명 찰싹 때리기; 찰싹 때리다

Some parents believe that spanking children is the best way to punish. [99]

일부 부모들은 아이들에게 엉덩이 때리기가 체벌 중 가장 좋은 방법이라 믿는다.

[어형] spanking 엉덩이 때리기(체벌)

supplement
[sʌpləmənt]

★☆☆☆☆

1/1 출제확률 4.6%

어원 supply(제공하다) + ment(~것) → 추가로 제공하는 것

명 추가, 보충, 보완 통 보충하다

To supplement: He accompanied his advice with a warning. [99]
추가사항으로 그는 조언에 경고를 덧붙였다.

[어형] supplementary 보충의, 추가의(supplemental)

---

tender
[téndər]

★☆☆☆☆

1/1 출제확률 4.6%

어원 tend(펴다) + er(~것) → 펴는 것 → (펴서) 부드럽게 된

통 부드럽게 하다, 제출하다 형 부드러운

This means tree's tender tops are easier to reach for the rabbit. [99]
이것은 토끼가 나무의 부드러운 가지 끝에 더 쉽게 닿을 수 있다는 것을 의미한다.

---

thrift
[θrift]

★☆☆☆☆

2/1 출제확률 4.6%

어원 thrive(번창하다)에서 유래되어 '절약, 검약'으로 의미가 변형되었다.

명 절약, 검약

It depends chiefly on two words, diligence and thrift. [94]
그것은 대개 두 단어에 달려있는데, 바로 근면과 절약이다.

[어형] thrift shop 중고품 할인점(charity shop)

---

absurd
[æbsə́:rd, -zə́:rd]

★☆☆☆☆

1/1 출제확률 4.6%

어원 ab(강조) + surd(= deaf 귀머거리) → 못 들어본 → 불합리한

형 불합리한, 부조리한, 어리석은

You can point out what is humorous or absurd about a situation. [98]
당신은 즐겁거나 터무니없는 상황을 분별할 수 있다.

[어형] absurdity 불합리, 부조리

---

algebraic
[ældʒəbréiik]

★☆☆☆☆

1/1 출제확률 4.6%

어원 algebra는 '대수'라는 의미이다. (수학 교과과정)

형 대수의, 대수학적인

Mathematics includes many different kinds of algebraic expressions to solve problems. [98]
수학 문제를 풀기 위해서 수학은 다양한 종류의 대수학적 표현을 담고 있다.

---

applaud
[əplɔ́:d]

★☆☆☆☆

1/1 출제확률 4.6%

어원 ap(~에) + plaud(박수를 치다) → ~에게 박수를 치다

통 ~에게 박수치다, 칭찬하다

She applauded his passionate performance and clapped for a long time. [98]
그녀는 그의 열정적인 연주에 대해 오랫동안 박수와 갈채를 보냈다.

[어형] applauded 박수쳤다

1945

blunder
[blʌ́ndər]

★☆☆☆☆

1/1 출제확률 4.6%

어원 blind(장님) + er(~것) → 앞이 안보이니 큰 실수를 한다라는 의미

명 큰 실수 통 큰 실수를 하다

The quiet streets of the neighborhood witnessed the blunders of yet another new drive. [98]
조용한 동네길에서 새로 이사 온 초보 운전자는 실수를 연발했다.

[어형] blundering 어색한, 서투른

1946

bough
[bau]

★☆☆☆☆

1/1 출제확률 4.6%

어원 bough는 '어깨; 팔'에서 유래되었다.

명 큰 가지

The wind stirs broken boughs and dust, threatening to blow away everything. [98]
그 바람은 부러진 큰 나뭇가지와 먼지를 흩날리고 모든 것을 날려버릴 듯이 위협했다.

1947

compile
[kəmpáil]

★☆☆☆☆

1/1 출제확률 4.6%

어원 com(함께) + pile(쌓다) → 모아 쌓다 → 수집하다

통 (자료나 문서 따위) 수집하다, 편집하다

We must protect citizens against the compiling of personal data and the unrestricted use. [98]
우리는 개인 정보 수집과 무분별한 사용에 맞서 시민들을 보호해야 한다.

[어형] compiling 편집하기 *edit(편집하다)

1948

comprehensive
[kàmprihénsiv]

★☆☆☆☆

1/1 출제확률 4.6%

어원 com(함께) + prehend(= take 붙들다) + sive(~한) → 모든 것을 붙잡는 → 포괄적인, 종합적인

명 종합 시험 형 포괄적인, 종합적인

All these projects and many more must be combined in a comprehensive program. [98]
이 모든 프로젝트들과 더 많은 것들이 하나의 포괄적인 프로그램으로 결합되어야 한다.

[어형] comprehend 이해하다

1949

decent
[díːsnt]

★☆☆☆☆

1/1 출제확률 4.6%

어원 품위를 갖추어 '근사하다'라는 뜻을 지님

형 남부럽지 않은, 제대로 된

You know in your heart that you are a good and decent person. [98]
당신은 마음속으로 자신이 좋은 사람이고 남부럽지 않다는 것을 알고 있다.

1950

discard
[diská:rd]

★☆☆☆☆

1/1 출제확률 4.6%

어원 dis(= apart 떨어지다) + card(= cord 심장) → 마음이 멀어지다 → 버리다

통 버리다, 해고하다(layoff, dismissal)

They've even invented items that are meant to be used once and discarded. [98]
그들은 심지어 한번 쓰고 버리는 물건을 발명해냈다.

[어형] discarded (과거, 과거분사)

disposable

[dispóuzəbl]

★☆☆☆☆

1/1 출제확률 4.6%

어원 dis(= apart 떨어지다) + pos(위치하다) + able(~할 수 있는) → 한번 쓰고 버리는, 버릴 수 있는

명 일회용 용품 형 처분할 수 있는

There are not only paper plates and napkins, but even disposable razors and cameras. [98]

종이 접시나 냅킨뿐만이 아니라 일회용 면도기나 카메라도 있다.

[어형] dispose 처분하다, 처리하다 disposal 폐기

---

famine

[fǽmin]

★☆☆☆☆

1/1 출제확률 4.6%

어원 굶주린 아이들을 지칭하는 말로 '기아'를 의미함

명 기근, 굶주림

Peasants no longer suffer from the famines that in the past have swept over the land. [98]

농부들은 과거 전국을 휩쓸었던 기근에 더 이상 고통 받지 않는다.

---

gust

[gʌst]

★☆☆☆☆

1/1 출제확률 4.6%

어원 wind보다 센 바람을 나타내며, 감정의 '폭발'을 지칭하기도 함

명 돌풍, 돌발 통 돌풍이 불다

Many people in the village were severely injured by the sudden gust. [03]

그 마을의 많은 사람들은 갑작스런 돌풍에 심각한 부상을 입었다.

---

lease

[liːs]

★☆☆☆☆

1/1 출제확률 4.6%

어원 loose(풀린)에서 유래되었다. 땅을 '풀어 놓다'라는 의미에서 '임대하다'라는 의미가 생겼다.

명 임대차 계약 통 임대하다, 대여하다

I have lived in this apartment for ten years and the lease has been renewed three times. [98]

나는 이 아파트에 10년간 살아왔고 그 동안 3번 임차 계약이 갱신되었다.

[어형] leased 전용의, 임대의

---

meadow

[médou]

★☆☆☆☆

1/1 출제확률 4.6%

어원 mea(d)(= mow 베다) + ow(~곳) → 풀을 베는 곳 → 목초지

명 목초지(pasturage)

There's a meadow where you can feed your cattle. [00]

저기에 당신의 소를 먹일 수 있는 초원이 있다.

---

minister

[mínəstər]

★☆☆☆☆

1/1 출제확률 4.6%

어원 mini(작은) + st(서다) + er(사람) → 낮은 위치에 있는 사람들을 섬기는 사람

명 성직자, 장관 통 섬기다, 봉사하다

The minister told some funny stories at the party. [98]

그 성직자는 파티에서 좀 웃긴 이야기를 했다.

1957

ministry

[mínəstri]

★☆☆☆☆

1/1 출제확률 4.6%

어원 mini(작은) + st(서다) + ry(~것) → 낮은 위치에 있는 사람들을 섬기 것

명 (정부) 부처, 목사의 직[임기]

The Ministry of Education announced that all schools will be closed until further notice. [98]

교육부는 추가 공지가 있기 전까지 모든 학교가 휴교할 것이라고 발표했다.

1958

obstacle

[ábstəkl]

★☆☆☆☆

1/1 출제확률 4.6%

어원 ob(~에 반대하여) + st(서 있는) + cle(~것) → 장애물

명 장애물, 방해

My love for books was so strong that I overcame even this obstacle. [98]

나의 책에 대한 사랑이 너무 커서 이 장애물마저도 극복해냈다.

[어형] obstacle 방해하다, 가로막다

1959

ozone

[óuzoun]

★☆☆☆☆

1/1 출제확률 4.6%

어원 O(산소) + zone(지대) → 산소지역(오존)

명 오존, 신선한 공기

Sunspots can change the weather, too, by increasing the amount of ozone. [98]

흑점도 오존의 양을 증가시켜 날씨에 영향을 줄 수 있다.

1960

peasant

[péznt]

★☆☆☆☆

1/1 출제확률 4.6%

어원 peas(콩) + ant(~사람) → 콩을 재배하는 사람 → 농부

명 농부(farmer), 소작농

My friend Terry was born in a poor peasant family. [04]

나의 친구 테리는 가난한 농부의 가정에서 태어났다.

1961

razor

[réizər]

★☆☆☆☆

1/1 출제확률 4.6%

어원 면도칼의 날을 의미하는데 '레이저'는 고유명사로 면도기의 이름에 붙는다.

명 면도칼 **통** 면도칼로 베다

You may need a new razor because yours is pretty old. [01]

네 면도기가 꽤 낡아서 새 면도기가 필요할 것 같다.

1962

renown

[rináun]

★☆☆☆☆

1/1 출제확률 4.6%

어원 re(다시) + nown(= name 이름) → 이름이 다시 알려짐 → 명성

명 명성, 유명

The state-of-the-art, legendary recordings feature world-renowned artists and orchestra. [98]

전설적인 최첨단 녹음기술이 세계적으로 유명한 예술가와 오케스트라를 더욱 빛나게 할 것이다.

[어형] renowned 유명한, 명성 있는

1963

self-image
[sélfìmidӡ]
★☆☆☆☆
1/1 출제확률 4.6%

어원 self(자신의) + image(상, 모습) → 자신의 모습 → 자아상

명 자아상

His self-image was strongly based on the frequent scoldings his father gave him. [98]
그의 자아상은 아버지가 그에게 자주 했던 질책에 큰 영향을 받아 형성되었다.

1964

sermon
[sə́:rmən]
★★☆☆☆
1/1 출제확률 4.6%

어원 ser(= speak 말하다) + mon(~것) → 말하는 것 → 설교

명 설교, 교훈

"Too true, it's been dry," replied Miss Smith, "Especially the sermons!" [98]
"정말 그래요, 무미건조했어요."라고 스미스 양이 말했다. "특히 설교가요!"

[어형] sermonic 설교의, 설교적인

1965

state-of-the-art
[steit-əv-ði-a:rt]
★☆☆☆☆
1/1 출제확률 4.6%

어원 state(상태) + art(예술, 기술) → 예술의 경지에 이른 상태 → 최첨단

명 첨단 기술 형 최첨단의, 최신식의(up to date)

The computer program was state of the art. [07]
그 컴퓨터 프로그램은 최첨단이었다.

1966

tenant
[ténənt]
★☆☆☆☆
1/1 출제확률 4.6%

어원 ten(= hold 차지하다) + ant(명접) → 점유하고 있는 사람 → 세입자, 거주자

명 거주자, 소작인 통 임차하다, 거주하다

It is wrong to ask the tenants to pay a large increase. [98]
세입자에게 많이 인상된 월세를 내라고 하는 것은 잘못이다.

1967

therein
[ðərin; ðέərin]
★☆☆☆☆
1/1 출제확률 4.6%

어원 there(거기) + in(~안에) → 거기 안에

부 그 가운데에, 거기에

My answer to that would be, "No." Therein lies the difficulty. [98]
그것에 대한 나의 대답은 "아니오."일 것이다. 거기에 어려움이 있는 것이다.

1968

triple
[trípl]
★☆☆☆☆
1/1 출제확률 4.6%

어원 tri(셋) + ple(접다) → 3번 접다 → 3배

명 3배의 수 통 3배로 하다 형 3중의(threefold)

India has almost tripled its food production in the last 30 years. [98]
인도는 지난 30년 동안 식량 생산량을 거의 3배 늘렸다.

[어형] tripled (과거, 과거분사) *thrice(3회, 3배)

TEST 48

1. 아래의 단어에 맞는 뜻을 골라 선으로 이어주세요.

1939 supplement	●	ⓐ 자아상
1954 lease	●	ⓑ 추가, 보충; 보충하다
1966 tenant	●	ⓒ 명성, 유명
1958 obstacle	●	ⓓ 불합리한, 어리석은
1949 decent	●	ⓔ 오존, 신선한 공기
1941 thrift	●	ⓕ 돌풍; 돌풍이 불다
1952 famine	●	ⓖ 장애물
1963 selfimage	●	ⓗ 절약, 검약
1959 ozone	●	ⓘ 기근, 굶주림
1942 absurd	●	ⓙ 거주자; 임차하다, 거주하다
1953 gust	●	ⓚ 임대차 계약; 임대하다
1962 renown	●	ⓛ 그 가운데에, 거기에
1967 therein	●	ⓜ 알맞은, 남부럽지 않은
1950 discard	●	ⓝ 버리다

2. 아래 문장의 알맞은 뜻을 보기에서 고르세요.

a. The minister told some funny stories at the party. (   )

b. The quiet streets of the neighborhood witnessed the blunders of yet another new driver. (   )

c. It depends chiefly on two words, diligence and thrift. (   )

d. I have lived in this apartment for ten years and the lease has been renewed three times. (   )

e. The state-of-the-art, legendary recordings feature world-renowned artists and orchestras. (   )

f. The men and women walking down the main street were wearing leather jackets. (   )

g. My love for books was so strong that I overcame even this obstacle. (   )

보기

① 나의 책에 대한 사랑이 너무 커서 이 장애물마저도 극복해냈다.

② 중심가를 걷고 있는 남성과 여성들은 가죽 자켓을 입고 있었다.

③ 그 성직자는 파티에서 좀 웃긴 이야기를 했다.

④ 그것은 대개 두 단어에 달려있는데, 바로 근면과 절약이다.

⑤ 전설적인 최첨단 녹음기술이 세계적으로 유명한 예술가와 오케스트라를 더욱 빛나게 할 것이다.

⑥ 나는 이 아파트에 10년간 살아왔고 그 동안 3번 임차 계약이 갱신되었다.

⑦ 조용한 동네길에서 새로 이사 온 초보 운전자는 실수를 연발했다.

1969

unthinkable

[ʌnθíŋkəbl]

★☆☆☆☆

1/1 출제확률 4.6%

어원 un(아닌) + think(생각, 상상) + able(~할 수 있는) → 상상도 할 수 없는

명 상상도 할 수 없는 일 형 상상도 할 수 없는

Not wanting to work at all was unthinkable. [98]

일을 전혀 하기 싫다는 것은 상상조차 할 수 없다.

1970

whizz

[hwiz]

★☆☆☆☆

1/1 출제확률 4.6%

어원 whiz와 동일한 단어다.

명 윙(의성어) 동 윙[씽]소리 나다

On a curve a second car whizzes by. [98]

커브길에서 두 번째 차가 휙 지나간다.

1971

bury

[béri]

★☆☆☆☆

2/1 출제확률 4.6%

어원 bur(= dig 파다) + y(어미) → 파묻다

동 매장하다, 묻다

I could also be called "buried gold" because of many valuable uses of mine. [94]

저는 또 저만의 여러 가지 유용성 때문에 "매장된 금"이라고도 불린답니다.

[어형] buried 파묻힌

1972

abrupt

[əbrʌpt]

★☆☆☆☆

1/1 출제확률 4.6%

어원 ab(~에, 이탈) + rupt(= break 부수다) → 무언가를 부숴 갑작스러운

형 갑작스러운, 뜻밖의, 퉁명스러운

Betty replied rather abruptly, "Fifty pounds or so. I'm not sure exactly how much." [97]

베티는 다소 퉁명스럽게 "50파운드 정도 되겠네. 정확히는 잘 모르겠어."라고 대답했다.

[어형] abruptly 갑자기

1973

ally

[əlái]

★☆☆☆☆

1/1 출제확률 4.6%

어원 al(= to ~에) + ly(= bind 유대) → ~에 유대가 있다 → 동맹을 맺다

명 우방, 동맹(국) 동 동맹을 맺다

Friends should be allies of our better nature. [97]

친구들은 우리의 선한 천성의 편에 있어야 한다.

copper
[kápər]
★☆☆☆☆
1/1 출제확률 4.6%

어원 원소기호 Cu를 말하는데 속어로 '경찰관'이라는 뜻으로도 쓰임

명 구리, 동전 **형** 구리의

Scientific study has proved him to be from the Copper Age. [97]
과학적 조사 결과 그는 청동기 시대의 인물로 밝혀졌다.

[어형] copper age 청동기 시대

curriculum
[kəríkjuləm]
★☆☆☆☆
1/1 출제확률 4.6%

어원 cur(ri)(= run 흐르다) + culum → 흘러가는 것 → 과정

명 교과과정

They adopted a curriculum consisting of running, climbing, swimming and flying. [97]
그들은 달리기, 등산, 수영, 비행기 조종 등으로 구성된 교과 과정을 채택했다.

era
[íərə, érə]
★☆☆☆☆
1/1 출제확률 4.6%

어원 e(밖으로) + ra(= root 뿌리) → 밖으로 뿌리가 나옴 → 기원 → 연대, 시대

명 연대, 시기; 방어율(earned run average)

Reading habits in the television era [97]
텔레비전 시대의 읽는 습관들

fluid
[flú:id]
★☆☆☆☆
1/1 출제확률 4.6%

어원 flu(흐르다) + id(~것) → 유동체

명 유동체, 물(액체) **형** 유동성의(↔ solid 고체)

Eat fruit high in vitamin C and drink a lot of fluids. [97]
비타민C가 많은 과일을 먹고 물을 많이 섭취하세요.

frown
[fraun]
★☆☆☆☆
1/1 출제확률 4.6%

어원 싫은 표정을 짓는 것을 표현하는 말로 쓰임

동 눈살을 찌푸리다

[syn] glower, scowl, glare
The day's work done, I sought a hotel. The clerk frowned. [97]
하루 일이 끝나고 나는 호텔을 찾았다. 그 직원은 눈살을 찌푸렸다.

[어형] frowned (과거, 과거분사) frowning 눈살을 찌푸린, 화가 난

haul
[hɔ:l]
★☆☆☆☆
1/1 출제확률 4.6%

어원 draw와 유사하나 '끌어당기다'라는 뉘앙스가 강함

명 잡아당김 **동** 세게 잡아당기다, 운반하다

One gallon of diesel fuel will haul about four times as much by rail as by truck. [97]
1갤런의 디젤 연료로 기차는 트럭보다 4배나 더 많은 양을 수송할 것이다.

[idiom] as ~ as … …만큼 ~하다

identity
[aidéntəti]
★☆☆☆☆
1/1 출제확률 4.6%

어원 in(안에) + dent(치아) + (i)ty(~것) → 입 안의 치아처럼 고르다(동일하다) → 동일함 → 신원

명 동일함, 신원, 정체(성)

The republics of Latvia and Lithuania emphasize their ethnic identities. [97]
라트비아 공화국과 리투아니아는 그들의 민족적 동일성을 강조한다.

[어형] identify 확인하다, 밝히다

intact
[intǽkt]
★☆☆☆☆
1/1 출제확률 4.6%

어원 in(아닌) + tact(손) → 손대지 않은

형 손대지 않은, 완전한

The intact mummy was found sticking out of the ice by a German couple. [97]
얼음위로 툭 튀어나온 그 완전한 미라는 한 독일인 부부에 의해 발견되었다.

[어형] inactive 비활성의, 휴면의

intermission
[intɔ́:rmíʃən]
★☆☆☆☆
1/1 출제확률 4.6%

어원 inter(~사이에) + mis(만나다) + -ion(~것) → 일하는 중간에 누군가를 만나는 시간 → 휴식시간

명 휴식 시간

Latecomers will be admitted only during intermission. [97]
늦게 오신 분들은 중간 휴식 시간에만 입장 가능하십니다.

literacy
[lítərəsi]
★☆☆☆☆
1/1 출제확률 4.6%

어원 literal(문자의, 글자대로의) + cy(~것) → 글자, 문자 → 읽고 쓰는 능력 → 지식 & 교양

명 읽고 쓸 줄 앎, 지식

Don't be surprised if you start hearing the term "information literacy" a lot. [97]
"정보 지식"이라는 용어에 대해 많이 듣기 시작하셨다고 놀라지 마세요.

logograph
[lɔ́(:)gəgræf]
★☆☆☆☆
1/1 출제확률 4.6%

어원 logo(표어) + graph(도식, 그림) → 표어문자

명 표어 문자, 속기용 약자

The researchers argue that a logograph can represent an idea. [04]
연구원들은 표어문자가 생각을 나타낼 수 있다고 주장한다.

[어형] phonogram 표음문자

lore
[lɔ:r]
★☆☆☆☆
1/1 출제확률 4.6%

어원 선조들의 경험에 의한 지식이 구전되며 축적된 것을 지칭함

명 지식, 학문; 콧등

According to ancient lore, every man is born into the world with two bags. [97]
고대 설화에 따르면, 모든 사람은 2개의 가방을 지니고 이 세상에 태어난다고 한다.

1986

midday

[middei]

★☆☆☆☆

1/1 출제확률 4.6%

mid(중간) + day(날) → 정오

명 정오

At midday, cats' eyes were a narrow line and gradually became rounder until sunset. [97]

낮에는 고양이의 눈이 가늘었고 해가 진 후에는 점점 둥글게 되었다.

1987

moderate

[mádərət]

★☆☆☆☆

1/1 출제확률 4.6%

어원 mode(방식, 태도) + ate(~하다) → 태도를 적절히 하는 → 적당한

명 온건한 사람 통 절제하다 형 적당한, 중도의

"All things in moderation," said the Greeks, and that is the rule for feeling good and bad [97]

그리스인들은 "모든 것에 중용을"이라고 말하며 이를 기분이 좋고 나쁨의 척도로 삼는다.

[어형] moderation 적당함, 알맞음

1988

obedience

[oubí:diəns]

★☆☆☆☆

1/1 출제확률 4.6%

어원 obey(복종하다) + ience(~것) → 복종

명 복종

Computers have a special quality that very young kids find irresistible : infinite obedience. [97]

컴퓨터는 매우 어린 아이들의 거부할 수 없는 특성, 즉 무한한 복종성을 가지고 있다.

[어형] obedient 순종하는, 공손한

1989

overpopulation

[óuvərpàpjuléiʃən]

★☆☆☆☆

1/1 출제확률 4.6%

어원 over(~이상, 초과) + population(인구) → 인구과잉

명 인구과잉(↔ underpopulation 인구 부족)

Overpopulation causes traffic congestion. [97]

인구과잉은 교통 체증을 유발한다.

1990

penalize

[pí:nəlàiz]

★☆☆☆☆

1/1 출제확률 4.6%

어원 penal(형벌의) + (i)ze(~화하다) → 형벌을 주다

통 유죄를 선고하다, 벌주다

The province of Quebec, Canada, penalized individuals for speaking English. [97]

캐나다의 퀘벡 주에서는 영어를 사용하는 사람들을 처벌했다.

[어형] penalized (과거, 과거분사) penalty 처벌, 벌금

1991

practicable

[prǽktikəbl]

★☆☆☆☆

1/1 출제확률 4.6%

어원 practice(실행, 실천) + able(~할 수 있는)

형 실행 가능한, 실행성 있는, 실제적인

But, at least, we have to work out a practicable solution. [97]

하지만 적어도 우리는 실행 가능한 해결책을 찾아내야 한다.

[idiom] work out a solution 해결책을 찾아내다

[어형] practice 실행하다, 실천하다

1992

preposition
[prèpəzíʃən]
★☆☆☆☆
1/1 출제확률 4.6%

[어원] pre(앞) + position(위치) → 전치사는 앞에서 꾸며주는 것

[전] 전치사

If you want, I can give you a list of English prepositions. [93]
당신이 원한다면 영어 전치사 리스트를 줄 수 있어요.

[어형] prep. (= preposition) 전치사

1993

render
[réndər]
★☆☆☆☆
1/1 출제확률 4.6%

[어원] re(다시) + der(주다) → (되돌려) 주다

[명] 정제유 [동] ~하게하다, 제공하다

The presidency of the United States renders life burdensome. [97]
미국 대통령직은 삶을 고되게 한다.

1994

revenge
[rivéndʒ]
★☆☆☆☆
1/1 출제확률 4.6%

[어원] re(다시) + venge(복수) → 복수하다

[명] 복수; 복수하다(avenge)

Even though you're angry and want to take revenge, you should forgive him.
[02]
비록 당신이 화가 나고 복수를 하고 싶을지라도 그를 용서해야 한다.

[어형] revengeful 복수심에 불타는

1995

slam
[slæm]
★☆☆☆☆
1/1 출제확률 4.6%

[어원] 슬램은 농구에서 slam dunk를 의미한다.

[명] 쾅 [동] 쾅 닫다, 세차게 때리다, 강타하다

[idiom] slam dunk 매우 강한 덩크 슛

I recall flying over the handlebars and slamming into the road head first. [97]
제 기억으로는 제가 (자전거)핸들 위로 날아올라 도로에 머리를 먼저 세게 부딪혔어요.

[어형] slamming (현재분사)

1996

solemn
[sáləm]
★☆☆☆☆
1/1 출제확률 4.6%

[어원] sole(하나의)에서 파생되었다.

[형] 엄숙한, 진지한

The people at the ceremony were very regretful and solemn. [98]
그 의식에 참석한 사람들은 매우 애석해 했고 엄숙했다.

[어형] solemnly 진지하게

1997

stopover
[stapóuvər]
★☆☆☆☆
1/1 출제확률 4.6%

[어원] stop(멈추다) + over(~하는 중, ~하는 사이) → 잠깐 ~하는 사이에 멈추다

[명] 잠깐 들르는 곳(중간 기착지), 단기 체류지

The plane makes a stopover at Chicago. [97]
그 비행기는 시카고에 기항할 것이다.

1998

strain

[strein]

★☆☆☆☆

1/1 출제확률 4.6%

어원 s + train(끌다) → 팽팽함, 잡아당기다 *라틴어 stringere(잡아당기다)에서 유래되었다.

명 팽팽함, 긴장 동 잡아당기다, 긴장시키다

The strain is hard to bear. It grows harder as time passes. [97]
긴장은 참기 어렵다. 시간이 지날수록 긴장은 더욱 심해진다.

[어형] strainmeter 지각 변동계

1999

wayfarer

[weiféərər]

★☆☆☆☆

1/1 출제확률 4.6%

어원 way(길) + farer(여행자) → 나그네

명 여행자, 나그네

I met another wayfarer. He immediately walked to the other side of the road. [97]
나는 또 다른 나그네를 만났다. 그는 갑자기 길 반대편으로 걸어갔다.

2000

accuse

[əkjúːz]

★☆☆☆☆

1/1 출제확률 4.6%

어원 ac(~에) + cuse(= cause 원인) → ~에 해명을 요구하다 → 고발하다

동 고발하다, 비난하다

If someone is accused of a crime, he is considered innocent until the court proves him guilt. [96]
만약 누군가가 범죄로 고소되면, 그는 법정에서 유죄가 입증되기 전까지는 무죄로 간주된다.

[어형] accused 고발당한

2001

bliss

[blis]

★☆☆☆☆

1/1 출제확률 4.6%

어원 bless(축복)에서 유래되었다. 축복을 받으니 기쁘다.

명 더 없는 기쁨, 행복(happiness)

Ignorance is bliss. [96]
모르는 것이 축복이다.

[어형] blissed 황홀한, 취한 blissful 행복에 넘친

2002

currency

[kə́ːrənsi]

★☆☆☆☆

1/1 출제확률 4.6%

어원 current(현재) + cy(~것) → 화폐란 현재 사용할 수 있는 것이다.

명 통화, 화폐

When we think of money, we usually think of currency, or coins and bills. [96]
우리는 돈이라고 하면 보통 화폐 혹은 동전이나 지폐를 떠올린다.

2003

dismay

[disméi]

★☆☆☆☆

1/1 출제확률 4.6%

어원 dis(아닌) + may(= power 힘) → 힘이 빠짐 → 놀람, 당황

명 당황, 놀람 동 놀라다

To my dismay, the other team scored three runs. [96]
낙담스럽게도, 상대팀은 3점을 얻었다.

[어형] dismal 암울한, 참담한

2004
doubly
[dʌbli]
★☆☆☆☆
1/1 출제확률 4.6%

어원 double(두 배) + ly(~게) → 두 배로

뷔 두 배로, 이중으로

The improvement of rural lives is doubly important. [96]
도시 삶의 개선은 배로 더 중요하다.

[어형] binal 두 배의 twice 두 번, 두 배

2005
flutter
[flʌtər]
★☆☆☆☆
1/1 출제확률 4.6%

어원 flu(흐르다) + ter(~것) → 물 흐르듯이 움직임 → 펄럭임

명 펄럭임 통 펄럭이다, 날개치다

A white butterfly flutters across the yard. [96]
흰 나비 한마리가 팔랑이며 마당을 가로질러 지나간다.

2006
hitch
[hitʃ]
★☆☆☆☆
1/1 출제확률 4.6%

어원 히치하이크는 hitchhike라 하는데 '편승'이라고 한다.

명 급히 잡아당김, 장애, 중단 통 급격히 움직이다

It is easy to feel impatient and frustrated with seemingly stupid hitches that take place. [96]
겉으로 보기에 어리석은 문제들로 인해 조급하고 낙심하기 쉽다.

2007
homesick
[hóumsìk]
★☆☆☆☆
1/1 출제확률 4.6%

어원 home(집) + sick(아픈) → 집이 그리워 마음이 아픈

형 향수병의

As you know, young foreign students normally get homesick. [96]
당신도 알다시피, 어린 외국인 학생들은 보통 향수병에 걸린다.

[어형] nostalgia 향수(병)

2008
insulate
[ínsəlèit]
★☆☆☆☆
1/1 출제확률 4.6%

어원 insul(= island 섬) + ate(~하다) → 섬처럼 만들다 → 격리시키다 → 분리하다

통 절연하다, 분리하다

Superbly insulated throughout for winter and summer comfort [96]
겨울과 여름의 안락함을 위한 최상의 단열

[어형] insulated 절연된, 격리된 insulant 절연체

2009
maiden
[méidn]
★☆☆☆☆
1/1 출제확률 4.6%

어원 maid는 '가정부, 처녀'를 나타내는 말이다.

명 소녀 형 독신의, 미혼의

[idiom] maiden name 결혼 전의 성

A very old man came up to me and asked me if my maiden name had been Wemyss. [96]
나이가 매우 많은 노인이 내게 다가와 나의 결혼 전 성이 혹시 웨미스였냐고 물었다.

TEST 49

1. 아래의 단어에 맞는 뜻을 골라 선으로 이어주세요.

1982 intermission ●	ⓐ 복종
2006 hitch ●	ⓑ 휴식 시간
2009 maiden ●	ⓒ 두 배로, 이중으로
2005 flutter ●	ⓓ 지식, 학문
2004 doubly ●	ⓔ 소녀
2000 accuse ●	ⓕ 엄숙한, 진지한
1995 slam ●	ⓖ 고발하다, 비난하다
1993 render ●	ⓗ 통화, 화폐
2002 currency ●	ⓘ 쾅; 쾅 닫다, 세차게 때리다
1988 obedience ●	ⓙ 읽고 쓸줄 앎, 지식
1996 solemn ●	ⓚ 급히 잡아당김, 장애, 중단; 급격히 움직이다
1983 literacy ●	ⓛ 팽팽함, 긴장; 잡아당기다, 긴장시키다
1998 strain ●	ⓜ 정제유; ~을 ~하게하다, 주다
1985 lore ●	ⓝ 펄럭임; 펄럭이다, 날개치다

2. 아래 문장의 알맞은 뜻을 보기에서 고르세요.

a. Latecomers will be admitted only during intermission. ( )

b. One gallon of diesel fuel will haul about four times as much by rail as by truck. ( )

c. As you know, young foreign students normally get homesick. ( )

d. If someone is accused of a crime, he is considered innocent until the court proves him guilty. ( )

e. According to ancient lore, every man is born into the world with two bags. ( )

f. On a curve a second car whizzes by. ( )

g. The strain is hard to bear. It grows harder as time passes. ( )

보기

① 고대 설화에 따르면, 모든 사람은 2개의 가방을 지니고 이 세상에 태어난다고 한다.

② 1갤론의 디젤 연료로 기차는 트럭보다 4배나 더 많은 양을 수송할 것이다.

③ 늦게 오신 분들은 중간 휴식 시간에만 입장 가능하십니다.

④ 커브길에서 두 번째 차가 휙 지나간다.

⑤ 만약 누군가가 범죄로 고소되면, 그는 법정에서 유죄가 입증되기 전까지는 무죄로 간주된다.

⑥ 당신도 알다시피, 어린 외국인 학생들은 보통 향수병에 걸린다.

⑦ 긴장은 참기 어렵다. 시간이 지날수록 긴장은 더욱 심해진다.

정답: ③ ② ⑥ ⑤ ① ④ ⑦

413

20년간 출제된 11만 어휘를 컴퓨터 통계로 엄선한 우선순위 영단어

2010

mischief

[místʃif]

★☆☆☆☆

1/1 출제확률 4.6%

어원 mis(잘못) + chief(끝, 머리) → 잘못된 결과 → 손해

명 손해, 장난, 악영향

He was a wild boy, always getting into mischief. [96]
그는 거친 아이였고 언제나 장난을 쳤다.

2011

ranch

[rænʧ]

★☆☆☆☆

1/1 출제확률 4.6%

어원 비교적 큰 규모의 농장을 의미한다.

명 대목장 통 목장을 경영하다

I once worked for your great-grandfather when he had the sheep ranch here. [96]
나는 한때 네 증조 할아버지가 여기서 양떼 목장을 하실 때 일을 한 적이 있다.

2012

retail

[rí:teil]

★☆☆☆☆

1/1 출제확률 4.6%

어원 re(다시) + tail(자르다) → 다시 소량으로 잘라 판매하는 → 소매

명 소매, 소매상 형 소매의

Gears is the largest retailer in the country. [96]
Gears는 그 나라에서 가장 큰 소매 유통업체이다.

[어형] retailer 소매상, 소매업 *wholesale dealer(도매상)

2013

rustle

[rʌsl]

★☆☆☆☆

1/1 출제확률 4.6%

어원 종이, 나뭇잎, 비단 등이 스칠 때 나는 소리

명 살랑살랑 소리 통 살랑살랑 소리내다, 흔들다

A soft breeze gently rustles the tall clover blossoms. [96]
부드러운 산들바람이 키 큰 클로버 꽃잎들을 가볍게 살랑살랑 흔든다.

2014

sanitation

[sænitéiʃən]

★☆☆☆☆

1/1 출제확률 .3%

어원 생리대를 sanitary napkin, hygienic band라 한다.

명 공중위생, 위생 설비

Sanitation : the use of means for protecting public health [96]
공중위생 국민 건강을 보호하기 위해 사용하는 수단

[어형] sanitary 위생적인, 청결한

2015

seal
[si:l]

★☆☆☆☆

1/1 출제확률 4.6%

[어원] sea(= sign) + l → 서명 → 도장, 날인

[명] 바다표범; 인장, 도장 [동] 날인하다, 도장찍다

Several countries joined in the campaign to protect seals in their national parks.
[96]
몇몇 국가들은 그들의 국립공원에 있는 물개들을 보호하는 캠페인에 참여했다.

[어형] sealed 밀봉된, 봉인된

2016

thump
[θʌmp]

★☆☆☆☆

1/1 출제확률 4.6%

[어원] 가슴이 두근거리는 뉘앙스를 지닌 용어이다.

[동] 쿵[탁] 치다, 쿵쿵 거리다

[syn] knock, beat, smack *의성어

At the same time her heart was thumping and she started at every sound. [96]
그와 동시에 그녀의 심장은 뛰었고 온갖 소리에 깜짝 놀랐다.

[어형] thumping 막대한

2017

trigger
[trígər]

★☆☆☆☆

1/1 출제확률 4.6%

[어원] 총을 쏘는 것을 의미하는데 사건을 유발하는 요인을 지칭하기도 함

[명] 방아쇠 [동] (방아쇠를 당겨) 쏘다, 일으키다, 유발하다

That will trigger a whole host of new anxieties. [96]
그것은 수많은 새로운 근심거리를 만들 것이다.

[idiom] a host of 수많은

2018

ultraviolet
[ʌltrəváiəlit]

★☆☆☆☆

1/1 출제확률 4.6%

[어원] 적외선은 infrared rays[light]이다.

[명] 자외선 [형] 자외선의

Your skin cells can be damaged by the sun's ultraviolet rays. [04]
당신의 피부 세포는 태양의 자외선에 의해 손상될 수 있다.

2019

winding
[wáindiŋ]

★☆☆☆☆

1/1 출제확률 4.6%

[어원] 야구에서 투수가 '와인드업(windup)'을 하면서 꿈틀거리는 것을 연상하면 된다.

[명] 구불어짐, 굴곡 [형] 꾸불꾸불한

She was rushing out to the door and looking down the winding road. [96]
그녀는 쏜살같이 문밖으로 나와 구불구불한 길을 내려다보았다.

[idiom] rush out 급히 달려 나가다

2020

attic
[ǽtik]

★☆☆☆☆

1/1 출제확률 4.6%

[어원] 이 단어는 Attica양식(아테네 양식)에서 유래되었다.

[명] 다락방(garret, loft)

Later while cleaning the attic, I found a whole box of unopened greeting cards.
[95]
나중에 다락방 청소를 하다가 뜯지도 않은 연하장이 가득한 상자 하나를 발견했다.

crutch
[krʌtʃ]
★☆☆☆☆
1/1 출제확률 4.6%

예 일종의 '버팀목'을 연상하면 좋다.

명 목다리, 목발 통 목다리 짚다

He had to learn to walk first without the aid of crutches. [95]
그는 먼저 목발의 도움 없이 걷는 법을 배워야 했다.

domestic
[dəméstik]
★☆☆☆☆
1/1 출제확률 4.6%

예 dom(= home 집) + (es)tic(~한) → 가정의, 국내의

명 국내, 가정 형 국내의(↔ overseas 해외의)

The domestic oil, natural gas, or steel industry, for example, may require protection. [95]
예를 들면 국내 석유, 천연가스, 혹은 철강 산업 등은 보호 조치가 필요하다.

drought
[draut]
★☆☆☆☆
1/1 출제확률 4.6%

예 dry(건조한)에서 유래되었다.

명 가뭄

Jim raised over 100 million dollars to provide relief for the drought victims in Africa. [95]
Jim은 아프리카 가뭄 피해자 구호를 위해 1억 달러 이상을 조성했다.

earthen
[ɔ́:rθən]
★☆☆☆☆
1/1 출제확률 4.6%

예 earth는 '지구, 땅, 흙'이라는 의미다.

형 흙으로 만든

In some villages people use earthen jars that help keep the water cool. [95]
일부 마을 사람들은 물을 시원하게 유지시키기 위해 흙으로 만든 병을 사용한다.

hoop
[hu:p]
★☆☆☆☆
1/1 출제확률 4.6%

예 체조에서 후프(hoop) 종목을 말하는데 '굴렁쇠'를 의미함

명 테 통 테를 두르다

He fastened a basketball hoop over the wastebasket. [95]
그는 쓰레기통에 농구 골대를 매달았다.

insult
[insʌlt]
★☆☆☆☆
1/1 출제확률 4.6%

예 in(~안에) + sult(뛰어오르다) → 상대방의 마음 속에 갑자기 뛰어들다 → 모욕하다

명 모욕, 무례함 통 모욕하다

To these may be added your recent offensive and insulting behavior in the office. [95]
최근 사무실에서 당신이 한 무례하고 모욕적인 행동이 여기에 추가될 수 있습니다.

[어형] insulting 모욕적인 insultation 모욕

2027

mumble

[mʌmbl]

★☆☆☆☆

1/1 출제확률 4.6%

어원 mum(무언의) + (b)le(반복) → 입 다물고 계속 반복함 → 중얼거림

명 중얼거림 동 중얼거리다, 웅얼거리다

"Well…" Mr. Jackson mumbled. [95]

"글쎄요…" 잭슨 씨는 중얼거렸다.

[어형] mumbled 중얼거린

2028

outcast

[autkæst]

★☆☆☆☆

1/1 출제확률 4.6%

어원 out(밖으로) + cast(던지다) → 추방되다

명 추방된 사람 형 쫓겨난, 버림받은

They are often treated like outcasts by a kind of culturally prejudiced attitude. [95]

그들은 종종 일종의 문화적 선입견으로 추방당한 사람처럼 취급받는다.

2029

physician

[fizíʃən]

★☆☆☆☆

1/1 출제확률 4.6%

어원 physic(육체의) + ian(사람) → 사람의 몸을 다루는 사람

명 내과의사, 의사

If you want to diet, you should consult a physician. [95]

만약 당신이 다이어트를 하고 싶다면, 의사와 상의를 해야 한다.

2030

pledge

[pledʒ]

★☆☆☆☆

1/1 출제확률 4.6%

어원 '보증하다, 책임지다'라는 말에서 유래되었다.

명 맹세, 담보 동 맹세하다

Millions of people were asked to phone in pledges of money to give to African relief. [95]

수백만 명의 사람들이 아프리카 구호를 위해 돈을 기부하겠다고 전화를 해왔다.

2031

quack

[kwæk]

★☆☆☆☆

1/1 출제확률 4.6%

어원 의성어에 해당된다.

명 꽥꽥 우는 소리 동 꽥꽥 울다

[idiom] in a quack 순식간에

Your child can pat a cow, hear ducks quack, and smell hay. [95]

당신의 아이는 소를 만지고, 오리가 꽥꽥 우는 소리도 듣고, 건초 냄새도 맡을 수 있다.

2032

throne

[θroun]

★☆☆☆☆

출제확률 4.6%

어원 그리스어 thronos(elevated seat 높은 자리)라는 말에서 유래되었다.

명 왕좌, 왕위, 군주 동 왕위에 오르다

The master sat throned in his great chair upon a raised platform. [95]

선생님은 높은 교단 위의 큰 의자에 군주처럼 앉았다.

[어형] throned (과거, 과거분사)

2033

trivial
[trívial]
★☆☆☆☆
1/1 출제확률 4.6%

어원 tri(셋) + vi(길) + al → 세 길이 만나는 일은 흔하다 → 하찮은 일

명 하찮은 일 형 하찮은

We decide what is important or trivial in life. [95]
우리는 삶에서 무엇이 중요하고 무엇이 사소한 것인지를 결정한다.

2034

utmost
[ʌtmòust]
★☆☆☆☆
1/1 출제확률 4.6%

어원 ut(= out 밖의) + most(최대의) → 최대 밖의 → 극도의

명 최대한도 형 최대의, 극도의

These are things of the utmost importance to human happiness. [95]
이것들은 인간의 행복에 있어 가장 중요한 것들이다.

2035

afflict
[əflíkt]

★☆☆☆☆
1/1 출제확률 4.6%

어원 a(~에, 강조) + flict(치다) → ~를 자꾸 치다 → 괴롭히다

동 괴롭히다, 시달리게 하다

A person afflicted with loneliness will realize that only he can find his own cure.
[94]
외로움에 시달리고 있는 사람은 그 자신만이 치료법을 발견할 수 있다는 것을 깨닫게 된다.

[어형] afflicted 괴로워하는 afflictive 고통스런, 쓰라린 affliction 고통, 고뇌

2036

charter
[ʧáːrtər]
★☆☆☆☆
1/1 출제확률 4.6%

어원 chart(표, 도표)에서 유래되었다.

명 헌장 동 특허장을 주다, 승인하다 형 특허에 의한

[idiom] charter flight 전세 항공편

His charter flight will be delayed a few hours. [94]
그의 전세기는 몇 시간 동안 지연될 것이다.

2037

cheat
[ʧiːt]
★☆☆☆☆
1/1 출제확률 4.6%

어원 시험 시 부정행위는 컨닝(cunning 교활한)이 아니라 cheating이라고 표현한다.

명 사기, 속임수 동 속이다

Employees often steal from their employers, and students cheat in their exams.
[94]
직원들은 종종 사장님 물건을 훔치고 학생들은 시험 중 부정행위를 한다.

2038

expel
[ikspél]

★☆☆☆☆
1/1 출제확률 4.6%

어원 ex(밖으로) + pel(~하도록 몰다) → 밖으로 나가도록 시키다 → 내쫓다

동 내쫓다, 쫓아버리다, 추방하다

The man was expelled from the company which he worked for more than 10
years. [08]
그 남자는 10년 이상 일했던 회사에서 쫓겨났다.

[어형] expelled (과거, 과거분사) expellant 구충제; 쫓아내는

2039

feedback
[fíːdbæk]
★☆☆☆☆
1/1 출제확률 4.6%

[어원] feed(~을 먹이다) + back(뒤로, 다시) → 내가 먹었으니 이번엔 반대로 상대방을 먹인다

[명] 반응, 의견, 감상

That would be a kind of feedback. [94]
그것은 일종의 반응이다.

2040

foam
[foum]
★☆☆☆☆
1/1 출제확률 4.6%

[어원] 화장을 지울 때 쓰이는 거품으로 된 폼크림을 의미한다.

[명] 거품 [동] 거품이 일다

[syn] bubble, froth, boil

These waves were foaming white. [94]
이 파도는 흰 거품을 일으키고 있었다.

[어형] foaming (현재분사)

2041

framework
[freimwəːrk]
★☆☆☆☆
1/1 출제확률 4.6%

[어원] frame(구조) + work(작업, 공사) → 틀 구조

[명] 틀 구조, 뼈대

They have to use their judgement within the framework of the law. [02]
그들은 법의 테두리 안에서 판결을 내려야만 한다.

2042

glitter
[glítər]
★☆☆☆☆
1/1 출제확률 4.6%

[어원] glit(t)(= shine 밝은) + er(~것) → 반짝거리는 것

[명] 반짝거림 [동] 반짝이다

All that glitters is not gold. [94]
반짝거린다고 모두 금은 아니다.

2043

indoctrinate
[indáktrənèit]
★☆☆☆☆
1/1 출제확률 4.6%

[어원] in(안에) + doct(가르치다) + nate(~하다) → 안에 가르쳐 넣다 → 주입하다, 가르치다

[동] 주입하다, 가르치다

Schools should not impose religion or 'indoctrinate' children. [94]
학교는 아이들에게 종교를 강요하거나 '주입'시켜서는 안된다.

2044

jag
[dʒæg]
★☆☆☆☆
1/1 출제확률 4.6%

[어원] 울퉁불퉁하거나 들쭉날쭉함을 이르는 표현이다.

[명] 뾰족함, 들쭉날쭉; 찔리다

At all times the sea's edge was jagged with rising waves that looked like rocks. [94]
바다의 가장자리는 항상 바위 같은 파도로 인해 들쭉날쭉했다.

[어형] jagged 들쭉날쭉한

2045

monologue

[mánəlɔ̀:g]

★☆☆☆☆

1/1 출제확률 4.6%

어원 mono(하나) + log(말) → 홀로 말함 → 독백

명 독백, 1인극

It's stocked with a variety of monologues recorded by famous comedians. [94]

거기는 다양한 유명 코미디언들이 녹음한 독백들이 담겨 있다.

2046

patriotism

[péitriətìzm]

★☆☆☆☆

1/1 출제확률 4.6%

어원 patri(아버지) + (t)ism(주의, 특성) → 아버지를 따르는 마음으로

명 애국심

Patriotism requires people to love their nation. [04]

애국심은 사람들의 자국에 대한 사랑을 필요로 한다.

2047

ramp

[ræmp]

★☆☆☆☆

1/1 출제확률 4.6%

어원 비탈길(slip road)을 가리킨다.

명 경사로 통 뒷발로 일어서다, 덤벼들다

Suppose the car breaks down or we skid into a ramp or run over a dog. [94]

차가 고장나거나, 경사로에서 미끄러지거나, 개를 밟고 지나간다고 상상해보라.

2048

recruit

[rikrú:t]

★☆☆☆☆

1/1 출제확률 4.6%

어원 re(다시) + cruit(= grow 자라다) → 다시 자라게 하려고 하다 → 모집하다

명 신병, 신입회원 통 (신병 등을) 모집하다

Our incredible growth rate leads to a continuous recruitment of ambitious programmers. [94]

우리의 엄청난 성장률 덕분에 야심찬 프로그래머들을 지속적으로 모집하게 되었다.

[어형] recruitment 채용, 신병 모집, 보충

2049

rigid

[rídʒid]

★☆☆☆☆

1/1 출제확률 4.6%

어원 rig(= stretch out 뻗다) + id(~는) → 뻗은 → 곧은, 딱딱한, 엄격한

형 단단한, 딱딱한, 엄격한

Argument is often considered disrespectful in rigid families. [94]

논쟁은 종종 엄격한 집안에서는 무례하다고 여겨진다.

2050

sequence

[sí:kwəns]

★☆☆☆☆

1/1 출제확률 4.6%

어원 sequ(따르다) + ence(접미사) → (~다음으로) 연속적으로 따라가다 → 연속, 결과

명 연속, 결과 통 차례로 나열하다, 정리하다

Then we as readers must rely on other clues to understand the true sequence of events. [94]

그렇다면 독자로서 우리는 사건의 진짜 순서를 이해하기 위해 다른 실마리에 의존해야 한다.

TEST 50

1. 아래의 단어에 맞는 뜻을 골라 선으로 이어주세요.

2024 earthen	●	ⓐ	하찮은 일; 하찮은
2049 rigid	●	ⓑ	흙으로 만든
2022 domestic	●	ⓒ	추방된 사람; 쫓겨난, 버림받은
2028 outcast	●	ⓓ	신병, 신입회원; (신병 등을) 모집하다
2040 foam	●	ⓔ	거품; 거품이 일다
2035 afflict	●	ⓕ	반응, 의견, 감상
2047 ramp	●	ⓖ	괴롭히다, 시달리게 하다
2038 expel	●	ⓗ	틀 구조, 뼈대
2041 framework	●	ⓘ	국내, 가정; 국내의
2048 recruit	●	ⓙ	주입하다, 가르치다
2039 feedback	●	ⓚ	단단한, 딱딱한, 엄격한
2043 indoctrinate	●	ⓛ	내쫓다, 쫓아버리다, 추방하다
2033 trivial	●	ⓜ	헌장, 특허장을 주다; 특허에 의한
2036 charter	●	ⓝ	경사로; 뒷발로 일어서다, 덤벼들다

2. 아래 문장의 알맞은 뜻을 보기에서 고르세요.

a. We decide what is important or trivial in life. (   )

b. If you want to diet, you should consult a physician. (   )

c. To these may be added your recent offensive and insulting behavior in the office. (   )

d. It's stocked with a variety of monologues recorded by famous comedians. (   )

e. Suppose the car breaks down or we skid into a ramp or run over a dog. (   )

f. The man was expelled from the company which he worked for more than 10 years. (   )

g. "Well…" Mr. Jackson mumbled. (   )

보기

① 거기는 다양한 유명 코미디언들이 녹음한 독백들이 담겨 있다.

② 최근 사무실에서 당신이 한 무례하고 모욕적인 행동이 여기에 추가될 수 있습니다.

③ 우리는 삶에서 무엇이 중요하고 무엇이 사소한 것인지를 결정한다.

④ 그 남자는 10년 이상 일했던 회사에서 쫓겨났다.

⑤ 만약 당신이 다이어트를 하고 싶다면, 의사와 상의를 해야 한다.

⑥ "글쎄요…" 잭슨 씨는 중얼거렸다.

⑦ 차가 고장 나거나, 경사로에서 미끄러지거나, 개를 밟고 지나간다고 상상해보라.

정답: ③ ⑤ ② ① ⑦ ④ ⑥

2051

settle

[sétl]

★☆☆☆☆

1/1 출제확률 4.6%

어원 set(놓다, 배치하다) + (t)le → 자리를 잘 잡다 → 해결하다

동 자리를 잡다, 놓다, 해결하다

The river banks were low and flat; the settlements and log cabins fewer in number. [94]
그 강둑은 낮고 평평했다. 통나무집과 마을은 그 수가 더 적었다.

[어형] settlement 합의, 정착

2052

slave

[sleiv]

★☆☆☆☆

1/1 출제확률 4.6%

어원 Slav(슬라브인)에서 유래되었다. 중세 시대에 많은 슬라브인들이 노예가 된 데에서 유래되었다.

명 노예 동 노예처럼 일하다 형 노예의

The 'Cumbia' was created by African slaves who were brought to the hot regions. [94]
'쿰비아'는 날씨가 매우 뜨거운 지역으로 끌려온 아프리카 노예들에 의해 생겨났다.

2053

stink

[stiŋk]

★☆☆☆☆

1/1 출제확률 4.6%

어원 stin(찌르다) + t → (코 끝을) 찌르는 것 → 악취

명 악취 동 악취를 풍기다

These people and the visitors stink in three days. [94]
이들과 손님들은 사흘이 지나면 냄새가 난다.

2054

thermometer

[θərmámətər]

★☆☆☆☆

1/1 출제확률 4.6%

어원 thermo(열) + meter(재다) → 열을 재는 도구 → 온도계

명 온도계

When I entered the subway, the thermometer I had with me registered 32℃. [94]
내가 지하철에 들어섰을 때, 내가 가지고 있던 온도계는 32도를 가리켰다.

2055

uproot

[ʌpru:t]

★☆☆☆☆

1/1 출제확률 4.6%

어원 up(올리다, 위로) + root(뿌리) → 뿌리를 들어올리다 → 뿌리째 뽑다

동 뿌리째 뽑다

Loneliness can be uprooted and expelled only when these barriers are lowered. [94]
외로움은 이러한 장벽이 낮아질 때만 뿌리째 뽑혀 사라질 수 있다.

[어형] uprooted 뿌리째 뽑힌

2056

ventilate

[véntəlèit]

★☆☆☆☆

1/1 출제확률 4.6%

어원 vent(오다) + ate(~하다) → (공기가) 들어오게 하다 → 환기하다

동 공기가 통하다, 환기하다

It'll be possible to find a way to ventilate the subway at a cost within the city's budget. [94]

시 예산 내에서 지하철을 환기시키는 방안을 찾을 수 있을 것이다.

2057

wretched

[rétʃid]

★☆☆☆☆

1/1 출제확률 4.6%

어원 wretch(가엾은 사람) + ed(~한) → 비참한

형 비참한, 가련한, 야비한

The inhabitants were more wretched than any we had encountered yet. [94]

그 주민들은 우리가 지금껏 만나본 사람들 중 가장 비참했다.

2058

aspirin

[æspərin]

★☆☆☆☆

1/1 출제확률 4.6%

어원 아스피린은 해열진통제, 항염증약, 항류마티즘약으로 사용된다.

명 아스피린

I used to make fingernail polish, aspirin, and records of famous singers. [94]

저는 손톱 광택제, 아스피린, 그리고 유명 가수의 음반을 만드는데 사용된답니다.

2059

exclaim

[ikskléim]

★☆☆☆☆

1/1 출제확률 4.6%

어원 ex(밖으로) + claim(요청하다) → (~을 해달라고) 외치다

동 외치다, 고함지르다

Seeing Timmy carry a sword, his startled teacher exclaimed. [94]

칼을 가져온 티미를 보고 놀란 선생님은 고함을 질렀다.

[어형] exclaimed (과거, 과거분사)

2060

falter

[fɔ́:ltər]

★☆☆☆☆

1/1 출제확률 4.6%

어원 fal(t)(= fall 쓰러지다) + er(접미사) → 비틀거림

명 비틀거림 동 비틀거리다, 말을 더듬다

The professor flushed and faltered. "I don't know," he said. [94]

그 교수는 상기된 채 말을 더듬으며 "잘 모르겠는데"라고 말했다.

[어형] faltered (과거, 과거분사)

2061

fluffy

[flʌfi]

★☆☆☆☆

1/1 출제확률 4.6%

어원 fluff(솜털)에서 유래한 말로 '실수'라는 뜻으로 쓰인다.

형 가벼운, 보풀의, 솜털의

Oh, yes, I understand. It must be a fluffy color. [94]

아, 네, 알겠어요. 그것은 솜털 같은 색이겠군요.

2062

flush

[flʌʃ]

★☆☆☆☆

1/1 출제확률 4.6%

어원 flu(= flow 흐르다) + ish(동접) → 흐르게 하다 → 물로 씻어 내리다(변기)

명 홍조 **동** 붉히다, 물로 씻어 내리다

The man was flushed with anger because he got into a car accident. [06]

그 남자는 차 사고로 화가 나서 얼굴을 붉히며 화났다.

[어형] flushed (얼굴이)붉어진, 상기된

2063

foothill

[futhil]

★☆☆☆☆

1/1 출제확률 4.6%

어원 foot(발) + hill(언덕) → 발 높이 만큼 낮은 언덕

명 산기슭의 작은 언덕

There is a folk tale that comes from the foothills of the Himalayas. [94]

히말라야 산기슭의 작은 언덕에서 전해 내려오는 설화가 있다.

[idiom] folk tale 민간 설화

2064

fragile

[frǽdʒəl]

★☆☆☆☆

1/1 출제확률 4.6%

어원 frag(= break 부서지다) + ile(~하기 쉬운) → 부서지기 쉬운

형 부서지기 쉬운, 깨지기 쉬운, 섬세한

"Then, it must be a fragile color," said the blind man. [94]

"그렇다면, 그것은 깨지기 쉬운 색깔이겠군요."라고 장님이 말했다.

2065

glacier

[gléiʃər]

★☆☆☆☆

1/1 출제확률 4.6%

어원 glace(= ice 얼음) + (i)er(~것) → 얼음 → 빙하

명 빙하

It rises or falls as the glaciers melt or grow. [94]

빙하가 얼거나 녹으면서 오르락내리락 한다.

2066

hasten

[héisn]

★☆☆☆☆

1/1 출제확률 4.6%

어원 haste(급함) + n → 서두르다

동 재촉하다, 서두르다

These events may hasten the occurrence of a crisis. [94]

이 사건들이 위기를 더 빨리 발생하게끔 촉진시킬 수 있다.

2067

idler

[áidlər]

★☆☆☆☆

1/1 출제확률 4.6%

어원 idle(게으른) + er(~한 사람) → 게으름뱅이

명 게으름뱅이, 쓸모없는 사람

Even though society doesn't need idlers, we still should care about them. [94]

비록 사회가 게으름뱅이를 필요로 하지 않더라도, 우리는 그들에게 관심을 가져야 한다.

2068

lecture

[léktʃər]

★☆☆☆☆

1/1 출제확률 4.6%

어원 lect(~을 읽다) + ure(~것) → 읽어주는 것 → 강의하다

명 강의 동 ~에게 강의하다

A professor lectured for an hour on the dishonesty of certain dictionary editors. [94]

한 교수님이 특정 사전 편집자들의 부정직성에 대한 강의를 한 시간 동안 하셨다.

2069

omit

[oumít]

★☆☆☆☆

1/1 출제확률 4.6%

어원 o(= ob 멀리) + mit(= send 보내다) → 멀리 보내다 → 빠뜨리다, ~하는 것을 잊다

동 생략하다, 빠뜨리다, ~하는 것을 잊다

The editors sometimes omitted a word from the dictionary because of moral objections. [94]

그 편집자들은 때때로 도덕적인 반대로 일부 단어를 사전에서 누락시켰다.

[어형] omitted (과거, 과거분사)

2070

oral

[ɔ́:rəl]

★☆☆☆☆

1/1 출제확률 4.6%

어원 or(= mouth 입) + al(형접) → 구두의

명 구술시험 형 구두의

The medicine can be taken orally in tablet form. [94]

그 약은 알약 형태로 복용할 수 있다.

[어형] orally 구두로

2071

outstanding

[autstǽndiŋ]

★☆☆☆☆

1/1 출제확률 4.6%

어원 out(밖에) + standing(서있는) → 다들 앉아 있는데 혼자 밖에 서 있으니 눈에 띈다.

형 눈에 띄는, 현저한

He thinks he doesn't have any outstanding skills. [97]

그는 자신에게 뛰어난 기술이 전혀 없다고 생각한다.

2072

parcel

[pá:rsəl]

★☆☆☆☆

1/1 출제확률 4.6%

어원 particle(극소량)에서 변형되었다.

명 꾸러미, 소포

I'd like to send this parcel to Los Angeles. [94]

이 소포를 로스앤젤레스로 보내고 싶습니다.

2073

plethora

[pléθərə]

★☆☆☆☆

1/1 출제확률 4.6%

어원 '대량'의 의미를 나타냄

명 과도, 과다, 과잉

Now there are a plethora of print technologies. [94]

오늘날에는 굉장히 많은 인쇄 기술이 존재한다.

2074

respire
[rispáiər]

★☆☆☆☆

1/1 출제확률 4.6%

[어원] re(다시) + spire(숨 쉬다) → 반복 되는 숨쉬는 행위 → 호흡하다

[통] 호흡하다, 숨 쉬다

It must depend upon the plants for a continued oxygen supply for its respiration. [94]

그것은 호흡을 하는데 필요한 산소를 지속적으로 공급받기 위해 식물에 의존해야만 한다.

[어형] respiration 호흡

2075

retreat
[ritríːt]

★☆☆☆☆

1/1 출제확률 4.6%

[어원] re(다시) + treat(치료하다) → 전쟁을 하다가 부상병을 치료하러 물러서다

[명] 퇴각 **[통]** 물러서다

Tides do advance and retreat in their eternal rhythms. [94]

조수는 그들만의 영원한 리듬으로 밀려왔다 후퇴하기를 반복한다.

2076

startled
[stáːrtld]

★☆☆☆☆

1/1 출제확률 4.6%

[어원] start(시작) + (i)ed(~한) → (갑자기 시작해서) 놀란

[형] 놀란

You'd better try not to startle your brother. [06]

네 형을 놀라게 하지 않는 게 좋을걸.

2077

subscription
[səbskrípʃən]

★☆☆☆☆

1/1 출제확률 4.6%

[어원] '미리' 예약하거나 신청한 것을 지칭함

[명] 구독, 기부, 신청

Our activities are funded mainly by public donations and membership subscriptions. [94]

우리의 활동 기금은 주로 공공 기부금과 회원 기부금으로 조달된다.

[어법] subscribe(구독하다)의 명사형이다.

2078

subtract
[səbtrǽkt]

★☆☆☆☆

1/1 출제확률 4.6%

[어원] sub(아래) + tract(끌어내다) → 밑으로 빼내다 → 빼다

[통] 빼다, 덜다, 공제하다

But every educator would add or subtract a few subjects. [94]

그러나 모든 교육자들은 소수 과목들을 더하거나 제외시킬 것이다.

2079

tablet
[tǽblit]

★☆☆☆☆

1/1 출제확률 4.6%

[어원] table(테이블) + t → 테이블처럼 평평한 것 → 판

[명] 판, 현판, 정제 **[통]** 서판을 달다

There is a wooden tablet above the old building. [99]

그 낡은 집 위에 나무로 된 현판이 걸려있다.

1. 아래의 단어에 맞는 뜻을 골라 선으로 이어주세요.

2069 omit	●	ⓐ 악취, 악취를 풍기다
2059 exclaim	●	ⓑ 눈에 띄는, 현저한
2082 contend	●	ⓒ 홍조; 붉히다, 물로 씻어 내리다
2080 temperate	●	ⓓ 노예; 노예처럼 일하다; 노예의
2066 hasten	●	ⓔ 비참한, 가련한, 야비한
2051 settle	●	ⓕ 퇴각; 물러서다
2054 thermometer	●	ⓖ 외치다, 고함지르다
2062 flush	●	ⓗ 부서지기 쉬운, 깨지기 쉬운, 섬세한
2075 retreat	●	ⓘ 온도계
2057 wretched	●	ⓙ 절제하는, 삼가는, 적당한, 온화한, 알맞은
2053 stink	●	ⓚ 생략하다, 빠뜨리다, ~하는 것을 잊다
2064 fragile	●	ⓛ 싸우다, 논쟁하다
2071 outstanding	●	ⓜ 재촉하다, 서두르다
2052 slave	●	ⓝ 자리를 잡다, 놓다, 해결하다

2. 아래 문장의 알맞은 뜻을 보기에서 고르세요.

a. But every educator would add or subtract a few subjects. (　)

b. Tides do advance and retreat in their eternal rhythms. (　)

c. They enjoy the temperate climate. (　)

d. The man was flushed with anger because he got into a car accident. (　)

e. My husband and I have to contend with the radical differences. (　)

f. I'd like to send this parcel to Los Angeles. (　)

g. The medicine can be taken orally in tablet form. (　)

보기
① 그들은 온화한 기후를 즐기고 있다.
② 그러나 모든 교육자들은 소수 과목들을 더하거나 제외시킬 것이다.
③ 남편과 나는 그 근본적인 차이에 대해 논쟁해야만 한다.
④ 조수는 그들만의 영원한 리듬으로 밀려왔다 후퇴하기를 반복한다.
⑤ 이 소포를 로스앤젤레스로 보내고 싶습니다.
⑥ 그 약은 알약 형태로 복용할 수 있다.
⑦ 그 남자는 차 사고로 화가 나서 얼굴을 붉히며 화냈다.

정답: ② ④ ① ⑦ ③ ⑤ ⑥

영단어에 관한 오해와 진실

수능영어시험에 나오는 어휘수가 독해영역에 3,500개, 듣기영역에 2,500개 정도 되는데 해마다 조금씩 증가하는 추세라고 한다. 아마도 지문길이가 길어진 탓이다.

2015년도 수능시험의 경향을 살펴보면 통합형의 고난이도 문제가 출제되고 있음을 파악할 수 있을 것이다. 이는 수학능력평가시험을 통하여 측정하는 한계(이해 기능을 중점적으로 평가)와도 관련이 있지만 변별력을 갖춘 문제를 출제하려다보니 저절로 종합적인 사고력을 묻는 통합형 문제가 늘어났음을 의미한다.

● 영어는 한글보다 표현력이 풍부하다

영어는 한글에 비해 여러 가지 뜻을 내포하고 있다.(다의어) 다시 말하면 상황에 따라 그 쓰임새나 활용이 달라진다는 의미이다. 특히 품사의 변화에 따른 파생어 확장, 새로운 의미의 탄생 등이 매우 활발하게 전개되고 있으므로 표현력이 풍부하다고 볼 수 있다.

● 국어를 잘하면 영어도 잘한다

예로부터 국어를 잘하면 영어도 잘한다는 속설이 있다. 결코 잘못된 속설이 아니다. 국문학이나 영문학을 전공한 사람들의 언어적인 감수성과 표현력은 남다르게 발달되어 있어 시인, 소설가를 많이 배출하는 것이다. 일단 언어적인 표현은 모국어(한국어)를 통하여 길러지기 때문에 영어를 배움에 있어서 혼동을 가져다줄 수도 있지만 언어적인 표현력이나 의사전달 방법은 서로 상통하기 때문에 오히려 자신감을 부여해준다.

● 영단어의 발음은 영어실력과 비례한다

언어는 귀와 입에 익숙해야만 밖으로 쉽게 표출될 수 있는 만큼 자신의 학습 환경을 바꾸어주는 것이 필요하다. 눈으로 하는 공부에는 한계가 있다. 영어 공부에서 어휘력이나 발음에 자신감을 갖지 못하면 문법이나 독해, 영작에 결코 자유로울 수가 없다.

● 영단어는 영문법과 관계가 깊다

어떤 특정한 영단어를 암기했다고 하면 최소한 발음할 줄 알아야 함은 물론, 쓸 줄도 알아야 하며, 또한 그 뜻을 알아야만 제대로 익혔다고 인정할 수 있다. 따라서 이러한 개념 하에서 영단어를 익히려면 무조건 암기한다고 외워지지는 않는다. 적어도 문장 속에서 활용되어지는 어법을 이해할 때 비로소 그 영단어의 의미가 명확해질 수 있는 것이다.

1 verdict [vɔ́:rdikt] n 판결, 심판

2 undeserved [ʌndizɔ́:rvd] a 받을만한 가치가 없는

3 trace [treis] v 추적하다

4 tap [tæp] v 두드리다

5 superficial [sù:pərfíʃəl] a 외면의, 외관상의

6 stale [steil] a 신선하지 않은

7 sprain [sprein] v 삐다

8 sophisticate [səfístəkèit] v 세련되게 하다

9 soothe [su:ð] v 진정시키다, 달래다

10 sabotage [sǽbətà:ʒ] v ~을 파괴하다, 방해하다

11 ruin [rú:in] n, v 파괴; 파괴하다

12 rotate [róuteit] v 회전시키다

13 retain [ritéin] v ~을 유지하다

14 remnant [rémnənt]] n 나머지, 남은 부분

15 probability [pràbəbíləti] n 있을 법함

16 potent [póutnt] a 세력이 있는, 유력한

17 pirate [páiərət] n 해적

18 persistent [pərsístənt] a 고집하는

19 paralleled [pǽrəlèld] a 평행한

20 painkiller [péinkìlər] n 진통제

21 orchard [ɔ́:rtʃərd] n 과수원

22 obscure [əbskjúər] a 애매한

23 notorious [noutɔ́:riəs] a 악명 높은, 유명한

24 myriad [míriəd] a 무수한, 1만

25 mayor [méiər] n 시장

26 mandate [mǽndeit] n 위임, 권한부여

27 litter [lítər] n 쓰레기, 잡동사니

28 linguistic [liŋgwístik] a 언어의, 언어학의

29 liken [láikən] v ~에 비기다, 비유하다

30 legislate [lédʒislèit] v 법률을 제정하다

31 jot [dʒat] v 간단히 메모하다

32 intrude [intrú:d] v 들어가다, 침입하다

33 intrigue [intrí:g] v 흥미를 끌다, 호기심을 돋우다

34 inland [ínlənd] a 내륙의, 오지의

35 incline [inkláin] v 기울이다

36 inborn [ínbɔ́:rn] a 타고난, 천부의

37 illusionist [ilú:ʒənist] n 마술사

38 hypothesis [haipáθəsis] n 가설

39 herd [hə:rd] n 떼, 무리

40 hemisphere [émisfìər] n 반구

41 gut [gʌt] n 내장

42 gravel [grǽvəl] n 자갈

43 gossip [gásəp] n 잡담

44 fraction [frǽkʃən] n 분수

45 forthwith [fɔ̀:rθwíθ, -wíð] n 곧, 즉시

46 flame [fleim] n 불꽃

47 fate [feit] n 운명

48 facade [fəsá:d] n 앞면, 표면

49 external [ikstɔ́:rnl] n, a 외부; 외부의

50 entail [intéil] v 수반하다, 필요로 하다

51 ensue [insú:] v 잇따라 일어나다

52 elusive [ilú:siv] a 손에 잡히지 않는

53 eager [í:gər] a 갈망하는, 열망하는

54 dumber [dʌmər] n 바보

55 downpour [daunppɔ:r] n 폭우

56 downplay [daunplei] v 경시하다, ~을 얕보다

57 descent [disént] n 하락, 하강

58 counterintuitive [kàuntərintjú:itiv] a 반직관적인

59 consicous [kánʃəs] a 의식하는

60 conceive [kənsí:v] v 마음에 품다

61 complement [kámpləmənt] n 보충물

62 compass [kʌmpəs] n 나침반

63 chronic [kránik] a 만성인, 버릇된

64 brutal [brú:tl] a 잔인한, 야만적인

65 besiege [bisí:dʒ] v 포위하다, 둘러싸다

66 belly [béli] n 복부

67 beg [beg] v 빌다, 청하다

68 asymmetry [eisímətri, æs-] n 비대칭, 불균형

69 assign [əsáin] v 할당하다, 배정하다

70 assert [əsɔ́:rt] v 주장하다, 단언하다

71 analogy [ənǽlədʒi] n 일치, 유사(성)

72 retina [rétənə] n 망막

73 accommodate [əkámədeit] v 수용하다

74 acquaintance [əkwéintəns] n 인물, 아는 사람

75 ambivalent [æmbívələnt] a 갈등하는, 양면적인

76 arbitrary [á:rbətrèri] a 임의적인

77 arctic [á:rktik] n, a 북극; 북극의

78 artwork [a:rtwə:rk] n 삽화, 예술품

79 aural [ɔ́:rəl] a 청각의

80 austerity [ɔ:stérəti] n 긴축 재정, 검소함

81 avalanche [ǽvəlæntʃ] n, v 사태; 쇄도하다

82 avenger [əvéndʒər] n 복수하는 사람

83 bloom [blu:m] n, v 개화; 꽃이 피다

84 breed [bri:d] v (새끼 등을) 낳다

85 buffalo [bʌfəlòu] n 버팔로

86 by—product [baiprádʌkt] n 부산물

87 catapult [kǽtəpʌlt] n, v 투석기; 발사하다

88 cellular [séljulər] a 세포의, 셀 방식의

89 charitable [tʃǽritəbl] a 자비로운

90 chimney [tʃímni] n 굴뚝

91 circular [só:rkjulər] a 순환하는, 원형의

92 cling [kliŋ] v 매달리다, 붙다

93 collide [kəláid] v 충돌하다

94 comparative [kəmpǽrətiv] a 비교의

95 compassion [kəmpǽʃən] n (깊은) 동정

96 contradict [kàntrədíkt] v 상충되다, 모순되다

97 corrupt [kərʌpt] a 부패한

98 coup [ku:] n 쿠데타, 일격

99 cramp [kræmp] n 경련, 쥐

100 crow [krou] n 까마귀

101 deem [di:m] v (~라고) 생각하다

102 digitize [dídʒitàiz] v 디지털화하다

103 dilute [dilú:t] v 묽게 하다

104 disobedient [dìsəbí:diənt] a 복종하지 않는

105 distressed [distrést] a 괴로워하는, 슬퍼하는

106 dock [dak] n, a 부두; 정박하다

107 dominant [dámənənt] a 지배적인

108 dormant [dó:rmənt] a 동면 중인

109 drawback [drɔ:bæk] n 단점, 결점

110 dysfunctional [disfʌŋʃənl] a 기능 장애의

111 elastic [ilǽstik] a 탄력성 있는

112 elliptical [ilíptikəl] a 타원형의

113 empirlically [impírikəli] ad 실증적으로, 경험에 의거하여

114 endeavor [indévər] n 노력, 시도

115 endow [indáu] v 기부하다, 부여하다

116 estate [istéit] n 재산, 소유권

117 evade [ivéid] v 피하다, 모면하다

118 inevitable [évitəbl] a 피할 수 있는 → 필연적인, 피할 수 없는

119 extinguisher [ikstíŋgwiʃər] n 소화기

120 falsify [fɔ́:lsəfài] v ~을 위조하다

121 farmland [fa:rmlænd] n 농지

122 figuratively [fígjurətivli] a 비유적으로

123 firsthand [fə:rsthænd] ad, a 직접적으로; 원래의

124 fluent [flú:ənt] a 유창한

125 foe [fou] n 적, 상대

126 frenzy [frénzi] n 광란, 열광

127 friction [fríkʃən] n 불화, 마찰

128 fridge [fridʒ] n 냉장고 *refrigerator의 단축어

129 frontier [frʌntíər] n 전선, 개척자

130 guillotine [gílətì:n] n 단두대

131 hatch [hætʃ] v 부화하다

132 hinge [hindʒ] v ~에 달려있다

133 implement [ímpləmənt] n, v 수행; 수행하다

134 incur [inkó:r] v 초래하다

135 infer [infó:r] v 추측하다

136 inherit [inhérit] v 물려받다

137 inhibit [inhíbit] v 억제하다, 방해하다

138 input [ínpùt] n 투입

139 literate [lítərət] a 읽고 쓸 줄 아는

140 mammal [mǽməl] n 포유류

141 membrane [mémbrein] n 막, 방벽

142 metaphor [métəfɔ̀:r] n 은유, 추상적 표현

143 millennium [miléniəm] n 천년

144 mitochondria [màitəkándriə] n 미토콘드리아(생물)

145 moth [mɔ:θ] n 나방

146 mounting [máuntiŋ] n, a 승마, 설치; 점차 증가하는

147 one—sided [wʌn-sáidid] a 편파적인

148 ornamental [ɔ̀:rnəméntl] n, a 장식물; 장식의

149 orphan [ɔ́:rfən] n 고아

150 outage [áutidʒ] n 정전

151 outburst [outbə:rst] n 분출, 폭발

152 overvalue [òuvərvǽlju:] v 과대평가하다

153 pamphlet [pǽmflət] n 소책자, 인쇄물

154 pierce [piərs] v 뚫다

155 pitfall [pitfɔ:l] n 함정, 위험

156 policymaking [pálisimèikiŋ] n 정책 입안

157 pollinate [pálənèit] v 수분하다

158 post—revolution [poustrèvəlú:ʃən] a 혁명 이후의

159 predator [prédətər] n 포식자

160 prompt [prampt] v, a 촉구하다; 신속한

161 protein [próuti:n] n 단백질

162 ramification [ræməfikéiʃən] n 분자, 결과

163 refute [rifjú:t] v 반박하다, 논박하다

164 regress [rigrés] n, v 퇴보; 회귀하다

165 renew [rinjú:] v 갱신하다

166 renovation [renəvéiʃən] n 혁신, 수리

167 reuse [ri:jú:z] n, v 재사용; 다시 사용하다

168 revalidate [ri:vǽlideit] v 재확인하다

430

169 rhetorical [ritɔ́:rikəl] a 수사학적인, 수사학의

170 rhinoceros [rainásərəs] n 코뿔소

171 rust [rʌst] v 녹슬다, 부식하다

172 subset [sʌ́bset] n 부분 집합

173 supernatural [sú:pərnǽtʃərəl] a 초자연적인, 불가사의한

174 surmount [sərmáunt] v 넘다, 극복하다

175 tailor [téilər] n, v 재단사; 맞추다

176 testimony [téstəmòuni] n 증거, 증언

177 thread [θred] n 실, 가는 선

178 transcendence [trænséndəns] n 초월

179 trapezoid [trǽpəzɔ̀id] n, a 사다리꼴; 사다리꼴의

180 tribe [traib] n 부족, 집단

181 underpin [ʌ́ndərpin] v 지지하다, 입증하다

182 upcoming [ʌ́pkʌmiŋ] v 밑에서 떠받치다

183 validate [vǽlədèit] v 실증하다, 유효하게 하다

184 vanguard [vǽngà:rd] n 선봉, 선구자

185 woe [wou] n 비통, 비애

186 temperate [témpərət] a 절제하는, 삼가는, 적당한

187 biotechnology [bàiouteknálədʒi] n 생명공학

188 contend [kənténd] v 싸우다, 논쟁하다

189 cradle [kréidl] n 요람 [동] 육성하다

190 recede [risí:d] v 물러나다, 철회하다

191 acquired [əkwáiərd] a 후천적인(learned)

192 inherent [inhíərənt] a 선천적인(inborn, innate)

193 precede [prisí:d] v 선행하다, 앞서다

194 prescribe [priskráib] v 규정하다, 처방하다

195 disgrace [disgréis] n 불명예, 망신

196 deviation [dì:viéiʃən] n 탈선, 일탈

197 abolish [əbáliʃ] v 폐지하다, 철폐하다

198 erosion [iróuʒən] n 부식, 침식

199 pension [pénʃən] n 연금; 패션

200 allude [əlú:d] v 암시하다, 넌지시 말하다

201 credulous [krédʒuləs] a 잘 믿는, 속기 쉬운(gullible)

202 illicit [ilísit] a 불법의, 무면허의

203 incurable [inkjúərəbl] a 고칠 수 없는, 불치의

204 extravagant [ikstrǽvəgənt] a 낭비하는, 사치스러운

208 antibiotic [ǽntibaiátik] a 항생의, 항생물질의

209 dispel [dispél] n 추방하다, 쫓아내다(expel)

210 ingenious [indʒí:njəs] a 독창적인, 재치 있는

211 bribe [braib] n 뇌물

212 revoke [rivóuk] n 취소하다(cancel)

213 alleviate [əlí:vièit] v 덜다, 경감하다

214 abstain [æbstéin] v 삼가다, 절제하다

215 adhere [ædhíər] v 부착하다, 고수하다

216 abduct [æbdʌ́kt] v 유괴하다, 납치하다

217 exterminate [ikstɔ́:rmənèit] v 박멸하다, 근절하다

218 apathetic [æpəθétik] a 냉담한, 무관심한

219 straggle [strǽgl] v 낙오하다, 뒤떨어지다

220 adjourn [ədʒɔ́:rn] v 연기하다(postpone, put off)

색인

technical 112
technique 96
telegraphic 378
telescope 220
temper 266
temperate 427
temperate 431
temperature 90
temple 378
temporary 201
tempt 144
tenant 404
tend 31
tender 400
tense 70
term 58
terminate 378
terrible 36
terrific 143
terrify 124
territory 327
terse 344
testimony 431
theft 330
theme 156
theory 90
therapy 192
thereafter 254
therefore 27
therein 404
thermometer 422
thigh 394
thread 431
threat 49
thrift 400
thrill 214
throne 417
thump 415
thus 26
tickle 297
tide 178
tie 105
tile 270
till 274
timber 327
timekeeping 353
time-lapse 393
timepiece 384
tin 398
tiny 105
tolerate 219
tone 223
tool 81
torso 378
trace 429
tradeoff 393
tradition 39
tragic 145
trail 185
trait 251
transact 344
transcendence 431
transfer 217
transform 215
translate 251
transmit 154
transport 59
trap 168

trapezoid 431
trauma 327
tray 368
treasure 211
treat 46
trek 328
tremble 344
tremendous 276
trend 175
trial 190
tribal 313
tribe 431
trigger 415
trim 266
triple 404
triumph 286
trivial 418
tropical 153
trouble 33
trunk 273
tuition 379
tumble 379
tune 204
twofold 384
typical 99

U

ultimate 126
ultraviolet 415
unambiguous 368
unanimous 236
undergo 242
underground 258
underpin 431
undertake 274
underwater 134
undeserved 429
union 168
unique 159
united 68
universe 84
unknown 105
unthinkable 406
upcoming 431
uphold 328
upright 351
uproot 422
upset 104
urban 131
urge 196
urgent 159
useful 84
useless 264
utility 256
utmost 418

V

vacuum 251
vague 143
valid 116
validate 431
valuable 62
vampire 311
vanguard 431
vary 27
vase 200

vast 156
vegetable 71
vehicle 169
veil 379
ventilate 423
venture 287
verbal 187
verdict 429
version 184
versus 163
vertical 210
vibrate 239
vice 306
victim 88
vigor 328
vine 311
violence 100
virtual 259
virtue 352
visible 166
visual 164
vital 210
vivid 248
vocabulary 169
voluntary 234
volunteer 58
vomit 344
vote 155
vulnerable 227

W

wander 114
warehouse 392
warranty 372
waste 74
wavelength 385
wayfarer 411
weary 344
web 328
weed 184
welfare 170
whereas 115
whereby 391
whisper 263
whizz 406
widespread 385
willing 76
winding 415
wipe 267
wire 193
wise 95
wit 265
withdraw 268
witness 128
woe 431
wonder 30
workable 368
workday 374
workforce 267
workload 259
workplace 396
worsen 291
worship 282
worth 76
worthwhile 162
wound 203
wreck 369

wretched 423

Y

yearbook 264
year-round 385
yell 199
yield 191

Z

zeal 248